怒發衝冠
憑闌處
瀟瀟雨歇
抬望眼
仰天長嘯
壯懷激烈
三十功名塵與土
八千裏路雲和月
莫等閒
白了少年頭

満江紅

[叁] 大江风云

王曾瑜 著

河南大学出版社

图书在版编目(CIP)数据

满江红.大江风云/王曾瑜著. －郑州:河南大学出版社,2014.9
ISBN 978-7-5649-1622-0

Ⅰ.①满… Ⅱ.①王… Ⅲ.①长篇历史小说－中国－当代
Ⅳ.①I247.5

中国版本图书馆 CIP 数据核字(2014)第 222441 号

责任编辑　陈广胜
责任校对　王四朋
封面设计　王四朋

出　版	河南大学出版社
	地址:郑州市郑东新区商务外环中华大厦 2401 号　邮编:450046
	电话:0371－86059701(营销部)
	网址:www.hupress.com
排　版	郑州市今日文教印制有限公司
印　刷	开封智圣印务有限公司
版　次	2014 年 10 月第 1 版　　印　次　2014 年 10 月第 1 次印刷
开　本	710mm×1000mm　1/16　印　张　22.25
字　数	320 千字　　　　　　　　定　价　229.00 元(7 册)

(本书如有印装质量问题,请与河南大学出版社营销部联系调换)

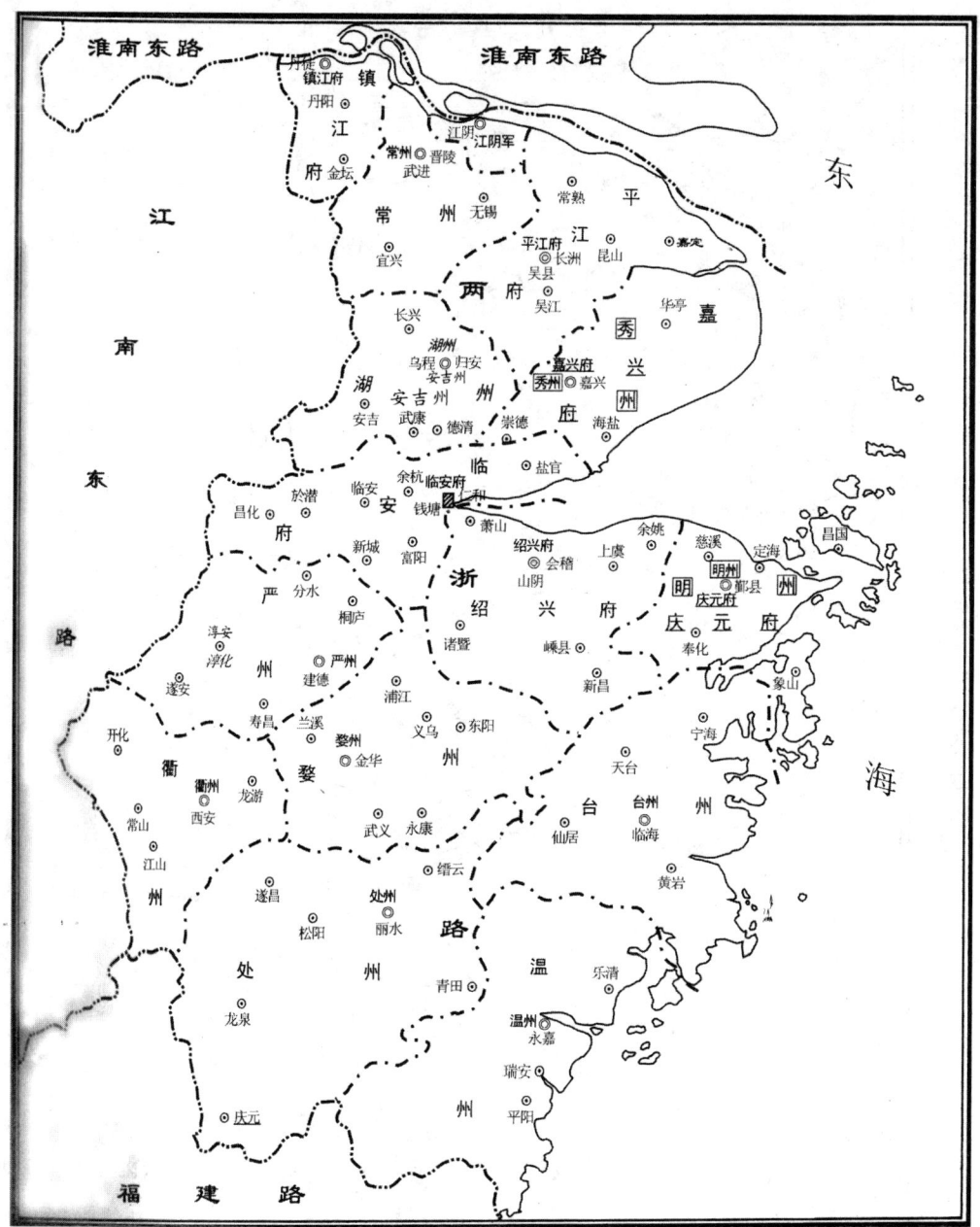

两浙路图

淮南东路、淮南西路图

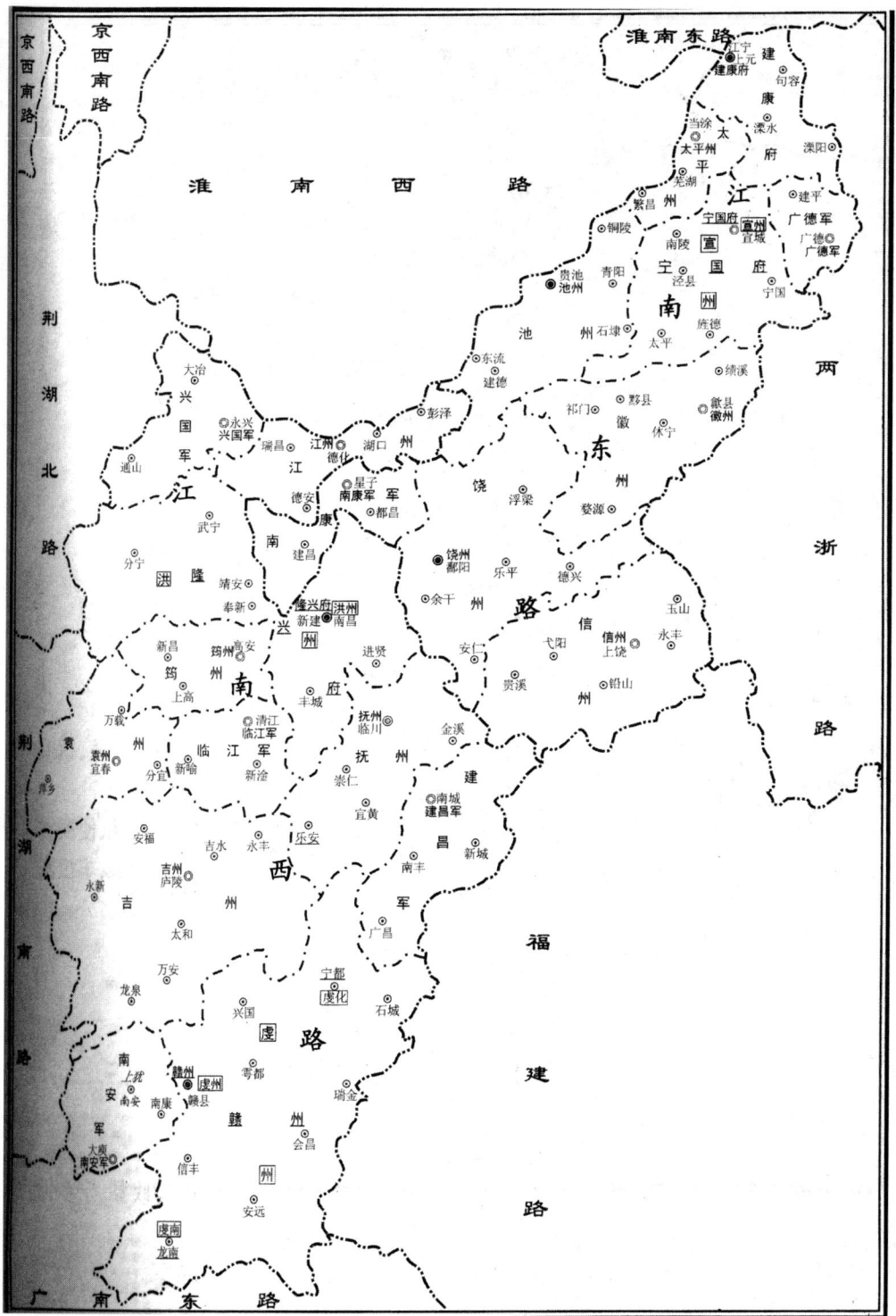

江南东路、江南西路图

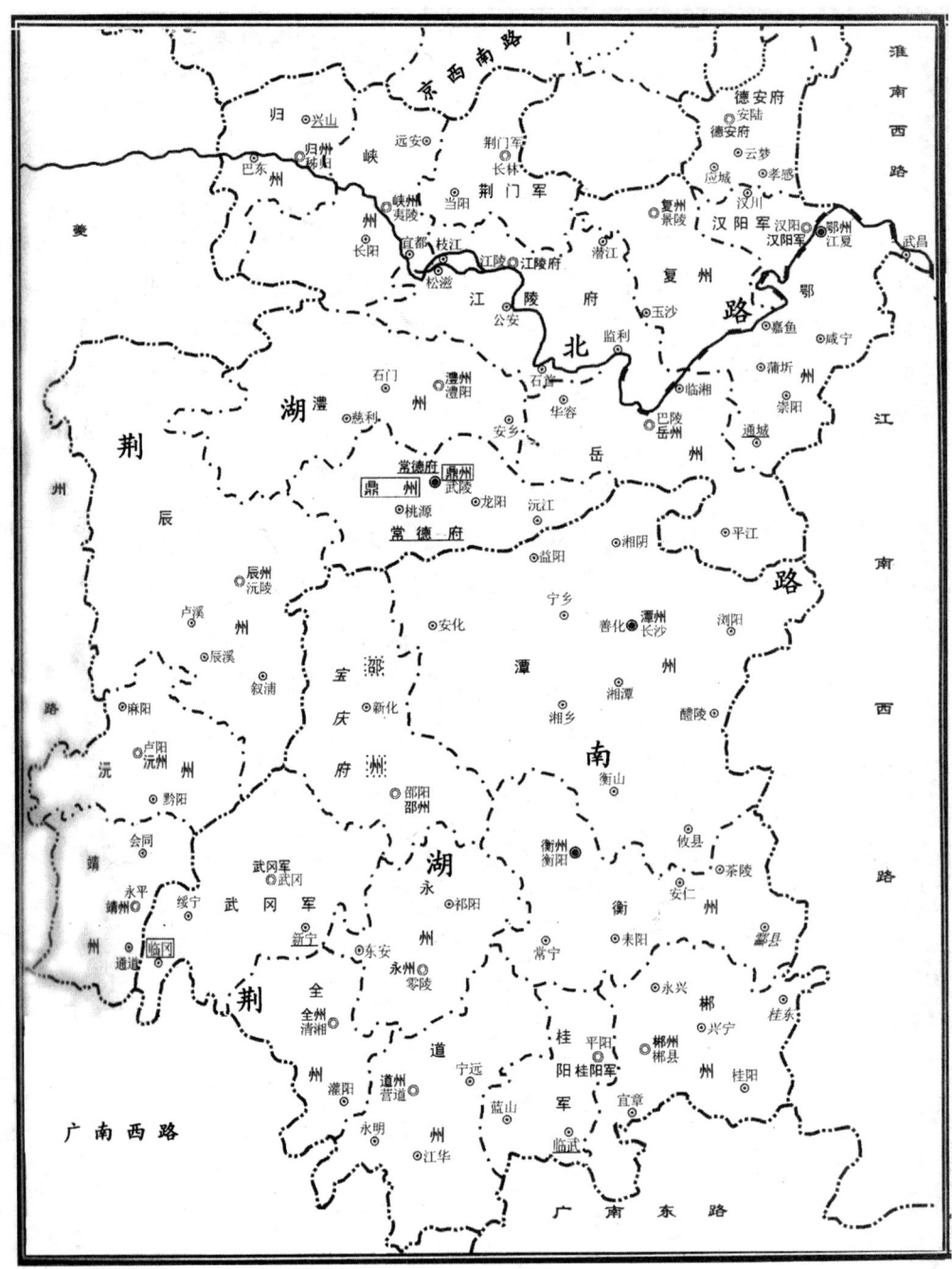

荆湖路图

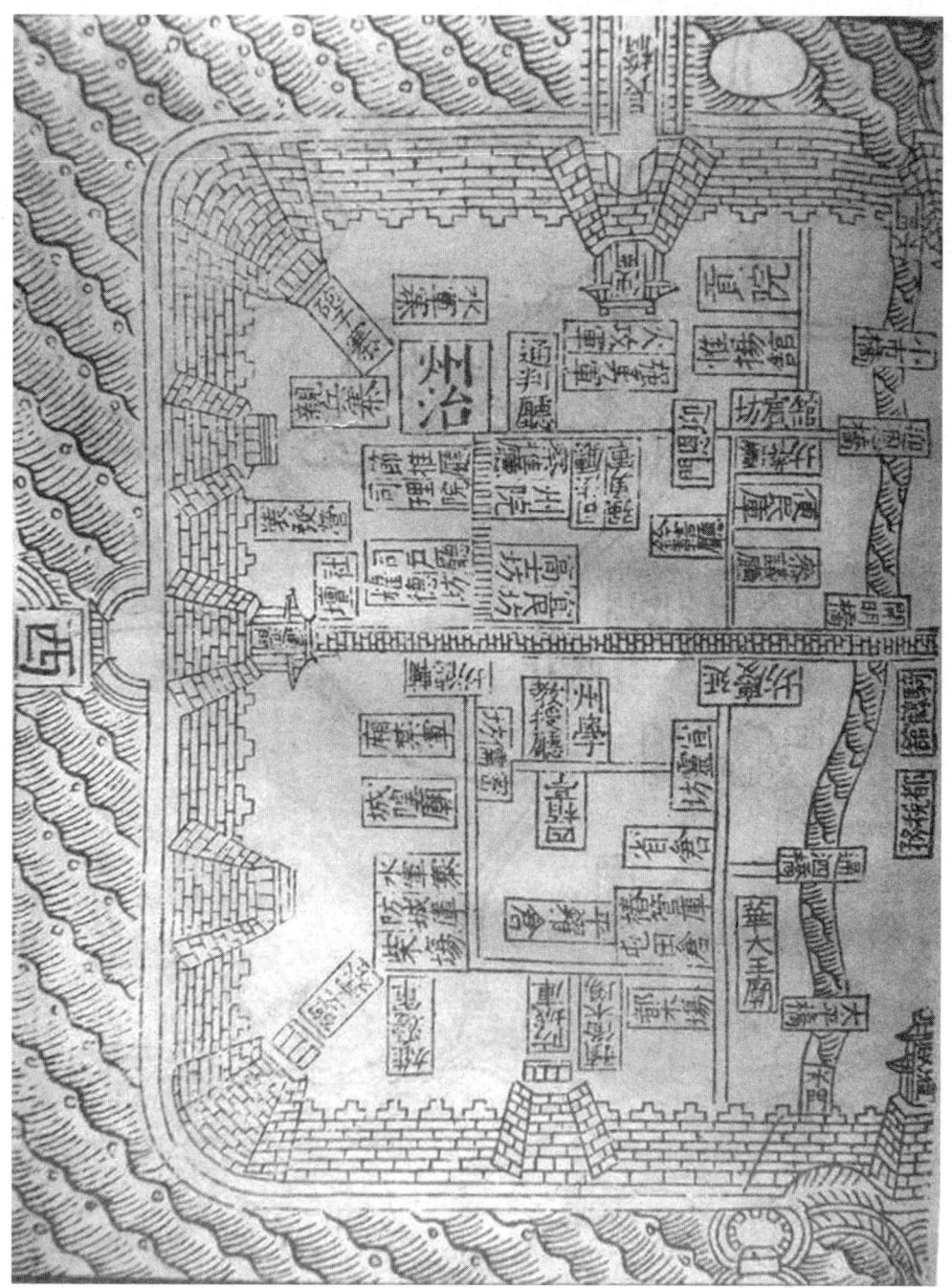

南宋后期扬州城图

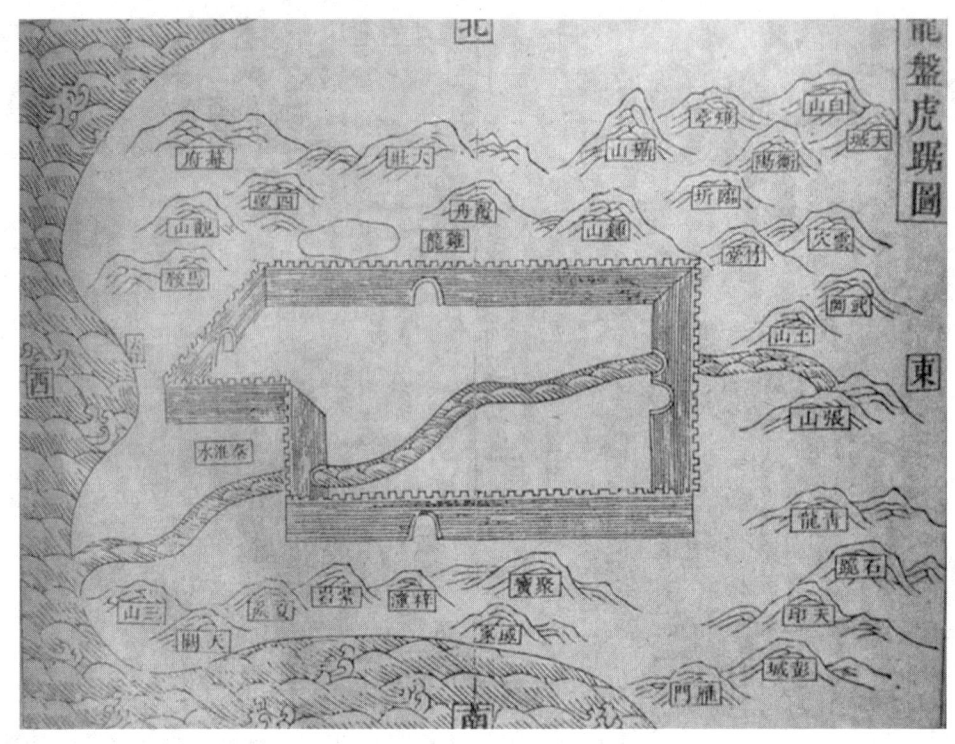

南宋后期建康府形势图

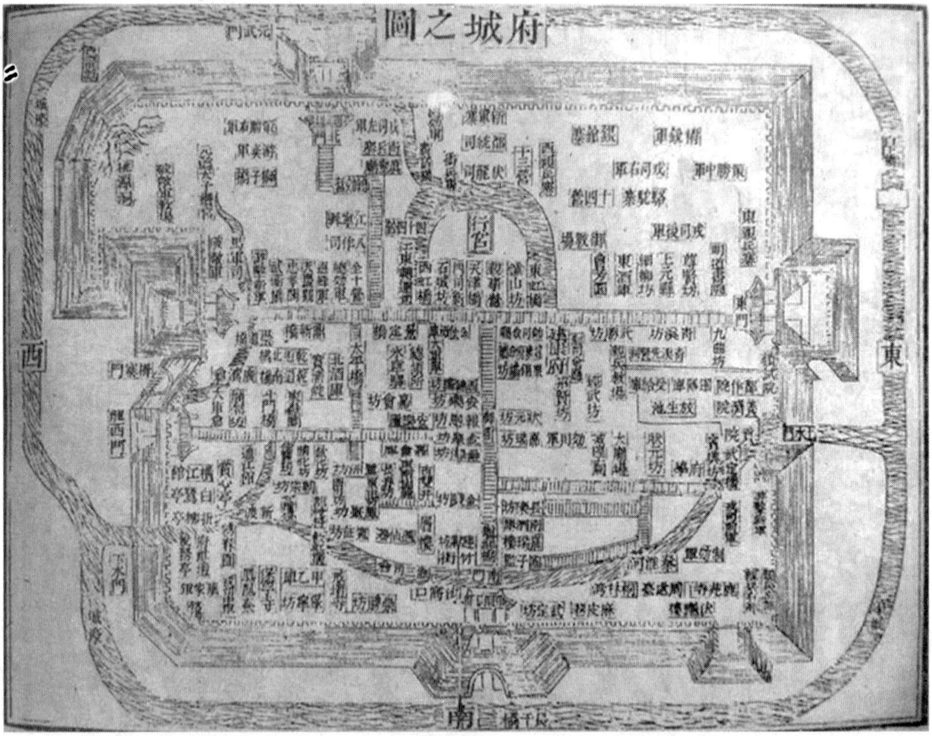

南宋后期建康府城图

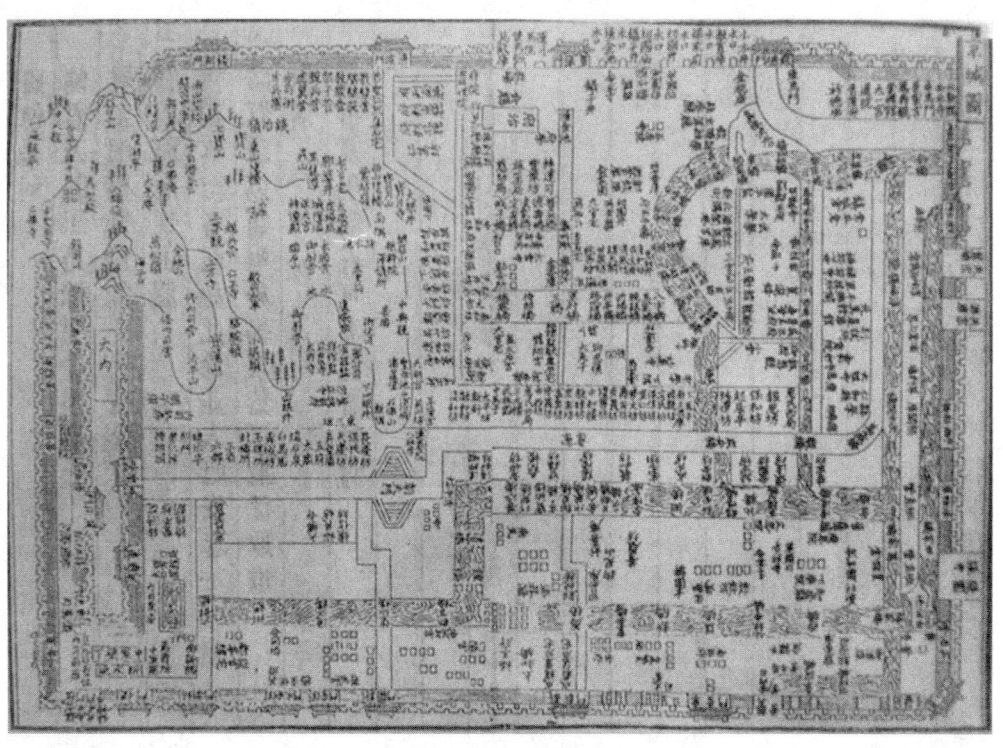

南宋京城图

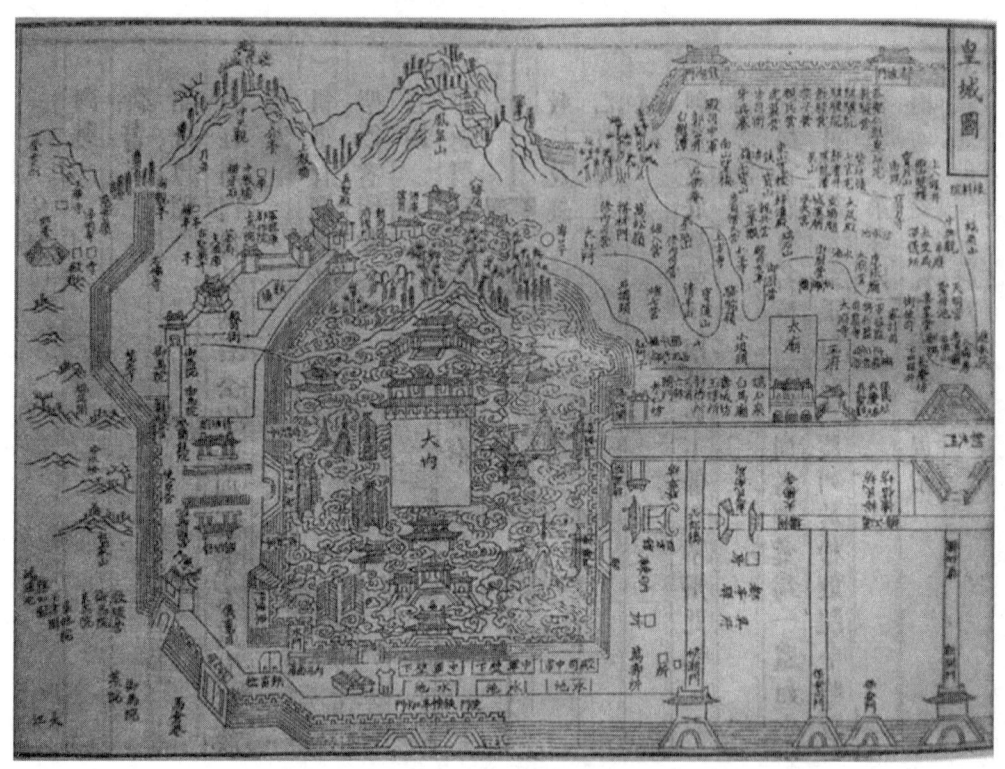

南宋皇城图

重要人物表

岳飞　东京留守司右军统制,后任宣抚使,为南宋方面军统帅。
张宪　东京留守司右军副统制,后任岳家军统制、副都统制等。
王经　东京留守司右军第一正将,后任岳家军统制。
寇成　东京留守司右军第二正将,后任岳家军统制。
郭青　东京留守司右军第三正将,后任岳家军统制。
霍坚　东京留守司右军第一副将。
姚政　东京留守司右军第二副将,后任岳家军统制。
沈德　东京留守司右军第三副将。
于鹏　岳飞亲将,后任幕僚。
王敏求　岳飞亲将。
姚氏　岳飞母。
李娃　岳飞后妻。
高芸香　张宪后妻。
韩清　李娃表弟,东京留守司右军第三准备将。
岳翻　岳飞弟。
芮红奴　岳翻妻。
岳银铃　岳飞姐。
高泽民　岳银铃子。
岳雲　岳飞长子。
岳雷　岳飞次子。

巩岫娟　岳飞义女,后为岳雲妻。

孙革　开封监门官,后为岳飞幕僚。

杜充　东京留守,后任宰相。

马皋　东京留守司中军统制。

王燕哥　马皋妻,封新兴郡夫人,绰号一丈青。

张用　东京留守司选锋军统制。

王善　东京留守司摧锋军统制。

张应　东京留守司中军正将,后为岳飞部将。

李璋　东京留守司中军正将,后为岳飞部将。

岳亨　东京留守司中军正将,后为岳飞部将。

孙显　东京留守司中军正将,后为岳家军统领。

曹成　张用义兄弟。

李宏　张用义兄弟。

马友　张用义兄弟。

郭仲荀　东京副留守。

陈淬　东京留守司都统制。

李廷珪　东京留守司右军第四准备将。

王贵　东京留守司中军统制,后任岳家军统制、都统制等。

徐庆　东京留守司中军副统制,后任岳家军统制。

宋高宗赵构　宋徽宗第九子,南宋开国皇帝。

黄潜善　左相。

汪伯彦　右相。

康履　宦官。

曾择　宦官。

冯益　宦官。

蓝珪　宦官。

张去为　宦官。

隆祐皇太后孟宝红　宋高宗伯母。

柔福帝姬赵嬛嬛　宋徽宗第二十女。

潘瑛瑛　宋高宗贤妃。

赵旉　宋高宗子。

张莺哥　宋高宗才人,后为婉仪。

吴金奴　宋高宗贵人,后为皇后。

朱胜非　中书侍郎,后任宰相。

吕颐浩　吏部尚书,后任同签书枢密院事和宰相。

张浚　礼部侍郎,后任知枢密院事和宰相。

王渊　御营司都统制,后任同签书枢密院事。

韩世忠　御营司平寇左将军,后任宣抚处置使,为南宋方面军统帅。

张俊　御营司前军统制,后任宣抚使,为南宋方面军统帅。

刘光世　御营司提举一行事务,后任宣抚使,为南宋方面军统帅。

王德　刘光世部将。

傅庆　刘光世部将,后为江、淮宣抚司中军统制和岳飞部将。

苗傅　御营司右军统制。

刘正彦　御营司右军副统制。

完颜谷神　汉名希尹,金朝元帅右监军。

完颜拔离速　金朝东南道都统字堇。

兀林答泰欲　金朝东南道副都统字堇。

耶律马五　金朝东南道都监。

完颜榖英　金将,完颜拔离速侄。

赵士㒟　宋朝皇族,知南外宗正事。

赵明诚　建康知府。

李清照　赵明诚妻,号易安居士。

梁佛面　韩世忠妻。

茅佛心　韩世忠妾。

周佛迷　韩世忠妾。

冯康国　张浚门客。

王彦　御营司参议官。

范琼　御营司平寇前将军。

王俊　范琼部属右军统制、同提举一行事务,后任岳家军副统制。

傅选　王彦八字军旧部,范琼部属后军统制,后任岳家军副统制。

洪皓　大金通问使。

胡寅　起居郎。

王继先　医官。

赵鼎　殿中侍御史,后任签书枢密院事和宰相。

范宗尹　御史中丞,后任参知政事和宰相。

完颜粘罕　汉名宗翰,金朝左副元帅、国论移赍字堇,人称国相。

耶律余睹　契丹人,姓耶律,金朝元帅右都监。

高庆裔　渤海人,金朝大同府尹、山西路兵马都部署。

完颜讹里朵　汉名宗辅,金太祖子,金朝右副元帅,人称三太子。

完颜挞懒　汉名昌,金朝元帅左监军。

完颜兀术　汉名宗弼,金太祖子,人称四太子。

慧海　真州六合县长芦镇崇福禅寺住持僧,后为江州庐山东林禅寺住持僧。

大挞不野　渤海人,姓大,汉名臭,金军万夫长。

韩常　金军万夫长。

王伯龙　金军万夫长。

斜卯阿里　金军万夫长。

乌延蒲卢浑　金军万夫长。

间勋　主管侍卫步军司公事,节制淮南军马。

赵宏　岳飞和间勋部将。

舒继明　岳飞和间勋部将。

刘经　江、淮宣抚司左军统制。

扈成　江、淮宣抚司后军统制。

戚方　江、淮宣抚司准备将。

陈邦光　建康知府、沿江都制置使。

刘豫　原宋济南知府,后为金朝子皇帝和臣皇帝。

秦桧　宋御史中丞,降金后任参谋军事。

庞荣　江、淮宣抚司后军统领,后任岳家军统制。

王万　江、淮宣抚司左军正将,后任岳家军统制。

董荣　金军百夫长,后为岳飞部将。

牛显　金军五十夫长,后为岳飞部将。

张峪　金军五十夫长,后为岳飞部将。

赵九龄　前河北西路招抚司干办公事。

邵成章　宦官。

高世荣　外戚,后为柔福帝姬丈夫、驸马都尉。

张所　前河北西路招抚使。

牛皋　东京留守司同统制,后为岳家军统制。

杨沂中　张俊部将。

田师中　张俊部将。

刘洪道　明州知州。

郑亿年　秦桧亲戚,宋朝降金官员。

宋金时代语汇简释

关白　报告。

禀白　报告。

太孺人　孺人是外命妇,即宫外贵妇的一种称号,有时也可作官太太的尊称。对年老的外命妇或没有封号的官太太,习惯于加一"太"字尊称。

歇泊　屯驻和休息。

当直　值班。

浮屠　古印度梵文音译,指和尚、佛寺等。

生理　生计。

痿腐　阳痿。

面对　当面奏对。

不住　不断。

奉祠　担任只领俸禄、不理政务的宫观官。宫观官是宋代特有的,以管理道观命名。

祇候　祇应、侍候。

轮番　轮流、轮班。

少母　儿女对父妾的称呼。

衙内　少爷。

咨目　官员之间的公文和公函。

排办　办理。

追复　为死去的官员恢复名誉和官位,或者加官。

叙复　为贬责的官员恢复名誉和官位。

札子　公文或奏疏,公文也可简称札。

诏狱　按宋朝制度,皇帝下令特设刑狱,称诏狱。

根勘　调查和审讯。

勘问　审讯。

根问　追查和审讯。

供通　招供。

左史　起居郎别名,与之相应,起居舍人称右史。

堂除　宰相任命官员。除是任命之意,宰相办公地点在都堂,即政事堂,就称为堂除。

方脉、大方脉　中医内科。

前溲　小便。

后溲　大便。

小方脉　中医小儿科。

补法　中医治法之一,旨在补养。

下法　中医治法之一,旨在通便、泻火等。

清法　中医治法之一,旨在清热等。

君药　中医方剂中的主药。

后段　后果、后事。

宪台　御史台。

甚处　何处,什么地方。

顿放　安放,安顿。

干当人　南宋时,为豪富之家主管家务、经营田庄等的高级仆人,或简称干人、干仆。

露台弟子　舞台艺人。

坊郭户　宋时城市居民称坊郭户,乡村居民称乡村户。

拐子马　左、右翼骑兵。

司法　司法参军简称。

从事　从事郎简称。

阉竖　对宦官的鄙称。
从政　从政郎简称。
事节　事情。
朝奉　朝奉郎简称。
阿里侃　女真姓。
斡准　女真姓。

大 事 记

建炎三年正月,岳飞率本部回驻开封,杜充强迫岳飞、马皋等与张用、王善等进行内战。

马皋在淮宁府城北战败,杜充斩马皋,其妻一丈青经劝解,率部移驻西京河南府。

二月,金军突击扬州,宋高宗仓惶渡江逃遁,遂得阳痿症。扬州城惨遭劫难。

金军撤退,吕颐浩督刘光世军收复扬州。

赵明诚与李清照夫妇到平江府,拜会执政朱胜非。

宋高宗逃到杭州,下罪己诏,将黄潜善和汪伯彦罢相。

三月,杭州发生武将苗傅和刘正彦兵变,诛杀和流放王渊及众宦官,强迫宋高宗退位。隆祐皇太后、柔福帝姬与新相朱胜非勉力维持危局。

韩世忠妻梁佛面设计离开杭州城,前往韩世忠军报告政变真情。

文臣吕颐浩、张浚与武将韩世忠、刘光世、张俊发兵勤王,夺取杭州,营救宋高宗。

岳飞和李娃成婚。

五月,宋廷命洪皓出使金朝。

六月,杜充不顾岳飞劝告,率大军逃离开封府。岳飞在铁路步会一丈青。

宋高宗寻访得专治阳痿的医生王继先。七月,宋高宗幼子死亡。

东京留守司都统制陈淬与岳飞等随杜充撤至江南建康府。

陈浧向御史赵鼎揭发杜充劣迹,赵鼎不信。

陈浧与赵明诚、李清照夫妇相遇,病中的赵明诚上奏弹劾杜充。

八月,赵明诚病死。

闰八月,杜充任右相,在建康府主持江防。宋高宗与吕颐浩等南逃。

十月,因军情紧张,李清照逃离建康府。

岳飞率军渡江破李成。

十一月,完颜兀术率金军主力自马家渡渡大江,陈浧牺牲。

建康府失守,杜充渡江往真州降敌,与在金军中任官的秦桧、刘豫会面。

十一月至十二月,岳飞在危难时刻凝聚军心,转战南下。

宋高宗与吕颐浩等航海避敌。

当年至翌年,隆祐皇太后、柔福帝姬等流离江南西路。

建炎四年正月,宋高宗船队停泊台州章安镇,元宵在海上点灯作乐,李清照对此深感痛心。

正月至二月,完颜兀术率东路金军入海,追捉宋高宗失败而北撤,沿途大肆烧杀和破坏。西路金军进犯潭州,张所劝说盗匪刘忠抗金而遇害。

二月,岳飞军进驻宜兴县张渚镇,作为抗金基地。

三月,岳飞率军往常州和镇江府,袭击完颜兀术所率北撤金军。

三月至四月,韩世忠进行黄天荡之战,先胜後败。

四月至五月,岳飞率军克复建康府,将金军全部逐出江南。

目　录

[壹]　　南薰门喋血　1
[贰]　　旧怨新仇　12
[叁]　　清河之战　22
[肆]　　乱世佳偶　27
[伍]　　乐极生悲　33
[陆]　　维扬劫难　42
[柒]　　逃窜途中　53
[捌]　　北望断魂　65
[玖]　　初到杭州　71
[壹零]　苗刘之变　84
[壹壹]　急中生智　95
[壹贰]　兴兵勤王　102
[壹叁]　乘势复辟　113
[壹肆]　夺取杭州城　124
[壹伍]　叛将的末日　136
[壹陆]　荩臣诤士　147
[壹柒]　一得一失　156
[壹捌]　金明池畔伤心月　164
[壹玖]　铁路步相会　173

［贰零］ 凄凄惨惨戚戚　180
［贰壹］ 魂系黄河　193
［贰贰］ 杜充主持江防　201
［贰叁］ 马家渡之战　209
［贰肆］ 建康城的陷落　219
［贰伍］ 转战广德军　229
［贰陆］ 进驻宜兴县　241
［贰柒］ 流离江西　249
［贰捌］ 血洗两州城　259
［贰玖］ 穷途末路　267
［叁零］ 怒海惊魂　278
［叁壹］ 海角浪迹　289
［叁贰］ 邀击归师　297
［叁叁］ 黄天荡之战　306
［叁肆］ 克复建康　317

宋高宗即位后的建炎元年到二年，由于重用黄潜善和汪伯彦，贬逐宰相李纲和招抚使张所，东京留守宗泽虽勉力支撑危局，却忧愤而死，在金军的猛攻下，国势如千里长堤，一旦溃决，不可收拾。本书接第二卷《河洛悲歌》之后，叙述建炎三、四年间的历史故事。

[壹]
南薰门喋血

建炎三年（1129年）正月初四，岳飞所统的东京留守司右军，从巩县出发，向开封行进。经过闾勍的分兵和整编，右军有战士两千人，但因战马的死亡和分兵，右军已不是清一色的骑兵，除一千二百名骑兵外，还有八百名步兵。经闾勍批准，岳飞将全军分为三将，第一将和第二将各辖骑兵六百人，第三将辖步兵八百人。第一将的将官是正将王经和副将霍坚，第二将的将官是正将寇成和副将姚政，第三将的将官是正将郭青、副将沈德和准备将韩清。于鹏和王敏求两人充任岳飞的亲将，负责传令、联络等事宜。

两千军人，却拖带了四千多家属。在兵荒马乱的年代，愈来愈多的家眷投靠军队，尤须依赖军队的保护，如果不能扶老携幼，反而影响军心和士气，但家属也必然成为军队进行军事行动的累赘。岳飞当然很明确地意识到这个问题，只能部署右军副统制张宪和第三将步兵，沿途保护家属。为了照顾老幼病弱，张宪、郭青等人临时找到了二十辆牛车和驴车，其中一辆让姚氏和怀孕的高芸香带巩岫娟乘坐，另一辆请李娃、岳银铃带岳雷乘坐。不料李娃坚决谢绝,说:"如今是乱世,正须服习劳苦,奴自可步行。"岳银铃也跟着谢绝,于是其他十九辆车全部照顾了老幼病弱,自岳飞以下,所有的将官家属也都步行。岳雷年幼,被安排在祖母的车里。懂事的巩岫娟也要求步行,但姚氏无论如何不允准。李娃、岳银铃和芮红奴特别在姚氏的驴车里铺上了厚厚的坐褥,以防车辆颠簸,损动高芸香的胎儿。岳翻由于在胙城县的战斗中立功,得到无品武官进义校尉的封赏,但岳飞不安排他当统兵官,只教他充当第三将的一名普通战士。

行军途中,家属队中十分活跃的是高泽民和岳云一对表兄弟,他们最喜欢的事就是练习骑马。然而岳飞为保养马力,下令军中,凡是骑马者必须半天牵马步行。张宪和韩清格外照顾,宁肯自己步行,也要让这对表兄弟过一下骑马的瘾。张宪和郭青等人很快发现,他们要护送四千多家属,简直就离不开李娃。李娃处置这类事务,最有能力和办法,自然而然地成为家属队的中心人物,并且不惮烦劳,每夜总是最晚休息。岳飞虽然负责全军的军务,但每天总要几次三番到老母车前请安。他和李娃的感情愈来愈深,而彼此在表面上反而更加客气,注意礼貌的周全。

队伍行进到郑州,就在城里暂驻。张宪还是依照惯例,会同郭青、沈德、韩清和李娃一同安顿家属。忙碌到天色断黑,有岳翻进屋,唱喏禀报道:"告报张统制,自家八舅在酒肆沽饮,却是不偿酒值,纵酒行凶,又不服劝谕。"原来岳飞特别给弟弟规定,不准在军营里使用"张四哥"之类称呼,以维持军伍的整肃。张宪听后,眉头一皱,命令说:"你且率四名军健,将他押来,并传唤店主同行。"岳翻走后,韩清说:"此事莫须告报岳统制?"李娃说:"不可,岳统制主张一军,若不痛加惩治,何以维护军纪? 然而痛加惩治,又不免伤舅甥底亲情。姚太孺人素来钟爱八舅,岳统制又是大孝底人。"原来自从岳翻在军中改变过去的称呼以后,李娃在此种场合,对岳飞、张宪等人也不用表字相称。她对众人提出自己的处置方案,郭青不免叫好,说:"李孺人料人处事,直是胜似眉男儿!"

岳翻带着醉意尚浓的舅父姚茂和店主前来,出面审问的是郭青,他说:"姚茂,你虽非军人,既是随军同行,不可违犯军纪。"姚茂乜斜着醉眼吼道:"自家是岳统制底八舅,你奈何我不得!"郭青双目圆睁,拍案而起,说:"我唯知有岳统制底军纪与军法,不知有他底八舅!且与他醒酒,责打二十杖！"一名军士端着一个粗黑大瓷碗上前，将一碗冰凉的水往姚茂头上一浇，姚茂顿时醉意全消。军士们将他按倒在地，准备责打军棍，姚茂只能连着高喊："小底乞郭正将恕罪！"

张宪适时走进屋里，姚茂又向他哀叫："张统制救我！"郭青向张宪简单说明情由，张宪说："郭正将处事甚当，切不可教姚茂坏了岳统制全军底纪律。然而念他初犯，权且寄责杖二十，日后再犯，自须两罪并罚，断不轻恕！"他转向店主，问道："姚茂亏负你酒食几何？"店主说："酒食资费三百文，打碎器皿物事须偿八百文。"张宪说："姚茂既是违犯纪律，仗势欺人，须偿付四贯文。"

姚茂站立起来，无可奈何地取出身上仅有的两贯钱，说："我身上所有，仅此二贯文。"岳翻此时也引领岳银铃进屋，姚茂见到岳银铃，似乎又来了救星，高喊道："二妮救我！"岳银铃说："六郎告报，方知八舅违犯纪律。如今唯有自家们代八舅赔偿，切望八舅从今遵纪守法，若是再犯，自家们亦不便相救。你须知五郎性刚，便是妈妈说情，五郎亦岂能以情屈法。"姚茂说："张统制、郭正将在此，我日后岂敢再犯！"

姚茂的事处理完毕后，张宪当夜就向岳飞报告，他特别强调李娃的幕后指挥之功，说："郭正将言道，李孺人料人处事，胜似鬓眉男儿。依我之见，便是岳统制亲自处置，亦必不如李孺人周全，情理两得。"岳飞说："李孺人煞是多谋善断！"张宪感到是一个机会，就乘机进言："如今岳统制是鳏夫，李孺人是寡妇，小将与浑家窃议，不如……"岳飞脸涨通红，当即打断张宪的话，说："李孺人为季团练服丧未满，岂可有非礼之议。"张宪到此就不敢再说，他和高芸香一心一意为岳飞和李娃说合，然而他们俩也并不知道更深一层的秘密，李娃和岳飞通过私下授受玉环，已经确定了日后的婚姻关系。

右军抵达开封城外，按照东京留守司的命令，仍然驻扎在城西的金明池北军营。经于鹏进城联络后，回军营报告，说杜充明天只接见统制岳飞一人，连身为副统制的张宪也无参见的资格，仅此一端，已表明了杜充与前任留守宗泽迥异的作风。第二天是正月十四，岳飞只带领于鹏和王敏求两名亲将，骑马入城。他们来到开远门下，不料第一个出来唱喏迎接的,竟是降为监门官的孙革。

岳飞多少听说一些孙革贬降的事,他和于鹏、王敏求急忙下马还礼。孙革说:"岳统制,你尚念下官底旧恶否?"他所说的"旧恶",当然是指两年前提议将岳飞依军法处斩的事。岳飞连忙解释说:"孙干办秉公执法,下官岂能不识道理!"孙革说:"我亦深知岳统制是个识道理底将才。如今我身为监门官,却是报国无门。如蒙岳统制不弃,我愿到右军,伏侍统制,共图救国大业。"

岳飞向来敬重文士,他还知道孙革是马伸的学生,博学多识,就说:"马殿院忠义,名闻天下。孙干办又能继承马殿院底遗风余烈,下官恨不能立时恭请孙干办前来军中。只是小将官卑职小,人微言轻,做不得主。"孙革说:"我唯求岳统制留心此事,日后寻觅机会。"

于鹏说:"杜留守召右军到东京,不知有甚底紧切事,孙干办可得风闻一二?"孙革苦笑着说:"我既被贬为监门官,如何知情?下官日前曾寻访马统制夫妇,他们亦是不知原委。"他所说的马统制夫妇当然是指马皋和一丈青。岳飞准备向孙革告别,孙革却上前紧握住岳飞的手,深情地说:"国家艰危,岳统制任重道远。杜留守底立身行事,自不待下官赘言,岳统制遇事切须隐忍!"岳飞说:"下官当谨记孙干办底忠告。"

岳飞等三人上马,告别孙革,直奔留守司。东京街道显得比宗泽在世时萧条,虽然目前并无金军进逼,而人们再无举办元宵灯会的兴致。面对着十分熟悉的留守司衙门,岳飞不由激起对已故留守宗泽的深切怀念,他长叹一声:"物在人亡,又不知何时得了却宗留守'渡河'底遗愿!"一名吏胥上前唱喏,说:"请于、王二太尉在此歇息,岳统制且随我去书房,参拜杜相公。"两名亲将不得随岳飞同去参拜,这当然也是杜充立下的新规矩。

岳飞被带到一间书房,这其实也是以往宗泽经常与众将、幕僚议事的所在,众人随意出入,从无任何拘忌。深居简出的杜充,却在书房门外特派四名执刀的军兵守卫,且不说其他文官武将,就是副留守郭仲荀得不到同意,也不能随意出入书房。宗泽在世时,在房里只是放若干兵书、地图之类,如今书房已整修一新,增添了不少书橱,还张挂了杜充亲笔书写的条幅"运筹帷幄"四字。杜充头戴幞头,身穿紫袍,端坐在书案后面,满脸的肥肉显得十分臃肿，两条扫帚般的粗眉之下，一对环眼不时露出威胁性的凶光。如果说书房的陈设堪称是一派儒雅气象，而杜充本人的形象却又与儒雅气象无法协调。

岳飞到书案前唱喏，口称"小将岳飞奉命率本军前来东京，参拜杜相公"，作揖完毕，就叉手正立在书案前。杜充今天似乎情绪不错，他用惯有的粗声大气说："闻得岳统制祖贯相州汤阴，自家底祖贯是相州安阳，亦可谓有同乡之亲。"岳飞明白，像杜充那样动辄盛气凌人的长官，居然在参见之初，与自己叙同乡之谊，无疑是破格的礼遇。但他随即也产生一个更大的疑问，在礼遇中包藏着什么用心。

岳飞想了一下，说："小将一介武弁，安阳与汤阴同州而不同县，岂敢与杜相公叙乡曲之谊。"岳飞的回答使杜充感到满意，对方没有因为自己降尊纡贵，而忘记了尊卑的名分。杜充开始转入正题，说："闻得你骁勇善战，为本司诸将第一。今有张用与曹成、李宏、马友结为义兄弟，屯兵城南玉津园，另有王善一军屯驻城东刘家寺。他们出身盗贼，如今结成辅车之势，不服留守司命令，日久必生患害。你可与中军统制马皋同共出兵，剿灭那厮，为朝廷立功。事成之后，我自当与你升官。"

岳飞梦想不到，将自己调来东京，竟是为了在诛除异己、自相残杀的战斗中，充当一名打手。他一时目瞪口呆，准备婉转地劝说杜充。杜充见到他面有难色，就用不容商议的口吻，高声喊道："明日元宵，你与马皋正可乘机出兵，杀得那厮措手不及。你且退下，传令马皋，与他密议明日军机，不得贻误！"他见岳飞还打算说话，就面带几分怒色，加大嗓门喊道："我另有军机，你即便退下！"

岳飞到此只得离开书房，于鹏和王敏求见岳飞满面愠色，忙问："杜留守有甚底宣命？"岳飞却不愿回答，只说："自家们且去马统制处叙话。"马皋的家就在留守司附近，他和一丈青王燕哥听说岳飞前来，连忙出门迎接，将三位客人请进屋内。一丈青亲热地说："自家们闻得岳五哥到东京，不期今日便得相见。"马皋却说："惟恐杜充召岳统制前来，意思不好。"岳飞到此才将参见的经过原原本本地向众人介绍。

马皋感叹说："杜充从来嗜杀成性，他任沧州知州时，虏人南侵，便以除细作为名，将南逃沧州底燕京百姓，不论男女老幼，尽行杀戮。选锋军张统制、摧锋军王统制虽是群盗出身,既是受宗留守招安,亦曾立得军功。只因有不服杜充底意思,杜充便决意下此毒手。"一丈青说:"张统制曾在郑州之战救得奴家性命,奴岂能恩将仇报。若要厮杀,你们自去厮杀,奴家如今既无军职,自不须上战阵。"马皋说:"我与岳统制亦岂忍兄弟阋墙。"

于鹏见岳飞宽阔的眉宇紧锁,再也不发一言,就建议说:"孙干办多谋,不如请他商议。"岳飞听后,当即起身,说:"此说甚是,我当自去相请。"他将于鹏和王敏求留在马皋家中,自己单骑前往开远门。不一会儿,孙革由岳飞引领,来到马皋家。他对众人提出自己的建议,说:"此亦不是至善底计谋。"岳飞说:"事已至此,若能成功,岂不胜似与张统制等交兵,且须一试。"

第二天天色微熹,岳飞留张宪率第三将步兵在军营守护本军家属,自己率第一和第二将骑兵沿外城行进,来到开封城正南的南薰门外,马皋与张应、李璋、岳亨、孙显四名正将也率中军步兵前来会合,然后向玉津园缓慢进发,惟于鹏单骑先行。

玉津园又称南御园,是与城西琼林苑等齐名的皇家园林。玉津园南就是三年前金朝宣布灭宋的青城。张用的军队正是屯驻在当年完颜粘罕的兵营稍北,并且负责看守青城。张用自从相州战败归来,结识了曹成、李宏和马友三支盗匪,队伍扩充到三万人。由于军中大多是妇孺家属,战士其实还不到八千人。张用为表示不服杜充领导,不再使用选锋军的军号,他自称都统制、兼中军统制,将本军分成六军,成为东京最大的一支兵力。王善的军队屯驻城东北的刘家寺,就是原来完颜斡离不的兵营。他也效法张用,不再使用摧锋军的军号,自称都统制,将本军六千战士分成六军。他们都与杜充保持着若即若离的关系,却仍由东京留守司发放钱粮。

此日正值元宵,张用在玉津园的合欢堂中坐衙,曹成、李宏、马友等人环坐,有军士禀报,说:"今有右军岳统制底亲校于鹏求见。"于鹏曾担任东京留守司干办公事,与张用还是有一些交往。张用感到有点奇怪,就说:"且引领他前来。"于鹏由军士带进玉津园。这座皇家园林往日并不随便开放,于鹏当钧容直押班的时候,还有幸随着乐队来过几回。他进入园内,只见草木凋零,军士和他们的家属到处占着亭台楼阁,昔日豢养珍禽异兽的动物园已成废墟,不免产生一种面目全非的哀叹。

于鹏来到合欢堂前,张用和义兄弟们出迎,以示对同僚的礼貌。双方作揖寒暄过后,共同进入堂内,于鹏不等张用发问,就开门见山地说明来意:"杜留守只因你自称都统制,不服他节制。故勾抽岳统制右军来东京,逼令他与马统制乘元宵之机,剿灭你们。马统制、岳统制岂忍与你们自相残杀,特命自家来此劝谕。杜留守底行事,尽人皆知,然而当国家患难之际,小不忍则乱大谋,同共抗击番人,方是大谋。"

张用听后,额上不知不觉渗出了冷汗,他说:"马统制与岳统制委是有情有义,若是今日攻自家们不备,如何了得。不知你们欲如何行事?"于鹏说:"两个统制底意思,张统制当依旧用选锋军统制底名分,上申留守司,表示悔过,自今服从杜留守节制。两统制便可回军,禀覆杜留守。"

张用说:"便依你们底意思,只是自家不通文墨,还须求于干办为我写一申状。"于鹏也不推辞,当即取过纸墨笔砚,为张用起草了简单的申状。他给张用念了一遍,张用就在申状最后描了一点一划,作为他的画押。

有军士进来通报说:"今有岳统制与马统制在玉津园北列阵,请张都统出营叙话。"张用又用怀疑的目光望着于鹏,于鹏说:"且请张统制宽心,两统制决无加害底意思。你自可引兵出营列阵,与两统制叙话。我且留在军营。"于鹏甘愿自当人质,使张用得到宽慰,并且深受感动,他上前紧握着于鹏的手,说:"我愿与于干办同去叙话。"

张用与义兄弟们也率兵出营列阵。经于鹏居中联络,一方由岳飞和马皋出马,另一方由张用出马,彼此不带兵刃,只是在马上对话。双方行礼寒暄后,张用当即取出于鹏起草的申状说:"我日前对杜相公多有不尊,如今愿悔过自新,遵禀号令。今有申状一封,唯求二统制转呈杜相公,代为缓颊,切望杜相公恕罪。"岳飞接过张用的申状,马皋说:"国家危难,自家们尤须共济国难。切望张统制自今以国事为重,以私人恩怨为轻。"岳飞说:"我亦是此意,张统制生逢乱世,骁勇敢战,自当以杀敌为天职,而忽略细故,方是大丈夫底气概。"

双方友好地交谈了一阵,就各自收兵,于鹏也回归右军。岳飞和马皋在进城路上，又反复商量，准备如何说服杜充。两人来到东京留守司，当即被吏胥引领，进入杜充那间深居的书房。两人见杜充唱喏，然后叉手站立在书案前。

首先由马皋报告情况说："自家们到玉津园北，摆布军阵，张用亲自出马，表示悔过之意，愿自今之后，遵禀留守相公底号令，决无二心。自家们见得张用幡然悔悟，便晓谕他以忠义报国。如今国祸已深，若是国人自相交兵，唯是虏人从中得利。今取得张用申状，禀覆留守相公。"岳飞乘机用双手将张用的申状放到书案上，说："请杜相公过目。"

不料杜充竟气得满面紫涨，他抓起张用的申状，就撕成几片，扔在案前的地上，然后咆哮说："我要你们取叛贼底首级，岂要你们取叛贼底申状！你们若不取张用底首级，我便要取你们底首级！"

岳飞和马皋面面相觑，马皋见岳飞已略露愠色，就连忙使眼色示意，两人只得向杜充告退。岳飞走出留守司后，气愤地说："如此暴戾恣睢，直是举世无双！"马皋说："且去我家从长计议。"右军和中军的将领到马皋家聚会，商议对策，大家都想不出两全其美的办法。

当众人唉声叹气，感到一筹莫展的时候，孙革主动来到了马家。原来他虽然为岳飞和马皋设计，心中却仍忐忑不安，所以前来打听情况。孙革听了大家介绍后，就说："如今唯有请岳统制与马统制缓兵一日，我自去玉津园，劝说张用率军移屯西京，若是到闾太尉处安泊，杜留守亦是鞭长莫及。"众人听后，都拍手叫好，岳飞说："此计虽好，切不可泄漏！"孙革向马皋借了一匹快马，绕道出开远门而去。

岳飞等人留在马皋家，等待孙革的消息。然而等到天黑，也未见回音。他和马皋商议，决定明天只能出兵，待到了玉津园，再见机行事。中军和右军的队伍在十六日早晨，又重新集结在南薰门外，岳飞和马皋会面，才确认昨夜孙革并未回城，马皋说："此事莫非另有变卦？"于鹏说："待我再去玉津园一回。"岳飞说："你不可再去，孙革不归，此事便是可忧，你若再去，杜留守岂不疑自家们通贼？"于是右军骑兵在前，中军步兵在后，向玉津园进发。有探骑报告，张用的军队已在玉津园北列阵，岳飞和马皋都不免长吁一声，他们判明，一场自相残杀的内战到此已势不可免。

两军南北对阵后，南面有三人手执兵刃，缓骑突出阵前，其后有军士们高喊："张都统、王都统请岳统制与马统制答话。"于是岳飞和马皋也各执兵刃，骑马突出阵前。双方互相在马上行礼，只见对方除张用和王善两人外，另有一将，长得豹头环眼，高大魁梧，骑一匹乌骓马，手执一杆二十八宋斤眉尖刀，此人正是王善的表弟王嘉，对方军中的第一员悍将。

岳飞首先发问："张统制，孙干办尚在你军中否？"王善抢先回答："孙干办不听自家们号令，今已拘在军前。"马皋说："孙干办激于忠义，只为免于兄弟阋墙，冒险前来，你们纵然不禀杜留守号令，亦不可将他拘留。"岳飞说："你们若是识道理，务须先放了孙干办。"

王善说："杜充是个不仁不义底小人。新兴郡夫人威名闻于天下，杜充上任之初，只因一言不合，便罢了她底军职。如此小人，岂可屈居他底属下？马统制、岳统制不如与自家们合兵，杀入东京城，取了杜充那厮底首级，共享快活。你们若是不肯依从，自家们便先杀了孙干办祭军旗。"他所说的新兴郡夫人当然是指一丈青。

听了王善的话，岳飞和马皋判明此回发生变卦，应是出于王善从中挑唆。岳飞高声说："张统制，你亦是个昂藏磊落底丈夫汉，如何忍心对孙干办下此毒手？"张用面露羞愧之色，拨马回军，不一会儿，就带着骑马的孙革一同回来。岳飞说："孙干办受惊，且请归阵！"孙革在马上向岳飞和马皋行礼后，就回到北军阵中，

马皋说："张统制，念你曾救取自家夫人底性命，今日不可伤了旧日情谊，敢烦率本军人马退出玉津园，另谋生计。"张用面露犹豫之色，王善却说："大丈夫处世，一不做，二不休。你若拨马而归，有何面目见你底义兄弟？"

此时王嘉开口说："岳统制，久闻你勇锐无敌，只恨无缘与你交手。今日你若是用马统制底刀，赢得我底刀，张都统与我表哥自当退兵。若是赢不得，你当与马统制献出东京城。"岳飞听后，与马皋互相用眉目传意，他们并不答话，马皋将手中那杆二十四宋斤的掩月刀掷与岳飞，岳飞用左手接住，又用右手将丈八钢枪掷与马皋。马皋与张用、王善都稍稍后退，岳飞和王嘉开始交锋。

王嘉大喝一声，使尽气力，举刀往岳飞头上劈来。岳飞持刀用力向右

一搁,王嘉因用力过猛,他的眉尖刀头直下,竟深砍在临近地面的一棵树桩上,一时拔不出来。岳飞乘机抡刀向王嘉头上劈去,简直是风云天借力,竟将王嘉从头顶到腰胯,劈为两爿。一时之间,不但南军惊呼,北军叫绝,连岳飞本人也对自己竟有神助般的气力惊诧不已。

岳飞乘胜匹马单刀,直取王善,王善和张用都不敢应战,逃入阵内。岳飞大呼陷阵,马皋与王经、寇成等骑兵也接着直驰敌阵。张用和王善的联军至此根本没有斗志,有的投降,有的溃散。岳飞和马皋两军先后占领了玉津园和刘家寺两处军营。但对败兵的家眷还是采取优待的办法,不准军士掳掠,放他们自便。

岳飞和马皋处置军务完毕,回到留守司,已是傍晚时分。这次由副留守郭仲荀亲自迎接,他说:"二统制立得大功,除了京师心腹之患,留守相公当有封赏。"马皋感叹说:"此亦是事出无奈,若是不战而屈人之兵,方是上策,交兵自是下策。"郭仲荀告诫说:"你们参拜留守相公,休得如此说。"

郭仲荀带岳飞和马皋进入杜充的书房,又带头向杜充唱喏,然后与岳飞、马皋叉手站立在书案前。他在留守司中,无疑是充当一个备员、一件摆设,却是杜充心目中最理想的副留守,奉命惟谨,没有军事才干,就是他最大的优长。杜充甚至公开扬言:"若论副留守,无才便是德。"

岳飞首先向杜充报告说:"小将等未能斩得张用、王善底首级,只是破袭了玉津园与刘家寺,惟求杜相公放罪。"杜充对岳飞的报告还是颇感满意,他脸上的横肉绽出了一丝微笑,说:"二统制虽未能斩得二贼首级,却是除了京师底心腹大患,理应赏功。岳统制可自武功郎借补武经大夫,马统制可自右武大夫、果州团练使迁左武大夫。"杜充的宣布不免使郭仲荀内心感到惊奇。依郭仲荀的估计,两人至少也应迁三官,然而马皋只迁一官,依照自武翼郎至武功大夫,有军功者迁两官等于一官的双转制度,岳飞只迁了一官半阶。他琢磨不透,为什么杜充如此吝于封赏?却不敢说三道四。

其实,杜充对待武将的基本原则,就是养鹰休饱。岳飞和马皋两人内心对这次战斗仍然十分反感,倒也不计较赏功的厚薄,只是礼貌性地表示感谢。杜充又说:"更说与你们,我已申奏朝廷,命陈淬任本司都统制,陈都统不日便来开封就任。"杜充也嫌郭仲荀无能,实际上不能统兵打仗,而对马皋又有几分嫌忌,他考虑再三,决定调陈淬来东京,其实是有用陈淬压制马皋的意思。岳飞和马皋听说陈淬来东京,心中都感到高兴。马皋说:"陈都统来此,煞好!"

　　杜充认为事情已经处理完毕,他向来不愿意与部属多作交谈,认为少和部属接触,是维护自己尊严的最好办法之一,就吩咐说:"你们且退下!"岳飞到此还是鼓足勇气说:"小将尚有一事,求杜相公恩准。"杜充眉头一皱,问:"甚事?"岳飞说:"前干办公事孙革冒犯,降为监门官。然而小将右军中目即无人主管文字,敢请杜相公将他发落到小将军中,戴罪立功。小将愿以武经大夫底官封为孙干办赎罪。"郭仲荀听后,不免为岳飞捏了一把汗,心想:"岳飞何苦做画蛇添足底事。"不料今天杜充的情绪格外好,他的脸上竟露出一丝微笑,说:"孙革不可送与你!命他监门,已是宽饶。"

[贰] 旧 怨 新 仇

张用临时发生变卦,确是受了王善和义兄弟曹成等人的煽动。他们率领败兵退到了位于开封府南的淮宁府西华县,陆续收容溃兵和被岳飞、马皋释放的家属,开始商议今后的行止。张用有几分后悔之意,他说:"自家们不听孙千办底劝告,至有今日之败。不如依孙千办底意思,投奔西京闾太尉,请求杜充宽饶,此亦是一法。"曹成说:"不可,杜充心胸狭隘,岂能容人。便是投奔闾太尉,杜充亦不能容。"王善说:"如今天下大乱,乃是贵贱贫富变更底时机。官家好色不修德,重用奸臣,岂能与虏人持久相抗?自家们不如占据得几个州郡,进可以称王,退可以称霸,胜似受制于杜充百倍。"马友说:"点检军马,两军战士尚有一万余人,便足以横行天下。"张用听了王善和义兄弟们的劝告,对败兵进行休养和整编,在二月初向淮宁府治的宛丘县城(今河南淮阳)进发。

杜充自从南薰门之战后,也不断派人打探张用和王善两军的行止。为了剿灭叛军,他特别从把守黄河沿岸滑州等地的军队中,抽调了后军和游奕军,命马皋率领中军,并且指挥两军统制扈成和桑仲,前往淮宁府。

张用和王善的两支队伍抵达宛丘县近郊后,淮宁知府冯长宁已经得到情报,紧闭城门。张用和王善两军分别来到城北和城西,驻扎未定,马皋的队伍也继踵赶到城北。马皋本来不愿意再次同张用交锋,但到此地步,已是身不由己。他亲统中军居前,命令游奕军居中,后军居后,自己仍然希望与张用会一面,劝说他退兵,避免再次交战。四名心腹正将张应、李璋、岳亨和孙显也都明白马皋的意图。

张用的军队屯驻在淮宁城北的教场一带,得到追兵的消息,就仓促列阵。马皋率军赶来后,就亲自横刀纵马,走出前列,大喊道:"请张统制答话!"不料对方并未由张用出马,而是曹成出马,他认出来者正是马皋,更不答话,弯弓就是一箭。马皋眼明手快,用刀将箭挡落在地。曹成的举止激怒了马皋,他拨回战马归军,就命令中军向张用军进击。两军最初是用弓弩互射,接着展开白刃战。

马皋一面指挥作战,一面又派人催桑仲和扈成两军前来支援。桑仲原是老将种师道的小校,后随种师中救援太原,种师中失败战死后,他率溃兵流窜于河东和河北,直到去年冬,才投奔杜充。杜充任命他为一军统制,并且给他增拨了一些兵力。不料桑仲却对杜充逐渐产生不满,他和部下的两名正将李横和汤阴人李道私下商议,决定乘此机会,脱离杜充,独立成军。当马皋派人催兵时,桑仲根本不予理睬,却率本部人马西行,径往唐州(治今河南唐河)。

王善闻讯后,率本军从淮宁城西前来增援,对马皋所部实施包抄和侧击。扈成却素来畏怯,他率部赶到战场,眼看敌军势盛,就率后军卖阵退兵。于是,马皋一军很快就陷入孤军苦战的境地。中军虽是东京留守司的一支劲兵,然而在优势敌人的包围和攻击下,军队损失惨重。

孙显眼看形势危急,就向马皋提议说:"自家们须当机立断,突围而出。"张应、李璋和岳亨也表示同意。马皋叹息说:"事势如此,唯有挪回,你们可在前冲杀,我当亲自断后!"张应、李璋和岳亨都说:"马统制且居中节制,由自家们断后。"马皋说:"不须,你们只管向前厮杀!"于是孙显舞动铁戟刀,另外三将使浑铁枪,率骑兵当先冲锋,突破敌人的包围,马皋率步兵继后。中军北撤到蔡河,涉水而渡,王善指挥一部分军士向中军施放强弓硬弩,很多军士竟尸填河床,仲春的蔡河流水被鲜血染红。张用和王善两军一直追击到开封府界的铁路步,方才收兵。

马皋统计残兵,只剩下了五百多人,心中不免惨然,他长叹说:"不料我统兵数年,曾屡挫强虏底兵锋,今日竟败于张用与王善之手!"他无可奈何地收兵回开封,命令张应等将统兵回营,自己带两名亲兵前往东京留守司。

郭仲荀出留守司衙门迎接马皋,马皋说:"此回因桑仲与扈成两军临阵逃脱,故被张用与王善杀败,委是无颜见杜相公与副留守。"郭仲荀说:"胜负乃是兵家底常事,马统制不须顾虑。"马皋心中略感宽慰。按照惯例,两名亲兵不得入内,马皋单身随郭仲荀前去。马皋进入杜充书房,还来不及唱喏,坐在书案后的杜充高喊道:"速将这厮败将行军法!"有几名埋伏的军兵上前,用麻绳将马皋捆绑了起来。

猝不及防的马皋浑身冷汗直冒,他说:"我尝为朝廷破敌立功,又在南薰门前杀败张用与王善,岂可以一败而行军法?若要行军法,也须论扈成与桑仲卖阵之罪。"郭仲荀在事前并未与杜充串通,他惊魂甫定,就结结巴巴地求情说:"马统制……马统制亦是……本司底……宿将,乞留守相公……乞留守相公恕他一死,容他……容他日后戴罪立功。"

杜充严厉地高喊:"我若不能赏功罚罪,又如何执掌大兵?"马皋还想分辩,一个军兵举起手刀,向马皋的后颈劈来。马皋来不及发出惨叫,已经人头落地,鲜血从体腔内汩汩溢出,流淌满地。郭仲荀虽是武人,见到这种场面,也是面容惨白,全身颤抖,目瞪口呆。杜充的脸上却露出狞笑,他一直嫌忌马皋,今天总算达到了杀人和立威的双重目标。他用命令的口吻对郭仲荀说:"你可将马皋底首级号令示众,以儆不用命底武夫,将书房收拾净尽。"他根本不等郭仲荀应答,就趾高气扬地走出了书房。

一丈青自从被杜充免除中军副统制的军职后,一直抑郁不乐。岳飞和张宪的家眷来到开封,一丈青闲着无事,经常与他们往来。今天,正好是李娃来到马家,看望一丈青。一丈青比李娃大一岁,今年已经三十。两人虽然结识不久,却是话得投机。两人谈了一阵,李娃说:"久闻郡夫人双刀无敌,勇冠三军,今日若能一显身手,亦是奴家底眼福。"一丈青本来就闲废在家,不胜技痒。她上前用左手握住李娃的手,又用右手取来装有双刀的刀鞘,说:"请李孺人同去庭院。"

这是马皋家的一个不大的庭院,西墙紧贴着一个小亭,两根柱子支撑着半爿屋檐,其中立一个旗架,上面插着两面绛红旗。李娃上前,先后展开两面旗帜,只见其上分别用黑丝线绣了"关西贞烈女"和"护国马夫人"十个大字。她用手抚摸着绣字,不免发出轻微的叹息。一丈青从刀鞘里抽出两柄长四宋尺五寸、重八宋斤的长刀,舞了起来。舞到妙处,李娃只听得接连不断的嗖嗖响声,惟见得团团寒光缠身,忍不住喝彩叫绝。

一丈青舞刀完毕,将双刀插入鞘内,搁置在旗架旁。李娃望着她面上略带兴奋的神色,感叹说:"只恨奴家无郡夫人底好身手、好本事,不能亲上战阵,报仇立功。"她的感叹却说到一丈青的心灵痛处,一丈青说:"奴家有一身好武艺,亦是枉然,到头来亦是屈沉在杜充那厮小人之下,受他颐指气使。"李娃说:"依奴家底意思,待马统制此回归来,不如设法与他同去西京。闾太尉与你们有旧谊,又为人宽厚,必不使你们受屈,自当有报国之机。"一丈青说:"李孺人所说甚是!"

两人正在说话,李璋熟门熟路,径自直入庭院见一丈青,李璋唱喏,两个妇人也行礼道"万福"。李璋接着就叙述了中军战败的情况,说:"如今马统制先去参拜杜留守,不须多时自当回府。"一丈青紧皱眉头,她听完李璋的叙述,就说:"不料有今日底大败,不知杜充那厮又如何责罚?"

话音刚落,新上任的都统制陈淬和岳飞急步来到庭院,一丈青见到两人的神色异常难堪,问道:"有甚底紧切事?"岳飞望了望陈淬,陈淬不得不用沉痛的语调说:"马统制返回留守司,自家们尚未及与他相见,便被杜充伏兵斩首。"

一丈青一时急怒攻心,她简直不相信自己的耳朵,简直不相信几天前送丈夫出兵,竟成了夫妻最后的诀别。李娃望着一丈青骤然变得十分难看的脸色,见到她眼睛中喷射出复仇的怒火,就下意识地抢先走到旗架边,把一丈青的双刀连同刀鞘紧紧抱在胸前。

李娃的动作实际上等于启发了一丈青,一丈青发出了从未有过的尖厉惨叫:"李孺人,还奴家双刀!"她一面说,一面扑向李娃。幸好岳飞及时挡在李娃的身前,陈淬和李璋也上前苦劝,李璋说:"杜充那厮多设兵卫,深居简出,郡夫人便是单身直入,虽是勇武,只恐亦杀不得杜充。"李娃说:"多行不义必自毙,郡夫人是巾帼英雄,十年后报仇,亦是不迟。"

在众人的劝解下,一丈青的神志逐渐清醒,她由狂怒转变为无比的哀恸,坐在地上,悲声大放。陈淬、岳飞和李璋三名男子还是第一次见到一丈青如此神态,一时束手无策。幸亏李娃颇能临机应变,她召唤女使,与她一起扶一丈青到内室,为一丈青更换丧服。李娃从内室出来,对陈淬等三人说:"陈都统,马统制生前多立军功,岂可以首级示众。如今亦不可依丧制常礼,敢请陈都统为马统制置办棺椁,亲自送来,亦不枉旧日底情分。岳统制与李正将须留宅内,助奴家陈设灵堂。万一郡夫人哀怨不可遏,奴家一个女流,制止不得。"陈淬用感激和敬服的语气说:"今日幸得李孺人处变而不乱方寸,居中调停,自家当仰遵孺人之命。"他身为都统制,却特别使用了"仰遵"两字,李娃说:"奴家无才无德,陈都统如此说,奴委是无地自容。"岳飞与李娃既有心照不宣的特殊关系,反而不便说话,李璋却说:"李孺人不须过谦,如今只得由孺人主张,我自当遵依。"

陈淬离开马家,首先找到郭仲荀,说明情况,郭仲荀叹息说:"可惜了一员勇将,我未能生前救他,身为副留守,亦须在马统制身后作一回主张。"他不再禀告杜充,下令取下了号令在留守司门前的马皋人头,用棺材盛殓尸身后,就同陈淬、张应、岳亨、孙显等将一起抬着棺材,来到马家。

马家在李娃的主持下,临时将厅堂改为灵堂,正中已经立了马皋的牌位,由李娃用端秀的楷书书写"故宋左武大夫果州团练使东京留守司中军统制马公之位"。郭仲荀等将棺材安放在灵堂,首先向一丈青唱喏,说:"事出仓促,下官身为副留守,未能救得马统制,乞郡夫人恕罪。下官已命大相国寺为马统制做道场,以赎罪愆。"一丈青说:"此事自是杜充底奸计,与副留守无涉。副留守如此恩意,足可告慰先夫之灵。"其他众将也纷纷表示慰问和吊唁。

众人打开棺盖,一丈青只见丈夫的头颅已与身躯凑合,惟有眼皮未合,从死者的眼神中还可约略看出最后一刹那的悲愤表情,忍不住抚尸恸哭。最后,她在棺材前立誓说:"奴若不能为夫君报仇,誓不为人!"然后用手将马皋的眼皮轻轻揉合。

李娃手持一件马皋生前的战袍,交付李璋,说:"敢请李正将为马统制招魂。"由于马皋死于非命,招魂的礼仪就尤其重要。李璋登上马家的屋顶,面向北方,大喊三声"中军统制马皋复",然后走下屋顶,将这件战袍覆盖在马皋的尸身上。这算是呼唤死者的灵魂返回肉体。一丈青接着指挥军士为丈夫进行沐浴、更衣等丧礼。

郭仲荀、陈淬、岳飞等人不得不在马家的一间书房进一步商量后事。在古代的夫权社会,此类事情本来都只有男子们商议,但此时此刻,李娃却是必不可少的人物。李娃说:"如今陕西已与虏人交兵,郡夫人不可回故乡归葬，奴家劝她去巩县，择一风水胜地埋殡。她既与杜充势不两立，不如在埋殡之后，前往西京，归依闻太尉。"

陈淬望着郭仲荀说："杜充因东京兵力不足，决意将闻太尉下王、徐二统制底背嵬军勾抽到此。依下官之议，中军余部不足千人，不如悉数拨付闻太尉。将士沿途护送郡夫人，郡夫人日后亦得在闻太尉下效力。"他所说的王、徐二统制当然是指王贵和徐庆。郭仲荀面有难色，说："此事须关白杜留守，窃恐不得依允。"陈淬知道郭仲荀害怕杜充，就说："我自当与你同去禀白。"

李娃又说："郡夫人起离之前，奴自当日夜陪伴，跬步不离。然而此处亦须有兵卫，以防不测。"众人明白，她所说的"不测"，是指一丈青和杜充之间发生冲突。岳飞用眼神向陈淬示意，陈淬望着张应、李璋、岳亨和孙显四将说："留守司近在咫尺，须防不测。岳统制统率一军，不可在此久留。不如请张、李、岳三位正将统兵二百，护卫郡夫人，以防事变。孙正将回营，主张军务。"张应等四人一齐回答："小将等遵命！"大家对张应等三将叮咛再三，然后回到灵堂，又对一丈青劝慰一番，辞别而去。张应等三将当即指挥军兵，将整个第宅严密巡护把守。

夜深人静，一丈青的卧室中，惟有一盏油灯，陪伴着两个寡妇。这是两个情况有很大差别的寡妇。就李娃而言，昔日的巨创深痛已成余痛，她已经卸脱丧服，更换红妆，迎接新的幸福婚姻。然而今天一丈青的惨痛遭遇，却使她再次更换麻布素服，并且重新回味三年前的惨痛经历，也使她对一丈青有更深切的同情和理解。一丈青已无往时的豪气，丈夫突如其来的惨死，使她的精神陷入崩溃，但她毕竟是外向型的性格，痛苦愈深，就愈需要倾诉和宣泄。李娃细心地倾听她不断重复的倾诉和宣泄，又不时进行耐心的劝慰。

两人感情的贴近，就自然而然地改用姐妹的亲切称呼。一丈青问道："不知妹妹何时成婚？"提起与故夫的婚事，其实也不免使李娃伤心，李娃用略带感忱的口吻说："奴家自十五岁时嫁与季团练。"一丈青听后，边哭边说："奴竟与妹妹同岁成婚。奴与他自幼青梅竹马，不料应聘之时，阿爹言道，若是他胜不得奴底双刀，便不得成婚。"李娃问："马统制又如何娶得姐姐？"一丈青又忍不住悲声大放，说："奴家当时让了他二三分，他方娶得奴家。"这段富于戏剧性的往日情话,如今却成了最悲痛的回忆。

李娃真想转移一个话题,而一丈青却继续说:"自家们转战河东时,马统制曾三次陷于死地,皆是奴家救他。常言道,大难不死,必有后福。不料夫君不得马革裹尸,而惨死于小人之手!"李娃说:"自平定军失陷后,奴家虽得逃生,亦是痛不欲生。唯是转念奴家虽无复仇之力,若不能得见山河光复,亦是死有余恨,故苟活至今。姐姐英武盖世,尤须深自爱重,奴料得姐姐日后定有为国立功、报仇雪耻底机便。"

一丈青叹息说:"奴只是冲锋陷阵底一勇之妇。奴历观众将,岳五哥最是智勇双全,可惜却须在杜充那厮节制之下,有才不得展,有志不得伸。日后若能为大将,光复山河,必定有望。"听到一丈青对自己心上人的赞誉,李娃不由下意识地脸红心跳,她发现一丈青没有觉察,就说:"夫君在世之日,奴亦曾言道:'乱世用武,鹏举、伯富、循礼与祝康底功名,必出夫君之上。'但愿天佑我大宋,成就得他们底功名,他日为自家们复仇雪恨。"李娃的用意,是要用其他三人掩饰自己对岳飞的特殊感情。一丈青最初对岳飞有好感,此后又进一步,转为亲近感。经李娃一说,她才发现,原来自己对岳飞有一份自己也说不清楚的特殊感情。她在近乎麻木的痛苦中,突然产生了一种清醒的意念,自己的后半生还须指靠岳飞。她说:"不料两个妇人底见识竟是全同。"两人谈论了大半夜,最后还是李娃劝一丈青上床,稍事休息。

陈淬第二天与郭仲荀同去参见杜充,他说:"此回杜留守相公执法无私,然而马统制是本司宿将,素得军心,须防变生肘腋。如今中军余部不足千人,新兴郡夫人又是隆祐太后亲封底命妇,不如命中军随她同去西京埋殡,归闾太尉节制,亦以示留守相公法外有情,恩威并行。"

杜充虽然杀了马皋,但想到一丈青,心中也不免有几分畏惧,陈淬的话,特别是"变生肘腋"四字,说中了他的心病。杜充想了一会儿,说:"可命张应、李璋二将统兵五百,随新兴郡夫人前去西京。岳亨与孙显底余部并入岳飞右军。王贵与徐庆一军前来,便改军号为中军。"不知怎么,自从岳飞在南薰门之战立功后,在杜充的心目中,还是把同乡岳飞当作一个可以信赖的部将和打手。在他看来,将中军余部并入右军,归岳飞管辖和弹压，自己就可以高枕无忧。

陈淬还想为一丈青多争取一些兵力，郭仲荀却使了个眼色制止，说："自家们当遵禀杜留守相公底钧旨。"立即和陈淬一起告退。离开杜充的书房不远，郭仲荀就轻声告诫陈淬说："此后须知，杜留守既有命令，你岂可另持异议。"陈淬只能发出轻微的叹息。

宋代的丧葬仪制十分繁琐，却又无严格的、统一的规范，有相当的伸缩余地。一丈青悲痛欲绝，无法自持，只能请李娃全权操办。李娃处事干练，也使一丈青感到放心，并且十分满意。由于在巩县住了一段时日，李娃对当地还是比较熟悉，她派人找了一块风水好的地段，同一丈青商议，在马皋死后的第十天，就启程前往。一丈青此时的心境，也恨不能尽早离开东京，另觅新天地。她同意了李娃的建议。

就在一丈青准备启程的前两天，岳飞匆忙来到马家。两个妇人向他行礼道"万福"，接到屋内。岳飞却不肯坐下细谈，他只是站着说："杜充下令，陈都统与我明日出兵，解救淮宁府，今日特来与二位夫人告辞。切望郡夫人忍痛节哀，善自保重，路途小心。自家已命韩准备将率步兵五十，护送李孺人前去巩县。待埋殡事毕，自当送孺人回东京。"

原来高芸香已正式出面做媒，姚氏当然十分赞成儿子和李娃的婚事。双方已经商定，将在二月选择吉日成婚。不料突然发生马皋被杀的事，婚期只能推迟。岳家和李娃对婚事事先并不张扬，即使在右军中，除了张宪和韩清两人外，其他将官也不知情。岳飞的话其实就是通知李娃，婚期只能再推迟到双方回东京以后。

李娃听说岳飞又要出征，心中十分依恋，却又不愿在一丈青面前有任何表露，她只得用较为平静和相当客气的语气说："感荷岳统制命表弟护送。岳统制此回出战，尤须小心，唯愿岳统制凯歌回东京。"一丈青却无法克制自己的感情，她说："不料与岳五哥离别在即，姐姐亦不知何日得见？"岳飞说："日后自当与郡夫人马上相会，同共杀敌。"说着，就准备告退。

一丈青却依依不舍，说："岳五哥且稍坐，与姐姐、李孺人共进晚餐。"岳飞却仍然站着不坐，说："军务紧急，自家尚须回营措置，关报右军诸将。他们亦须前来,与郡夫人辞行。"一丈青说:"既是如此,待姐姐敬你一杯酒。"李娃说:"姐姐,姚太安人早有戒约,岳统制滴酒不得入口。姐姐莫须以茶代酒,奴家且为岳统制煎茶。"原来岳飞升官武经大夫以后,就按照制度,给母亲申请了安人的外命妇封号。

一丈青只希望岳飞能陪自己多呆一会儿,就说:"妹妹底意思甚好,会得!会得!"李娃去煎茶,岳飞只能坐下。此时此刻的一丈青却是眼泪汪汪,纵然有千言万语,也不知从何说起。岳飞哀怜地望着一丈青,他觉得一丈青所受的打击太大,与往日的豪情简直判若两人,却也找不到适当的言语安慰。

李娃很快用木盘端上四个定州白瓷碗,其中是煎得浓浓的江南第一号雨前散茶。马家毕竟是武夫,不习惯文人雅士们使用团茶,作繁琐而悠闲的点茶。一丈青向岳飞敬献了一碗,说:"切望岳五哥莫忘姐姐血泪之痛,他时若得机便,为姐夫报仇!"岳飞郑重地说:"我理会得!"就举碗一饮而尽。李娃连忙叮咛说:"此言切不可泄漏!"说完,也向岳飞敬献一碗。岳飞也给两个妇人献茶,然后匆匆告辞。一丈青和李娃送岳飞出门,一丈青还是泪汪汪地望着岳飞的背影。

李娃凭着女子的敏感,已经看透了一丈青对岳飞的一份爱心,她同时也看出,岳飞还是当年与自己在道观会面时的禀赋,对一丈青的爱心全然不能领会。但李娃毕竟是一个心胸宽广的妇女,她对一丈青全无醋意,相反,还增加了一重哀怜之情。

陈淬和岳飞出兵的第二天,一丈青的队伍也要启程。李娃在此前叮嘱一丈青说:"姐姐身为巾帼,虽无军职,亦是一军主将,须是稍抑哀恸之情,不可萎靡不振,教杜充灭了姐姐底威风。须是教开封军民知得,女将底英气犹在。"当天清晨,韩清率领右军第三将的五十名军兵早早来到马家。他进屋后的第一件事,就是向一丈青敬献两面白旗,上面还是分别用黑丝线绣了"关西贞烈女"和"护国马夫人"十个大字。他说:"此是岳统制底姚太安人等连日绣成。"一丈青完全明白,这肯定是李娃的精心安排。她向李娃投以感激的、深情的一瞥,说:"姚太孺人、妹妹、韩太尉等如此深情,不知何以回报?"李娃说:"姐姐底绛色旗,如今须暂换白色。

然而绛旗亦须随军运送西京,待三年后再上战阵。"

张应、李璋和韩清所率的五百五十名军士集结完毕,队伍开始启行,由两面白色的绣旗开道。一丈青全身缟素,背荷双刀,骑一匹白马,这还是郑州之战时张用相赠的坐骑,紧随旗后。她满脸哀怒,却依然是旧日英姿,使人们无不啧啧赞叹。李娃也不愿坐车,她头戴盖头,骑一匹栗色马,为了突出一丈青的女将风姿,她有意不和一丈青并行,而置身于后队,同表弟韩清并马而行。

郭仲荀为了再次表示歉意,亲率文武官员到开远门送行。这支队伍出开远门后,担任留守的右军副统制张宪和郭青、沈德,还有姚氏等岳飞的家属,也到道旁送行。一丈青见到往日曾与她夫妻一起战斗的张宪,更有一种酸楚感,但她还是牢记李娃的嘱咐,强忍住泪水。

李娃也上前向姚氏等辞行,姚氏对这位尚未迎娶的贤惠儿媳,心中有说不尽的疼爱,对她叮嘱再三。岳雲、巩岫娟和岳雷三个孩子多日不见李娃,更是无比依恋,岳雷牵着李娃的衣服,不断重复地说:"我愿随李妈妈同去巩县。"李娃亲昵地将岳雷抱起,说了些哄幼儿的言语,高芸香含蓄地说:"切望李十姐早日回归,孩儿们煞是望眼欲穿。"说得李娃的脸上泛起一阵微红。人们不难从李娃与岳家人特殊的亲热关系中,发现一点更深的背景,然而粗豪的一丈青,正沉浸在亡夫的悲痛之中,却完全不曾作任何联想。

一丈青的队伍到达巩县,完成了殡葬工作,眼看与李娃离别在即。一丈青在最痛苦的时候,得到了李娃的真挚友爱和抚慰,当然是难舍难分,她对李娃说:"姐姐孤寂万分,切望妹妹同去西京,陪伴姐姐数月。"李娃只能用各种借口,再三婉转回绝,她既然知道一丈青对岳飞的爱心,就更不能说明急于返回东京的主要原因。一丈青最后只能忍痛与李娃告别,两人抱头恸哭一场。两人相比,一丈青当然是个乱世中的强者,然而此时此刻,一丈青在感情上又是个弱者,她渴望继续得到李娃的抚慰,却又不能如愿,使她更加伤心。李娃固然已与一丈青结下了深厚的友情,然而此时此刻,她却是归心似箭,恨不能插翅飞回开封。

[叁] 清河之战

张用和王善打败马皋中军以后，就商议今后的行止。王善说："自家们乘胜占夺淮宁府。"张用表示反对说："自家们乏粮，不如与冯知府求粮，不可攻国家底郡县。"王善说："自家们既已与东京留守司兵马交锋，便是背叛朝廷。赵氏底郡县，可攻便攻，可占便占，称王称霸，在此一举！"马友说："我巡历府城四周，只恐损兵折将，亦不能攻取。"王善发怒说："你们既不愿用兵，且看我独取淮宁城！"

王善的军队第二天开始攻西城，王善亲自擂鼓督战，军兵们推着云梯和天桥，进逼城墙。他们冒着城上的炮石、弓箭和弩箭，将四座天桥推到城边。不料城上又浇下了滚烫的金属汁，将四座天桥顷刻焚毁。

张用和马友率领一支亲兵，一直在旁观战，见初攻受挫，就骑马前来。张用等下马，对王善说："攻城不利，不如且休！"马友说："淮宁邻近东京，留守司军虽是败了回去，若是杜充另行发兵，切恐我军腹背受敌。"王善说："小有不利，便休兵退师，岂不灭了自家们底兵威？你们若能教鸦头变白，我便舍却淮宁城。"张用见王善不听劝告，就说："你便留此攻城，我当前去蔡州。自家们既曾共患难，文字往来，自当不断。"王善说："既是你们决意退兵，恕我不远送。"彼此互相作揖，张用等跃身上马，扬尘而去。

王善的兵力无法对淮宁府城实施围困，也担心北方的开封发兵前来攻击，就移屯城南，一面攻城，一面纵兵四出掳掠。

新上任的都统制陈淬,奉命率领三个军的兵力,包括刘经的左军、扈成的后军,再次前去解救淮宁府。岳飞的右军当然是三军的中坚。自从岳亨和孙显所率的中军余部并入右军以后,岳飞另设步兵第四将,由岳亨担任正将,孙显担任副将,将他们的兵力补充到六百人。扈成已被贬降三官,责令戴罪立功。鉴于马皋的失败,陈淬更慎于用兵,他和岳飞等商议,决定将军队先推进到开封府东南端的太康县,再见机行事。

岳飞刚进驻太康县城,就有王敏求和霍坚带着一个人前来参见,原来此人正是从北京大名府突围而出的李廷珪。李廷珪噙着泪水,向岳飞叙述了郭永、刘浩等殉难的经过。岳飞与众将听着,都悲痛不已。李廷珪最后说:"刘钤辖临终之时,教我寄语岳统制,目今既是沧海横流,奸佞当道,岳统制尤须努力国事,为他报仇!"岳飞宽阔的眉宇紧锁,说:"郭提刑、刘钤辖殉国,虽死犹生!然而自家在杜充麾下,岂但报不得仇,切恐日后亦是死无葬身之地!"他的语调由沉痛转为悲愤,使众部将都大吃一惊,他们还是初次见到岳飞的言论如此悲观而激愤。

事实上,岳飞自从到开封以来,胸中郁积的愤怒,与日俱增。在南薰门之战后,他乘杜充有一回高兴,就乘机进言:"虏人大军攻京东、淮南,有直取行在扬州底意思,而两河兵力甚是空虚。留守相公不如用围魏救赵之计,出兵河北,一可以救援朝廷,二可以收复失地。"杜充却指着自己书写的"运筹帷幄"四字条幅,厉声回答:"我身为主帅,你身为偏裨。冲冒矢石底事,我不须管得;运筹帷幄底事,你又岂能管得!且与我退下!"岳飞强压满腔怒火,退出书房。他途经开远门回军营,孙革告诉他:"今日杜充不将岳统制贬降,已是分外礼遇!"

如前所述,一丈青在临行前给岳飞献茶,要他为自己报仇,岳飞只是说了"我理会得"四字,却不是随便许诺,他确实是在考虑杀掉杜充,然后进军河北的问题。这次和陈淬共同出兵,他找到一次私下谈话的机会,感叹说:"秦末汉初,上将军宋义统兵救赵,逗遛不进,项羽斩了宋义,引兵渡河,方得成就破秦底大功。可叹今日竟无项羽拯救国难!"

陈淬原是科举落第文士,当然完全听懂岳飞的微言大义,他时年五十五岁,对宋朝的官场已有相当丰富的经验,就规劝岳飞说:"秦末比不得今时,祖宗创业垂统已是一百七十年,法制完密。五代之时,军伍骄横,便可以杀戮将帅,将帅强盛,便可以背叛朝廷。太祖官家统后周殿前司精兵,应天承运,即位之后,便力矫五代弊政。国朝最是忌讳武将功高权重,往往用文臣驾驭武将。若是项羽再世,虽是秉心忠义,切恐不得成功,徒然在青史留下千古叛逆底恶名!"陈淬的语气是诚恳的,而告诫又是严厉的,岳飞听后,不再说话,但陈淬从对方的表情中,已经知道他完全接受了自己的意见。

岳飞的感情不可抑勒地宣泄和迸发以后,只见部将们,包括刚来投奔的李廷珪都沉默不语,又不得不理智地控制自己,他缓慢地说:"话虽如此,然而自家们做一日大宋底将校,还须尽一日底臣职。"又转向李廷珪问道:"你带来多少人马?"李廷珪回答:"有二百人。原有十二匹战马,沿途杀马充饥,如今再无一匹。"岳飞说:"你们道途艰难,不如且去东京金明池北军营歇泊。"李廷珪说:"自家们愿随岳统制征战。"岳飞找陈淬商量后,就将李廷珪所部编入右军第四将,李廷珪担任准备将。

陈淬在太康县驻兵两天,探明敌情,就召集众将会议。他先把眼光投向岳飞,说:"岳统制有何计议?"岳飞说:"如今张用离去,唯有王善一军屯于淮宁府城南,分兵掳掠。自家们可急速进军,出其不意,绕出贼军之南,先绝剽掠饷道,与淮宁守军成南北夹攻之势,然后与他决战。"众将并无异议,陈淬当即发兵。他命令岳飞的右军居前,自己亲率刘经的左军居中,扈成的后军居后。

岳飞统兵迂回到淮宁城以南的清河,有探骑报告,说是王善的一支军队满载着掳掠物品,自南而北,返回王善的营地。岳飞立即命令王敏求驰报陈淬,请他率领左军和后军担任掩护,防备王善军自北方夹攻。他本人指挥右军人马,布置战场。

王善这支部队有一千四百多人,他们抢掠了牛车、驴车、骡车之类,满载着粮食和布帛,还有二百多名妇女,简直就不像一支军伍。他们行进到清河时,岳飞所率的第四将步兵,已经严阵以待。

岳飞望着对方杂乱的队伍,对岳亨等将说:"如此部伍,岂堪一击。然而他们亦是大宋赤子,杀戮斩馘,不是好事。《孙子》言道,'全军为上','不战而屈人之兵,善之善者也'。但能降服他们,日后亦可教他们为国效力。"岳亨说："我愿去挑战说降。"说完，就手持浑铁枪，匹马直驰阵前。与此同时，王经、寇成等指挥第一将和第二将骑兵，也分东、西两路，迂回而进，将敌军全部包围。

岳亨到阵前高喊："投拜者不杀！不伏者都与剿杀！"对方也有一员将领，手执戟刀，驰马而出，大喊说："我是王都统麾下游奕军统制孙胜，你若是赢得我，我便降服！"岳亨再不说话，抢枪直取敌将。两人战不多时，岳亨用浑铁枪的枪杆，将孙胜打下马来，又用右手抓住孙胜的左脚，将他拖回阵前，当即有军兵拥上，将孙胜捆绑。

不料对方又有一将骑马突出阵前，手执狼牙棒。孙显也舞铁戟刀飞马迎战，敌将举棒向孙显头顶猛击，孙显拦开对方兵器，抢戟刀向敌将头顶劈去。敌将来不及架格，只能闪身躲避。孙显的戟刀砍中敌将肩部，敌将翻身落马，也被孙显擒获。此人是孙胜的表弟，名叫孙清。

敌军一时群龙无首，十分慌乱。于鹏奉命驰马到敌阵前大喊："愿降者卸脱器甲，就地坐下，官军可免你们一死！"于是敌军纷纷丢弃兵器，坐在地上。岳飞下令，给被掠的妇女分发钱帛，首先释放，另将全体战俘押回陈淬的驻地。

陈淬下令将战俘分配于各军，岳飞的右军和刘经的左军各分五百人，其余拨入扈成的后军。只留下孙胜和孙清两人，由陈淬亲自审讯。陈淬详细地盘问了王善的军情，最后说："官军好生之德，今放你们回去，可劝谕王善前来投拜，以前罪犯，自当一切不问。若是明日午时前不来投拜，我自当进军剿灭！"他给孙胜和孙清发了两匹马，放他们回去。

宋军和王善军彼此相距只有约十宋里，天色断黑时，孙胜单骑前来，见陈淬唱喏，说："王善见得官军兵威，愿于明日午时前来投拜。"陈淬询问了一些情况，就放孙胜回去。

孙胜走后，扈成高兴地说："此回可兵不血刃，而成大功。"岳飞说："王善不比张用，此人秉性凶悍，受降如受敌，不可不防。"陈淬说："岳统制底见识甚好，今夜尤须戒备，可多派探骑，侦伺敌情。"

半夜时分，正在浅寐的岳飞得到探骑的急报，说王善军已往正东亳州方向逃遁。岳飞一面派人飞报陈淬，一面立即指挥第一将和第二将骑兵进行追击。岳飞的右军骑兵进入亳州地界，在凌晨截住王善的后队辎重，杀敌数十人,其余的一千三百多人全部投降。当陈淬率领左、后两军步兵赶到战场时,王善已带着他的三千多残兵逃遁了。

　　陈淬决定收兵回开封。他特别为岳飞报功,于是杜充又借补岳飞为武德大夫、英州刺史。按当时的官制,由杜充授命升官,只能叫借补,得到朝廷正式批准后,方算是真命。但在兵荒马乱的年代,借补的官位一般是会得到批准的。岳飞收编了王善的部分降军,把本军第三将和第四将步兵各自扩充到一千人。鉴于王善军以往的军纪,他特别命令郭青、岳亨等将对降兵严加训饬和管束。

[肆]
乱 世 佳 偶

岳飞和李娃分别在二月底和三月初回到开封。接着王贵和徐庆率领的中军也奉命回驻开封,但赵宏和舒继明两将却被间勋留在西京洛阳。姚氏决定就在本月为岳飞和李娃选择吉日举行婚礼。

关于婚事的规模,岳飞早就对母亲说:"如今国家艰危,两个官家与皇族、妃嫔尚在北方受难,自家们又是再婚,婚事自须俭朴。"姚氏不赞成,说:"既是再婚,李孺人又是官宦之家底淑女,比不得村妇,万万不可委屈了李孺人。如今诸事理应节俭,唯独婚事却不可苟简。"高芸香代表女方说:"李十姐言道,国难时节,岳五哥身为武将,尤须与天下万姓共患难,婚嫁之事,切不可稍有侈糜。"姚氏说:"既是李孺人如此深明大义,自当依她底意思。"由于双方在最初就确定了婚事从简的原则,为了避免过多的人情礼节,婚事就一直处于某种保密状态,并不对外张扬。

等到一切准备就绪,张宪骑马来到城北安肃门外的中军驻扎营地,向王贵和徐庆宣布说:"岳统制与李孺人定于明日成婚,请你们明日午后,前来右军军营,共饮一杯喜酒。"王贵和徐庆不免感到突兀,徐庆说:"新兴郡王夫人到得西京,自家们便问岳统制底近事,她如何全然不知?"他所说的新兴郡王夫人当然是指一丈青。

张宪笑着说:"岳统制与李孺人只为国难当头,婚事从简,不愿声张,郡夫人如何知得。此回你们亦不须送礼,明日只请二位夫人前去助兴作乐。"徐庆问道:"明日又有何人前去赴宴?"张宪说:"除本军众将官外,唯是请了你们与监开远门底孙干办。"

张宪和徐庆两人谈笑了一阵,才发现王贵却一直保持沉默,两人不由向他投以惊异的目光。王贵的面部流露了犹豫的表情,最后还是坦白说:"新兴郡夫人到得洛阳,闻夫人见她可怜,便有意周恤,收为义女。我临行之前,闻太尉修书一封,叫我付与岳统制,言道他愿为大媒,岳统制日后若得与义女成婚,乃是天赐奇缘,珠联璧合。"

徐庆和张宪听后,不免吃惊,张宪问道:"闻太尉底书信,你可曾交付岳统制?"王贵说:"三日前便已交付。"张宪又追问说:"岳统制有甚么言语?"王贵说:"他缄默许久,一言不发,亦不知甚底意思。"

徐庆笑着说:"此亦是岳统制底艳福,日后可有一妻一妾。"王贵说:"然而郡夫人高贵,只恐难以伏低做小。"张宪说:"自家们与岳统制相处已久,他既决意迎娶李孺人,便必无另娶之理。"王贵叮嘱说:"此事切不可声张。"

第二天,王贵、徐庆和岳飞、张宪在东京留守司相见,彼此都心照不宣,绝口不提当天的婚事。直到郭仲荀、陈淬与众将会餐之后,四个人才骑马前往开远门外。孙革早就在开远门前迎候,然后与他们同去金明池北的右军军营。出城以后,路上的气氛开始活跃起来,另外四人不断地说笑,调侃岳飞。徐庆说:"如此喜事,何不早说?"王贵说:"闻得你与李孺人礼意周全,相敬如宾,端的是瞒昧了众人。亦不知是何时定了终身?"岳飞只是脸色微红,一言不发。

在军营里,自姚氏以下,已经等得很不耐烦。高泽民和岳云一对表兄弟不时骑马出营,来回报告。两人见到了大路上的岳飞一行,就立即进行分工,高泽民上前迎接,而岳云飞马而归,又飞奔屋内,见祖母作揖,说:"告报婆婆,阿爹一行已近营房。"姚氏等人笑脸出迎。岳飞第一个上前,躬身长揖,说:"儿子回来,何须妈妈出迎。"姚氏说:"唯恐新妇久等。"她吩咐岳翻说:"速与你五哥更衣!"

张宪、于鹏和王敏求率领着迎亲队伍四十人,其中包括二十人的乐队,开始出发,沿途鼓乐喧天,笙歌聒耳,好不热闹,招来了许多军兵与家属们的围观。其实,李娃的住屋与新房近在咫尺,但迎亲的队伍有意出军营绕道而行。队伍来到李娃屋前,女方由韩清出面接待。

迎亲者由于鹏和王敏求不断高喊："良辰已到,请新人出阁登檐子!"接连催了十多次,李娃方由王经和寇成的妻子扶掖出屋。她头戴着鲜艳的红罗盖头,身穿簇新的红罗绣帔和长裙,脚上是红罗凤头绣鞋,缓步前行,显得步履庄重。她出屋后,就登上一顶花轿。有一名军士在花轿前张着一顶青凉伞。王经和寇成的妻子也跟着上轿。迎亲的队伍带着新娘,特别绕道,进入了军营南面的金明池。

这是一个暮春的好天气,风和日丽,金明池一带虽然比承平时日萧条,却还是按照旧制,在三月向士庶开放一个月,允许人们纵情游览。可惜往年三月开封最热闹的游览场所,如今却是游人稀少。迎亲队伍沿金明池北行走,只见垂杨蘸水,烟草铺地,水殿照影,只是高大华贵的龙船已经损坏。暮春风光,在萧条之中,依然勃发着生机。在进出金明池时,轿夫们有意高喊。坐在轿中的李娃也微微掀开轿帘,透过盖头的薄罗,领略外界的良辰美景。

迎亲队伍重新进入军营,来到新房前,将花轿停在一长条青麻布地毯上。李娃出轿后,仍由王经和寇成的妻子搀扶。王贵的妻子手持铜镜上前,用镜面照着新娘,另有徐庆妻子等四名妇女,手持红烛,站立两边。与此同时,孙革手执一个裹着红绣绢的粮斗,掏出其中的五谷、豆、铜钱、切成一寸许的粟麦秸、缠彩丝的果品等,向新房门前抛撒,并且说一些"新婚吉祥如意"之类的话语。看热闹的孩子们,也包括岳雲、岳雷兄弟和巩岫娟,争相捡拾此类落地的吉祥物。

新娘由王贵妻子等用铜镜和红烛引导,在两位伴娘的扶掖下,缓步沿着青麻布毯前行。首先是躬身骑了一回岳飞乘坐的马鞍,又跨过一杆秤,再进入洞房,坐在新床边。徐庆的妻子等将四枝红烛放置在床边的桌上。

岳飞更换了簪花幞头和翠绿绢袍,手执槐简,由媒人张宪陪同,也继踵来到洞房。由张宪和高芸香各持一段红绿帛,绾上同心结后,一头套在岳飞的槐简上,另一头由李娃手执。于是新郎和新娘面对面,岳飞倒行,李娃前行,出洞房,进正厅。

今天特别请来右军军营中一位七十四岁高龄的老妇,为新娘挑盖头。当盖头揭去,二十九岁的李娃经过精心化妆,在辉煌的烛光下,显得光彩照人。无论是新郎岳飞,还是王贵、张宪和徐庆都不由暗自惊叹,今天的李娃,竟比几年前初见时美丽。姚氏取过一杯酒,敬献给挑盖头的老妇。李娃首先向姚氏行礼,改称"阿姑万福"。姚氏兴奋地说:"新妇到岳家,自是岳家门楣生辉!"李娃接着又与自岳银铃以下的岳家人,互相行礼道"万福"。岳雲拉着岳雷,也过来向李娃叩头,岳雲说:"自今儿子当孝顺妈妈,恭请妈妈管教!"李娃将两个孩子扶起,用温柔亲切的语调,叫着两人的小名说:"祥祥与发发少礼,奴既来岳家,自当厚待你们,一如亲子。"巩岫娟也上前叩头,重复了类似言词,李娃说:"奴亦当厚待你,一如亲女。"

相见礼毕,岳飞和李娃又面对面执着同心结,由新娘倒行,回到新房。行交拜礼后,男左女右,坐在床上。妇女们开始用缠彩丝的铜钱和干果撒帐,这次由孙革致词:

撒帐东,金明池畔笙歌作,花檐迎得贤惠女,老稚欢喜尽笑颜。
撒帐西,银烛明煌照洞房,英雄淑女成佳偶,美酒千杯醉春风。
撒帐南,锦带流苏四角垂,揭开便见玉人面,秦晋和谐百年好。
撒帐北,夫妇欢爱长唱随,芙蓉帐暖度良宵,绣帏应已梦虎子。
撒帐中,貔貅连营得内助,惟愿旌旗指燕北,山河一统重光辉。

接着,岳飞和李娃又行合髻礼和交卺礼。高芸香品味着孙革的致词,感到并不完全落俗套,她特别赞赏将常用的"英雄美人"改为"英雄淑女",显得贴切,而祝词的最后一句,更是寓意国难,又避免用伤感的不吉利的词汇。

岳雷小小年纪,还不懂得孙革的致词,问道:"孙干办所言甚意思?"高芸香笑着说:"他叫你妈妈生一个健壮似虎底弟弟。"岳雷说:"自家已有姐姐,却无妹妹,唯愿妈妈生一个妹妹。"芮红奴调侃李娃,高喊道:"姆姆可曾听得,发发唯愿你生一个生龙活虎般底妹妹。"说得众人哈哈大笑,李娃面色涨红,羞涩地低着头。张宪却对众人说:"不可延误新人底吉时。"他和高芸香为这对新人掩上床帐,与大家走出洞房,关上房门。

这是一对新人盼望已久的时刻,两人独居已久,一旦与心上人再婚,更是恩爱无比,品味到男女欢爱的甜蜜。岳飞和李娃尽欢之后,又回到正厅,向众人劝盏。

李娃对岳家人其实早已尽了敬老爱幼之责,只是在过门之后,多了正式的名分而已。岳家的老幼倒体会不出新妇过门前后,有什么特别重大的差别。真正感到新妇过门之乐的,其实只有岳飞一人,过去只能是彼此相敬如宾的女子,如今有了妻子的名分,方能对他体贴入微,关怀备至。宋时的夫妻之间可以有多种称呼,岳飞身为品官,李娃又有孺人的封号,本可有显示身份的称呼。但岳飞和李娃在新婚之夜就彼此商定,互相用表字称呼,以表示不拘贵贱荣辱和亲昵恩爱之意。

三天以后,岳飞在夜间同李娃进行了一次长谈。他首先取出闾勍的来信,叫着李娃的表字说:"孝娥,自家们既成夫妻,便不得有瞒昧不告底事。"李娃仔细地看了两遍,对于一丈青求婚的事,她早已有了思想准备,但此事来得如此急速,却又出意料之外。李娃完全明白,一丈青急于同丈夫确定婚嫁关系,其实是一种感情上的需求,只要丈夫同意,将给一丈青带来莫大的精神安慰。在一夫多妻制的中国古代,允许丈夫纳妾,善待姬妾和庶生子女,被认为是妇人的一种贤德。李娃最早曾准备以妾的身份出嫁岳飞,如今既已成为岳飞的正妻,也决不反对岳飞纳妾。她惟一为难的事,是一丈青以郡夫人的身份前来做妾,显然不怎么合适,然而如果要她让出正妻的地位,她也是不情愿的。尽管如此,按照古代的妇规,这件事不能由她作主,而只能由岳飞作主。

李娃想了一想,说:"奴家并无缚鸡之力,无助于军事。郡夫人勇锐,所向无敌,若得来此,亦可在军中助鹏举一臂之力。"岳飞说:"难道郡夫人不来岳家,便不能在战场上并力厮杀?自家祖宗世代庄农,从来是一夫不纳二妻。孝娥既与我结成终身伉俪,我岂可心怀贰意!"

岳飞的话其实在两年前就曾在道观里说过,但李娃今天听来,却备感温暖和亲切。但不论从感情上还是理智上,李娃都感到应当恪尽自己的妇道,就说:"此事莫须禀白阿姑?"岳飞说:"不须,你未嫁之前,妈妈早有戒谕:'你虽已升擢朝廷命官,日后万不可纳妾,亏负新妇!'"

李娃想不到姚氏早有告诫,深受感动。岳飞说:"今夜与你商议,非是为接纳郡夫人,只为如何回复闾太尉与郡夫人。"李娃想了一下,说:"奴家愿为鹏举草拟回闾太尉书,奴亦当另行修书与郡夫人。然而当此郡夫人深痛之际,奴家亦煞是不忍心!"她说着,眼圈自然而然地发红。

岳飞感叹说:"虽是不忍心,亦不得不做!"李娃取来文房四宝,写了草稿以后,岳飞又用小楷正式誊录一遍,他一面写,一面赞叹说:"孝娥底文意甚是得体周密!"李娃说:"与闾太尉底尚是易于落笔,与郡夫人底却是难于经营。"

[伍]
乐 极 生 悲

建炎三年正月元宵后的一天,宋高宗在扬州行宫的崇政殿召见左相黄潜善和右相汪伯彦,这还是辞旧迎新以来,宰相的初次单独面对。黄潜善和汪伯彦懂得,懒于问政的皇帝,居然在今天特别宣召,必定有要事。两人在御案前恭敬地执笏站立。

宋高宗说:"今有吕颐浩、张浚等诸臣各自上奏,言道虏骑长驱深入,淮北屡有警报,须预作计议。二卿不知有何措置?"汪伯彦望着黄潜善,示意让左相先说。黄潜善也不谦让,说:"去年分命宇文虚中、魏行可等出使,深致陛下求和之诚,虽未有回报,然而臣等料得冬去春来,金人必定退师。如今两河地界既已全失,正是议和底良机。唯有圣断坚定,谨守靖康誓约,与金人画河为界,天下自可渐臻太平。"

宋高宗说:"若是虏人归还父兄宗族,万姓得免兵革之苦,朕亦何惜屈己求和。然而自去秋以来,虏人侵逼不已,占得两河,又攻京东。吕、张诸卿底意思,唯恐行在不得奠居扬州。"汪伯彦说:"此事臣等与王渊早有措置,已命韩世忠统兵过淮把截,刘光世率师沿淮守御。扬州与镇江府一江之隔,王渊早已预备舟船,一旦有警,必可济渡。"黄潜善补充说:"臣等探得,金人虽破得京东十数州军,目即并无南下之意。沿淮之北,唯有些少草寇骚扰,故不敢上轸宸襟。"他和汪伯彦明知皇帝只喜欢在深宫作乐,所以凡是小事,就不再奏禀,这又是他不能说出口的。

宋高宗经他们一说,感到宽心,说:"黄卿可速草与金二帅书,遣使分往河东、河北。卿日前所拟与大金皇帝通问书,语词精确,能道朕求和底至意。隆祐太后在扬州不便,朕已命孟忠厚扈从去杭州。如今当未雨绸缪,命皇子再去杭州。朕已命干办御药院陈永锡护送,二卿可勾抽御营军马从行。"

黄潜善说:"御营右军统制苗傅已扈从隆祐太后,前往杭州,目即行在尚有御营张俊、辛道宗、刘正彦等军,未审当勾唤何人从行?"宋高宗想了一下,反问说:"何人兵力稍众,何人兵力稍寡?"

这可给这两个兼御营使的宰相出了难题,两人高高在上,根本不屑于过问各军的兵力,还算是汪伯彦机智,他凭印象回答说:"张俊军力稍多,刘正彦军力稍少。"宋高宗说:"朕不可无重兵扈卫,可命刘正彦率本部前去。"两人说:"陛下圣虑高远,臣等谨遵圣旨。"原来御营右军分驻两地,而刘正彦就是御营右军副统制。

两个宰相感到皇帝的召对行将终结,准备知趣地告退,不料今天宋高宗却谈兴颇浓,他又转换一个话题问道:"朕已下旨,命镇江府于市中焚毁进贡螺钿桌椅,不知知府可曾遵行?"汪伯彦连忙说:"镇江府已依御前处分,万姓观瞻,莫不欢呼悦服,歌诵陛下圣德。"

宋高宗高兴地说:"有内侍赍东京大内珠玉二囊来献,朕亦命投于汴水。"黄潜善说:"可惜!可惜!珍宝奇玩,有者不必弃,无者亦不必求。"宋高宗说:"不然,朕屏去侈靡无用底贡物,只为以恭俭率天下。还淳返朴,须人主躬亲率先,天下自然向化。"黄潜善说:"诚如圣训!陛下高瞻远瞩,岂臣愚等可测!"

宋高宗言犹未尽,又说:"朕每退朝,亦是正衣冠而坐,听内侍奏事。朕性不喜与妇人久处。日常多坐于崇政殿旁小阁,静思军国大事,或阅读章疏。偶有宫女前来奏事,朕便出阁子外处分毕,再入阁措置国政。朕每日如此,不惮烦劳。"两个宰相通过宦官,明知皇帝的后宫女子,已陡然增加一千五百多人,就更须帮助皇帝掩饰,黄潜善说:"陛下恭己勤政如此,中兴必是有望!"汪伯彦说:"臣等当以陛下圣语宣付史馆,垂大训于万世!"宋高宗脸上露出了微笑,他今天所以多花费了一点召对宰臣的时间,还不是为了把自己的"圣语"记录在官史上。

黄潜善和汪伯彦把握时机,辞别皇帝下殿。宋高宗回头望了一下叉手侍立两侧的康履和冯益,示意两人之中的一人送宰相出殿。冯益用眼神向康履示意,就起步追随在宰相后面,三人到了殿外。黄潜善和汪伯彦应付皇帝亲信的宦官,早有一套行之有效的成规,这就是贿赂加笑脸。惟独遇到冯益,总会有相当程度的尴尬和不自在,这是因为冯益总喜欢侮慢他们。这两个位极人臣的宰相,还只能佯装笑脸,迎受侮慢,而不敢稍稍表示不快。

冯益又开始用轻蔑的口吻呼叫两个宰相的行第了:"黄十四、汪十五,你们将官家底圣语宣付史馆,不知史书记录你们,是中兴贤相,抑或是一代奸佞?"面对如此尖刻的侮辱,两个宰相一时张口结舌,而脸上却还是堆积着似笑非笑的微笑。

冯益又说:"如今虏人鸱张,官家与自家们底安危,你们切不可掉以轻心!"汪伯彦急忙辩解说:"冯大官且放宽心,必是无事!"黄潜善说:"自家们身为宰臣,岂敢以圣上与朝廷底安危作儿戏!目即虽或风声鹤唳,其实草木无兵,尤须处之泰然,方保得行朝无虞。"

宋高宗回到后宫,他今天并不按日常的规矩,立即找女子寻欢作乐,而是召见了自潘贤妃瑛瑛以下的妃嫔。潘贤妃把名为三岁,其实只有一岁半的小皇子赵旉也带来了,小皇子长得眉清目秀,却是明显的孱弱。宋高宗自从任大元帅以来,不断搜罗民间美女,前后横跨四个年头,实际也是两年有余,而后宫的女子竟无一人怀孕。他虽然汲取父亲好色名扬四海的教训,靳于给女子位号,然而经受不住女子们的争宠献媚,如今在张才人莺哥和吴贵人金奴以下,又精心挑选了十名美女,授予国夫人的位号。他们是淑国夫人王氏、康国夫人萧氏、和国夫人王氏、嘉国夫人朱氏、成国夫人吴氏、润国夫人张氏、惠国夫人孙氏、蕲国夫人薛氏、郶国夫人高氏和莘国夫人贺氏。此外,尚有一个新进方得到红霞帔宣而颇受宠爱的宋喜喜。红霞帔是一种低等的宫女位号,而宣是一种身份凭证。

宋高宗对众女子说:"朕已定议,送儿子前去杭州,与隆祐皇太后同住。然而儿子此去,不可无人调护摄养。"潘贤妃抢着说:"臣妾虽是母子情深,然而须是以侍奉官家为重,儿子为轻。"随着后宫宠爱的女子愈来愈多,潘贤妃一直担心和害怕失宠,这是她宁愿放弃看护儿子的责任的真正原因。

宋高宗的内心其实也不愿潘贤妃长久地离开自己,他不再说话,只是用目光扫视众女子。吴贵人却自告奋勇,说:"臣妾愿代贤妃娘子,精心侍奉皇子。"在潘贤妃的心目中,吴贵人无疑是最合适的人选,就赶紧说:"感荷妹妹代劳,委是铭心刻骨,请受奴家一拜。"吴贵人急忙还礼,说:"贤妃娘子降尊纡贵,岂不是折杀奴家!"

宋高宗脸上露出满意的笑容,说:"吴娘子护持儿子立功,日后自当封赏。"他又轻轻地拧一下小皇子的脸,说:"上界有天堂,下界有苏、杭,此回吴娘子护送你前去杭州,见你底伯太婆与姑姑,必有快活!"他所说的姑姑,是指柔福帝姬赵嬛嬛,她已陪伴隆祐太后先去杭州。宋高宗说完,就急不可耐地拉着宋喜喜,又招呼了张才人和萧氏、孙氏、薛氏、贺氏四名国夫人,到后宫及时行乐去了。潘贤妃眼睁睁望着他们的背影,脸上露出了无法掩饰的妒意。

在临时设置的政事堂里,新任中书侍郎朱胜非正在值班,吏部尚书吕颐浩和礼部侍郎张浚进入堂内。吕颐浩字元直,乡贯沧州乐陵县人,今年五十九岁,张浚今年三十三岁,他受到黄潜善的提拔,曾弹劾李纲,因而宦运亨通。

吕颐浩和朱胜非颇有私人交谊,他开口问道:"藏一,自家们此来,只为与二位相公计议国事。如今虏骑驰突,距行在不远,切恐变生不测,须早作计议。"朱胜非叹息一声,指着书案上堆积的公文说:"元直与德远非是不知,二位相公近日颇为悠闲自得,政事堂文案壅积,只是教我处分。他们二人却是日日去听浮屠克勤说法。如今宰相当直不在政事堂,而在寿宁寺,你们自可去寿宁寺!"朱胜非知道张浚与黄潜善的关系较密,但近来却因为政见的分歧,而被两个宰相所厌恶,所以他当面发牢骚,并无顾忌。

吕颐浩说:"你身为副相,亦须及早处分,以免临时失措。"朱胜非说:"我曾建议,扬州非驻跸底所在,当令户部除岁计之外,将余财计置过江,运往建康府。然而黄、汪二相公力沮此议。"吕颐浩说:"事已至此,藏一不须禀白二相公,而径自晓谕户部叶尚书,命他急速搬运钱帛过江。"当时的户部尚书是叶梦得,朱胜非首肯说:"此亦是一说。"

张浚问道："不知御营司军马有何预防？"朱胜非苦笑说："我虽身为执政，又不是御营副使，御营司底事，我管不得。王渊唯是听命于二相公，又与众内侍过从甚密。闻得他日前发大船数十只，搬载自家与众内侍底财物去杭州。近日皇子又须启行去杭州，二相公言道，亦须预备大船数十只。"

张浚说："目即扬州城中人心惶惶，流言四起，而二相公只是禁止街市不得煽摇边事，不许官民搬挈出城。"吕颐浩用轻蔑的口吻说："他们底奇谋，唯是遣使求和，以为有数个摇唇鼓舌底使者，便可教虏人退兵！"

张浚说："藏一不如与自家们同去，求主上面对。"朱胜非说："不可，万万不可！我与你们同去，便是结党，与二相公异论。我唯有主上召见时，面陈己见。"在中国古代，臣僚分朋植党，是君主最忌讳的问题之一，张浚毕竟年轻，没有考虑到结党的嫌疑。吕颐浩对张浚说："藏一之说甚是，今日你也不须去，待我自去求主上面对。"说着，就离开了政事堂。

吕颐浩独自来到行宫，向看门的小宦官通报，要求面对。最后竟是康履出来接见，康履说："我已知吕尚书底来意，然而今日官家已召对了黄、汪二相公，如何能再与你面对。"吕颐浩说："如今事势，积薪之下既已有火，圣上、六宫与你们又如何得在积薪之上安眠？"任凭吕颐浩千言万语，反复开陈，康履就是将他拒之门外，他不像冯益，决不肯坦白皇帝不能召对的真正原因，而是随便编造了各种借口。

吕颐浩性格暴躁，但他又明白，此时此刻决不能发怒，他最后只能用恳切的语气说："主上底安危，便是社稷底安危，天下底安危，亦是康大官底安危。如今斥堠不明，探报不实，多是道听途说之词，最是可忧。不如请康大官分命众内侍，四出探问虏人动息，随时禀白，以免失措。"康履对吕颐浩这条建议算是接受了，说："吕尚书亦是爱君心切，自家当依此议。"

韩世忠新近被任命为御营司平寇左将军，他奉命率本部屯驻淮阳军（治今江苏邳县西南），扼守淮北。他收编了各地的溃兵、盗匪等，兵力扩充到约一万八千人。正月二十五日，韩世忠得到探报，说金朝左副元帅完颜粘罕亲自率金军从徐州北的滕县杀来。完颜粘罕此次军事行动，其实是为掩护侧翼的东南道都统孛堇完颜拔离速、东南道副都统孛堇兀林答泰欲、东南道都监耶律马五和完颜毂英的六千精骑直下扬州。

韩世忠自从西京战败以后,一直念念不忘于洗雪耻辱。他一面飞报扬州行朝,一面部署本军迎战。不料他所收编的部伍大抵是乌合之众,他们所以接受收编,只是为了在乱世领取朝廷一份钱粮。听说要与金军交锋,竟在一夜之间逃散了大半。韩世忠第二天检点军伍,只剩下不足七千人。正将、副将们纷纷向韩世忠进言,说兵力薄弱,无法与金军交战。韩世忠无可奈何地长吁一声,就引军撤退。

韩世忠军沿着泗水,退到宿迁县。翌日天色未明,又接到探报,说金军已破淮阳军,追奔前来。在军心涣散、毫无斗志的情势下,韩世忠的军伍又发生第二次溃散。韩世忠感到没有脸面回扬州行朝,为了摆脱金军的追击,就率领余部逃到东方海州的沭阳县。不料金朝元帅右监军完颜谷神率金军一部继踵追赶到沭阳。韩世忠军一触即溃,他最后只带着旧部四千多人,逃到了沿海的盐城县。与此同时,完颜粘罕领兵又从淮阳军西向,一举占领了徐州城。

正月三十日,完颜拔离速等所率的金军从临淮县沿着汴河,直下汴、淮两河交汇的泗州州治盱眙县,他们按照完颜粘罕的命令,不攻州城,而是在城西五十里造浮桥,抢渡淮河。御营司提举一行事务刘光世率本部军马还没有抵达淮河沿岸,就接到探报,说金军不计其数,都是全身铁甲,头戴白毡笠子,已经饮马淮水之滨。刘光世对众将说:"此是虏人底精骑正兵,自家们不可轻敌。不如全军挪回,会合御营诸军,并力破敌。"他编造了上述借口,当即率领全军,向扬州方向撤退。

耶律马五和完颜毂英指挥前锋一千骑渡过淮河以后,就取道招信县以东,南下扬州,只见前面尘土飞扬,遮蔽日色,隐隐约约之中,有旌旗无数。耶律马五曾在郑州被东京留守司宋军战败,他见到这种情景,心中不免迟疑,对完颜毂英说:"此间南人似有重兵,不如稍作停留,待拔离速孛堇与泰欲孛堇前来,同共计议。"完颜毂英虽然有汜水关之战,幼弟被杀,父亲受重创的教训,到底还是年少气盛,他说:"待我率百骑前往探伺南虏底虚实。"耶律马五是契丹人,不便拦阻,就叮嘱说:"毂英孛堇,此去切须小心!"

完颜彀英带领一个百夫长的所部,直驰宋军阵前,不一会儿,竟败退回来,有四名金兵被射死,完颜彀英的腿上也中了一支床子弩箭,伤势不轻。到此地步,耶律马五更不敢轻举妄动。一个多时辰之后,完颜拔离速和兀林答泰欲率领全军抵达,耶律马五报告了情况,兀林答泰欲说:"如今唯有犯死血战,若是不战而延误军机,国相岂肯轻恕。"完颜拔离速说:"此说有理,便是不能胜,亦可告报国相增兵。"

经过商量,完颜拔离速和兀林答泰欲各自指挥两千骑,分左、右翼包抄宋军阵后,而耶律马五率其余军力作正面冲击。

其实,宋朝方面根本没有大军,只有招信县尉孙荣率领本县一百多名弓手,在一处台地上设置疑兵。宋朝的弓手类似现代的警察,根本不是正规军。他们遍插旗帜,又驱赶一些猪、驴、羊之类奔跑,尾巴上拴着树枝,制造了尘氛蔽日的景象。待到金军真正大举进击,疑兵的假象自然很快戳穿,然而孙荣和一百多名弓手却进行了殊死抗战。他们全体英勇战死,而金军也付出了伤亡一百多人的代价。

完颜拔离速经历此战后,就率军急速长驱深入,再也没有遇到任何抵抗。完颜谷神的金军在杀败韩世忠军以后,也沿着泗水,从淮阴以东渡过淮河,直下扬州,增援完颜拔离速的部队。

二月三日,扬州行宫的崇政殿照样早朝。在早朝前,行宫前熙熙攘攘,挤满了各色轿子。原来宋朝不论文武官员,一般都是骑马上朝,惟有年老体弱者特别经皇帝恩准,方才允许乘轿。自从行在搬迁到扬州以后,由于城里都是烂泥街巷,雨天路滑,宋高宗特别下诏,允许文武百官乘轿。乘轿很快形成新的风尚,不但是文官,就是以王渊为首的武将们,也不甘落后。在东京开封时,宫城的左掖门南设有待漏院,作为百官早朝前等候开门的所在。所谓漏,就是用漏壶滴水计时。然而扬州的行宫当然没有东京那样的气派,只是临时修建了一间小屋,供宰执待漏之用,其余百官就只能在露天待漏,不避风雨。

张浚下轿以后,径入待漏院,他避免与朱胜非接近,只是略为作揖寒暄,就对黄潜善和汪伯彦说:"闻得虏人已自渡淮,不知二位相公有何处分?"黄潜善对张浚已相当厌烦,不愿回答,汪伯彦则是用讥刺的口吻说:

"天下本无事,庸人自扰之!"张浚还不放心,又出待漏院,找到了御营司都统制王渊,说:"王太尉,你可知得有虏骑渡淮?"王渊说:"我未曾知得,刘光世统兵守淮,至今未有战报,料亦无事。圣上已命张侍郎兼御营司参赞军事,若有警报,自当及时关白,不致误事。"张浚再也无话可说。早朝以后,皇帝照旧回后宫,而两个宰相不去政事堂,又乘轿径自去寿宁寺,听和尚克勤演讲佛法。

上午巳时,一个小宦官飞马奔驰行宫前,他神色惊慌,汗流浃背,气喘吁吁,下马以后,就飞奔宫内,寻找内侍省押班康履。原来此人即是康履派出打探消息的邝询。他对康履说:"启禀康押班,虏骑已兵临天长军城,距行在一百十里,军情紧切!"康履临事还算镇静,他连忙命令身边一个小宦官说:"你速去告知御营都统王太尉,教他紧切措置!"他自己带领邝询直奔后宫。

在鹅黄色的绣罗帐中,宋高宗和宋喜喜的交媾达到了最甜蜜、最欢快的高潮,在阁子外侍立的曾择、张去为和四名宫女,可以清楚地听到宋喜喜撒娇的阵阵软语和哆声,以及皇帝气喘吁吁的回答。"官家!臣妾端的是痛楚难忍!""朕亦是爱之所钟,情不由己。""官家!臣妾忍痛如此,唯是求一个国夫人底位号!"在宋高宗的后宫,一个宫女,竟大胆请求位号,这还是第一次。"朕这回已破格赐你红霞帔宣,若是恩赐国夫人,亦须在半年之后。""半年恁地长,切望官家格外开恩!""便在三月之后!"宦官和宫女明白,今天如此对待宋喜喜的请求,算是皇帝登基以来破例的优恩,也表明宋高宗对宋喜喜的宠爱,已超过了以往所有的女子。

康履带着邝询来到阁外,曾择向他使眼色示意,康履却不管他的示意,高喊道:"虏骑已杀至天长军,恭请官家即时巡幸江南!"他一面喊,一面就闯进阁子,曾择和张去为也跟着入内。宋高宗吓得冷汗淋漓,只感到小腹部的那个器官急遽地萎缩。他掀开绣罗帐,几乎是跳下床来,宦官们不再说话,只是和宫女们迅速给皇帝披挂铠甲,外罩淡黄色罗袍,系上玉銙绯罗革带,戴上幞头,张去为又取过一口柄和鞘都饰有金玉的宝剑,佩在皇帝的腰间。

宋高宗和宦官们正准备离开阁子,宋喜喜也掀开绣罗帐,身穿贴身内衣下床,她说:"官家!待臣妾扈从,侍奉官家!"宋高宗望着她披散的头发和内衣,感到如此出宫,不成体统,却又急于逃命,不肯等待,就说:"待娘子理发着衣后,再与众宫女同行!"宋喜喜也急于逃命,她上前拉住皇帝的衣袖,用撒娇的声音说:"臣妾等不得,须与官家同行!"宋高宗用力挣脱,只听得"嘶"的一声,竟将皇帝罗袍的衣袖撕裂。宋高宗怒不可遏,骂道:"你这厮贱妇!"一拳将宋喜喜打翻在地,就与内侍们匆匆出宫。

宋高宗颇有力气,一拳打得宋喜喜很疼,但此时宋喜喜却顾不得流泪喊疼,她教宫女们将自己扶起,简单挽了发髻,穿上外衣,匆匆收拾细软,噙着泪水对四个宫女说:"今日方知,伴君如伴虎!官家如此薄情寡义,自家们本是来自民间,不如复回民间。"一个宫女问道:"待哪里去?"她说:"虏人自西北天长军来,自家们不如出得城东,回泰兴县去!"原来这五个女子都是来自泰兴县。

她们一路用挑唆性的语言大喊:"虏骑行将杀来,官家不顾自家们底生死,只身逃命。如今朝廷不成个朝廷,宫院不似个宫院,你们唯有各自寻觅生理去!"这条爆炸性的消息,很快传遍行宫。整个行宫拥挤着约两千人,此时成了一锅沸粥,乱成一团,宦官、宫女等纷纷夺门而出,星迸四散,自谋生路。

张才人颇有心计,她平时就以小恩小惠笼络了两名宫女和两名小宦官,准备了五匹马和五套小武官的衣装。她得到警报后,就立即与两名宫女、两名小宦官更换小武官的衣装,腰悬佩剑,骑马出行宫,直驰扬州城南瓜洲镇。

潘贤妃恃宠而骄,平时并不善待宫女和宦官,得到警报后,还下令宫女和宦官为她准备轿子。在危急时刻,宫内贵贱尊卑的秩序已经不复存在,宫女和宦官各自逃生,竟没有一人理睬这个位号最高的贤妃娘子。潘贤妃眼看呼天喊地,全然无用,最后只能换穿了一套旧衣,在脸上抹了些稀泥,只身逃出行宫。

[陆]
维 扬 劫 难

宋高宗带着康履、曾择、冯益、蓝珪和张去为五名心腹宦官从行宫出奔,王渊已接到急报,临时调集了二百多名班直卫兵,在宫外侍候,他远远见到皇帝,就匍匐在地说:"臣王渊恭请大驾巡幸江南!"皇帝焦急地说:"王卿少礼,速护朕躬南巡!"他一面说,一面骑上骏马,鞭打着马匹,急速南驰。五名宦官和王渊也飞马紧跟,只是苦了二百多名卫兵,他们一个也没有战马,身披甲胄,手执兵器,在后飞跑,却无论如何也跟不上以皇帝为首的七骑,不一会儿,就个个跑得大汗淋漓,喘着粗气,而与七骑的距离却愈来愈远。

宋高宗一行从扬州城西北的行宫出逃后,就沿着贯穿州城的运河南行。路过太平桥一带的闹市,人们见到这个身穿淡黄色罗袍的人,后面又紧跟着几名宦官装束和一个穿紫袍者,从服色上判断,必定就是官家。有人大喊:"赵官家南逃,必是虏人杀来!"官家出逃的消息很快传遍全城,而从行宫中出逃的大批宦官和宫女,更证实了消息属实。于是扬州城继行宫之后,也成了一锅沸粥,从官吏、军士到百姓,纷纷南逃。混乱的人流却遇到狭窄城门的阻滞,大家夺门而出,自相践踏,死者无数。

逃在最前列的宋高宗一行,出了扬州城南安江门,直抵南郊的扬子桥市。王渊眼看只剩下七骑,与后面的二百多名卫兵距离过远,就喘着粗气说:"陛下,臣愚以为,陛下若无兵卫,亦非安全之计,不如在此稍作停留。"五名宦官也都是上气不接下气,争相附和,宋高宗说:"既是如此,朕便在此稍候。"他说着,就首先下马,五名宦官和王渊也跟着下马休息。

年纪最小的张去为又自告奋勇,拨马回去招呼卫兵。

卫兵们也队形零落,三五成群,不成部伍。张去为勉强招呼到一百多人,来到扬子桥畔。有一个卫兵埋怨说:"自家们底老小都在城中,亦不知安危存亡。若不是官家轻信两个奸相,早作计议,何至有今日底狼狈!"王渊厉声大喝道:"你胆敢出语不逊,指斥乘舆,动摇军心!"宋高宗并不说话,他抽出宝剑,向那名卫兵的当胸刺去,那名卫兵立时惨叫倒地。王渊对卫兵们说:"你们护卫圣上过江,白身底授官承信郎,有官底迁五官,另有重赏。若是心怀贰意,不知忠君,便依军法行事!"在威逼和利诱之下,卫兵们纷纷表示服从。

宋高宗把剑上的血在自己的靴底上擦了几下,插入剑鞘,重新上马,亲率这支队伍来到江边的瓜洲镇。宋高宗见到了滚滚江水,心神才稍为安定。王渊立即寻找渡船,而张去为带着几名卫兵在镇上寻找吃食。"京口、瓜洲一水间",瓜洲往常是个热闹的渡口,如今却显得萧条冷落,镇上的居民大多已逃奔江南。张去为总算在一家饼店买了一批炊饼,抬着一个笼屉,来到皇帝面前,下跪说:"时已正午,请官家暂用点心。"

宋高宗骑马狂逃了约五十宋里,此时方感觉饥饿,他取过一个炊饼,才咬了一口,只见有五骑飞奔而来,原来竟是张才人与四名宦官、宫女赶到。张才人下马,急忙跪倒,说:"臣妾来迟,未得及时扈跸,乞官家恕罪!"由于张才人女扮男装,用的是小武官的装束,皇帝直到此时方才辨认出对方,他不免淌出两行泪水,说:"朕未能与众妃嫔早幸江南,至有今日狼狈!"张才人也动情地说:"但得官家平安,臣妾便是沉尸江心,亦是甘心!"宋高宗亲手将她扶起,又为她取过一个炊饼。张才人说:"臣妾亦不觉饥。"她又亲自把炊饼分送给宦官、宫女和卫兵,进行慰劳。宋高宗望着张才人,心中对她又多了一重好感。

王渊临时找来了十多只小船,皇帝正准备渡江,又有二十多骑飞奔江岸,原来是朱胜非、吕颐浩和张浚也闻讯赶来。他们下马跪倒,说:"臣等扈从迟缓,煞是辜负陛下圣恩!"宋高宗感慨地说:"朕未能用卿等议论,早作曲突徙薪之计,委是愧见你们!"三人方待回话,王渊在一旁说:"此间不是说话处,且请陛下过江,然后从容谋划。"于是皇帝就匆忙上船,三名文官上了另一艘船。

船队到达江心,张浚望着碧流连天的浩荡江水,悲叹说:"自家们幸脱此难,扬州城中二十余万军民又不知如何御敌?"吕颐浩拔剑在手,说:"此生但能雪国家奇耻,重返江北、河北,老死于乐陵故里底牖下,方得死无余憾!"朱胜非悲观地说:"大宋天下,经历靖康之难,又有黄、汪二相公胡作非为,便是神人降临,亦是难于整顿!"张浚却说:"天下事物极必反,否极泰来,黄、汪二相不去,天下难以中兴,二人罢相,中兴必是有望!"这三人都估计到经历此次事变,黄潜善和汪伯彦不得不下台,然而对残局如何收拾,又持不同的估计。

宋高宗的船队停泊在镇江府的西津口,但西津口的少量居民也闻讯逃难而去。宋高宗一行来到一座江神庙里暂息。由于卫兵们的家属又都在江北,王渊害怕发生变乱,又对他们硬哄软骗,许诺立即派大批船只去接应扬州城里的官吏和军民,包括卫兵们的家眷。朱胜非等人经过商议,当即命令张去为飞驰镇江府城,通报知府。直到傍晚,镇江知府钱伯言才亲自率领本府军队,将宋高宗一行接到府城。宋高宗到此算是惊魂初定。

如果说宋高宗一行作为第一批逃难者,幸运地渡过大江,而后来者却再无此份幸运,这主要是缺乏渡船。宋廷原先在江北备有大批船只,一部分先后被王渊和宦官们装载私财,御营司右军副统制刘正彦所部护送吴贵人、小皇子等,前往杭州,另一部分又按朱胜非的命令,由户部尚书叶梦得调度,将府库的钱帛之类运往建康府。钱帛之类运走约三分之一,剩余三分之二不是依旧存放库里,就是装船而无法运行。原来近时少雨,扬州一带的运河浅涸,公私舳舻首尾相衔,竟胶滞在泥水里,动弹不得。

乱糟糟的人流拥向瓜洲镇江边,却少船济渡。一些船民也乘机停桡在江中,向逃难者邀索高价,方肯摆渡。江头的人愈来愈稠密,大家心急如焚,却又束手无策。有一个身穿紫袍的官员也逃到江边,他名黄锷,是从四品的司农卿,按他的品秩,刚好达到穿最高等紫袍的资格。一些军士听到仆从叫他"黄相公",就手持兵刃一拥而上,一个为首的说:"原来尔便是黄潜善,祸国害民,皆是尔底罪孽!"黄锷见对方来势汹汹,十分惊慌,他张口说:"我不……"言犹未了,一个军士已经抡刀将他的头颅砍下,尸身从马上跌落。军士们还不解气,又将尸身乱剁。有好几名官员都在这场灾祸中丧生。

黄锷成了黄潜善的替死冤鬼,而黄潜善本人又在何处呢?原来黄潜善和汪伯彦从寿宁寺出来,却不去政事堂,而径往汪伯彦的私宅,举行午宴。他们认为政事堂毕竟是公务所在,有碍观瞻,不如在私宅便于行乐。

一批妓女在厅堂奏乐,汪伯彦最宠爱的四宜人献艺起舞。偌大的食桌上摆满了各色美酒、果品、腊脯和蜜煎、咸酸果脯,佳肴则是一批又一批地以新换旧。汪伯彦的五安人和六安人侍立在旁,为两人劝盏。两个宰相的正妻都封国夫人,而一批妾也在不久前得到如宜人、安人等命妇的封号。

汪府厨房奉献的第一盏是各色羹,有百味羹、百味韵羹、锦丝头羹、杂彩羹、群鲜羹、三软羹、四软羹、五软羹、双脆羹、三脆羹、集脆羹、血粉羹等名目。第二盏是各色签,有羊头签、羊舌签、鹅掌签、鹅粉签、鸡舌签、鲜虾签、三鲜签、奶房签、肫掌签、肚丝签、荤素签等名目,宋时的签其实也是一种羹。

黄潜善餍饫膏粱,虽然有美丽的汪府五安人劝盏,他也懒于动筷。他的眼睛直盯着婆娑起舞的汪府四宜人,虽然他已看过几回,而四宜人的窈窕身影,柔若无骨的美妙舞姿,总是使他销魂醉魄。

汪伯彦瞧着黄潜善心荡神迷的模样,笑着说:"黄相公,自来鱼刺与熊掌不可得兼,以自家底四宜人,换你底七安人,如何?"汪伯彦对黄潜善的七安人,同样也有垂涎之意。黄潜善笑着说:"两个宰相互换宜人与安人,岂不惹天下嗤笑?"

汪府的五安人舀了一勺鲜虾签,放到黄潜善的嘴边,用娇滴滴的细声说:"黄相公,奴家知得黄相公最喜鲜虾签。"黄潜善此时才呷了一口,赞赏说:"其味煞是鲜美!"

两个宰相没有吃多少,第三盏的各色鸡又取代了签,有鸡脆丝、酒蒸鸡、五味杏酪鸡、炒鸡簟、鸡元鱼、鸡四珍、五味焙鸡、鸡夺真等。黄潜善和汪伯彦各自动筷,刚夹了一块鸡放到嘴边,有慌张的吏胥闯入堂内,来不及作揖,就禀报说:"告报二位相公,大事了不得,虏人杀来,主上大驾已是出城!"两个宰相的筷和鸡同时落地。堂内的姬妾、女使和妓女们都吓得尖声怪叫。

黄潜善立即吩咐准备马匹，奔出厅堂。那群女子却死死拽住汪伯彦，七嘴八舌地说，"自家们须与汪相公同行"！"汪相公！万万不可抛弃奴家"！汪伯彦好不容易挣脱了她们，说："速去收拾细软，我当命亲兵护送你们出城！"原来黄潜善和汪伯彦利用兼御营使的职务，各人选拔一千名亲兵，平时的钱粮和犒赏倍加优厚，现在正好派亲兵护送家属出城。

狡兔三窟，黄潜善和汪伯彦对金军的奇袭固然麻痹大意，但他们也并非完全没有逃遁的准备。两人打听到金军来自西北方向的天长军，为了避免与军民人等拥挤，就率领一百骑从城东的康海门逃跑，准备在瓜洲镇以东的扬大港渡江。亲兵们也居然护送了他们的家属，紧随其后，平安抵达，可说是有惊而无险。

无独有偶，与黄潜善、汪伯彦大致同时到达的，还有御营司前军统制张俊。按照原先的部署，张俊是奉命负责扬州的城防。王渊临行前，又派人通知他的干儿子张俊，重申了此项命令。但张俊也相当狡猾，当然不愿冒死守州城的风险，他吩咐自己最得意的两名心腹部将杨沂中和田师中说："圣上既已南下，自家们兵微将寡，岂可在此死守。田十七可选一百马军，随我南行。杨十勇武，可护送大内底妃嫔、内侍等随后，须尽心伏侍，不可疏失。"原来张俊是打算以护送大内宫眷的名义逃跑，而两名部将也已心领神会。

杨沂中当即指挥部兵，来到行宫之外，招呼接应了一批宫人和宦官，其中有淑国夫人王氏、康国夫人萧氏、和国夫人王氏、嘉国夫人朱氏、成国夫人吴氏、润国夫人张氏和惠国夫人孙氏七名国夫人。然而杨沂中也不愿意在行宫外停留过久，他接到了一些国夫人，自以为大功告成，匆忙率领军伍，逃出康海门。

黄潜善、汪伯彦和张俊竟在扬大港不期而遇。心怀鬼胎的张俊，本来可以在马上行礼，他却特别下马，跪倒在两名宰相兼御营使的马前叩头，表示格外的恭敬。他用解释的口吻说："小将闻得圣上南幸，仓促之间，官、吏、军、民拥挤出城，故以百骑率先，护卫二位相公。自家另命偏裨杨沂中，救护行宫妃嫔。"张俊虽是如此辩解，心中还是忐忑不安，他最害怕的，还是两名御营使命令他回城防守。

黄潜善和汪伯彦身兼御营使，但按照宋朝官场中由来已久的文尊武卑的惯例，他们发纵指示，向来只是直接布置给都统制王渊一人，难得接见一次各军统制，就算是格外的恩典和青睐。然而遇到今天的突然事变，两人最初是急于逃命，现在又转而忧心自己的前程，至于王渊命令张俊负责城防，两人也是懵无所知。黄潜善此时已是情绪低落，懒得说话，汪伯彦虽已稍稍品味出张俊辩解的意图，却也无意于追究，只是说："救护行宫妃嫔，此事非细，你须用心！"

张俊不敢与黄潜善、汪伯彦同时渡江，他只能暂留江北指挥，并且安排两名宰相的家眷济渡。幸好杨沂中的部伍护送了七位国夫人等，也继踵而至。张俊听说有七位国夫人，简直是如获至宝，连忙上前叩头请安，说："小将当护卫国夫人等平安渡江，必无疏虞！"

七名国夫人惊魂未定，康国夫人萧氏说："张太尉速命舟船济渡，自家们日后当面对官家，为张太尉请功！"张俊所希求的，也就是国夫人们能在枕边对皇帝发挥影响，他说："小将当率亲兵同共济渡！"他又转而吩咐杨沂中说："杨十，你可在江北殿后，日后当为你请功！"他让七名国夫人等上船后，自己也急匆匆地上船，田师中当然也不甘落后，带领亲兵们一拥而上。

杨沂中的部伍则是扬大港的最后一批渡江官兵。当时，还有很多难民逃奔扬大港，他们只能跪在地上，哀求官兵护送过江，有的甚至挽衣号哭。杨沂中见到这种情景，也有几分不忍，他说："尔们不须如此，且待官兵先过江，当棹船济渡得尔们，必是无事。"于是，百姓只能让官兵优先登船。

杨沂中到大江对岸时，黄潜善和汪伯彦已经带领亲兵和家属前去镇江府城，只有张俊还停留在江岸。张俊见杨沂中登岸，就吩咐说："我当护送国夫人等见主上，你且在此把截，不得透漏番人过江。"杨沂中说："江北尚有百姓，等待济渡。"张俊说："此事你不须管得，些少舟船，如何济渡得许多百姓？你用心防拓，日后自有封赏。"他急不可待地上马，与田师中等护送七名国夫人和其他宫女、宦官，扬长而去。

杨沂中望着浩瀚的江水，长长地叹了口气，有一个老兵在旁说："杨太尉岂不闻得，救人一命，胜造七级浮屠。"这句话提醒了杨沂中，他下令说:"渡船且挪回江北,救百姓们渡江!"

金军并未抵达扬大港,那里的难民即使不渡江,其实也是无灾无难,而一场大惨剧则是在扬州城到瓜洲镇的五十里间演出。

由于招信县尉孙荣和一百多名弓手的死战,为皇帝的出逃赢得了宝贵的半天时间。完颜豁英受伤后,金军的先锋部队由耶律马五一人统率。他所带的五百精骑,包括五名女真人的百夫长,三成契丹人,七成女真人,直到傍晚,才驰抵扬州城西通泗门下。

有一批来不及逃遁的官员和百姓,以签书淮南节度判官厅公事吴衮为首,只能焚香点花烛,出门迎降金军。耶律马五等契丹人完全能说汉话,他在马上问道:"康王可在城里?"吴衮也不再尊称皇帝为"主上",他改用金人的称呼说:"康王已自出奔城南瓜洲镇。"耶律马五只是骂了一声"痴南房",就挥兵从扬州城外直驰瓜洲镇,企图追赶和擒捉宋高宗。

瓜洲镇沿江的逃难者此时已聚集了十多万人,而江面上只有二十多只小船,每艘船至多也不过载二十人。船主们只是在江中向逃难者邀索高价,如果不支付金一两、银十二两或者钱三十贯,就不得上船。尽管如此,还是有一批又一批愿出高价的人,登舟逃到了对岸。二十多只小船往返于宽阔的江面多次,这次又重新空船荡桨,前来载客。

御营司提举一行事务、奉国军节度使刘光世的队伍在溃退之余,尚有约一万八千人,也闻讯来到瓜洲镇的江岸。他们驱散愿出高价的百姓,向船主们高喊:"今有御营刘节使提兵至此,你们速与济渡!"在这种混乱的时刻,船主们却漠视当官的权威,一名船主喊道:"今日且不论是刘节使,便是赵官家、黄相公到此,亦须渡金一两!"刘光世听后大怒,吼道:"与我放箭!"于是,本应射向敌人的弓弩,却在那群船主身上逞威。在乱箭的攒射下,船民们不死即伤,有的跌落江水,有的倒在船上。军士们向渡船抛掷麻绳飞钩,总计抢到了二十一艘船。

刘光世到此才面露微笑,他吩咐部将王德、傅庆等说:"渡船数少,你们且在此整饬军马,依次逐部济渡。"他正准备首先登船,不料人群里冲出一个女子,此人正是潘贤妃,她好不容易挣扎到了江边。潘贤妃曾和刘光世见过一面,她素来娇贵,此时却不得不降尊纡贵,哀求哭喊说:"刘节使,奴便是潘贤妃,你须救取奴家!"

刘光世见到是后宫的第一娘子、小皇子的生母,本来就不敢怠慢,更何况在不战而溃之余,更是把潘贤妃视为奇货可居,不仅可以推诿罪责,甚至还能邀功请赏,他急步上前,打躬作揖,说:"贤妃娘子且放宽心,下官当护卫贤妃娘子过江,万死不辞!恭请贤妃娘子登舟!"刘光世的低声下气,立即使潘贤妃恢复了骄矜,她礼貌性地对刘光世道了"万福",就率先登船。刘光世紧随其后,带领十八名亲兵上船。

有一对老夫妻带着两个儿子,也冲出人群,跪在船前。原来潘贤妃形孤影单,混在难民群里,还没有出扬州城,随身一个带着金银珍宝的小包裹就被人抢走。老夫妻看不过去,吩咐儿子把小包夺回,还给了潘贤妃。彼此攀谈,发现双方都是开封人,潘贤妃胡乱编造了自己的身世,说得十分可怜,却博得了这家人的同情,一路同行,对她有所关照。正午已过,潘贤妃感到饥乏无力,老妇就给了她一个夹肉炊饼。他们出城走了不到二十里,潘贤妃双腿酸麻,脚步踉跄,老妇就命令两个健壮的儿子轮流背负着潘贤妃,走了一程。潘贤妃当时对他们也是千恩万谢。

如今那个老人高喊:"男女有眼无珠,不曾识得贤妃娘子。切望贤妃娘子赐天大底恩典,济渡得小民全家!"刘光世见到这种情景,就向潘贤妃发问:"此事当怎生措置?"潘贤妃却冷淡地回答:"不须理会得!"于是拥上一批军士,将这一家人驱逐,第一艘船也马上划向南岸。其他的船只装载三百几十名军士,也很快离岸。

潘贤妃所以翻目无情,是害怕自己由两个男子背负逃难的事,传扬出去,很不利于后宫的争宠。但这一家人被驱逐以后,自然愤愤不平,向众人诉说事情的原委。大家不免七嘴八舌地议论,一个书生引经据典地感叹说:"唯女子与小人为难养也!"另一个诅咒说:"潘贤妃亦不过以姿色取宠官家,忘恩负义,不知积德行善,日后定须色衰失宠!"

突然,难民群又自北而南,发生了激烈的骚动,人们纷纷惊呼:"大事了不得,虏骑杀来江岸!"接着,人们又纷纷呼叫:"请官军迎敌,救我大宋百姓!"求生的本能,使逃难者沿江岸向东或向西奔窜。

傅庆对王德说:"自家们自沿淮退至沿江,如今退无可退,虏骑追来,求生不得,不如死战,犯死求生!"王德说:"不可,军无斗志,刘节使又已渡江,群龙无首,唯有鼓率军兵沿江西上,沿途寻觅舟船。"他说着,竟一马当先,西向飞驰,二十多骑亲兵也立即紧跟。傅庆长吁一声,不免策马追随。一万八千名宋军,面对五百敌骑,竟不作任何抵抗,不战而溃。军民混杂,夺路而奔,还自相拥挤甚至践踏,瓜洲镇江边的逃难者乱成一团,哭喊声、哀叫声、咒骂声等,交汇成恐怖的、震耳欲聋的噪音。

耶律马五的五百精骑经过长途奔袭,到得江边,其实已成强弩之末,人困马乏。他们拦截住一部分逃难者,杀戮了几十人之后,被拦截者只能纷纷下跪求饶。耶律马五大喝道:"你们交出康王,我便恕你们不死!"难民们纷纷说:"赵官家早已逃往江南,此处端的是并无官家!"耶律马五望了望茫茫江面,竟无一艘船,深感扫兴,他不再理睬那群下跪者,下令说:"且挪回城中,与拔离速、泰欲二字堇计议后事!"五百金兵竟顾不上杀戮和抢掠,在苍茫的暮色之中,离开了瓜洲。金军的撤退,又使许多逃难者产生了侥幸心理。除了被害者的家属恸哭收尸以外,大家以为祸难已经过去,于是又渐渐重新聚集在江边。

耶律马五的前锋部队还未回城,完颜拔离速和兀林答泰欲统率约五千四百骑兵,正式突入扬州城。他们在降官吴衮的指引下,首先占据了城西北的行宫。耶律马五回城后,来到崇政殿里,见两名女真人的长官行女真跪礼,然后报告说:"赵宋康王煞是一只狡兔,已自逃往江南。"完颜拔离速和兀林答泰欲都感到泄气。沉默片刻之后,完颜拔离速说:"既是康王追赶不及,亦当洗城!须使儿郎们满载而归,亦不枉来此扬州一回。"兀林答泰欲说:"可先关闭扬州城门,然后洗城。"

事实上,在三个统兵官下令以前,金军已经开始在扬州城里肆虐。摘星楼是扬州城的第一高楼,楼高三层,雕阑画栋,造型优美,位于城中心的东北,首先成为金军纵火的目标。不用多时,这座高楼便成了一大团烈火。接着,城里各处起火,烈焰烛天。留在城里没有出逃的约两三万居民成了金军奸淫杀掠的对象,几乎无一幸免,甚至连降官吴衮也不能保全自己的家眷。建炎三年二月三日之夜,成了扬州城惨痛和恐怖的劫难之夜。近六千名金军,无一不掳掠到丰厚的财宝,无一不对女子们发泄其兽欲。扬州城的居民,有的为免遭杀戮和蹂躏而奋起抵抗,有的则投井自杀或自焚,也有许多人则在一夜之间沦为金军的驱口,即战俘奴隶。

奸淫杀掠的高潮刚刚过去,二月四日的天空开始微露曙色,完颜谷神亲率大军也来到扬州城北。完颜拔离速、兀林答泰欲、耶律马五,还有受伤的完颜毂英,急忙把他们的元帅右监军自镇淮门迎入行宫。崇政殿里,火把和灯烛齐明,完颜谷神坐在宋高宗的御榻上,他圆睁环眼,听取这四名金将的报告。四名金将半跪在御案前,陈述情况,却不敢仰视,由于没有抓到赵宋皇帝,不免心中忐忑不安,语言结巴,等待着元帅右监军的责骂。

平素性情暴烈的完颜谷神,今天却显得通情达理,他用出乎众将意料的温和口吻说:"你们千里追奔,不曾滞留,已是劳苦。你们出兵之后,我也曾问卜,道是此回擒不得康王,然而不过一二年间,必能吞并江南,混一南北。你们且起立叙话!"四名金军将领如得大赦一般,站起来谢恩。

完颜谷神又问耶律马五:"瓜洲江边尚有多少南人?"耶律马五说:"江边约有十数万人,运河中更有舟船无数。"完颜谷神说:"你们底儿郎已掳得驱口与金宝无数,我底儿郎若不能掳得子女玉帛,又如何北归?且令众儿郎饱餐,稍息片时,然后出兵江岸。"当时,维系金军士气的基本手段就是掳掠,完颜谷神正担心自己的将士空手而归,听了耶律马五的介绍,又使他感到振奋。

二月四日天光大明,约有二万金军,其中既有骑马的正兵,也有步行的阿里喜,从正南安江门和州城两侧,沿着运河两岸蜂拥南下。胶滞在五十宋里运河中的官私船只,依然一艘也不能动弹,船上的吏卒和百姓早已逃之一空。大批金军首先登上舟船,恣意抢劫。凡是他们认为有价值的金玉珍宝、绫罗锦绮之类,纷纷搬运上岸,而如仪仗器物、官府文牍之类,被他们视为无用的废物,或者扔在船上,或者弃于泥淖。宋廷大约有三分之二的国库贮存都在运河的舟船上和扬州城里,金军甚至连抢劫也抢劫不尽。

完颜谷神亲自督率部分金军杀奔瓜洲江边。江边还聚集着约十万人以上,大家误认为金兵已经撤退,有的等候渡船,有的还商议回城。不料金军再次南下,却非耶律马五的五百骑可比。完颜谷神按照女真人打猎的习俗,散开队伍,密布围掩,设置围场,把江边手无寸铁的宋人当作捕猎对象。金军依凭战马的驰骤,很快就将宋人驱逼到围场的罗网之中,少有幸免者。惊惶失措的人群哀叫着,互相拥挤,甚至自相践踏,很多人被挤入滔滔江水,也有一部分人干脆投江自尽。

完颜谷神命令通事向难民传话:"交出金银财宝,可免你们一死!"于是人们又纷纷将金银财宝之类扔在金军的马前,顷刻之间,竟在江边堆成了一座小山。完颜谷神接着又下令,把全体驱口押回扬州城里,并且充当苦力,把运河舟船中抢来的物质搬运进城。约近十万的宋朝男女老少回城以后,金军又关闭城门,开始挨家挨户淫辱妇女。这是扬州城中充满了惨痛和恐怖的第二个劫难之夜。

在扬州城接连数日纵暴之余,完颜谷神又先后从扬州发兵,进攻真州(治今江苏仪征)、泰州等地。真州遭受洗劫。泰州知州曾班在无可奈何之中,只能在城上竖立降旗,率领军民迎拜。二月八日,兀林答泰欲指挥二千金军入城,又奸淫、掳掠和杀戮一通,几天之后,方才押解着大批驱口,返回扬州。

二月十九日,完颜谷神终于率领金军撤离扬州。临行之前,再次纵火焚城,城里最后只剩下数千居民。金军满载丰厚的财宝,押解着数倍之多的驱口北撤,简直不像个军伍,而沿途竟未遭遇到一支宋军的邀击,平安地回到了北方。

这是扬州城市史上可悲、可耻,而又可叹的一页,其浩劫的惨痛,完全可以和明清之交的"扬州十日"相提并论。金朝胜利者未经战斗,却轻而易举地得以恣意纵虐肆暴的喜剧,宋朝统治者狼狈逃窜的丑剧和广大无辜平民惨遭劫难的悲剧,构成了整个事变的全部画面。

[柒]
逃窜途中

二月三日夜，宋高宗一行进入镇江府城，与他们反方向的，是府城的许多百姓，还有官吏，都不顾天黑，扶老携幼，纷纷向城外出逃。宋高宗见到此种情景，更增添了忧闷。他进入府衙就座，本府的官员，包括被变相贬黜的知南外宗正事、皇叔赵士㒟，都来参见皇帝。众官员见到皇帝脸色惨白，神情沮丧，都不知说什么才好，他们只能依臣礼的程式拜见，而缄口不提今天的事变。宋高宗经历一次大惊吓之后，连目光也有几分呆滞，他望着三年前被自己贬斥出朝的赵士㒟，不免面露几分愧色。沉默了一会儿，知府钱伯言说："微臣已草草排办御膳，恭请陛下进食。"

宋高宗望了望自朱胜非以下的众臣，说："卿等扈从辛劳，且退下歇息，朕当与九九叔共进晚食。"众官退下，赵士㒟留下陪皇帝晚膳。他望着皇帝的模样，不免起了哀怜之意，但即使在只有两人进膳的场合，仍然是口欲言而啜嚅。他并非不想乘机进谏，却是在考虑用什么方式和言语，才能收到尽可能好的效果。宋高宗平时胃口不小，但今夜却很快辍食。

赵士㒟起身，正准备进献忠言，然后告退，不料宋高宗却盼咐康履等几名宦官说："今夜朕只与九九叔同卧，行家人底礼节。"众宦官们不由大吃一惊，皇帝平时且不说夜晚，就是白天退朝或臣僚面对之后，也不能没有宫女，虽然六宫的女子们一时不知去向，却还有一个如花似玉的张才人在旁。不教张才人陪夜，而教宗室陪夜，这还是皇帝即位以来破天荒的事。

钱伯言和宦官临时安排了皇帝的卧室，给皇帝准备了一张大床，赵士俙准备了一张小床。宋高宗别出心裁,不要被褥,只要一张大貂皮,卧覆各半。赵士俙见宋高宗满脸倦色,就不想谈论国事,只是说:"夜色已深,请陛下安卧调摄,明日另议国事。"宋高宗特别脱下一件黄罗绵背心,亲自披在赵士俙的身上,说:"有九九叔夜侍,朕便得安卧!"赵士俙一时也颇受感动。两人分别上床,宦官为他们掩上了帐幔。

这正是扬州城里的第一个劫难之夜,而逃离扬州的皇帝,毕竟还须要有皇帝的排场,卧室里点燃了十支明晃晃的蜡烛,宦官们也须忍受困乏,在卧室门外侍立,随时准备听候使唤。扬州城里,正值处处悲啼哀号、叫嚣喧闹之时,而仅有一江之隔的镇江府治,却仍是一片寂静。白天饱受惊吓的宋高宗,如今延挨着自登基以来第一个难眠之夜。赵士俙也同样无法入梦,他清楚地听着皇帝的辗转反侧、哀叹悲泣,更增加了几分同情。

四鼓时分,宋高宗自己掀开帐幔下床,冯益和张去为连忙进屋,赵士俙也跟着起床,皇帝却吩咐宦官说:"可进茶两瓯,朕当与九九叔坐下同吃。"赵士俙虽然身为皇叔,没有皇帝的特赐,他也不能随便就座。

宋高宗和赵士俙对坐呷茶,才开始了正式交谈。宋高宗双目红肿,面带泪痕,却仍不愿在皇叔面前放下九重之主的尊严,坦诚认错,他说:"朕即位已是三载,虽是忧勤国事,宵衣旰食,而天下靡宁,房人之患益深。此回朕不忍轻弃士民,而及早渡江自便,事变起于仓促。不知九九叔有何安邦定国底奇策,朕当虚心听纳。"

赵士俙真想说一句:"祸变如此,陛下尚自文过饰非!"但话到嘴边,还是咽了下去,他原先准备了千言万语,现在简直连一句话都不想说,但是面对着皇帝"虚心听纳"的姿态,不说还是不行。他最后只能字斟句酌地说:"依微臣愚见,若是尚欲收拾人心,中兴宋室,报得奇耻大辱,迎还二圣,则黄潜善与汪伯彦两个奸佞不可不罢,李纲不可不复相,而陛下底罪己诏不可不下。"

特别是听到"罪己诏"三字,宋高宗的面色顿时变得十分难堪。他对于赵士俙所提的第一条罢相问题,还是认为可以接受,至于第二和第三条则根本不能接受,却也难于说一点歪理,当面回绝。于是,君臣两人只能默默地呷茶,不再交谈。

赵士俙转念国难家祸,感到中兴无望,不由流下两行玉箸般的泪水。

这次倒轮到皇帝对皇叔进行劝慰："九九叔且请宽心,朕更当以维扬祸变为戒,励精图治,以致中兴。"赵士儌忍不住声泪俱下,说："陛下若不能用臣底三策,切恐难以中兴!"他说完,就起身告退,宋高宗也不再挽留。

张才人适时进屋,侍候皇帝,梳洗和早膳过后,有曾择进屋口奏说:"今有刘光世护送得贤妃娘子,张俊护送得七位国夫人等,已到得行在。"宋高宗脸上略露喜色,说："宣他们入阁!"

潘贤妃和七名国夫人其实是在半夜先后抵达镇江府城,曾择等宦官临时为她们安顿,并且说明情况,要她们不要惊动皇帝。直到此时,她们才进屋行礼,口称："官家圣躬万福!"宋高宗用略带感伤的语调说："贤妃娘子与国夫人等幸得无恙!"张才人也抢步上前行礼,说："贤妃娘子万福!奴家拜见贤妃娘子。"

潘贤妃本来就是满腹委屈和怨恨,见到张才人已抢先侍奉皇帝,更是充满了妒意,她上前一记耳光,说："这厮贱妇!胆敢撇却奴家,独自飞马先奔!"识时务的张才人连忙下跪,说："奴家有罪,乞贤妃娘子宽饶!"

宋高宗看不下去,就亲自将张才人扶起,说："张娘子率先侍奉朕躬,何罪之有!"这句话更起了添酸加醋的作用,潘贤妃明知皇帝的脾气,此时已无法控制自己,她指责说："官家唯知只身逃窜,亦煞是无情无义!"

宋高宗恼羞成怒,大吼道："大胆贱妇!"飞起一脚,把潘贤妃踢倒在地,潘贤妃坐在地上,搥胸顿足,恸哭悲啼。熟知皇帝脾气的宦官们不由分说,上前把潘贤妃挟持出屋。张才人见到这种情景,不由心中暗喜,她料定潘贤妃这次肯定是一蹶不振,但表面上却仍出面圆场,说："官家息怒,贤妃娘子一时失言,罪在臣妾!"宋高宗说："贱妇有罪,张娘子有功,朕焉能有赏无罚!唯是母以子贵,朕念及父子情重,不忍将她贬废出宫。"

潘贤妃被挟持出屋时,已经开始清醒,却又追悔莫及。事后她虽然千方百计挽回,向皇帝百般求饶,却再也无法恢复皇帝的宠爱。

宋高宗经过一夜的痛苦反省和思考,其实已经确定了今后的一些方针。如果还是像从前那样,只顾在深宫纵情声色,不理国政,听凭黄潜善和汪伯彦胡作非为,不设法勉力支撑危局,岂但是皇帝的尊荣富贵,就是连身家性命也很难保全。他决心从即日起，必须给臣僚们以一新庶政的形象。虽然在狼狈逃窜之余，他还是坚持要在府衙举行简单的二月四日早朝仪式。

逃散、死亡的百官，大部分还没有消息，但好在镇江府正衙还小于扬州行宫的崇政殿，以左相黄潜善和右相汪伯彦为首的官员，仍然鹭序鸳行，整肃地站立，而恰好挤满了正衙。宋高宗已不再是与赵士㒟谈话时那种神疲而气沮的故态，他虽然经历了大半天的逃奔和惊吓，又一夜未睡，毕竟是体力健壮，元气旺盛，经过张才人与宦官们的精心装扮，本人又刻意强打精神，还是显得气宇轩昂。连赵士㒟也不免暗自吃惊，目前的皇帝与一个时辰前的形象，简直是判若两人。尽管如此，宋高宗还须披挂细钢甲，外罩淡黄袍，腰悬佩剑。

群臣按老例行礼，山呼，即三呼"万岁"后，宋高宗开始发表新的施政演说，他首先指着自己的白木御案和御榻，用激昂的音调说："此非是府衙底旧物，朕特意设此桌椅，只为社稷危难，祸变异常，非有卧薪尝胆底大志，实不足以振兴大宋！朕自臣民推戴，获承祖宗底余德以来，夙兴夜寐，虽因迫于虏人，暂居维扬，然而朕心何尝不恋恋于旧京，不忍弃我西北底万民，而巡幸东南。昨日闻得虏骑潜行，朕万不得已，渡江为暂避之计。仅此一端，足可明朕非是不顾万姓，唯一己之利是谋。然而事变仓促，维扬官吏军民多遭祸难，众卿或是家属散失，委是痛切朕心，愧负何极！自古帝王，多有脱身于祸难之余，立国于颠危之后，失势于屡挫之辱，而终得戡乱于必胜之功。今日唯赖众卿辅朕，成中兴之大业！"

宋高宗演说完毕，又专门吩咐词臣、权直学士院张守说："张卿可以朕意草诏，抚慰维扬迁徙官吏军民。"张守说："微臣遵旨！"

站立班列的赵士㒟到此完全明白，皇帝不愿下罪己诏，而是打算用文过饰非的抚慰诏代替罪己诏。但赵士㒟也感到吃惊，皇帝即位三年，虽然沉湎酒色，懒于处置政务，然而光从今早的"圣语玉音"看来，他的处事无疑比登基之初老练得多，心中不免暗自哀叹："主上亦是聪明之君，可惜智足以拒谏，言足以饰非，而国家底祸难未已！"

黄潜善和汪伯彦到此已不得不承担无可推诿的罪责，两人互相望了一眼，就走出班列，到御案前下跪叩头说："陛下英毅圣明，虽是迭遭变难,大宋社稷兴复必是指日可待。臣等备位首揆,辅赞无状,不能谋国弭患,乞陛下早赐诛窜,以正典刑!"宋高宗见到这两个宰相,心中也不免气恼,但他还是按早已准备好的言词说:"朕当嗣守祖宗家法,体貌大臣,此事岂可轻议。"不冷不热,不咸不淡,没有谴责和处罚,但也没有保证不给予处罚,这反而使黄潜善和汪伯彦两人更加难堪,两人只能连连叩头谢罪。

宋高宗不愿为两人延误更紧急的事,他说:"黄、汪二卿且起,众卿且退殿,朕当与宰执、侍从等集议紧切大计。"于是宰相和执政,吕颐浩、张浚等侍从官,还有王渊、刘光世、张俊等武将继续侍立两边,其余官员,包括赵士𠑊退下。

刘光世上前下跪大哭,说:"王都统专管江上舟船,曾言道,缓急决不误事。臣所部有二万五千步兵,两千马兵,却是阻隔江北,何以为圣上效命?"他所说的兵力,故意用出兵时的数字,而不用溃退之后来到江边的实数。王渊明白,刘光世的哭诉,不但是当面告状,还旨在洗刷自己不战而溃的罪责。他正盘算着如何辩解,并且当面诘责刘光世,黄潜善说:"如今已集合舟船,足可济渡诸军。"

宋高宗目前考虑的中心是逃往何处,他说:"此事既有处置,当议去留。"王渊乘机进言:"臣愚以为,銮舆暂驻镇江,止是把截得一处。若是虏人自通州渡江,先据平江府,又将如何措置?依臣底愚见,杭州有重江之险,不如且去杭州,方是万全。"他的话其实不是个人的意见,而是自己和康履等宦官共同商议的结果。

吕颐浩说:"微臣愿陛下且留江上,为江北声援,渐谋收复。若是江北全失,大江之险与虏人共有,切恐陛下亦不得奠安于杭州。如是因虏人迫近,必欲移跸,则杭州不如建康,建康不如上流鄂州。"鄂州就是今武汉武昌,按宋人的地理概念,称长江中游为上流。

宋高宗不愿臣僚再有异议,说:"朕计已决,即日巡幸杭州!"吕颐浩说:"既是陛下定议,臣愿留此地,督诸将扼守江上,徐谋收复扬州。"张浚也说:"臣亦愿留,辅佐吕尚书。"

宋高宗感动地说:"国难识忠臣!朕今拜吕卿为资政殿大学士,同签书枢密院事,江、浙制置使,督率江上诸军,便宜行事。刘光世为行在五军制置使,屯镇江府,控扼江口,听吕卿节制。"吕颐浩说:"自靖康用兵以来,官兵往往一触即溃,或是不战而逃,大将拥兵玩敌,全无纪律。方今用武之时,须力矫此弊,微臣愿得便宜行军法之权。"

宋高宗立即抽出佩剑,说:"卿言甚是,朕今以此剑赐卿,自大将以下,有不用命者,便以此剑行军法!"他一面说,一面用剑劈去了白木御案的一角。刘光世完全明白,皇帝和吕颐浩的言行,首先就是警告自己的。

宋高宗处理要务完毕,正准备退朝,张去为慌慌张张进入,下跪叩头说:"小底奏禀官家,卫士们只因老小离异,存亡未卜,纷纷悲泣,或有语言不逊。"宋高宗顿时面露惊骇之色,他对朱胜非说:"卿可速与王渊前去抚慰!"

自从潘贤妃和皇帝闹翻以后,张才人事实上就成为后宫的主宰。她为退朝的宋高宗及早预备了午膳。按宋宫的标准,御膳百品,但肉食以羊肉为主。南方少羊,宦官们费尽周折,才用高价买到一头羊。南方多稻,但宋高宗还是偏爱昂贵的面食。张才人只为官家准备了一盘莹白的炊饼,一碟嫩煎羊肉和一碗羊舌签。她对宋高宗说:"艰难之际,城中百物踊贵,官家以恭俭率天下,敢请官家恕臣妾擅减御膳之罪。今日午膳,乃臣妾亲手烹饪,不知适口否?"宋高宗见到都是自己喜欢的食物,说:"张娘子煞是贤德,何罪之有!朕唯求一饱而已。"

皇帝和张才人开始用膳,康履进入下跪,说:"小底奏禀官家,朱相公与王都统已抚定卫士与三军,晓谕他们,只待官家驻跸安妥,定当录用扈从底功劳,优加赏给。卫士与三军欣诺,再无喧哗,恭请官家安心!"宋高宗感到高兴,他说:"朕与张娘子当努力进膳,膳后立即启行!"

康履又说:"江上舟船,全由江北巡检皇甫佐主管。皇甫佐玩忽职守,致使官、吏、军、民不得及时济渡,王都统已将他行军法处斩!"

原来刘光世当面告御状,确是说中了王渊的罪责。王渊在抚定军兵之后,马上召见皇甫佐。皇甫佐进屋,还来不及唱喏,有军兵从背后举刀,将皇甫佐的人头砍落。王渊这次行动,也真可说得上是迅雷不及掩耳,他惟恐用审问的方式,会暴露自己,所以不让替罪者有说话的机会。王渊说:"可将皇甫佐底人头号令示众,以为不职者之戒!"然而皇甫佐也算是王渊的一个心腹,一旦遭此下场,又引起军心不服,为王渊种下了祸根。

宦官们与王渊早就串通一气，康履的奏禀，也无非是为王渊开脱。

宋高宗说："朱胜非与王渊赏罚分明，甚慰朕心！"午膳之后，皇帝与妃嫔、百官当即启程。吕颐浩、刘光世等送皇帝出城东偏南的青阳门，临别之时，吕颐浩说："臣当誓死守城，大江天险，虏人必不能轻易济渡，陛下不须忧心！"宋高宗说："卿与刘光世为国之干城，朕复有何忧！"

镇江府城十分混乱，难民充塞，很多官员逃散，谣言四起。吕颐浩竭力整顿社会秩序和城防，不断派人渡江，打探敌情。王德、傅庆等率领刘光世的大部分军马，也从真州和建康府一带渡江，来到镇江府。吕颐浩召见刘光世和众将说："闻得虏人有归意，自家们不可不渡江，以为逼逐之计。"刘光世面有难色，说："官家溃散逃亡之余，此事切恐未可轻议。"

吕颐浩说："国家养兵千日，须用于一时，难道当退缩于江南，坐视江北涂炭？若个太尉愿率死士渡江？"他声色俱厉，一手已经按住皇帝所赐宝剑的剑柄。傅庆说："小将愿率死士渡江！"

吕颐浩说："我依圣上旨意，便宜行事，与尔借补三官，若能立得战功，另与借补。尔可选三千锐卒，明朝渡江，进据瓜洲。我与刘节使当亲自渡江，以为继援！"一言请缨，就连升三官，这对傅庆当然是很大的激励。

然而刘光世却只能暗自叫苦。他实在不愿冒渡江作战的风险，现在却是吕颐浩强迫他一同渡江。他想了一下，只能用缓兵之计，说："明日凌晨出师，委是匆遽，依下官之见，须预备三日，以为万全之计。"吕颐浩用不容商量的口吻说："三日恁地迟缓，只须一日预备，隔日出兵，不可延误！"

二月十九日天色微熹，傅庆率领三千军士，首先乘船在瓜洲登陆。接着，吕颐浩也戎装佩剑，和刘光世等分别乘船渡江。傅庆在江岸迎接，他对吕颐浩和刘光世报告说："今有探骑关报，虏人已纵火退兵。"吕颐浩命令说："刘节使可亲统大军，尾袭虏人！"

刘光世被逼无奈，只能亲自带兵北上。他有意放慢行军速度，打探到金军已经完全撤出扬州城，才放心大胆进入已成废墟的城里。一面扑火，一面派游骑北上，设法捕杀一些金军的掉队散兵，用于虚报战功。

古代天子的居住出巡,文称为仪,武称为卫,出巡的仪卫有千乘万骑,备极隆盛。然而从镇江府城出来"巡幸"的落难皇帝,却是别有一番凄楚和寒酸景象。宋高宗的马前,只有一个兵士手擎一柄黄团扇,成为惟一象征皇权的仪仗。南方的道路不能行车,皇帝的马后,则有潘贤妃、张才人和七名国夫人的轿子。张才人宠而不骄,她有意让潘贤妃乘大轿,自己乘小轿,跟随在大轿之后,一以维持后宫的名分等级,二以遮盖宫廷的争吵。轿夫们须要快步长途跋涉,只能雇了三倍的人数,轮流息肩。此外,从皇帝到百官的许多物件,还要临时强行差发大批民夫,挑担负荷。

傍晚时分,这支特殊的队伍进入丹阳县城。知县早已在城北门外恭候,将皇帝接入县衙,安排了酒食和住宿。不料宋高宗已如惊弓之鸟,他说:"天色虽黑,尚可赶路,今夜可排办于吕城镇驻跸。"于是知县不得不先亲自驰马赶往吕城镇,安排皇帝和百官的住宿事宜。

宋高宗和张才人等用过晚膳,正准备出发,从镇江府又来了一支特殊的队伍。原来太庙里赵氏十一代帝后的木雕神主同隆祐太后一起乘船,先于宋高宗来到扬州。扬州城里又没有相应的太庙建筑,经过臣僚们的商议,宋高宗同意在最大的寿宁寺中,另辟专门的殿宇,安放这些神主。在这次扬州的劫难中,太常少卿季陵仓促之间,带着一批亲事官,每人背负一个神主,逃奔瓜洲。因为没有渡船,又只能沿江东逃,好不容易寻觅到船只,把这些神主运送过江,然而却在混乱之中,丢失了宋太祖的神主。季陵一行来到镇江府城时,皇帝已经出奔。吕颐浩感到事体重大,就加派了军队,另外用了二十一乘轿子,装载神主,吩咐他们加速行进,追赶皇帝的逃难队伍。

如今季陵跪在宋高宗的面前,痛哭流涕,说:"臣仓促之间,失却太祖皇帝神主,万诛何赎!"宋高宗急怒攻心,但又很快地克制了自己,他痛心地说:"卿能于危难之间,奉太庙列祖列宗神主南渡,已是尽心竭力。遗失太祖皇帝神主,由朕之不德所致,罪在朕躬!"季陵说:"陛下圣恩广大,然而不赐诛窜,微臣委是无地自容!"

黄潜善望了望汪伯彦,两人同时下跪说:"臣等辅政无状,愧负陛下,愧负太祖皇帝在天之灵,乞赐窜殛,以为臣子误国之戒!"宋高宗真想举脚将两人踢倒,但他还是用理智约束了自己。他望着两个捣蒜一般叩头请罪的宰相,只是流下了两行眼泪。

朱胜非如今是惟一有资格出面圆场的执政,他说:"为江山社稷大计,陛下尚须忍痛节哀,及时巡幸。依臣之议,不如将季少卿降五官,依旧权太常少卿,以责后效。另命词臣草诏,寻访太祖皇帝神主。"宋朝的官是虚衔,季陵即使降五官,还是可以担任太常少卿的实职差遣。

宋高宗感到这是一个收揽人心的机会,就说:"朕岂忍心将季卿降五官,可降一官,以彰朕底过失。其余可依卿所奏。"季陵果然跪在地上,感恩涕零,说:"陛下不赐诛责,臣便是粉骨糜身,又何以报圣恩底万一!"宋高宗眼看已经收到预期的效果,就连忙启程。

这支逃窜的队伍依然是兵士执一柄黄扇居前,黄扇之后,排列着二十一乘装载木雕神主的轿子,骑马的宋高宗只能跟随在神主的轿子后面。这种不伦不类的序列,虽无宋朝的礼法依据,但在仓促慌乱之际,也多少表示了皇帝的孝心和向祖宗谢罪之意。

宋高宗一行抵达吕城镇,已经是半夜。镇上的人户平时也不过两千多,在闻风逃难之后,只剩下一千三百多户。尽管如此,要安排相当庞大的皇帝逃难队伍,还是非常困难的。丹阳知县找到本镇第一富户的空宅,准备安顿皇帝住宿,不料又来了二十一尊太庙的神主,只能将这家大宅正厅里的家具全部搬出,然后在正厅临时供放这些神主。

宋高宗虽然辛苦跋涉,却不敢马上就寝,他命令宦官们在正厅摆设香案,点燃香烛,自己独自进入正厅,由宦官掩上房门,然后下跪,连续叩头,涕泪满面,虔诚祈祷说:"不肖子孙臣构当社稷祸变之后,入继大统,不能上承祖宗休德,致使列祖列宗神灵蒙迁播之难,太祖皇帝神主至今不得奠安,臣委是罪该万死,死有余辜!伏望祖宗念二百年创业垂统底艰难,容小子悔过自新,庇佑我大宋江山社稷,危而复安。"按古代的迷信习俗,宋太祖神主的丢失,不能不给宋高宗造成极大的心理负担,他作了这一番祈祷之后,才稍稍释去心理的重负,然后与张才人、国夫人等就寝。

宋高宗睡下不过一个时辰,全身摆甲的王渊又急步前来,叫醒了在皇帝卧室外瞌睡的宦官,说:"我命军兵屯驻北固山上甘露寺,如是虏人计置渡江,便焚了甘露寺,以为信号。今有探骑报得,甘露寺已是起火!"宦官们连忙闯入卧室,叫醒了皇帝和张才人等。宋高宗此时再也顾不得祖宗的神主,他命令说:"可令黄潜善、汪伯彦等整龊队伍,护神主等随行!"他自己带着张才人、王渊、众宦官和卫兵,总计二百余骑,飞马狂奔。

他们于次日逃奔到常州,方知王渊在昨夜所得的情报,其实不过是一场虚惊。宋高宗一行二月六日途经无锡县,七日进入平江府城。各方面的消息已经证实,金军并无渡江的意向,于是宋高宗开始脱去甲胄,只穿黄袍,而从群臣到兵士、人夫,也都解脱了死里逃生的惊怖。宋高宗下令在城里暂憩三天,然后启程南下。

平江府就是今江苏苏州,作为江南大府,人口稠密,物产丰富,府城周长约四十七宋里,与都城开封相差不多。府城内河渠纵横交错,楼阁相望,街巷都铺上砖石,与扬州城里的泥路适成鲜明对照。"人家尽枕河","水港小桥多",形成了平江城里特有的旖旎风光。特别是城里的坊郭户居民似乎没有感受到战争的威胁,照旧是熙来攘往。

偌大的府城,要接待这支最高级的逃难队伍,自然是毫无困难的。宋高宗选择了子城北著名的齐云楼作为行宫。齐云楼在当时是甲于两浙路的名楼。黄潜善和汪伯彦则选择了子城西的西楼暂住。

黄潜善和汪伯彦安顿家眷之后,一同登上了西楼。汪伯彦乡贯徽州祁门县,虽然曾宦游四方,却是初次来平江府。他眺望繁闹的街市景色,拍着栏杆说:"早知平江繁盛雄富如此,何须建请巡幸扬州,受了恁地惊吓,又担当了误国底骂名!"黄潜善说:"莫须在明晚设宴,请王渊与众宦官同来。"汪伯彦说:"会得!然而切不可声张,不可教朱胜非、张浚等知得!"黄潜善说:"此处南园底景色名闻天下,不如在南园设宴。"

自从扬州渡江以来,总计不过四天时间,而黄潜善和汪伯彦却明显地消瘦。两人分别上了辞职奏,而在与皇帝相处的各种场合,只要得到一份新的劫难消息,两人就多了一份罪责,不断地向皇帝谢罪。虽然日子难熬,两人仍然恋栈不已,冀求着侥幸过关。现在所剩的一局残棋,只能是向宦官和王渊求情与行贿。王渊身为御营司都统制,按照制度,本是两个御营使的部属。但黄潜善和汪伯彦已经看出,自从逃难以来,王渊愈来愈得到皇帝的宠信,况且他与宦官的关系最深最密,目前已经不能单单向宦官们求情和行贿,而置王渊于不顾。

南园是一座占地颇大的园林,里面有许多合抱的参天古树,奇石曲径,流水潺湲。二月八日是个天气晴和的仲春之夜,康履、曾择、蓝珪和冯益四名最重要的宦官,还有王渊都先后来到南园,观赏景色。惟有张去为因侍奉皇帝,无法赴宴。冯益是黄潜善和汪伯彦最感头疼和畏惧的宦官,但是,凭着冯益的地位,还是不可不请。

黄潜善和汪伯彦特别在园内最有名的熙熙堂内设置晚宴。在游园之后,宾主一同来到堂内。为了表示礼意的隆重,黄潜善和汪伯彦不用女使,而是动员了姬妾,侍候这五位贵客。贵客们方才坐定,由汪府的四宜人,五、六、八三位安人和黄府五、六、七三位安人,专门为宾主分茶。宋朝所谓分茶,是在点茶基础上发展而成的一种茶道技艺,能够在点茶时,随着茶筅在茶盏中击拂拨弄,将茶汤表面的茶沫,幻化成各种各样山水、草木、花鸟、虫鱼等图案。这七个女子,都是上层社会中的分茶高手。他们的分茶手艺,不能不使五个客人为之倾倒。当黄潜善的六安人竟在茶沫上击拂出一条鲜蹦活跳的鱼的图案时,连最善挑剔的冯益也啧啧称赞:"分茶怎地高妙,煞是出神入化!"

晚宴正式开始后,吴地的名产,如肥嫩鲜活的猪肉、鸭肉、青蛙、河蟹、鲈鱼之类,烹制成各种佳肴,一批又一批地进献,酒是本地的木兰堂名酒。黄潜善的七安人和汪伯彦的四宜人同时登堂献艺,这还是第一次。七安人坐在酒席旁边,用玉手弹奏琵琶,而四宜人随着乐曲的节拍,长袖轻扬,翩翩起舞。接着,七安人又开始用清亮娇脆的歌喉,为宾主弹唱一曲《玉珑璁》:

城南路,桥南树,玉钩帘卷香横雾。新相识,旧相识,浅颦低笑,嫩红轻碧……

突然,传来了一阵喧呼骚扰声,惊破了娥眉皓齿的轻歌曼舞。大家还以为又是什么紧急军情,一时都变了脸色。王渊毕竟是武人,他拔剑在手,第一个冲出了熙熙堂。有吏胥禀告说:"今有扬州渡江底难民,前来南园乞取钱米。"

只听得园外传来了阵阵高声叫骂,"自家们家破人散,生计荡尽,流离在此,啼饥号寒,两个祸国底奸相,犹自在园中饮酒作乐"!"苍天有目,当将两个奸佞千刀万剐"!"如此作恶,理当断子绝孙"!黄潜善和汪伯彦气得脸色煞白,汪伯彦恶狠狠地说:"可勾抽亲兵,速与弹压!"王渊说：“使不得！如今是危难时节，圣上尚且减膳撤乐，不可因此激成民变。可命平江知府速来南园，救济钱米！”

一场骚乱算是暂时平息，而宾主作乐的兴致也减了大半。黄潜善和汪伯彦到此地步，更须强颜欢笑，教姬妾们尽力劝盏。曾择感到已是火候，就带着醉意说：“二位相公底意思，自家们已自理会得。然而自扬州渡江以来，自家们已无钱使。”他说着，就伸出了一个食指。

黄潜善说：“下官已自理会，众位大官与王都统且放心。”汪伯彦补充说：“唯是自扬州渡江以来，朝廷府库虚竭，恐一时不能措办，亦须稍假时日。"不料冯益却带着十足的醉意说："黄十四、汪十五，你们有所不知，官家自从扬州行宫御幸时，受了惊吓，如今已得痿腐之症。便是自家们用心缓颊，切恐亦是不济事！”

冯益说破真情，这对于黄潜善和汪伯彦，犹如晴天霹雳，两人顿时脸上变色，手上的筷子落地。

皇帝得了阳痿症，本是宫廷秘闻，然而经冯益坦白以后，这条秘闻就很快不胫而走，成为朝野尽人皆知的公开秘密。

[捌]
北望断魂

二月八日夜,在黄潜善和汪伯彦举行宴会的同时,朱胜非也在平江府衙的通判厅里,会见两位客人,他们就是在本书第一卷中已经交待,从淄州途经济州南下丁忧的赵明诚和李清照夫妇。赵明诚到达建康府后,宋廷命令他夺情起复,任建康知府,最近又改任湖州知州。赵明诚接到改任的朝命后,正巧遇到当地发生一场兵变。他措置无方,最后只得和李清照缒城宵遁。发动兵变的军伍很快溃散逃窜,而赵明诚却须赶赴行朝,听候处分。

朱胜非和这对夫妻比较熟悉,他特别钦佩李清照的才气。他听到仆从的禀报后,连忙出迎。双方互相作揖寒暄,朱胜非首先开口,就称呼赵明诚的表字,说:"闻得德甫与易安居士此回受惊,幸得无恙。"赵明诚却说:"下官以待罪之身,拜见朱相公。"李清照敛衽向前,说:"朱相公万福!"朱胜非主动执住赵明诚的手说:"自家们是布衣之交,何须叫我相公,不如以表字相称。"朱胜非贵为执政,而在见面之初,就坚持布衣平交的礼节,这使赵明诚夫妻感到温暖和亲切,他们也马上改用朱胜非的表字相称。

朱胜非刚好吃过晚饭,他估计这对夫妻远道而来,必定没有用膳,特别吩咐另做晚食。自己在食桌上只饮一碗五苓甘草汤陪客。晚饭后,他一面吩咐为赵明诚夫妻安顿住宿,一面又陪他们长谈。

在烛光下,朱胜非望着这对阔别多年的夫妻,感叹说:"国家祸变离乱积年,自家们新添了多少白发!"赵明诚说:"藏一辅政,尚是大有可为,我却是治郡无状。"李清照说："夫君只是个腐儒，遭逢危难底事，便全无主意。此次不能及时弭患，临难缒城而出，奴家底脚踝扭伤，至今犹自红肿未愈。受此一回惊吓，尚是心有余悸！"

朱胜非听得出，李清照并非是说客套话，而确实是有责怪丈夫之意，就说："易安居士虽是受伤，然而元气无损。德甫却是气色不好，须是寻医问药，留意调摄。"赵明诚说："我近年以来，委是积忧成疾，此次到行朝，不求减免罪罚，而唯是乞求一个宫祠差遣。"李清照说："无才无能底人，不可尸位素餐。"

朱胜非到此才明白两人的来意，原来是为求一个领取俸禄，而不任实务的宫观官，就说："闻得德甫治郡，善待子民，亦非无政绩可记。"赵明诚长吁一声，说："如今北地底百姓惨遭兵燹，南方底黎庶又苦于横敛。军兴时节，官府底急征苛赋，层出不穷，另加私家底租债，交争互夺，嗷嗷子民，直是痛不欲生！我只是不忍揩克生民，而又经费缺乏，郡计艰窘，无以献助朝廷。财计不足，则是郡守失职，财计充足，又是生民受害，势难两全。"

朱胜非静听赵明诚的倾诉，明知他议论地方政务，切中时弊，却无言对答，因为就朝廷的财政需求而论，不得不驱逼地方行聚敛之政。李清照又说："然而百姓底膏血，却是供养了那厮祸国殃民底官吏，不战而溃底军兵。世上万事，否极则泰来，自维扬巡幸之后，两个奸相势必下野，藏一拜相有望，未审有何救国底良策？"

朱胜非说："黄、汪二相，虽然已是万民切齿，我身为执政，却须顾虑形迹，不可乘势为逼逐取代之谋。此事唯是主上圣断。如今国家譬如大病垂危底人，良医尚且束手无策，我又不是良医。然而既是蒙主上恩宠，备员政府一日，便须尽一日底职事。"

赵明诚感到朱胜非对待两位故人，还是相当诚恳坦白，就乘机献言说："挽回大局，非有足以委寄大任底人。藏一何不举荐李相公复相？"朱胜非苦笑了一下，谈到李纲，他却有一份难言之隐。原来李纲任相前后，朱胜非正好担任直学士院，李纲拜右相、升左相和罢相的三份制词，都是由朱胜非起草的。他和李纲不无一些私人恩怨，而又不是一个不计较恩怨的人。朱胜非回答说："主上已是明谕朝廷，不用李纲。"

李清照说:"若是不得已而求其次,藏一亦可荐举河北张招抚。此人委是忠烈丈夫,智勇双全,文武兼备,只为得罪黄潜善,无故远窜。自家们煞是为朝廷痛心!"朱胜非听对方提到张所,心有所动,就说:"此事亦须待二人罢相后,方可议论。夜已深沉,你们莫须歇息,明日同赴早朝。"

李清照说:"难得与故人相见,奴家可得赠诗两首,以表心曲。"朱胜非高兴地说:"若能得易安居士赠诗,岂非如获至宝!"连忙吩咐准备文房四宝,并且亲自磨墨。李清照就在作为当地名产的吴笺上,写下了两首七律:

> 北望中原欲断魂,
> 干戈扰攘万千村。
> 朔风冻雨端诚殿,
> 烽火浓烟通泗门。
> 南渡衣冠少王导,
> 北来消息欠刘琨。
> 江边泣血两夫妇,
> 浊酒愁吟对暮昏。

> 离乱五年泪不干,
> 故园梦见更辛酸。
> 南来尚怯吴江冷,
> 北狩应悲易水寒。
> 宰相虽轻晋郡县,
> 遗民忍弃汉衣冠!
> 和亲自古非良策,
> 何日河山复宴安?

李清照写完后,忍不住一串泪水,竟将墨迹洇污了几处。她掏出手帕,擦干眼泪,说:"待奴家另写。"朱胜非激愤地说:"诗笺底忧国泪痕,足资留念!虏人自宣和七年犯阙,今已五载,二圣蒙尘于东京青城底端诚殿,近日又自通泗门入扬州,备极惨毒,若不能雪得此耻,又何以为大宋底臣子!"赵明诚说:"我妻诗中称赞东晋王导,然而王导不过是偏安江左底规模。为大臣底,当须效学卫青、霍去病,有横扫朔漠底大志!"

二月九日是宋高宗在平江府的最后一次早朝。早朝过后,赵明诚出乎意料地被安排单独面对。如果在扬州逃难前,像赵明诚那样一个大府的知府,是不可能有面对的机会,现在皇帝为了显示一新庶政的形象,特别安排了这次面对,面对地点仍在早朝的府衙。

宋高宗说:"朕在康邸时,便久闻卿与宜人底才名,今日幸得一见。国家祸变非常,卿有何整顿乾坤底良策,可悉心开陈,以慰朕虚伫欲见之意。"现在赵明诚的官位升迁,文职虚衔也升为秘阁修撰,所以李清照的命妇封号也相应地由安人升为宜人。

皇帝的语气是诚恳的,赵明诚听后也有几分感动,就说:"微臣愚陋,侥冒建康一郡,已是辜负圣恩,今日唯有待罪请宫祠,岂能有良策。然而臣途经镇江,备见江北流民骨肉离散,饥寒交迫,沿路房屋树木张贴千万榜子,寻找亲属,煞是可痛可悯。万姓人人切齿,唾骂黄、汪二相。若是陛下依旧用此等人为相,切恐难以收拾人心。"宋高宗听后沉吟不语,经历维扬之变,特别是发现自己还因此得了阳痿症后,内心更是十分恼恨黄潜善和汪伯彦,罢相已是势在必行,但他按照帝王的南面之术,决不轻易在赵明诚面前透露。

赵明诚也揣摩出皇帝的心思,他又进一步说:"李纲大节孤忠,器识高远,规模宏阔,乃是当今第一社稷之臣。切望陛下忽略细故,复予信用,委以重任,必可裨补国事,大张国威。"宋高宗听到赵明诚举荐李纲,又认为必须当面拒绝,他说:"李纲善于掠取世俗虚美,又志大才疏,而最喜分朋植党,朕不能复用。"

宋高宗的回答进一步证实了朱胜非昨夜的说法,赵明诚感到无法再论,他又说:"前河北西路招抚使张所忠义有素,慷慨敢为,志大而才高,名闻两河,只为得罪黄潜善,贬斥南方,士大夫与百姓深感痛惜。陛下何不乘弃旧图新之机,召回朝廷,复予进用。"宋高宗听他提到了张所,就说:"张所责罚过峻,此是黄潜善不能体祖宗宽仁之法,而以喜怒恩怨为赏罚。"皇帝承认处罚过当,却诿过于宰相,自己并不承担责任,这又是古代政治的传统惯例,而对是否召用张所却不置一词。

皇帝的两次回答,不能不引起赵明诚的追忆,三年前在济州元帅府的遭遇和感慨,本已沉淀在脑海深处,此时又重新浮泛出脑海表层,他的内心发出深长的哀叹:"国势阽危如此,尚无改弦更张之意!"按照古代的臣规,赵明诚还想作进一步的谏诤,不料宋高宗却适时下了退殿令:"卿若意有未尽,可另写奏疏进入,朕当虚心披览。朕移跸之前,尚须与宰辅大臣深议国计。"他派曾择送赵明诚出殿,另召宰执面对。

曾择利用这个短暂的机会,立即向黄潜善和汪伯彦透露了赵明诚奏对的情况。宰相和执政拜见皇帝之后,宋高宗说:"朕午膳后,当移跸南巡。然而平江府亦是要害之地,若无大臣镇守,朕终不安心。"朱胜非说:"如陛下不以臣为无能,臣愿镇守平江。"

宋高宗说:"卿不避艰危,忠于社稷,甚慰朕心!"朱胜非说:"臣虽备员执政,而不问军务,与诸军素无往还。更乞从官一员,同共治事。"宋高宗说:"张浚既是兼御营司参赞军事,可佐卿同留平江。朕特命卿兼御营副使,另拨张俊一军,受卿节制。"

最近一段时期,黄潜善和汪伯彦深感朱胜非对自己已成威逼之势,把他看成政敌,现在见皇帝命令朱胜非留守平江府,离开朝廷,心里都暗自高兴。汪伯彦还想进一步拆台,说:"陛下禁卫寡弱,张俊一军似宜扈从圣驾。"宋高宗说:"张俊一军留守平江,便是屏蔽杭州,宽朕北顾之忧。杭州另有苗傅、刘正彦军,足供禁卫。"

宋高宗处理留守的事务完毕,又换一个议题说:"自渡江以来,臣僚不住建请复用李纲与张所,不知众卿有何议论?"皇帝所说,正是黄潜善和汪伯彦最忌讳、最害怕的事,黄潜善立即说:"李纲与张所私立朋党,最喜生事。方今国势,唯有安靖不生事,与虏人议和,方得无虞,若是妄兴战祸,国将不国,臣虽是罪戾深重,亦不得不为陛下进忠言。"汪伯彦说:"只因臣等辅国无状,国家已成大病之人。然而李纲与张所入朝,必是施用猛药,社稷便可立见颠仆。"

朱胜非说:"国步维艰之时,尤须收拾人心,士大夫便是有过犯,亦当以宽大为怀,弃瑕录用。李纲与张所便是不回朝廷,亦可委寄方面之权,为国家尽捍御之责。"

宋高宗说:"此事可从长计议。赵明诚治郡非其所长,而颇有文采,议论或有可取,不如留朝供职,执掌翰墨,亦可备朕顾问。"皇帝提议赵明诚当词臣,朱胜非马上表示附议说:"陛下识拔赵明诚,委是用其所长。"

黄潜善赶紧说:"赵明诚守建康失职,陛下圣恩宽贷,不忍加罚。若欲命他为词臣,似以稍缓时日为宜。"他自己的地位虽然岌岌可危,但对排除异己,仍然不遗余力。曾择的通风报信,使他对赵明诚恨之入骨。

朱胜非说:"陛下不如暂命他奉祠,以备他日进用。"朱胜非无法直接反驳黄潜善,他的提议照顾了赵明诚的意愿,而重点是准备日后进用。宋高宗说:"便依卿议,可与他一个建康宫观底优便差遣。"

汪伯彦虽然也憎恨赵明诚,但到此地步,也只能适可而止,不便对皇帝提出异议。他换了另一个议题说:"陛下圣明,已将张邦昌赐死,亦是罪有应得,臣民无不称快。然而凡事亦有权宜机变,张邦昌既为虏人所喜,若得下诏追复,用他生前贻虏人底书信,命他底子弟出使,劝谕虏人退兵,此亦是一说。"宋高宗脸上露出了一丝宽慰的微笑,说:"汪卿此议,大合朕意,可速命词臣草诏,尊礼张邦昌,命他底子弟亲属乘驿赴行在,朕当召见,优加官封。"

一个走投无路的宰相,怀着侥幸一博的赌徒心理,冀望重新取宠;另一个走投无路的皇帝,也怀着侥幸一试的逃生意愿,希图避免侵逼。朱胜非明知汪伯彦这种荒唐的建议,既违背儒家的伦理纲常,又决无丝毫成功的可能,但处在自己的特殊地位,也不好提出异论。

奏对结束,宋高宗与张才人等午膳后,就启程南下杭州。赵明诚得到了一个主管建康府崇真观的差遣,在平江府停留数日,辞谢朱胜非等人,返回建康府。

[玖]
初到杭州

宋高宗一行从平江府城南的盘门出城,乘船沿浙西运河南下。王渊的座船满载甲士,在前面开路。后面的御船则载着皇帝、张才人、七名国夫人、康履、张去为以及其他宦官、宫女,共计七十余人。另一艘较小的船里,则载着潘贤妃、曾择、蓝珪、冯益和其他宦官、宫女,共计五十多人。黄潜善、汪伯彦等人的座船都排在更后。船队在运河里平缓地航行,尽管皇帝、潘贤妃和两个宰相仍然各自心事重重,其他人从的心境却变得比较轻松。

春江水暖,船队驶过一个鸭群,迎面又来了一个更大的鸭群。站立船头的冯益,本来只是眺望水乡风光,他忽然心血来潮,吩咐小宦官说:"取弓箭来!"小宦官取来弓箭,冯益弯弓一发,竟射中一只大鸭,那只鸭惨叫一声,一个翻滚,在河里渗出了鲜血。众宦官一时兴高采烈,就纷纷射鸭取乐,不一会儿,就有好几十只鸭死于攒射之下。鸭群的惨叫,惊动了鸭主,他撑船前来,眼见是一支官府船队,只得高声哀求说:"切望官人们手下留情,保全男女底生理,煞是感恩戴德!"不料话音刚落,竟飞来一枝箭,射中了他的右肩。那个鸭主只能忍痛划船逃跑,嘴里不断地低声骂"泼贼"。

在御船里的宋高宗听到船外喧闹,也到船头看热闹,他见到鸭群被射的情景,又在苦闷无聊之中,感受到一种特别的乐趣,下意识地发笑。其他的国夫人、宦官、宫女等也无不忘情嬉笑。惟有张才人却及时凑近皇帝身边,用极低的声音说:"官家,不如出资收买鸭群,以示陛下爱养百姓底至意。"一句话提醒了宋高宗,他当即命令康履说:"国家危难时节,岂可以射鸭取乐?可传旨停止放箭,将鸭群收买,犒赏众人,另出资与鸭主养伤。"

一场虐民取乐的闹剧收场了。船队夜泊吴江县时,皇帝就在御船上用晚膳。张才人还是照旧伏低做小,把潘贤妃请到御船上,同皇帝,还有七名国夫人共进晚膳,并且让潘贤妃上座。自从宋高宗和潘贤妃发生龃龉以来,张才人的所作所为,赢得行宫上下,特别是宋高宗本人的啧啧称赞,连充满妒意的潘贤妃也有几分后悔之意。

但是,张才人其实有自己更深的考虑和打算,宫里无非是母以子贵,只要小皇子在,自己和潘贤妃的积怨无论如何是宜解不宜结。她深知宋高宗的脾性,自己一旦年老色衰,是根本无法避免失宠的命运,她内心深处的最大宏愿和秘密,就是生一个儿子,将来取代潘贤妃母子,而占取皇后的宝座。自从宋高宗得了阳痿症后,她的内心和皇帝同样焦急。宋高宗到平江府后,就开始求医问药。医生按照一般的医道,给他服用五味子丸、磁石丸、助阳丸之类以及汤药。张才人本来也稍稍懂得一点医道,现在又出钱买了医书,一有闲空,就精心研读。

关于今天的晚膳,她对宋高宗说:"按医官与医书之说,官家心肝火旺,忧劳伤了肾气,血气不能充养。宜补虚,兴阳道,益精气,然而又不宜大补。服药之外,亦可用药膳调理。今夜待臣妾排办药膳。"宋高宗说:"便依张娘子底排办。"

晚膳开张时,御厨依张才人的布置,供进一道道以鸭为主的药膳。张才人对每一道药膳,都逐一向皇帝说明:"此是枸杞、地黄、鸭肉羹,鸭肉滋阴养胃。此是三子猪肾脍,三子是菟丝、枸杞与桑葚,猪肾补肾壮腰。……"宋高宗品尝着别开生面的药膳,高兴地说:"朕唯知有良药之苦,今日方知有药膳之美。"成国夫人吴氏最善趋炎附势,她说:"张娘子为圣体尽心竭力,高天必有厚报!"其他国夫人也跟着纷纷奉承。

潘贤妃自从和宋高宗吵闹以后,不再有同房的机会,但她也听到了皇帝得病的消息,现在见到这种情景,凭着她特别的敏感,立即就猜透了张才人的心机。她只能暗自诅咒说:"昊天上帝有目,惟愿官家底痿腐永不得愈,那厮贱妇永不得生子!"

二月十三日,宋高宗一行在连绵的春雨中抵达杭州,杭州官员和御营右军统制苗傅、副统制刘正彦都到城北馀杭门外迎接。杭州位于浙西平原的南部,作为两浙路的首府,和平江府同为最富庶的州府。杭州城形似腰鼓,南北长,而东西窄。五代吴越筑城建都时,却一反中国古代都城"面朝后市"的传统,将宫殿建筑设置在城南的凤凰山东麓,除罗城外,宫殿另有子城。宋朝统一南方后,又将宫殿改为州衙。宋高宗还没有到达杭州,就已经商定了行宫的地点。最初准备将行宫设置在子城北双门外的两浙路转运司衙,改名升旸宫。但考虑到财政的拮据,还是决定利用吴越的旧宫作为行宫。宋高宗不登岸,他的御船穿行城北天宗水门,沿着城里的大河,抵达行宫。

隆祐太后、柔福帝姬、吴贵人、小皇子赵旉等在行宫迎接宋高宗。小皇子按照吴贵人的调教,向宋高宗下跪叩头,口称:"臣儿子叩见官家阿爹!"宋高宗对潘贤妃尽管已经嫌恶,但对这个儿子还是视若掌上之珍,虽然分别不满一月,仍是十分想念,他亲昵地说:"儿子少礼,阿爹委是思念!"他说着,正准备伸手把小皇子抱起来,不料小皇子已站起身扑向潘贤妃的怀里,不断地叫"妈妈"。潘贤妃把儿子抱起来,也不断地叫"儿子",两行玉箸般的泪水不由夺眶而出。

小皇子用小手给母亲擦泪,说:"妈妈休哭!妈妈休哭!"儿子的天性之爱,更使潘贤妃肝肠寸断,她忍不住悲声大放。小皇子见到母亲的痛苦情状,也大哭起来。吴贵人不知道宫闱最近发生的事,但凭着她的聪明,已经觉察到其中必有蹊跷,她赶紧上前,抱过了小皇子,不断地哄劝。张才人也及时上前,与吴贵人一同哄劝。

宋高宗十分扫兴,如果不是心疼儿子,强压怒火,非把潘贤妃斥骂一通不可。他现在只能朝潘贤妃瞪一眼,又上前哄了一阵小皇子,然后吩咐蓝珪说:"今晚排办晚膳,朕只与娘娘同吃。"

大家都明白,皇帝只和隆祐太后共进晚膳,分明是有要事商议。晚膳临时安排在隆祐太后的阁子里,隆祐太后本来嫌一人独居寂寞,和柔福帝姬同住,现在按照皇帝的旨意,柔福帝姬也须回避,而另与潘贤妃母子、张才人、吴贵人等共进晚膳。

宋高宗一面吃饭,一面用低沉的语调,向隆祐太后叙述这次逃难的经过,他说:"此亦是朕用人不当,致此大祸。九九叔以为,当下罪已诏,然而此事底利弊得失,难于权衡,臣构因此犹豫不决。乞伯娘为臣构决断。"

隆祐太后用哀怜的目光望着侄子,心里也有说不尽的甜酸苦辣,一个无儿无女、饱尝辛酸和痛苦的老妇,现在还只能依赖这个并不争气的侄子。她的内心,虽然对侄子怀有几分畏惧和戒心,但侄子自从即位以来,对自己也说得上是尽恭、尽敬和尽孝,并未有任何亏待。面对着宋高宗恳切的态度,她感到还是不能不说,但说话又必须讲究分寸:"老婆早曾言道,天下事全凭九哥主张。天下万事,唯是有屈有伸。九哥既是不惮下诏尊礼张邦昌,又遣使卑词求和,此与下罪已诏底轻重得失,亦是判然自明。"

宋高宗说:"感荷伯娘一言决疑!"隆祐太后又问:"不知九哥欲拜何人为相,取代黄、汪二相公?"在前第二卷已经交待,隆祐太后一直主张内用李纲,外任宗泽,但她也知道侄子嫌恶李纲,所以只能转弯抹角地发问。

宋高宗也知道伯母的用意,就赶紧说:"此次事变,朱胜非有先见之明,又能临危不惧,自请捍御平江。臣构欲先委任为右相。"隆祐太后说:"既是九哥于艰危之中识拔,必是相才!"她不愿意再提名李纲。

江南正是多雨的黄梅天气,这给第二天的早朝带来很大麻烦。行宫外并无待漏院,臣僚们必须踩着泥浆,进入后殿。宋高宗到杭州后,就下诏宣布:"二圣未还,朕更不行前殿之礼。"将原来的杭州正衙称为后殿,并适当精简了朝会仪式。自从逃难以来,宋高宗坚持坐白木御榻,有意不彩绘涂漆,只是在御榻上铺一块黄罗褥,作为帝王之尊的象征。当他望着袍靴上满渍泥浆的群臣的狼狈模样,心里也不免抽了几口凉气,有一种说不出的辛酸滋味:"朕蒙尘一至于此,亦不知何时方得重享太平之福?"

简单的朝会结束后,宋高宗又和宰执们面对。汪伯彦也不管黄潜善,抢先说:"行宫殿阁不多,六宫居住必是隘窄,而江南卑湿,春夏之交多雨,非是东京可比。此亦是微臣失职,愧负陛下!"

宋高宗感到这又是一个自我标榜的机会,就说:"朕起居亦不觉窄,却是卑湿。然而自渡江以来，百官、六军失所，朕亦何敢独求奠安？朕今暂寝处堂外，当俟将士、官局各得其所，迁从底百姓稍有所归，朕方敢迁入阁内。自古创业、中兴之主，必是艰难备尝。朕记得初开元帅府时，与卿前往北京，荒野中饥寒交迫，借得一个半破粗黑瓷碗，共用一碗薄粥。朕至今不忘。"汪伯彦听皇帝提起帅府往事，又增加了他觍颜居相位的幻想，他激动得声泪俱下，说："艰难之际，蒙陛下恩赐半碗薄粥，教臣'稍暖身心'，臣岂敢忘！"

黄潜善对汪伯彦的表演颇为不满，他逐渐觉察到，汪伯彦有一种诿罪于他，而保全自己的意向。汪伯彦已经对人不断放风，说自己在最近一段时间，身体不适，政务全由黄潜善一人独断。黄潜善从笏中取出一份由他起草的"德音"，交曾择进呈到皇帝的御案，然后解释说："臣奉陛下圣旨，草拟德音，开释诸路死罪以下底各色犯罪，士大夫流徙者，悉予放还，以示渡江离乱之后，陛下维新图治、仁至义尽之意。然而虏人在靖康围城时，曾指名索取李纲。如今若将李纲开释放还，切恐得罪虏人，灾祸非细，亦无以称陛下求和图存之意。"

宋高宗念着"德音"中"唯责授单州团练副使李纲不以赦徙"一句，问另外三名执政说："卿等以为如何？"这三人都是宰相的走狗，有的还在单独面对时，为宰相开脱，劝皇帝不要罢相，责以后效，他们应声附和说："臣等以为可行！"

宋高宗说："便依黄卿所拟颁行。"一句话给黄潜善和汪伯彦带来了颇大的宽慰，不料皇帝稍作停顿，又问道："然而陈东、欧阳澈与马伸底事，又当如何施行？"一句话，又说得黄潜善和汪伯彦立时变色，无言以对。三名执政望着两个宰相，也不敢出声。

宋高宗瞧着宰执们呆若木鸡的模样，只能自己下旨："朕始罪陈东与欧阳澈，事出仓促，终是以言责人，如今已是后悔莫及。陈东与欧阳澈可各与赠一官，各与一个子弟恩泽。马伸可召还复用。"黄潜善结结巴巴地说："闻得马伸已死。"

宋高宗叹息一声："他亦是个忠臣，死了可惜。朕不问他底存亡，用朝命召还，以示不以言事责罪底意思。"到此地步，五个宰执只能说："陛下圣明，臣等当奉旨遵行！"

宋高宗说："朕自今当遵祖宗遗法，可命词臣草诏，使朝野士大夫皆得言事。言者无罪，国家岂可杜绝言路，陈东、欧阳澈与马伸底事，当以为戒。今后须使中外知朕虚心听纳之意。"

面对结束后，黄潜善和汪伯彦的脸色如死灰一般。接着，台谏官又纷纷上奏弹劾两人，两人只能再次上辞职奏。

与黄潜善、汪伯彦相反，自从扬州逃难以后，王渊和宦官们却以功臣自居，而沿江又不断传来一些战局缓和的探报，使他们的心境更好。王渊曾经到杭州平定过方腊和陈通两次变乱，对杭州的风景相当熟悉。他对宦官们建议说："你们何不忙里偷闲，观览湖光山色？"康履说："久闻杭州风景极佳，天下少有，唯是近日多雨，不便游览。"王渊笑着说："你们有所不知，此地底风光，不论春夏秋冬，不论阴晴雨雾，不论花朝月夕，各有奇趣，美不胜收，一年三百六十日，无日无时不可赏玩。"

王渊的话说动了宦官们的游兴，冯益问道："杭州名胜以何处最佳？"王渊说："杭州西有西湖，湖光可爱，东有浙江，江潮堪观，皆是天下绝景。江潮八月中秋前后最盛，而每月十五前后亦是可观。"

曾择说："既是恁地，明日便是二月十五，自家们正可去浙江观览江潮。"康履说："自从官家渡江以来，六宫底内臣、宫女离散甚多，宫中事务繁冗，官家宣召，不可无人祗候。不如分为两番，轮番当直、观览，亦须王都统借数百军兵。"按照制度，军兵应当用于作战，官员，特别是宦官私役战士，属违法行为。但王渊却满口应允，说："会得，今夜便命苗傅、刘正彦前来参拜，听候使令。另命杭州知州排办弄潮。"

当天的雨夜，康履和曾择正好是轮班休息，两人一面教两个小宦官洗脚，一面闲谈，康履说："今日官家又下诏颁维新之令，出宫女一百八十人。自从渡江以来，一千五百一十二名宫女，仅余六百六十四人，三名国夫人与红霞帔宋喜喜亦是不见踪影。若是另出一百八十人，唯恐不足以祗应。"曾择笑着说："官家小腹底物事既是不济事，宫娥便是人浮于事。宫娥返回民间，便是寻常女子，自家们不如纳数人为妾，另为王都统选数人。"康履说："官家亦煞是细致，凡是所放宫人，须是躬亲阅视。自家们与王都统所纳，亦无非是残羹冷炙。"

正谈话间，有小宦官来报，说："今有御营右军苗统制、刘统制前来。"康履说："叫他们入来！"苗傅和刘正彦接到军吏传达王渊的命令，冒雨前来，刚脱去蓑衣，头上还戴着雨笠。他们还以为皇帝有什么要事，一旦见到两名大宦官还在洗脚，就先有几分不快。

宦官们凭恃皇帝的恩宠，在官场中颐指气使，固然已是家常便饭，但也要看对象。在文尊武卑的官场里，如果遇到李纲、朱胜非、吕颐浩等文官，他们还是小心恭谨，而不敢放肆。如果遇到黄潜善和汪伯彦，即使是两人权势最盛的时候，也仍然视为平交，甚至像冯益那样，随意轻易侮慢。至于武将，当然更是低文官一等，将王渊视为平交的酒肉朋友，已经是最给面子了，其次则是刘光世，也还看成朋友。对于对待御营诸军统制，除韩世忠以外，自张俊以下，都成了他们呼来喝去的对象。他们一面洗脚，一面接待武将，从来不认为有什么失礼。

苗傅和刘正彦都是出身将门。苗傅的祖父苗授和父亲苗履都是大将，而刘正彦的父亲大将刘法则是在与西夏战争中战死。两人在宦官面前，都不大愿意卑躬屈节，直到两个大宦官穿上鞋袜，才上前唱喏，说："下官拜见两位大官。"康履和曾择看透了两名统制的用意，有意不还礼，也不说客套话，康履只是用命令式的口吻吩咐说："明日自家们去浙江观潮，你们可率四百军兵，备肩舆二十乘，早朝后便来行宫，听候使令。"苗傅和刘正彦不料奉命冒雨前来，竟是摊派这件差使，一时气得目瞪口呆。

刘正彦正想发作顶撞，却被苗傅使眼色制止。曾择见两人不回答，就补充说："明日巳漏，便整齐军兵，来听使令，不得有误！"当时用漏壶滴水计时，巳漏就是巳时。苗傅和刘正彦两人也不行礼，愤愤然离去，康履和曾择却哈哈大笑，康履说："这两个将门之子，直是恁地桀骜不驯！"曾择说："便是顽铁，亦须铸成铁钩！"他命令小宦官说："明日早朝前后，可告知王都统，须命苗、刘二统制伏侍自家们观潮！"

多日梅雨之后，二月十五日难得晴霁，果然有四百军兵，抬着二十乘轿子，来到行宫城北的双门外。康履、曾择等宦官衣帽鲜洁，出得双门，有一名武将上前唱喏，说："小将参见大官！"曾择望着此人的面貌与苗傅有几分相像，就问道："尔是何人？"那人回答说："小将是御营右军第一正将苗翊，乃是苗统制之弟。"康履轻蔑地说："苗傅与刘正彦为何不来听候使令?"直呼名讳,当然是中国古代极不礼貌的行为。

苗翊早有思想准备,他说:"自家底哥哥与刘统制军务繁冗,不得前来祗候。"曾择发怒说:"此分明是苗傅与刘正彦藐视自家们,你须去叫他们前来!"蓝珪却出面圆场说:"他们既是命军兵伏侍,亦自不妨自家们游观。"于是众宦官依次乘轿,由军兵们扛抬和护卫,出城东南候潮门,前往六和塔。

难得是一个晴天,杭州城里的士民也纷纷来到浙江江岸。康履等人下轿后,见到游人不少,感到妨碍了自己的游兴,曾择下令说:"可将游人们悉与驱散!"于是军兵奉命驱赶游人,士民们有兴而来,却是败兴而归,引起许多人的诅咒谩骂。

宦官们在江边占据了最好的观潮位置,分别就座,有军兵为康履等人摆设几案,铺陈鲜果、干果、蜜煎果脯、咸酸果脯、腊肉、各色米糕、各色甜咸馅馒头等,酒是当地碧香名酒。

一名吏胥上前唱喏,说:"小底是杭州都孔目官,奉命率弄潮儿前来,与大官们助兴。"接着,有一百名弄潮儿上前唱喏,各人双手捧一个大而深的黑漆木盘,请求赏钱,为首者说:"男女等出没波涛,已自有险,而二月仲春,江水寒冷,平时犹自不可弄潮,今日特为大官们献艺,乞颁赏例物钱。"

康履望着曾择,曾择说:"各人分赏酒一瓶,诸色点心二十个,钱一贯文足。"众人并不说话,却是一齐跪下,双手高擎木盘。蓝珪问都孔目官:"他们是甚底意思?"都孔目官说:"往时弄潮儿入江之前,达官贵人争赏银彩例物,便是平民布衣,亦是钱贯无算。"

一句话激怒了那批多财而悭吝的宦官,康履大发雷霆,说:"自家们护卫得官家,历尽千辛万苦,方到得杭州。今日为自家们献艺,便是不赏钱物,亦是天经地义!"蓝珪圆场说:"且叫他们先献艺,然后加赏。"

王渊也坐轿来到江边。在国耻深重、国难当头的时候,相当部分的官员反而变得更加娇惯,他们沿袭扬州的习惯,往往懒得骑马,并且以乘轿作为当官的排场,而互相攀比。王渊到达后,宦官们纷纷起立,彼此作揖寒暄,军兵们又须为他摆设桌椅,铺陈饮食。王渊花钱向来豪侈阔绰,他问明缘由后,说:"众大官不须出钱,由我出银,每人颁赏银十两。"按当时物价,一千两银相当于二千五百贯钱,当然是一笔可观的支出。

一百名弄潮儿回嗔作喜,大家谢过王渊,吃完酒食,然后脱去外衣,只留一条短裈,披散头发。他们的胸背以及手臂上都露出了雕花文身。一百人分成十队,每队的队长执一面大彩旗,八人各执一把彩伞,另有一人手持五面小旗。每人的短裈都与旗、伞同色。十队弄潮儿的旗、伞和短裈分成各种红色、绿色和蓝色。每队队长用彩旗作先导,首先跃入江中,其他队员也紧随其后。

喇叭形的江河入海口,可以出现大潮,而浙江,即钱塘江则是中国最壮观的江潮,唐宋之际,有多少骚人墨客,为浙江潮和弄潮儿留下了佳句绝唱。人们只见江潮自远而近,最初是一丝米线,很快就成了一道酥墙,最终是玉山崩坍,雪浪吞天,银涛沃日,巨雷撼空。十面彩旗领先,八十把彩伞随后,出没在惊涛骇浪之中,腾身百变,而彩旗不能沾湿。特别是十名执小旗者,他们口含一面,双手各执一面,双脚各挟一面,仰卧在鲸波之上,随潮翻滚上下。

这还不是浙江最壮观的江潮,而宦官们已是个个怵目惊心,手心里都捏出了汗。康履说:"记得潘逍遥底词言道:'别来几向梦中看,梦觉尚心寒。'今日亲见江潮与弄潮儿,方是理会得词意,煞是惊险无比!"潘逍遥是宋初词人潘阆的字。王渊说:"每回弄潮,必是有人葬身鱼腹。"蓝珪说:"然而闻得他们皆是一等无赖不惜性命底人。"弄潮儿们终于上岸,一百人下水,生还的只有九十四人。王渊吩咐随从说:"死者每家可再赏银二十两。"只为王渊和宦官们的取乐,六名弄潮儿支付了每条生命三十两银的代价。

宦官分两批观览了江潮,然后又泛舟作乐于西湖。

宋高宗下了罪己诏,放了一百八十名宫女,又抚恤了陈东、欧阳澈和马伸,剩下两件最重要的事,一是罢相,二是拜相。之所以对这两件事仍然迁延一些时日,一是等待台谏官对两个宰相的攻击达到相当火候,以显示皇恩宽大,二是等待沿江的军事形势有所缓和,以便抽调朱胜非回行朝。

一天下午,宋高宗教张去为给他念台谏官的劾奏和两个宰相的奏疏。

黄潜善和汪伯彦最近又挖空心思,另上谢罪而不辞职的奏疏,宣称"不敢止用常礼,俟祸患稍宁,即再伸前请"。当张去为念到汪伯彦奏中说:"臣偶以沉疴所缠,不能密志而虑,致銮舆之遑遽。"宋高宗忍不住大怒,说:"汪伯彦在谢罪之时,犹不忘借口沉疴,诿过于黄潜善。然而他日日与黄潜善听高僧说法,饮酒作乐之时,又有甚病?自渡江迁徙以来,又有甚病?诚如台谏所论,二人祸国至此,犹自恬不知耻,偃然居相位,而实无引咎辞避之意!"皇帝的玉音,声色俱厉,宦官们明白,宋高宗对这两个昔日的宠臣,已经蕴积了满腔的怒火,而最使他伤心的事,当然是两人使他得了阳痿症。自从扬州逃难以来,在外朝面对时,宋高宗刻意显示帝王的涵养和大度,还不时故作姿态,做些虚伪的表演,而在内廷就经常发怒。尽管如此,宋高宗对于自己的"痿腐之症",却只能哑巴吃黄连,而从来羞于作为怒骂的口实。

张去为接着又念刚才递到的吕颐浩和朱胜非的奏报,两奏肯定金军撤退在即,不仅大江的防御无忧,而且还准备出兵收复扬州。宋高宗当即提笔写了两份御笔和两份手诏,他首先将两份手诏交付冯益说:"你明日动身,前往江上,将手诏付与朱胜非、吕颐浩,命朱胜非将军务移交张浚,即日赴行在。你可在江上停留数日,以朕意抚慰刘光世、张俊诸军。"冯益应承说:"小底遵旨!"

宋高宗又吩咐张去为说:"你可去翰林学士院,宣召宿直词臣入殿,今夜锁院。"按照制度,凡是拜罢宰执大臣之类,翰林学士院轮班宿直的词臣面对后,依照皇帝的圣语、御笔之类,起草骈体文制词。为了保密,在词臣起草制词直到正式发表之前,由宦官将小殿或学士院上锁,以防泄密。张去为和冯益立即奉旨退下。

当天夜晚,康履、曾择、冯益等人又和王渊泛舟西湖。皇帝拜罢宰执,本是头等机密,而宦官们却是近水楼台先得月,他们已经得知,不但明天黄潜善和汪伯彦将正式罢相,朱胜非行将拜相,而王渊也将升任执政,当同签书枢密院事,仍兼御营司都统制。今天的夜宴由王渊出资,名义上是给冯益饯行,实际上也有因升官而答谢众宦官的意思。

他们乘坐了西湖里最大的画舫,船名"十样锦",长二十多宋丈,一千料,当时的船舶的载重概念,一料相当于一宋石。船上是雕栏画栋,锦绣帘幕,船外是残月和稀星映照下的细浪微波,春风不时吹入舱里,令人心旷神怡。画舫自南而北,在湖面上缓慢滑行。舱内则是觥筹交错,欢声笑语。

画舫航行到湖心,正当王渊和宦官们开怀畅饮、得意尽欢之时,另一艘较小的湖舫快速追上了"十样锦"船,船上的人大呼小叫:"汪相公欲拜会众大官与王都统。"冯益兴奋地说:"汪十五必是送财宝来!自家们且虚做人情,不容错过。"众人明白,这无疑是最后一次诈骗这个宰相钱财的良机。大家来到船头,与汪伯彦隔船作揖。两只船靠拢后,临时铺上两片踏板,汪伯彦上了大船,而随从们果然提着一个个包袱,鱼贯而入。

众人请汪伯彦进船舱,临时在食桌前安排上座。汪伯彦还谦让一番,康履说:"汪相公不就上座,叫自家们如何入席?"汪伯彦就座后,众宦官和王渊实际上有了一种默契,只是对他争相敬酒劝盏,说一些闲话,而绝口不谈政治。

汪伯彦虽然诡计多端,此时也竟按捺不住,他首先说:"闻得诸公夜游西湖,特来助兴,聊备薄礼,请诸公笑纳。"曾择说:"自家们无功受禄,委是有愧于心,然而念汪相公礼意甚重,又是却之不恭。"汪伯彦转身对随从们示意,随从们就给众宦官和王渊每人献上一个包袱,冯益第一个打开包袱,只见里面满是金银珠宝,在烛光下熠熠生辉,就露出满面笑容,说:"感荷汪相公,日后不知何以报答?"这还是自两人相处以来,冯益第一次以"相公"称呼。其他众人也纷纷称谢。

汪伯彦长叹一声,说:"我自从元帅府受知于圣上,唯知兢兢业业,小心辅政。只缘近日偶得沉疴,疏于问政。不料黄相公便独断专行,轻脱寡谋,致使銮舆渡江,宗庙神主颠沛,官、吏、军、民惨遭荼毒。"曾择说:"此是黄相公误国,与汪相公本无干系,台谏官无知,直是城门失火,殃及池鱼。官家圣聪,自当鉴察。"

曾择最后一句不过是虚与委蛇,不料言者无心,听者有意,心乱如麻的汪伯彦,还真以为皇帝对自己和黄潜善准备有所区别,就感慨地说:"你们都是昔日元帅府底旧僚,圣上开府时节,便是我尽忠竭智,献可替否。不期黄潜善那厮曲学阿世,工于逢迎……"前面已经交待,汪伯彦在康王的元帅府里,地位本来高于黄潜善,不料宋高宗登基之后,两人的地位竟颠倒过来,汪伯彦的内心一直不服,但在公开场合,从来不敢有所流露,今夜偶尔失言,但"蔽惑圣聪"四字说到嘴边,又咽了下去。

康履顺比滑泽,他以帅府元老的身份说:"在元帅府时节,原是汪相公底功劳第一,此是自家所亲见。"汪伯彦感激地说:"难得康大官仗义执言。若是圣上皇恩浩荡,尚是容我叨居揆席,戴罪立功,日后自当重酬!"众人又是虚情假意,随便与他敷衍,大家其实并没有给汪伯彦作出任何保证,却又使他感到保住相位有望。

两艘湖舫抵达西湖北岸,汪伯彦起身告辞,众人送他上岸。汪伯彦正准备登上自己的船,然后回城歇息,不料岸上有一队军兵,打着灯笼,簇拥着一乘轿子前来。轿子停放后,里面出来一个官员,正是黄潜善。

黄潜善和汪伯彦在宋廷掌政三年,两人一直是互相配合,沆瀣一气,汪伯彦因为地位稍低,对黄潜善更是曲意逢迎。但自从黄潜善发现对方有反戈一击的意图,两人很快就翻目成仇。

就在当天下午,黄潜善在都堂有意当着三个执政的面,向汪伯彦发问:"汪相公,你在奏中言道'臣偶以沉疴所缠',是甚意思?"汪伯彦说:"你是左相,我是右相,只因近日得病,不曾理会朝政,致得临时失措,大驾南巡。"按照官场的规矩,左相的地位和责任自然重于右相。

黄潜善愤愤地说:"汪相公,你须记得,渡江之时,你一马当先,我策马紧随,犹自落后。当时你底气血如此健旺,端的令人称羡!"汪伯彦到此地步,也只能涎皮赖脸,他说:"我得沉疴,亦是尽人皆知!"黄潜善紧盯一句:"我身为左相,何以唯独不知?"汪伯彦不再答话,就匆忙离开都堂。在处境危困的情势下,两人为了保全体面,才避免在大庭广众之下吵架。

现在两个仇人相见,互相不再说话,只是一揖而别。汪伯彦径自坐自己的船回家,而黄潜善又被众宦官和王渊迎到画舫。黄潜善比汪伯彦稍有涵养,他绝口不说汪伯彦,但也贿赂了大笔钱财。最后,众宦官和王渊又把他送上了西湖东岸。

黄潜善上岸后,大家开始议论,冯益讥笑说:"不料两个附赘悬疣,竟成了自家们底钱神!"曾择却说:"休得恁地哂笑,自二人任执政拜相以来,自家们又赚得多少钱财?"康履说:"朱相公来朝后,自家们便赚不得他一文钱。由此说来,他们二人尚是胜于朱相公。"冯益说:"人生在世,唯有'快活'二字。我早曾言道,他们二人只是教自家们得利,却是必不能教自家们快活一世。此回官家仓皇南渡,便是应验。二人当政,官家坐不稳江山,自家们又如何得长久快活？"

黄潜善和汪伯彦虽然破费了大笔钱财,回府以后,还是卧不安席。第二天,两人的罢相制正式发表,当时称为宣麻,因为制词是用上等白麻纸书写的。与三年前李纲的罢相制相比,确是体现了皇帝"体貌"和"保全"宰臣的旨意,强调"深念"元帅府"潜藩之旧",授予两人观文殿大学士的荣誉职名,改任两个大府的知府兼江南东路和西路安抚使。

黄潜善和汪伯彦带着无比的懊丧,离开了杭州,被宦官们诈骗了大笔钱财,更使他们痛上加痛。两人完全明白,作为皇帝最亲信的宦官,对自己的下台肯定是预知的。

此后,由于台谏官的不断论奏,宋高宗又将黄潜善和汪伯彦再次贬官,发送到荆湖南路和广南东路"安置"。两人挟带丰厚的财宝,其实倒是在流放地安居,而躲避了刀兵之灾。最后,黄潜善在梅州(治今广东梅县)善终,而汪伯彦居然熬到了皇帝赦免回朝,此是后话。

[壹零]
苗 刘 之 变

三月初一日,朱胜非从平江府抵达行在,坐未暖席,宋高宗立即在下午申时召他内引入对,并且连夜锁院,第二天正式下诏任他为右相。三日,也正式发布王渊出任同签书枢密院事。

朱胜非虽然初到行在,却很快得知了不少情况,其中包括宦官在杭州城内肆虐,鱼肉百姓,强占民居,强夺或强买民物之类,激起民愤,王渊本来有罪责,却因勾结宦官,反而得到升迁,军心不服等等。他在四日面对时,望了望在两旁侍立的康履和曾择,不得不向皇帝口奏:"臣初到行在,却是闻得王渊底新命,军中颇有怨言,以为渡江时无船,却是杀得皇甫佐以自解。臣以为陛下除旧布新之际,尤须谨慎。"

朱胜非事实上还不是话到嘴边只留半句,他经过再三思考,认为对付那帮城狐社鼠式的宦官,尤须谨慎。宋高宗直到做了三年皇帝,才真正怀着一种如临深渊、如履薄冰的危机感,他说:"军兴之际,军心不服,此是大患,卿以为当如何处置?"

朱胜非见皇帝还是接受他的忠告,就提出事先考虑好的方案:"臣记得国朝故事,武臣掌枢府,有免进呈、书押本院公事。如今陛下既授予王渊执政恩例,又兼御营司都统制,诸将底荣辱升沉,皆由他掌握,利害攸关。不如依国朝故事,又免去兼管,亦可弭平众论。"按照制度,枢密院作为最高军事机构,一般是由文臣掌管,即使偶尔任命武将,但一不得向皇帝进呈讨论,二不得在本院的公文上画押,其实就成为荣誉虚衔。朱胜非深知,只要由王渊掌管军事,就不可能整顿军务,他准备让王渊保留执政的虚名,而剥夺他的军权,以便另外物色武将担任都统制,重整军政。

康履和曾择完全明白朱胜非的用心,心里十分不满,却碍于制度,不能开口反对,只能等待皇帝表态。宋高宗说:"朕依卿所拟,可令王渊依执政恩例,而不参与枢密院事,然而不知甚人可任都统制?"朱胜非说:"此事恭请陛下稍假时日,容臣用心寻访,然后进呈。"朱胜非以往和武将接触很少,兼御营副使还不到一月。他曾与韩世忠有过共事关系,也有相当的好感。但是,他又听说韩世忠和张俊同是王渊的左膀右臂,担心王渊通过韩世忠,继续在军务中施加影响。

两名宦官听说一时还找不到合适的都统制人选,心中暗喜,他们盘算着日后如何保持王渊的实职,而阻止新的都统制的任命。

朱胜非下殿,回到都堂办公。午后,只见康履慌慌张张进入都堂,向朱胜非唱喏,说:"官家有圣旨,乞屏去从吏,与相公密议。"朱胜非当即命令吏胥们退堂,康履取出宋高宗的御笔和一卷黄纸,说:"我底家仆偶尔得知,军中谋为叛变,明晨在城外天竺寺举兵。"

朱胜非将信将疑,他指着黄纸文书最后的两行字说:"'统制官田押,统制官金押',此是甚底意思?"康履解释说:"'田'即是苗,'金'即是刘,便是御营右军底苗傅与刘正彦。"

朱胜非又表示怀疑说:"叛逆狂谋,果是何等事,若是成此文书,反是事机不密。"康履也无法解释,说:"此事直是可疑,然而有备无患,既是官家降下御笔,朱相公又是兼御营使,恭请相公遵依圣旨。"朱胜非立即吩咐吏胥召王渊到都堂,而康履也马上告退。

王渊很快来到都堂,与朱胜非互相作揖,他如今升任执政,可以免于唱喏。在康履来都堂的同时,曾择已经向王渊通风报信,王渊也听到军中有对他不满的风声,就说:"有不服底,正可乘机都与剿杀,以免后患。然而朱胜非拜相伊始,便谋罢自家底兵柄,亦是可恨!"曾择说:"王都统不须惊慌,且待自家们缓缓计议。"王渊对朱胜非虽然怀恨在心,但在表面上只能对这位新任宰相兼御营使毕恭毕敬。

朱胜非也估计到上午的奏对,宦官们必定向王渊透露。他见到这个欲罢而未罢的都统制,还是照章办事,给王渊看了御笔和黄纸文书,说明情况,王渊说:"此事虽是真伪难辨,我当命辛永宗率亲兵五百,连夜埋伏于天竺寺外,若是果有谋叛,明早便与斩尽杀绝!"朱胜非嘱咐说:"此事只与辛永宗晓谕,发兵之时,且不可使亲兵知得,以免泄漏!"王渊说:"会得!"

第二天三月五日清晨,杭州城里一切照常,并没有变乱的迹象,百官依旧上朝。吴越国的皇城,宋朝改称子城已有一百五十年,如今又重新成了行宫外围的皇城。皇城只开南、北两门,南门叫通越门,北门叫双门。前面说过,皇城位于州城的南端,散居城中的百官参加早朝,都是自北而南。然而按照天子坐北朝南的惯例,大家又不能从双门入朝,而必须绕道到通越门入朝。王渊平时已经喜欢坐轿,但今天却特别骑马,还带着五十名精壮亲兵,露刃随从。他沿途注意观察,也没有任何动静。

按照宋朝的朝拜制度,官为武功大夫、鼎州团练使的苗傅和武功大夫、威州刺史的刘正彦,作为朝官兼御营司统制,每月初一、十五只须两次参加早朝,今天正好不是他们早朝的日子。王渊身为执政兼御营司都统制,他肯定在众官之中见不到御营司的武将和属官,所以也不想寻找苗傅和刘正彦。他在待漏时,遇见了宰相朱胜非,朱胜非低声问道:"昨日底事竟如何?"王渊说:"朱相公且请安心,下官已有措置,若有变乱,必可剿杀净尽。"朱胜非也不再多说。因为按照双方的默契,这件真伪难辨的事,还须尽可能保密。

王渊退朝后,由南往北,他到达城北大河沿岸的塌坊桥时,伏兵突然从几个方向拥来,将王渊和他的亲兵包围,而苗傅和刘正彦则来到桥头,立马持刀。惊慌的王渊强作镇静,高声说:"苗统制、刘统制,你们是甚底意思?"

苗傅大喝道:"王渊,自家们兴兵,只为诛除阉人,你便是阉党!"刘正彦补充说:"自从阉人到此,荼毒杭州百姓。你却与他们狼狈为奸,有罪无罚,反拜执政。今日自家们略施小计,便将你底亲兵唤至城外天竺寺。"原来康履所得到的黄纸文书和情报,其实正是中了苗傅和刘正彦的调虎离山之计。

不叫"王枢相"或"王都统",而是直呼名讳,按中国古代的习俗,这本身就带有极大的敌意和蔑视。王渊感到,如果与他们争论,自己会愈加陷入被动,就对军兵们喊话:"你们是天子底御营兵,岂能从苗傅与刘正彦为叛逆底事。听我号令,杀了苗傅与刘正彦,自当立功受赏!"

苗傅冷笑说:"王渊,你死到临头,尚欲蛊惑自家底军兵!"他反过来对王渊的五十名亲兵喊话:"你们已被数千军兵包围,若是不愿与王渊同归于尽,速卸了器甲,可免一死!"他持刀一挥,各路军兵就齐步进逼。

自从北宋末年以来,腐败的军政已经养成军队的一种积习,凡是遇到强敌,不是投降,就是逃跑。当第一个亲兵扔下兵器,坐地投降后,其他亲兵就纷纷效尤,王渊顿时成了一个孤家寡人。他只能策马而逃,却被叛军拉下马来,刘正彦驰马上前,挥刀劈下了王渊的首级。苗傅和刘正彦指挥叛军杀奔行宫而来。他们还分兵攻袭宦官们的私宅,进行搜杀和抢掠,凡是当天没有在行宫里当直的宦官,往往被叛军斩杀,甚至还殃及不少没有胡子的男子,被叛军误杀。杭州城里乱成一团。

宋高宗自从得了阳痿症以来,听从医官们的建议,不再白昼淫乐。他早朝过后,就在后殿与朱胜非等人商议政务。康履脚步踉跄,逃入殿内下跪,气喘着说:"小底启奏官家,苗傅与刘正彦举兵叛乱,杀至城南。小底偶尔出得大内,正与叛军在通衢相遇,见得他们来势汹汹,举刃凌犯,便急急驰马入大内。"他说着,浑身战栗不已。

宋高宗不免露出惊骇的神色,用略带责备的口吻问朱胜非说:"卿既是领取御笔,又与王渊如何处分?"朱胜非说:"臣已于昨日面谕王渊,早朝时节,他犹自教臣安心。方今国步艰危,人情忧惧,正是奸宄作过时节。"朱胜非言犹未了,另有曾择气急败坏地上殿,他手里拿了苗傅和刘正彦的榜帖,跪奏说:"小底启奏,今有苗傅与刘正彦谋叛榜帖,语言指斥。"所谓"指斥",当然是指咒骂皇帝。他不等宋高宗下旨许可,就径自慌忙将榜帖摊在御案上。宋高宗看见榜帖上写道:

> 统制官苗傅、刘正彦谨伸大义,播告天下。迩者大金侵扰淮甸,皆缘奸臣误国,内侍弄权,致数路生灵无罪而就死地,数百万之金帛悉皆委弃。今此大臣、内侍等不务修省,尚循故态,为恶罔悛,民庶惶惶,未知死所。天子荒悖,沉溺酒色,进退大臣,尽由阉宦,赏罚将士,多出私门。

宋高宗看到这里，额上不由冒出大汗，汗珠滴落在榜帖上面，他拍案怒骂："如此悖逆，都与斩馘！"朱胜非感到事态十分严重，他看了榜帖，就说："陛下且息怒，容臣下殿，相机处分。"

朱胜非不再出通越门绕道，他由曾择陪同，径自到双门。双门已经临时紧闭，有权主管侍卫步军司公事吴湛上前唱喏，说："启禀朱相公，今有苗傅、刘正彦二统制杀得王渊，统兵来此，欲入大内奏事。下官已将城门关闭，恭请相公处分。"吴湛本是王渊的亲信，按照朱胜非和王渊的商量，特命他率领八百军兵，临时屯驻行宫北门，用以防范事变。实际上，他私下已和苗傅、刘正彦有了串联。他虽然将叛军拒之门外，其实是与他们互相呼应。依照事先的密谋，苗傅和刘正彦不拟带兵突入行宫。

朱胜非急忙登上双门城头，只见皇城外的叛军披坚执锐，控弦露刃，填满街衢，喊声鼎沸，一条长竿挂着一个人头，下面的白麻布上写着"阉党王渊"四个大字。早朝时还与朱胜非交谈的王渊，转瞬之间就成了刀下之鬼，这不由激发起朱胜非深重的兔死狐悲之叹，他落下了几滴泪，不但为王渊悲哀，更是为自己悲哀："拜相方是数日，便遭此大变，非是我命运乖蹇，直是国运不济。今日切恐乃是身殉社稷之时！"

他转念及此，也就横下一条心，对吴湛说："吴太尉，你若能杀得逆贼，便是勋在社稷，朝廷当不吝功赏！"吴湛说："他们底御营右军共有一万一千人，如今已是占据外城十一个旱门，五个水门，严密把截，水泄不通。我唯有八百军兵，又如何相抗？便是背上生就肉翅，亦是难于飞出杭州城！苗、刘二统制非是欲纵兵突入大内，朱相公何不与他们通一线路？"

朱胜非无可奈何，又来到女墙边。城下的苗傅和刘正彦也走马贴近城门，望着城头身穿紫袍的朱胜非，高声喊叫："朱相公，自家们非是意欲谋叛，只为不举兵，便不能清君侧，为天下除害。"朱胜非说："王枢密有罪，非是你们得以专杀。内侍乃是天子使令底家奴，若有怀奸藏慝，亦须奏陈，主上知得，岂能轻恕，当重作行遣。"凭着官场的经验，朱胜非此时已经拿定主意，宁愿被杀，也决不对叛乱者轻易让步，否则，即使侥幸免于一死，日后也根本无法逃避对自己罪责的追咎。

刘正彦说："既是恁地，自家们恭请主上到城头奏事。"朱胜非说："你们若要奏事,须是退了军马,束身到殿前,先面谢擅斩王枢密之罪。"双方反复论辩,相持不下。

此时已到正午时分。在曾择回到后殿奏禀之后,宋高宗万般无奈,只得率领众臣一同来到双门。城下的叛军见到城上出现了黄罗伞和黄团扇,就一齐下跪,山呼"万岁"。宋高宗听到了响彻城头的"万岁"声,只感到有一种难以言喻的辛酸滋味。他来到城楼的栏杆边发问说:"苗、刘二卿,你们有何奏闻?"

苗傅和刘正彦在下跪之后,重新上马,苗傅厉声回答:"陛下自即位以来,信任阉人,赏罚不公。王渊违犯诏令,私结阉人,遇敌不战,首先渡江逃避,却是拜枢相。臣等立功不少,只授得遥郡团练、刺史。黄潜善、汪伯彦误国,犹未远窜。臣等今已将王渊斩首示众,更乞斩康履、曾择等,以谢三军,以谢天下!若是陛下不允,臣等愿死于城下!"他说着,就横刀向着颈脖。

宋高宗说:"黄潜善与汪伯彦当另议贬黜。内侍有过,朕当重与责降,流配海岛。朕已知卿等忠义,卿等可收兵归营。"苗傅说:"如今天下生灵无辜,却是肝脑涂地,止缘阉宦擅权。须得康履等人,臣等方可归寨。"

宋高宗说:"朕今除苗卿为承宣使、御营司都统制,刘卿为观察使、御营司副都统制,军士并特赦罪,各令归寨解甲。"苗傅和刘正彦并不答话,他们旁边却有一群亲兵喊道:"自家们若是唯欲迁官,只须送两匹马与阉宦,何必来此皇城下!"

宋高宗面色难堪,将目光移向朱胜非。朱胜非向来痛感宦官已经形成祸国的恶势力,自叹无力对付城狐社鼠,但今天却决意不承担对叛乱者让步的责任,他说:"此为厉阶!"

宋高宗的惶惑目光又转向百官,大家也都害怕承担责任,不愿开口,吴湛却说:"内侍底祸患,自太上皇帝政和、宣和以来,至今为极,若不是一切除去,唯恐天下底灾乱不得平息。"宋高宗说:"朕底左右岂可无人给使?"吴湛说:"陛下可择十五岁以下,供洒扫之役。何惜一个康履,用以安慰三军!"

宋高宗说:"卿且叫康履见朕!"吴湛当即派兵闯入行宫,最后在清漏阁,即在一个安装漏壶报时的小亭里面,抓到了康履。康履面无人色,瘫倒在皇帝面前,高喊道:"官家,小底行将就死,然而何独杀小底一人?难道杀了小底一人,官家便得安宁?"

宋高宗无话可说,但碍于皇帝的体面,不好直接下旨,只是用眼色向吴湛示意。吴湛马上指挥军兵,打开一扇城门,把康履推出城外。趁着开门之机,叛军就乘机突入城门,吴湛的军队立即放弃守门,稍稍后退。康履出城后,一个叛兵挥刀上前,将他腰斩,其他军兵一拥而上,又把尸身脔割,并且割下头颅,与王渊的首级一同悬挂在长竿上。

苗傅和刘正彦下马,带领上百名亲兵进入双门,径上城楼。他们望着在竹椅上向东而坐的皇帝,不再下跪,只是躬身唱喏。宋高宗见其来势汹汹,吓得浑身哆嗦,瘫软在座椅上,说不出话。苗傅进逼一步,说:"陛下方即位时,便听信奸佞,贬斥忠良,杀了义士陈东。陈东底上书言道,陛下不当于二帝北狩,宗社艰危之际,便登大宝。将来渊圣皇帝回归,不知陛下何以自处?时至今日,陛下以为陈东底意思如何?"

宋高宗一时张口结舌,全身哆嗦得更加厉害。朱胜非感到,在这种场合下,自己不说话,是无论如何不行的,但说话又不能太直率,就委婉地说:"二位太尉,你们与主上有君臣底名分,已是三年,恐不得出此语。"

宋高宗此时已稍稍定了定神,他说:"朱卿不须如此,苗、刘二卿有论奏,朕自当虚伫。"刘正彦说:"依目今事势,唯有主上逊位,请隆祐太后听政,立小皇子为帝,遣使速与大金议和,天下方得无事。"

朱胜非说:"此事万万使不得!二位太尉若是忠心为国,还须从长计议。"宋高宗说:"朕本无居黄屋底心意,在元帅府时,只因臣民推戴,黾勉遵从。朕今自愿退避,但须禀命于太后。"朱胜非说:"天下自无此理!"宋高宗说:"朱卿不须阻止,且请太后登楼!"他说完,望了望张去为,张去为会意,就急忙奔向后宫。

隆祐太后和柔福帝姬住在后宫,听说发生兵变,都十分惊慌。柔福帝姬悲叹说:"奴家自南归以来,唯愿报复仇耻,救取阿爹、大哥与众人回朝。然而九哥煞是辜负人望,如今又是祸起萧墙,全不成个国家模样!"隆祐太后说:"老婆自被你伯父贬废之后,唯是日夜敬礼神佛,祈祷天地。

可惜天不佑大宋，一祸未平，一祸又起。唯求昊天上帝与祖宗神灵护持，九哥得以逢凶化吉，重整山河。"

张去为进入，给隆祐太后叩头。张去为自有他的优长，在如此危急的时刻，还是口齿清楚，能够简单扼要地说明情况。柔福帝姬吩咐说："尔可先回城上，奴当侍奉伯娘，随后便至。"张去为说："小底已排办得竹轿子，唯求娘娘救焚拯溺！"隆祐太后说："此是危难底大事，此处别无大臣，老婆亦须与二十姐计议。"

张去为走后，柔福帝姬屏退宫女，开始与伯母密议，她说："伯娘不时称许九九叔贤德，九哥原是做不得贤德官家，不如乘此机便，召九九叔入朝，大宋亦是兴复有望。"柔福帝姬提出了赵士㒟，隆祐太后长叹一声，说："九九哥煞是贤德，他远在镇江府，远井不救近渴。便是九九哥做了官家，亦是名不正，言不顺。五代时，武夫得志，背叛皇帝，轮流做官家。自太祖官家立国，另立大宋底规模，岂容武夫得志。若是教九九哥做官家，岂不是重蹈五代底覆辙，祸乱何时得休？天下何时得安？九哥虽有不是，然而待自家们不薄，老婆亦不忍乘他之危，另立官家。"

柔福帝姬说："既是如此，不如依得他们，暂立幼侄，此后缓缓设计，力争九哥复辟。"隆祐太后说："亦只得如此！"她停顿了一下，又叮咛说："二十姐，议立九九哥底事，利害甚大，只是你知我知，万万不可泄漏！"柔福帝姬应声说："会得！"她召来宫女，隆祐太后传旨："叫贤妃娘子与小皇子同去双门！"

不一会儿，潘贤妃抱着小皇子，还有张才人、吴贵人等，哭哭啼啼来到隆祐太后的阁子，说："娘娘叫奴家同去，切恐母子无生还之理！"隆祐太后说："便是老婆，亦只得置生死于度外。若是奸贼行凶，贤妃娘子与侄孙又有何处得以藏身？"

柔福帝姬毕竟经历过惊险的世面，她伸手抱起了小皇子，小声哄劝，说："嫂嫂不须怕，奴家料得你们母子必是平安！"小皇子赵旉与柔福帝姬相当亲热，他突然开口说："若得姑姑同去，我便是不怕！"隆祐太后望着潘贤妃丧魂落魄的模样，说："你不须去，且教小侄孙与二十姐同去！"

隆祐太后说着，就准备出宫，柔福帝姬却说："伯娘不可便服出宫，须是教凶贼知得我赵氏太后底威仪！"她吩咐宫女为隆祐太后戴上了龙凤花钗冠,外披黄罗袍,大带上系着两个玉珮,脚上换穿革舄。柔福帝姬又吩咐为小皇子准备一件黄罗背心。

隆祐太后整装后出阁,却有两个老年宫女拉着她的衣服,恸哭起来,隆祐太后十分感伤地说:"老婆一足出门,亦是事不可测。然而今日死于社稷,须是无愧于祖宗!"柔福帝姬却劝慰说:"伯娘此去,大胆与凶贼周旋,必是无事!"她毅然抱着小皇子,和隆祐太后分别上轿。轿子前行,而后面还是一片不停的哭声。

宋高宗将行在搬迁扬州以后,行宫中也入乡随俗,往往乘坐竹轿子,又叫竹舆。上面是竹编的凸盖,四围是竹篾席,左右开两个窗口,前面是黄罗帘,座位上铺垫着黄罗绵褥,两条前后穿通的长竹竿,由两人或四人扛抬。两乘竹轿子由八名小宦官扛抬,直上双门城头。隆祐太后从第一乘竹轿子里出来,柔福帝姬抱着小皇子,也从另一乘竹轿子里出来。人们平时不易见到柔福帝姬,只见她全身白麻布,戴着首绖和腰绖。虽然徐还的死期已经过了十三个月的小祥,她还是继续为那个并未正式结婚的驸马服丧。

苗傅和刘正彦见到隆祐太后,带头山呼"万岁"。面对着城上城下的一片"万岁"声,隆祐太后皱眉蹙额,说:"此处有官家,老婆何以当此?"宋高宗急步上前下跪,说:"此是臣构不德,致使娘娘受惊,委是愧见娘娘。城头北风甚紧,恭请娘娘去城楼议事。"当天下午,杭州城里起了北风,而且愈刮愈大。隆祐太后当即亲手扶起宋高宗,哀怜地望了他一眼,痛心地说:"国步维艰,你底阿爹、大哥等尚是在北方受难。老婆便是入城楼,亦不得安!"她转身望着柔福帝姬说:"侄孙年幼体弱,二十姐且抱他入城楼!"柔福帝姬带着小皇子上前,先向宋高宗施礼,小皇子一路上经柔福帝姬不断哄劝和调教,胆气颇壮,他们分别叫"阿爹圣躬万福"和"九哥万福"。宋高宗见到他们,不由落下两串伤心泪,但又勉力克制自己。百官也纷纷向隆祐太后行礼。

隆祐太后进入城楼,宋高宗请隆祐太后坐上自己的竹椅,自己和众臣叉手侍立两边,柔福帝姬和小皇子则侍立在隆祐太后的后方。城楼并无帘帷,北风还是不断地向屋里猛吹,更增加了屋里的紧张气氛。隆祐太后内心虽然已经同意立小皇子为帝,但面对群臣,还必须给皇帝体面,同苗傅和刘正彦讨价还价,她说:"天下祸变,实由太上信任奸佞,变更祖宗法度所致。今上皇帝圣孝,自即位以来,并无失德,止是黄潜善、汪伯彦误国,今已窜逐了当。苗、刘二太尉出身名家,岂有不知?"

苗傅说:"臣等已是议定,如今唯有恭请太后听政,岂可犹豫!"隆祐太后说:"二太尉岂不知牝鸡司晨之理?老婆被废已久,又是风烛残年,万不得已,亦当与皇帝同听政。"

刘正彦说:"可立皇子为帝,太后垂帘听政。"隆祐太后说:"小皇子年方三岁,以一个老妇,帘前抱三岁小儿,何以号令天下?虏人闻知,岂不转加轻侮?"

苗傅和刘正彦理屈词穷,就跪在隆祐太后面前,解开甲胄和衣服,说:"太后若是不允臣等所请,臣等愿解衣就戮!唯是众军士自早至今,未曾吃饭,此事不决,臣等恐生他变。"

隆祐太后望着朱胜非说:"朱相公,今日大事,正要大臣果决。"朱胜非断然不肯同意皇帝逊位,他说:"臣辅国无状,今日亦唯有请罪就戮!"宋高宗只能上前说:"如今臣构唯有禅位,以谢天下!"

隆祐太后转过身来,将小皇子拉到自己身边,吩咐说:"且取黄背心来!"柔福帝姬立即把事先准备的黄罗背心交给隆祐太后。隆祐太后亲手将黄背心给小皇子穿上,然后吩咐说:"你上前叩谢阿爹!"小皇子走到宋高宗面前下跪说:"臣旉与阿爹谢罪!"宋高宗到此再也无法克制自己,泪如泉涌,他把儿子扶起,说:"你跟随伯婆,煞好!"小皇子又回到隆祐太后身边,隆祐太后将他抱在膝上,对众臣宣谕说:"既是官家有皇子,待老婆与他管国事!"苗傅和刘正彦连忙下跪叩头,三呼"万岁"。群臣也接着纷纷下跪,跟着叩头喊"万岁"。

朱胜非却跪在宋高宗面前,用悲痛的口吻说:"臣朱胜非恭请陛下问罪!"宋高宗说:"我已不是皇帝,你可去拜见太后与新君,用心辅政!"朱胜非又到隆祐太后面前下跪,只是不断叩头,不说一句话。隆祐太后说:"朱相公不须叩头,老婆与幼帝理不得国事,尚须你尽忠竭智。"朱胜非到此方说:"臣自分甘就鼎镬,蒙太后与新帝不斩之恩,敢不勉竭驽钝!"

不料在隆祐太后膝上的小皇帝突然开口说:"朱相公,朕冲幼即位,尤须朱相公辅朕,迎还二帝,重整山河。"小皇帝的言行当然都出自柔福帝姬的调教，但这个聪明的孩子所言所行还是相当自然，看不出姑妈授意的痕迹。

　　小皇帝即位后，将建炎的年号改为明受。苗傅升官武当军节度使、御营司都统制，刘正彦升官武成军节度使、御营司副都统制。宋高宗改称睿圣仁孝皇帝，在苗傅和刘正彦的威逼下，当天就带着包括张才人、吴贵人、国夫人在内的六十四名宫女，十五名小宦官，离开行宫，移居显忠寺，改称睿圣宫。经朱胜非等人的力争，苗傅和刘正彦算是同意仍由宋高宗的卫士担任禁卫。柔福帝姬找到一个机会，对宋高宗低声耳语："九哥，伯娘与奴家当努力，以求复辟！"宋高宗也低声说："切须小心，可与朱胜非计议。"

　　此外，曾择、蓝珪、张去为等一大批宦官都流放岭南，而曾择又被苗傅和刘正彦追还斩首，唯有外出的冯益侥幸地逃避了这次劫难。

[壹壹]
急 中 生 智

　　隆祐太后和小皇帝开始了艰难的垂帘听政,为了保持皇宋的体面,每天照旧早朝,并且内引群臣入对。潘贤妃虽然留在行宫,但隆祐太后认为,她遭逢急难,是个全然没有主意、没有办法的人物,宫里惟一可以商量政事的,只有柔福帝姬。隆祐太后急切希望与可靠的臣僚商议,但又必须考察他们的态度,而且还须力求避免苗傅与刘正彦的怀疑。按照宋高宗对柔福帝姬的叮嘱,第一个可靠的大臣当然还是朱胜非,而宰相的单独面对又有顺理成章的机会,可以避免怀疑。

　　小皇帝乍临早朝,颇感新鲜有趣,但时间一长,又不免显露幼儿爱动手动脚的本性。隆祐太后让他回后宫找潘贤妃玩耍,自己单独与朱胜非谈话,并且召来柔福帝姬。朱胜非进入后殿,见到殿上只有柔福帝姬侍立,就赶紧下跪叩头,动情地说:"臣不能挽狂澜于已倒,委是罪该万死,而又万诛何赎!"隆祐太后说:"朱相公休得如此,速请起立叙话!"柔福帝姬立即上前,把朱胜非扶起。

　　隆祐太后也动情地说:"社稷不幸,老婆与幼儿不依赖相公,又得依赖何人? 官家已是嘱托帝姬,言道有事须与朱相公谋议。相公若得使官家复辟,便是大宋底功臣,世世代代,岂能忘却相公底功德!"朱胜非恳切地说:"臣罪愆深重,何得妄想立功,所以不敢就死,唯愿稍补罪愆于万一!"

　　隆祐太后说:"老婆与帝姬寻思,苗、刘二人虽是逆状显著,却又百般苦求,要老婆与幼儿听政,须是必不得已。"朱胜非说:"臣亦为此终夜长思。二凶畏惧房人,又畏惧江上诸军,只得挟天子以令天下。"

隆祐太后问:"江上诸军各有多少?"朱胜非说:"目即有张俊、刘光世两支大军,另有韩世忠自沭阳溃败以来,收集散亡,日近当由海道至平江府,此人素有忠义之心。诸将之上,有文臣吕颐浩与张浚督兵江上。王渊在世时,曾命辛永宗率兵去城外天竺寺,剿灭叛贼,不料竟中了二贼底奸计。然而辛永宗不得回城,料想是前去江上。臣以为吕颐浩与张浚若是知得二贼叛逆,必是率诸将勤王。"

隆祐太后听了朱胜非的分析,心里多少有了一点慰藉,她说:"然而辛永宗不去江上,吕颐浩与张浚不知苗刘祸变,又当如何?"朱胜非说:"臣正与二贼计议,颁幼帝即位改元明受诏,则吕颐浩与张浚必是知得。"

隆祐太后说:"此计甚好!如今之计,莫须委可信底人暗中关报?"朱胜非说:"叛军在诸城门监守甚严,臣左右虽亦有一二可信底人,却不可遣发出城。臣思忖得,韩世忠底老小今在城里住。此是他出兵之时,王渊好意,将他底家眷遣送杭州。韩世忠妻梁氏虽曾是行首小姐,却颇有丈夫气,坚毅果决,非是等闲女子可比。"

隆祐太后说:"待老婆密召梁氏入宫,晓谕国事。"朱胜非说:"臣与王渊命吴湛防拓皇城,事变之后,臣方觉察,吴湛原是私通二贼。如今吴湛监守行宫南、北二门,梁氏出入大内,尤须见机而作,欲速则不达。"柔福帝姬说:"既是恁地,朱相公若能设计,名正言顺,召梁氏入大内,方是上策。"

朱胜非说:"臣最是忧房骑临江,若是知得此回事变,发兵渡江,攻江上诸军,则国势极可危。"隆祐太后问:"朱相公有何应变之计?"朱胜非说:"臣别无良策,唯是说谕二贼,幼主底即位改元诏暂不誊播江北,以为缓兵之计。"

柔福帝姬说:"目今事势,若是江上诸军不能以迅雷不及掩耳之势,急速勤王,端的可忧!"朱胜非说:"臣亦是恨不能飞报江上,即日起兵,而目即却是尚无良策。"隆祐太后说:"此事亦须计出万全。"

朱胜非初次面对,只是与隆祐太后交流情况,彼此都无法提出高明的对策。面对之后,他照旧回到都堂办公。近正午时分,苗傅和刘正彦来到都堂。尽管朱胜非的性命也是在苗傅和刘正彦的掌握之中,但朱胜非也看穿了两人的虚弱之处。他照例还是以宰相兼御营使的身份自居,等待他们唱喏,然后作揖还礼,显示不卑不亢的姿态。

苗傅和刘正彦兵变成功,本可对文武百官随意颐指气使,但他们还是保持了某种涵养,特别是对朱胜非,更是注意了下级对上官的礼仪和态度。两人坐定后,苗傅首先说:"自家们早已建白,如今国势,唯有与虏人讲和,以息兵革,遣使一事不可缓。若是拜王孝迪为中书侍郎,卢益为尚书左丞,命二人奉使金国,朱相公以为如何?"

朱胜非听到两人提名新的执政人选,并且要以执政的身份出使金朝,认为必须采用缓兵之计,他说:"王孝迪与卢益底除命,待我奏禀太后与主上,取自御前处分,然后锁院宣麻。遣使议和底事,已是定议。闻得虏人自退出扬州,尚不知酋长底所在,不如先遣两个低官,以小使寻访报信,待小使回朝,再遣执政大使。"

刘正彦说:"不知朱相公议遣何人为小使?"朱胜非说:"遣人出使极是不易,二太尉知得,宇文虚中以资政殿大学士底职名,为祈请使,尚是无音问。人人视出使为畏途,须是寻访忠心体国底士人。二太尉可与我同共留意寻访。吕枢密统兵在镇江府与建康府,遣发二小使,亦须关报。"朱胜非最后一句,其实是希望用事前通报的方式,让吕颐浩见机行事,扣押两名出使的低官。

苗傅和刘正彦认为朱胜非此说有理,就暂时搁置了此项议题。苗傅又改换议题说:"刘光世与张俊是御营司底统兵官,此回莫须与他们升官?"朱胜非明白,两人对刘光世和张俊心存畏忌,希望用升官的方式平息他们可能产生的不满,求得他们的合作,就乘机再加上一个他们尚未考虑在内的韩世忠,说:"我在平江府时,闻得韩世忠统率余部,不日乘海舟至平江。既是二位太尉掌管御营司诸军,不如召刘光世、韩世忠、张俊三人入朝,奏禀太后与主上,将他们褒宠高官,在行朝供职,另命他们底偏裨掌管本军。"朱胜非说中了两人的心病,刘正彦称赞说:"此议煞好!"

朱胜非又说:"闻得韩世忠妻梁氏尚在杭州,你们如以厚礼遣送梁氏到军中,亦可结韩世忠底欢心。"刘正彦说:"自家们未知韩世忠底意向,梁氏不可遣发。"

朱胜非笑着说:"刘光世与张俊未有家眷在杭州,又当如何?二位太尉岂不知韩世忠有两个爱妾茅氏与周氏?"苗傅说:"可将茅氏与周氏留在杭州,放梁氏前去。自家们另备厚礼赠送韩世忠。"朱胜非赶紧补充说:"明日我当奏禀太后,封梁氏为国夫人。"刘正彦说:"甚好!"

次日早朝,接着又是朱胜非单独奏对。太后和小皇帝当即下旨,发表王孝迪和卢益为执政,又给刘光世、韩世忠和张俊三将升官,刘光世加官太尉,韩世忠和张俊升迁节度使的虚衔。韩世忠妻梁佛面封安国夫人,并且宣召到后殿谢恩。

梁佛面奉旨堂堂正正地进入行宫。按照古代礼节,女子下跪而不叩头。当梁佛面下跪,还未及谢恩时,隆祐太后却首先说话:"国夫人不须谢恩,老婆有要事计议。"柔福帝姬适时上前,把梁佛面扶起。

梁佛面说:"奴家入大内之前,已是测知太后娘娘必有紧切底事。今蒙太后娘娘厚恩,便是赴汤蹈火,亦不得辞!"隆祐太后还是初次会见梁佛面,她见到对方慈眉善目,如同菩萨一般,按照古代相面的习俗,被认为是大富大贵的福相,更是在心理上带来了安慰和信心,就说:"国家祸难至此,不须老婆多言。今有朱相公设计,苗、刘二人允许国夫人前往平江,以图结好韩太尉。唯是请韩太尉连结吕枢相、张侍郎与诸将,急速发兵,肃清行在,营救官家。"

梁佛面坚定地说:"若是奴家去得平江,自当遵太后底懿旨,决不相负!"隆祐太后说:"朱相公举荐,言道国夫人非是寻常女子,而是女中豪杰,足以任大事。今有国夫人此言,老婆便得安心!"她转过头来,向身边的柔福帝姬示意,柔福帝姬当即上前,递给梁佛面一个红绸包袱,并且当面解开,原来是一套命妇的冠服,包括五株花钗冠,青罗绣翟衣裳等。

柔福帝姬说:"恭请国夫人换装!"她说着,就帮着梁佛面换穿衣装,隆祐太后说:"国夫人底衣领中,缝了二寸黄绢,上有老婆所写两个小字。若是老婆与官家万一有不可讳,国夫人须开拆衣领,请韩太尉等依老婆所书人名,拥立此人为帝,大宋必得中兴,韩太尉等便是中兴功臣,名标青史。若是勤王成功,请国夫人焚了此服,万不可示人! 老婆当另赠新服。"原来隆祐太后和柔福帝姬经过秘密商量,决定在衣领中缝制了写有"士㒟"两字的黄绢。

梁佛面听隆祐太后嘱托后事,不免心酸,她哽咽着说:"奴家当恭依太后娘娘底密旨,秘不示韩承宣与众人。"原来当时韩世忠虽然已发表为节度使,而梁佛面特别对丈夫按承宣使的旧称,表示自己并不承认伪命。

隆祐太后担心谢恩的时间稍长,就说:"请国夫人下殿,依计议行事,以免二贼怀疑。"梁佛面当即辞谢下殿,隆祐太后起立,离开御榻,亲自向梁佛面行礼,说:"大宋天下底祸福,系于国夫人底一身,请受老婆一拜!"梁佛面勉力克制自己的泪水还礼,说:"太后娘娘使不得,折杀奴家!"柔福帝姬一面送她下殿,一面又在她耳边叮咛说:"吴湛私通二凶,国夫人切须小心!"梁佛面点头会意。

在非常时刻,已经顾不得大内的礼仪,为避免绕道,梁佛面由小宦官引领,径自由皇城北的双门出大内。梁佛面正准备上轿,吴湛上前,向她唱喏,梁佛面也还礼道"万福"。由于柔福帝姬有言在先,梁佛面表面上笑容可掬,却心存警惕之意。吴湛说:"下官恭贺国夫人,今有朱相公与苗、刘二节使在都堂,请国夫人前去。"梁佛面面露微笑,说:"奴家正欲答谢朱相公与二节使。"

梁佛面坐轿子来到都堂,与朱胜非、苗傅、刘正彦相见礼毕,并且首先表示谢意。朱胜非说:"此回太后听政,新君登基,念得韩太尉忠勤,特与建节,只等韩太尉到得行朝,便授予旌节。"宋时授予节度使的荣誉虚衔,称为建节,并且授予一套节度使的特殊仪仗,叫旌节。

梁佛面说:"韩承宣兵败沭阳,致使銮舆播迁,罪愆甚重。虽蒙朝廷记功掩过,然而建节乃是武将极致,非如苗、刘二节使,为民除害,为国立功,何敢贪冒。奴家只待韩承宣回朝之后,教他上奏力辞,以免清议。韩承宣虽有忠心,却是屡次覆军败事。朝廷亦不可教他久滥兵权,须是另命贤能底武将统兵。"

朱胜非实际上是和梁佛面心照不宣地演戏,他心中不由暗自赞叹:"梁夫人底应答如此得体,不愧是女中丈夫!"

梁佛面提议解除丈夫的兵权,正中苗傅和刘正彦的下怀,两人都笑逐颜开。苗傅说:"御营之中,人人皆知韩节使勇冠三军,岂能遽言解兵柄底事。"刘正彦说:"国夫人与韩节使亦有数月不见,必是思念。自家们欲请国夫人前去,与韩节使同共回朝。"

梁佛面说:"难得朱相公与二节使如此深情厚谊,奴家委是感激!实不相瞒,自韩承宣出兵之后,奴家煞是提心吊胆,终日思念,而望眼欲穿。"刘正彦说:"国夫人此去,韩节使家中不可无人照看,请众姬妾与儿女留在城中,自家们当用心照顾。"

梁佛面笑着说:"既是恁地,奴尤须感荷刘节使底厚意。韩承宣有二子四女,长子是前妻所生,年已十四,平日喜习弓马,常欲继承父志,奴欲乘机带他前去,得以稍知军情。次子是奴家所生,今已六岁,端的不便出城,自可留于家中,交众姬妾管教。"

朱胜非听后,内心更对梁佛面多了一重敬意,但是,对于这个问题,他当然不宜表态,只是用眼睛望着苗傅和刘正彦。苗傅听到梁佛面愿意把自己的亲生子留下,感到十分放心,说:"会得!"刘正彦说:"自家们为韩节使与国夫人备了些少薄礼,敬请国夫人笑纳。"梁佛面说:"朱相公与二节使底厚礼,奴家直是却之不恭。"

梁佛面回家以后,马上召集茅佛心、周佛迷等众姬妾,还有两个儿子和四个女儿。长子名韩彦直,是原配白氏所生,次子是韩彦朴。四个女儿是白氏和茅佛心、周佛迷等所生,最小的还在襁褓里。韩世忠的妻妾是和睦的,却远不是亲密的。梁佛面自视甚高,其实根本瞧不起众妾,认为茅佛心和周佛迷姿色虽美,完全不足以商议和委托大事。

梁佛面见到自己的亲生儿子,不免有一种生离死别的深深的悲哀,但她还是能够很好地控制自己的感情,只是将韩彦朴亲昵地抱起来,然后用家长式的口吻、平静的语气吩咐说:"蒙朝廷厚恩,教奴家前去江上,与韩承宣相会,一同回行朝。亮亮年长,可与奴同行,虎头年幼,可随众少母在家。""亮亮"和"虎头"当然是两个儿子的小名。众姬妾说:"国夫人且请放心前行,自家们在家,自当看觑虎头。"梁佛面说:"感荷你们看觑!"

她不再多说,就吩咐准备午饭。午饭时,梁佛面还是忍不住将韩彦朴抱在怀里,亲自喂饭。她强忍内心的苦痛,不露一点声色,言谈举止,一如平时。众姬妾们,包括茅佛心和周佛迷在内,虽然也经历了这次兵变,却完全没有政治头脑,她们真以为韩世忠行将平安回朝,都兴高采烈。梁佛面见到她们这种神态,更不愿意多说。

午饭后,梁佛面立即和韩彦直启程,她选拔了四名在家当直的兵士,六人各带兵刃。为了保护藏有隆祐太后密旨的命妇服,她又在外面罩了粉红霞帔。当梁佛面上马,与众人告别时,韩彦朴用稚嫩的声音说:"切望妈妈与阿爹早日归家!"一句话说得梁佛面落下了两串泪水,但她还是强颜欢笑,说:"你们且回,奴不日当与韩承宣同归!"说完,就赶紧策马前行。

梁佛面一行由城北馀杭门出城,在城门并未遇到守门叛军的阻难,心中暗喜。不料出城不到一宋里,迎面遇着了苗翊,他正率领一队军兵巡绰。彼此都是相识,不免勒马行礼问候,苗翊说:"下官恭贺夫人已得国夫人封号,待往哪里去?"梁佛面镇静地说:"奴家得朱相公与苗、刘二节使底钧旨,前去平江府,迎候韩承宣归朝。"

苗翊问道:"国夫人如何身带兵刃?"梁佛面说:"如今兵荒马乱,路途未必太平,尚须防身。"

苗翊说:"自家已是知得国夫人要去平江府,然而国夫人去得,小衙内却是去不得。"梁佛面的心怦怦地跳,但表面上却竭力装出无所谓的模样,说:"奴家蒙朱相公与苗、刘二节使厚恩与重礼,惟愿图报于万一。韩承宣底长子与奴同行,亦是得二节使底允准。既是如此,待奴家与苗太尉同回城中,另候钧旨。"她说着,就装着拨回马头。苗翊连忙说:"我唯是与国夫人打诨,愿韩节使早日回朝,与自家们同心拥戴太后、幼主。"

梁佛面说:"既是恁地,与苗太尉后会有期,奴家亦愿早日回归。"说着,就与其他五人纵马缓行。苗翊望着他们的背影,面露微笑,也率军队入城,他其实还不知道自己的哥哥已同意韩彦直出城。梁佛面一行缓骑了约一宋里路,就立即快马加鞭,昼夜兼程,直奔平江府。

[壹贰]
兴 兵 勤 王

礼部侍郎张浚带着"节制军马"的头衔,以统兵文臣的身份,接替朱胜非守平江府不过数日。一天夜里,张浚正与门客、太学生冯康国下棋,有吏胥报告说:"御营司前军统制张承宣、参议官辛防御与行在武略辛大夫有急事求见。"张浚听说辛永宗前来,不免感到奇怪,说:"速请他们议事。"

张浚向来自视甚高,在武将面前尤其有优越感,他按照文尊武卑的原则,以节制军马的身份,首先让武宁军承宣使张俊,武功大夫、忠州防御使辛道宗和武略大夫辛永宗唱喏,然后还礼。辛道宗是辛永宗的哥哥,在张浚的节制司任参议官。辛永宗说:"启禀张侍郎,大事了不得!"就开始叙述杭州城里的兵变。原来辛永宗在天竺寺一带守株待兔,却根本不见一个叛兵的踪影。他在正午时分带兵回城,却遭遇苗翊统兵伏击。他最后只带领残部八十多人逃到平江府。

张浚听完辛永宗的诉说,方知事态的严重,他问张俊说:"张承宣,若是圣上蒙尘,你当如何?"张俊说:"下官受圣上深恩,唯有一死报国,然而大事尚须张侍郎筹划。如今部兵闻得行在事变,已是汹汹不安。"

张浚说:"你第一须抚定全军将士,既有下官坐镇平江,必是无虞。既是圣上命我节制军马,凡事须听我底号令。"张俊说:"下官当遵依张侍郎底号令!"

张浚又问:"你自问可得降服苗傅与刘正彦?"张俊面有难色,说:"他们御营右军有一万一千人,下官只有八千人,切恐众寡不敌。"

张浚又问:"若是说谕刘光世发兵相助,可得降服?"张俊说:"刘三素来与自家不睦,唯恐不能同舟共济。"原来御营司的军队事实上形成了王渊和刘光世两个主要派系,相互明争暗斗。张俊作为王渊最宠信的干儿子,确是很难与刘光世共事。

张浚尽管心理负担很重,但在武将面前,却还是尽力保持了处变不惊的姿态,他对辛永宗说:"武略辛大夫,你且去辛防御处安歇,待明日再议。"

张俊和辛道宗、辛永宗退下后,冯康国说:"我一介书生,科举不第,幸得恩府收容,借补迪功郎,如今方得有报效之机。我有故人在苗傅军中,正可前去行在,打探消息,相机行事。"张浚说:"唯恐冯迪功前去,事有不测!"

冯康国慷慨激昂地说:"丈夫生于乱世,当立功名,博得封妻荫子。纵是杀身成仁,亦可名标青史。"张浚说:"冯迪功胆气甚豪,此事莫须明日另议。"

冯康国说:"何须明日,今夜便可决定。"张浚说:"既是如此,我当与你借补从事郎。然而此去行在,尚须从长计议,以免徒劳往返。"他吩咐吏胥,取来一份空名官告,当场在上面填写冯康国的姓名。一句话就连升三官,这当然是特殊的嘉奖。

张浚回到卧室,却是彻夜在屋里踱步,反复愁思,无法上床。窗纸上刚出现微弱的光亮,有吏胥进入禀报说:"韩承宣军已到平江城中,今与张承宣同共求见。"韩世忠前来的消息,无疑给张浚带来了极度的振奋,他吩咐说:"速请韩、张二太尉入卧内,我与他们共进早餐!"吏胥注意到,张浚此时已对韩世忠和张俊不用官称,而是改用太尉的尊称。

张浚特别在卧室接见韩世忠和张俊,显然是表示亲切之意。当韩世忠和张俊步入屋内,还未及唱喏,张浚抢先上前,用左手挽着张俊,右手挽着韩世忠,激动地说:"国家患难之际,尤须文武一体,共济大事!"张俊望着张浚眼球上的红丝,说:"张侍郎昨夜未得安眠。"

张浚说:"今有二太尉到此,我便得安眠!"张俊说:"我昨夜言道,自家一旅孤军,孤掌难鸣。今有韩五到此,必是济得大事!"韩世忠慷慨地说:"我蒙主上深恩,若得张侍郎主张,我愿为前驱!"

吏胥为三人供进早餐。宋人沿用唐人的习俗,早餐不算正餐,称为点心,相当于今人点饥的意思。张浚是四川人,吏胥按南方的习俗给他端来米粥、蜜糕和栗糕,又给韩世忠和张俊端来羊肉馒头、猪肉馒头和虾肉馒头,另加一碟咸齑。平江府一带的很多农田,虽然是一年稻麦两熟,自从大批北方人流寓江南以后,麦价猛涨。韩世忠和张俊一顿早餐,其实花费不小。

三人边吃边谈,张浚问道:"韩太尉,你尚有多少兵马?"韩世忠说:"四千余人。"张浚又转向张俊说:"张太尉,你可得分拨韩太尉两千兵马?"张俊说:"会得!"韩世忠高兴地拍着张俊的肩膀,习惯性地吐了吐舌头,说:"张七与自家韩五,原是不分彼此!"韩世忠和张俊都是王渊最信用的部将,彼此关系固然相当亲密,但张俊遇到真正急难的事,还是颇有畏避之意,他宁愿分给韩世忠两千人马,让韩世忠充当前锋。

张浚又问:"韩太尉,你既愿为前驱,可否与苗、刘二贼相敌?"韩世忠说:"此回非是与虏人相抗,我愿当阵取二贼底首级,献于张侍郎!"张俊说:"此回不须刘三,亦可决胜!"韩世忠说:"明日便可出兵。"

张浚说:"我彻夜思忖,此事不可急,如今有圣上在杭州,投鼠忌器,急则恐有不测。目即吕枢相移屯建康府,刘太尉驻守镇江府。吕枢相有威望,为人刚决,能断大事。我当驰书两地,与他们共举勤王之师。韩太尉远道而来,且养兵三日,然后先进兵控扼秀州。闻得你底家眷皆在杭州,不如设法先命人迎取。"

张俊说:"按武功辛大夫所言,杭州诸门把截严密,苗傅与刘正彦必是以韩五底老小为质。"韩世忠说:"便是以我眷属为质,我岂有投归两个逆贼之理!"张浚说:"愚意以为不如命人先去迎取,若能迎来,亦是宽了韩太尉后顾之忧。"

早餐后,张浚立即派吏胥改扮平民,昼夜兼程,前去杭州。他感到头疼脑胀,只得回卧室休息。近正午时分,有吏胥进入卧室报告说:"今有金字牌递到御前文字!"张浚连忙起床,换穿公服,来到厅堂。有递铺兵士手持金字牌,这是一面朱红漆牌,上面用金字刻写"御前文字,不得入铺"八字,上前唱喏,递交一个皮质递角。吏胥报告说:"自家已于文历开具承受日月,恭请张侍郎案验。"张浚看了这一小本文历,来件是用《千字文》"方"字号编排,当场交给铺兵,吩咐说:"此御前文字并无稽迟,可领取赏钱二贯文。"那名铺兵谢恩离去。原来宋时的官府文书,往往是用《千字文》编号,因为《千字文》中没有重复的字。

宋时所谓递角,或用竹筒,或用皮筒。张浚拆封后,见到里面是黄纸,就连忙恭敬地将诏书展开在几案上,然后与在场文武官员朝皇帝所在的南方,行跪拜礼。礼毕,张浚才手捧诏书,向众人宣读。这是幼帝登基,将建炎改元明受的诏书。此外,还有简单记录王渊被杀的邸报,也附递寄到。张浚流着眼泪,读完诏书。

一时众官员群情激愤,特别是韩世忠和张俊,更是涕泪满面,韩世忠说:"既是事变如此,唯须及早出兵,我愿仗节,救护圣上,为王枢相报仇!"张俊也说:"我明誓天地,愿以死援君父之辱!"张浚说:"我亦是心急如焚,恨不能插翅飞入行宫,救取圣驾。然而事势大变,须做得尤稳。韩太尉可依原议,三日后出兵秀州,然而无自家底命令,亦不得擅自进兵行在,万不可惊动圣上。"

张浚与众官员在中午会餐,大家七嘴八舌,继续商讨。辛道宗和辛永宗兄弟说:"如今陆路已有措置,万一二贼邀圣驾自浙江转入海道,煞是可忧!"张浚听后,颇感惊骇,他说:"你们有甚计议?"

辛道宗说:"通惠镇海船往来甚多,可截取海船,载兵由海道前往浙江,出贼不意。"通惠镇在今上海青浦县北,当时松江直接东流入海,位于松江南岸的通惠镇已经是一个南北海上交通的重要商港。张浚说:"我命你们专一措置海船,由海道进兵。"

午饭以后,张浚立即写了两封书信,派专人递送吕颐浩和刘光世。然后就与冯康国共同起草奏疏和咨目。两人虽有文采,而起草这类文字,却异常困难,直到深夜,方才定稿。

冯康国一觉醒来,已是天光大明。他稍作准备,就带着奏疏和咨目立即出发。张浚当然十分重视冯康国此行,他和众官员亲自送冯康国出城南盘门,然后上船。按张浚的考虑,行船的速度虽然不快,却是可以昼夜行驶,以便于冯康国在船舱休息,蓄养精神。

冯康国和众人道别,张浚上前,深情地执着他的手说:"冯从事此回去行在,一身系社稷安危,千万珍重!"韩世忠也说:"我素来轻视儒生,说他们底毛锥子不能救国。今日幸得冯从事有大丈夫底刚勇,救取主上,请受我三拜!"说完,就毕恭毕敬,三次作揖。冯康国信心十足地说:"张侍郎与众官人且回,我此去必有好消息!"张浚与众官员直到望不见冯康国的座船,方才回城。

韩世忠出兵之前,张浚又接到吕颐浩的书信,原来吕颐浩由他在杭州的儿子吕摭急报,也已得知兵变的消息。他在写信给张浚的同时,也向朝廷上了奏疏,请求宋高宗复辟,并且决定亲自和刘光世带兵到平江府,与张浚共同发兵勤王。张浚感到振奋,他召集众官员,当场宣读了吕颐浩的来信,说:"既是吕枢相以执政之重,倡义起兵,自家们以顺讨逆,必能成功!"

韩世忠吐了吐舌头,说:"我唯是忧刘太尉与自家们有旧恶,虽是出兵,而不肯宣力。"张浚问韩世忠和张俊说:"你们念刘太尉底旧恶否?"两人说:"国家危难,自家们不敢念旧恶。"

张浚说:"苗、刘二贼只为刘太尉与王枢相多有不平,已是将他加官太尉,又去信离间,刘太尉不为所动,而愿与吕枢相同共起兵,足见他尽忠于朝廷。你们今日正当与他修好,共图国事。"两人说:"自家们当依张侍郎底命令,与刘太尉捐弃前嫌。"

有吏胥进入报告说:"今有韩太尉底国夫人与衙内到此。"张浚说:"我当出迎!"兴奋的韩世忠谦让说:"我底浑家来此,张侍郎不须出迎!"张浚说:"国夫人必是历尽艰辛,我岂能不出迎!"他嘴上虽是那么说,心里却不免怀疑:"韩世忠底浑家何以有国夫人底封号?"

梁佛面此时已脱去粉红霞帔,全身是簇新的国夫人命妇服,虽然长途跋涉,因为行将完成自己的使命,显得神采焕发。韩世忠夫妻父子首先相见行礼,然后又由韩世忠将妻儿逐一引见众官员。张浚亲自请梁佛面前往厅堂。

梁佛面坐定以后,开始叙述杭州城里的情况,传达隆祐太后的密旨,她什么都说,就是不说自己衣领里藏有黄绢,其上书写人名的情节。张浚听后,起身上前说:"国夫人置亲子于不顾,而以拯救社稷为重,立得大功,请受张浚三拜!"梁佛面起身还礼说:"折杀奴家!"

韩世忠激动地对儿子说:"亮亮,谢了妈妈底救命大恩!"韩彦直也上前向梁佛面叩头谢恩,梁佛面将他扶起,她想到尚在杭州当人质,而很可能是凶多吉少的亲生儿子,忍不住落泪,对韩世忠说:"奴唯是保全得一个亲骨血,犹须向承宣谢罪!"韩世忠一时竟伤心大哭,他一句话也不说,只是不断地向正妻行揖礼致敬。众人见到这种情景,也不免难过。

张浚只等韩世忠夫妻的情绪稍为平静,才开口说:"韩太尉,既是国夫人到平江,莫须缓一日出兵?"韩世忠说:"主上蒙尘,为臣子底顷刻不得安,出兵尤不须缓。"梁佛面说:"奴家亦愿随韩承宣军,同去勤王!"

张浚于是下令说:"今日犒赏诸军,然后出兵!可排办筵席,为国夫人庆功,为韩太尉饯行!"宴会过后,张浚与众官员检阅军队,韩世忠就在当天下午出师。张浚亲自送到盘门外。韩世忠下令快速行军,他的六千多人马不久就进据秀州(治今浙江嘉兴)。

韩世忠在秀州所接待的第一个来自杭州的人,就是冯康国。原来冯康国进入杭州城后,就首先找到两个故人,目前已经升任御营司参议官的王钧甫和马柔吉,并且出示了张浚给两人的亲笔信。王钧甫和马柔吉也是两个落第书生,现在充当苗傅和刘正彦的谋士。他们了解到冯康国的使命后,还是相当客气,尽故交之礼,并且引领冯康国前往都堂,会见朱胜非和苗傅、刘正彦。

朱胜非虽然还拥有宰相的名义,而处境愈来愈尴尬,也愈来愈微妙,实际上是每天和苗傅、刘正彦共同在都堂办公,绞尽脑汁,与他们敷衍周旋。不但如此,他已不能单独奏对,同隆祐太后推心置腹,商讨国事。冯康国进入都堂,向三人唱喏,首先呈上了张浚给三人的咨目。宋时所谓咨目,乃是一种公函。朱胜非先看了咨目,又将咨目交付苗傅和刘正彦。张浚咨目的内容无非是婉转地规劝他们,要求宋高宗复辟。

冯康国说:"张侍郎另有奏疏,教我面奏太后与幼主。"苗傅说:"自家们诛除阉党,只为天下共享太平。如今大局已定,张侍郎何须横生枝节。"

冯康国说:"自古宦官乱政,根株相连。二位太尉一旦为国家除去数十年底大患,天下称快,臣民蒙福甚大。然而主上春秋鼎盛,不闻有过,岂可传位于幼主。改元诏传到平江府,人人以为名为传位,其实废立。自古废立在朝廷,不在军中,二太尉本是为国忠心,不可因此而负谤。"

苗傅说:"二圣北狩,建炎皇帝不能以皇弟元帅之名,纠合义师,北向迎请,却是遽登大宝,已不是名正言顺,因此招致名士陈东底直言。他即位三年,荒淫酒色,宠信奸佞,斩戮正人,摈斥忠良,岂能说无过?"

冯康国说:"苗太尉岂不知有《春秋》底大义,为尊者讳?自家们与主上已有三年君臣底名分,况且主上已自悔过,下得罪己诏,罢黜了黄潜善与汪伯彦。正当主上维新图治之时,我直是为二太尉可惜,常言道,亡羊补牢,犹未为晚。"他又转向朱胜非说:"朱相公谙晓诗书,身为首辅,亦须主张国是。"

朱胜非不便说话,却又不得不说:"此事须奏禀太后,取自太后圣断。"苗傅此时已感到不耐烦,他按住剑柄,瞪大眼睛说:"虏人所以侵逼不已,原是为建炎皇帝登基。如今主上即位,太母垂帘,必是重见太平。天下都以为此举甚是,唯独张侍郎阻梗,莫须吃剑?"

冯康国说:"虏人虎视眈眈,必欲吞灭大宋,岂是只为主上?太母深居九重,又岂能勒兵与虏人相抗?我自知今日言事,必是触怒二太尉,死于你底剑下,岂不是易如反掌?然而今日不言,他时必是天下大乱,我亦须死于乱兵之中。速死迟死,必是一死,太尉须知,我虽是一介书生,却非是苟生底人!"

刘正彦见冯康国辞气慷慨,就走近苗傅身边耳语,然后对冯康国说:"张侍郎建议复辟,亦是一说,须请张侍郎回朝,足得面议。"他向王钧甫和马柔吉使了个眼色,说:"冯从事远道而来,你们可尽故交之谊,尽情款待。"

冯康国由王钧甫和马柔吉陪同,出了都堂。王钧甫和马柔吉两人依旧十分客气,他们和冯康国谈话的内容,也无非是请张浚到行朝面议。冯康国在杭州期间,曾设法单独会见朱胜非,却一直没有机会。最后还是由王钧甫和马柔吉送他出了杭州城北的馀杭门。

韩世忠这次会到冯康国,就叫梁佛面出来一起交谈。冯康国不免对朱胜非有所非议,他说:"朱相公平时尚有声誉,危难时节,方见得他是个碌碌无为底庸才。"梁佛面笑着说:"冯从事,若是朱相公庸碌无能,奴家便出不得杭州,传不得太后底密旨。"她简略介绍了自己的经历,冯康国用手加额,说:"我直是一叶障目,不见泰山。"

冯康国急于返回平江府。他走后的第二天,秀州又到了一名来自杭州的武将,名叫俱重,他原是御营右军第三将正将,这次被任命为御营司前军统制,准备前往平江府,取代张俊。俱重出杭州时,还不知道韩世忠的兵马已经进据秀州。

梁佛面对韩世忠建议说:"自家们何不将计就计,探听杭州底实情。"韩世忠同意妻子的意见。夫妻俩设宴招待俱重,梁佛面笑容满面,亲自为俱重斟酒,说:"奴家蒙朱相公与苗、刘二太尉厚意,到得韩承宣军中,今正欲随韩承宣同赴朝命。今与俱太尉同朝任官,尤须辅车相依,同共扶保太后与幼主。"

俱重满饮梁佛面递来的一杯酒,高兴地说:"韩太尉与国夫人端的是识时务底俊杰。朝廷革故鼎新,念张太尉底功勋,特授旌节,然而张太尉至今迁延,未赴朝命,我此去平江,便是恭请张太尉速去行在谢恩。"

梁佛面说:"不知近日行朝有何紧切措置?韩承宣自当出力。"俱重说:"自从太后听政,天下归心。唯是张浚那厮,不知天命,命一个冯康国去行朝,鼓唇弄舌,妄图复辟。我此去另携朝命,升张浚为礼部尚书,教他去行朝面议。此事我一人便可措置,不劳韩太尉费神。"

梁佛面还想继续打听,韩世忠却已忍不住,他吐了吐舌头,大喝一声,说:"将这厮叛贼速与捆缚!"于是突出一群亲兵,把俱重和他的二十名随从全部逮捕,搜出他们所带的书面诏命,韩世忠当着这群俘虏的面,把诏命焚毁,说:"此是伪命!不须留在世间。"

俱重此时才如梦方醒,他说:"韩太尉,须知你底家眷尚是在杭州城中!"韩世忠大怒,他并不答话,却拔出了常用的那口大青刀,准备动手。梁佛面及时拦阻,她对俱重说:"自古杀伐征战,直是顾不得老小。当年楚汉相争,项羽以烹杀刘太公逼胁,刘邦言道:'幸分我一杯羹。'今蒙朱相公与苗、刘二太尉厚意,放纵奴家与韩承宣底长子归得军中。韩承宣忠心报国,尤是置老小底安危生死于度外。敢请俱太尉以此意答谢朱相公与苗、刘二太尉。"她使眼色向丈夫示意。

韩世忠体会到妻子的用意,就吩咐说:"且将俱太尉放回,余人留下!俱太尉,你可禀覆朱相公与二太尉,若能回心转意,复迎主上复辟,自家们当同为朝臣。更说与你,今有吕枢相、张侍郎与刘太尉、张太尉等同共起兵,不日便至秀州。"梁佛面取来一卷文书,说:"此是吕枢相、张侍郎与众文武底檄书,请俱太尉带回杭州,禀覆朱相公与二太尉,请他们从速计议。"梁佛面屡次把朱胜非和苗傅、刘正彦并称,当然是为朱胜非掩饰。俱重单身匹马,逃回杭州。

俱重走后,梁佛面又对韩世忠说:"奴料得此后必多伪命,若是听任流传,必是扰乱人心,不如分布兵将,拦截邮筒,令他们不得拆封,径自投于水中。"韩世忠大为赞赏,说:"国夫人所言甚是!"此后,杭州行朝的所有邮递,包括金字牌递发的御前文字,凡是取道秀州的,全部被韩世忠军截获,其中最要紧的,是一份以太后和幼帝名义发布的诏命,说张浚"阴有邪谋,欲危社稷,责授黄州团练副使,郴州安置",使张浚被罢官流放的命令没有外传。

三月下旬,吕颐浩和张浚率刘光世、张俊等军抵达秀州,由韩世忠和知州迎进城里。吕颐浩和张浚稍息片刻,就立即坐衙。吕颐浩身为同签书枢密院事,以执政的身份,居中正坐,张浚坐在他旁边,两人虽然都是文官,此时都披挂甲胄,吕颐浩有意把宋高宗所赐的宝剑放在几案上。其他的文武官都叉手侍立几案前两边。

吕颐浩正襟危坐,用严肃的声调说:"兴兵勤王,既危且险,不可虑胜而不虑败。我与张侍郎言道,若是事不成,不过自家吕氏举族流血。我在宣和时进谏开边,几死于宦官底手心;后承乏沿边漕运,又几死于虏人底掌中。幸得劫后余生,蒙圣上宏恩,职掌枢密,今日便是为社稷死,岂不快哉!"

韩世忠吐了吐舌头,说:"今日举兵,以众击寡,以顺讨逆,可以必胜!"刘光世和张俊不约而同地说:"诚如韩太尉所言,可以必胜!"

吕颐浩说:"我与张侍郎尚是忧你们三个计较旧日嫌隙,胜不相庆,败不相救。若是如此,切恐难以抵敌苗、刘二贼,须知他们底赤心队,乃是亡辽劲兵,尤为精锐。"原来御营右军中,约有三千是原来辽朝的降兵,颇有战斗力。

韩世忠首先说:"若是败不相救,下官甘当军法!"刘光世和张俊也作了同样的表态。吕颐浩面露微笑,说:"三位太尉许国忠节,此是我大宋社稷底洪福！更说与你们,我与张侍郎亦是忧心虏人乘势进犯。今已探得虏骑北撤,伪命底两个大金告请使,已被我拘押于建康府,沿江封锁,一切伪命均未透漏江北。三位太尉可努力向前,无后顾之忧。"韩世忠用手加额,说:"此是吕枢相措置得宜!"

刘光世说:"厮杀必是取胜,我唯是忧二贼惊扰圣驾。"在场众人都听懂了他的意思,"惊扰"的准确用词应是"弑逆",这当然是身为臣子所绝对不能说的。张浚说:"圣上洪福齐天,必有神明护佑,刘太尉不须忧!"谁都明白,皇帝既然在政敌的手掌之中,当然存在着被杀的可能性。但这个问题又很不便于公开甚至私下讨论。吕颐浩自从与张浚会面后,双方详细讨论了勤王起兵的所有细节和可能后果,惟独避讳了这个最重要的问题。其实,按照古代专制政治的惯例,一旦弑君成为事实后,这个问题也是不难解决的,没有政治野心的臣僚无非是另择宗室,拥戴称帝。当然,这群热心勤王的臣僚都未曾料到,隆祐太后已经为此写了现成答案,而藏在梁佛面的衣领里。

吕颐浩用赞赏的目光望了望张浚,认为他的回答十分得体,就改换议题说:"只为免于惊扰圣上,自家们尤须先礼后兵,压以兵势,恭请圣上复辟。"他望着冯康国说:"冯从事底胆勇,令人钦敬,你可否再去行在一回?"冯康国走出班列说:"苗、刘二贼色厉内荏,有吕枢相与张侍郎大兵为后盾,下官料得必是不虚此行!"

吕颐浩高兴地说:"我与你借补承直郎!"从事郎迁承直郎,又是超升三官。冯康国说:"感荷吕枢相!"说着,又退回班列。吕颐浩的目光又转向宦官冯益,冯益奉命到沿江慰劳军旅,正好躲过劫难,留在吕颐浩的身边。吕颐浩用命令的口气说:"冯大官,你可与冯承直同去,勤王立功!"

冯益吓得面如土色,慌忙走出班列,近乎瘫倒在地,说:"小底此去,必是送死!"吕颐浩说:"你与权主管侍卫步军司公事吴湛是亲戚,他与苗、刘二贼暗中结连,把截皇城,冯承直又进去不得。你正可与他联络内宫、外廷,互相呼应,共成大事。"

冯益还想推辞,吕颐浩却用不容置辩的口吻命令说:"圣上与你们皇恩重如山,危难时节,你须效力!"冯益望着吕颐浩的神态,见到他的手已经按住几案上的剑柄,就不敢再说,他想:"等是一死,去行在或可犯死求生，立得大功。"于是就说："小底谨遵吕枢相之命！"

吕颐浩内心也十分讨厌宦官，他威逼冯益前去，是估计到两种可能，或是立功，或是借苗傅和刘正彦的刀杀了冯益。他见冯益接令，就高兴地吩咐说："取上海月波酒来，我与张侍郎当为冯承直、冯大官钱行！"月波酒是秀州的名酒，现在的大都市上海，在宋代还只是秀州华亭县的一个酒务。

吏胥取过陶酒瓶，吕颐浩和张浚当场为冯康国和冯益满斟了两盏，捧给冯康国和冯益，说："请满饮立功酒！"冯益望着这盏莹澈如同黄玉般的糯米酒，只能一饮而尽，却已无法品评酒味是甜是苦还是辣。

[壹叁]
乘势复辟

杭州城里，不少官员为了免于污染苗傅和刘正彦的伪命，纷纷告病假，而朱胜非仍天天上朝，去都堂办公，支撑着危局。一天，苗傅和刘正彦怒气冲冲，来到都堂，苗傅拿着一卷文书，交付朱胜非，说："朱相公，此是何等事！自家们只为救取天下苍生，他们竟指自家们为逆贼！"朱胜非一看，原来此卷文书正是吕颐浩、张浚等的勤王檄，由俱重带回杭州。刘正彦补充说："杭州城中，亦是张贴传檄数十处，城中必是有细作！"

朱胜非看了檄文，心中暗喜，但表面上保持了平静，说："自古以来，革故鼎新，便是不易，二位太尉意欲怎生措置？"苗傅说："待自家们统兵径至秀州、平江府，与诸将理会了吕颐浩、张浚。"

朱胜非说："二太尉不可都去，须留一人在此弹压，以免生事。目即百官告假底甚多，我一人委是难以主张国事。"朱胜非的计谋，是希望两人分兵，借以减轻对勤王者的军事压力。苗傅和刘正彦见到这纸檄文，其实是心慌意乱，没有什么高明的主意，他们听朱胜非一说，又改变原议，刘正彦说："莫须恭请太后下诏，罢了吕颐浩与张浚？"

朱胜非说："常言道，困兽犹斗。不如先罢一个张浚，以观江上动静，另行理会。吕枢密晓事，他上奏深斥宦官乱政之罪，与张浚有别。"朱胜非明白，依吕颐浩和张浚两人的官位，当然是一主一从，他故意利用两人奏疏里的细微差别，包庇吕颐浩。苗傅此时已如热锅上的蚂蚁，说："便依朱相公之议，请太后下旨！"

朱胜非说："莫须请苗太尉处置军机，我与刘太尉同去面奏太后。"苗傅说:"会得!"朱胜非特别袖藏吕颐浩、张浚等人的檄文前去奏对,实际上当然是给隆祐太后通风报信。隆祐太后不得不下了将张浚撤职流放的诏旨,如前所交待,由于韩世忠下令拦截邮筒,这道诏旨不过是一纸废文。

隆祐太后回到后宫,向柔福帝姬通报情况。柔福帝姬用手加额,说:"大宋社稷中兴有望!"她停顿一下,又感叹说:"然而自家们却是无处藏身!"原来隆祐太后和她商量,打算找一个危急时的避难所,柔福帝姬为此费尽心机,已经走遍了皇城里的每一个角落。吕颐浩等起兵勤王固然是好消息,但从另一方面说,却是增大了苗傅和刘正彦对赵氏皇族行凶的可能性。

隆祐太后说:"二十姐亦不须费心,此正所谓死生由命!"柔福帝姬说:"自徐郎死后,奴端的是心如寒灰,何惜一死,以报徐郎!然而生前见不得中原,见不得父兄,亦是遗恨无穷尽!幼侄极是可爱,唯愿祖宗庇佑!"自从发生政变以来,聪明的小皇帝乖巧听话,往往能够对姑妈的调教加以创造性的发挥,和柔福帝姬十分亲昵,所以柔福帝姬对幼侄的感情愈来愈深。

隆祐太后心里想:"覆巢之下,难得有完卵。"但她不愿意再说那些不吉利的话,就改换话题说:"二十姐今日正可探视九哥。"经过隆祐太后亲自出面交涉,苗傅和刘正彦允许柔福帝姬每隔三天去探望一次兄长,成了行宫和睿圣宫之间惟一的联系渠道。

尽管形势紧张,苗傅和刘正彦还想不到必须切断行宫和睿圣宫之间的往来,柔福帝姬没有遇到阻难,又一次进入睿圣宫。睿圣宫还是由宋高宗的卫士和宦官看守,张才人和吴贵人千方百计厚待他们,争取他们对废黜的皇帝尽忠。柔福帝姬下竹轿子后,一名小宦官和一名卫士连忙上前唱喏,他们一面放柔福帝姬入内,一面先行禀报。

宋高宗迁居显忠寺后,虽然临时改名睿圣宫,而寺内原有的佛殿一概不动,自己和宫女等只住偏房,每天晨昏两次进香,祈祷神佛保佑。这是宋高宗有生以来最苦痛的时期,当扬州仓皇渡江时,他主要是惊怖和担忧,如今除了日日夜夜品尝被废黜的痛楚滋味外,更是提心吊胆,惟恐自己随时被杀。他整夜整夜失眠,即使浅寐,也是魂梦不安。女色本是他最大的嗜好,得了阳痿症后,他又急于不断地服用各种壮阳药。但自从搬进睿圣宫以来，宋高宗不肯再服用此类药剂，也不愿与女子同床。张才人、吴贵人等费了很大的周折，争取与他同床，但宋高宗却毫无与她们亲热的兴致。短短一、二十天之内，年仅二十三岁的宋高宗胃口大减，竟瘦削和苍老了许多，头上长出了丝丝白发，目光变得呆滞，神情显得极度疲惫。最近几天，嘴里竟长出满口血泡，且不论吞咽，就是说话也十分困难。张才人焦急地请来医官，用凉药调理。

柔福帝姬虽然与宋高宗只是三日不见，也不免有刮目相看之感，而增加了同情和哀怜。她用振奋的语调说："九哥，今日传来喜讯，吕枢密、张侍郎与武将韩世忠、刘光世、张俊等已发布勤王檄。"宋高宗发出了忘情的哈哈大笑，这还是被废后的第一次，但大笑又给他带来满嘴的疼痛，随即紧蹙眉头，发出呻吟。

张才人为宋高宗端来汤药，柔福帝姬向宋高宗作了尽可能详细的叙述。当她说到"伯娘不得已下旨，将张浚责授黄州团练副使，郴州安置"时，宋高宗又是一阵心悸，右手的一碗汤药顿时泼翻，倒在左手上，药碗随之跌碎，药汁四溅。吴贵人连忙取来手巾，给宋高宗擦手。

柔福帝姬安慰说："九哥不须惊慌，吕枢密与张侍郎既是传檄起兵，必无束手听命之理！"柔福帝姬所说本是十分浅显的道理，在正常状态下的宋高宗本应完全理解，无需别人劝解。柔福帝姬懂得，她的那位兄长所受的刺激太深，变得十分虚弱，所以竭力安慰一番，最后说："九哥且安心颐养，数日之内，必有好消息！"她让宋高宗卧床休息，然后起身回行宫。

张才人和吴贵人送柔福帝姬走到庭院，张才人此时才用低声忧心忡忡地说："二十姐，奴家唯是忧二贼行凶。"柔福帝姬其实也是同样担忧，但此时此刻，她只能劝慰说："张、吴二娘子且安心，朱相公足智多谋，料得他必有措置。"吴贵人建议说："待自家们再去进香礼佛。"祈求菩萨，这对三个女子都是最好的心理安慰，于是他们又一同进入佛殿。

苗傅、刘正彦与心腹们商议后，又决定两人都留在杭州，只派苗翊、马柔吉等屯兵杭州东北的临平镇。苗傅和刘正彦来到都堂，又一次同朱胜非商讨。朱胜非听两人通知苗翊发兵，不作任何表态，自从得知吕颐浩等勤王的消息，他所考虑的中心，就是如何保全隆祐太后、皇帝和他本人，如何制止两人行凶,力争用和平的方式在行朝解决这次政变。

苗傅说:"自家们议论,如今城中既有细作,不如自家们勾抽军兵,替了卫士,守护睿圣宫。"朱胜非说:"不可,二太尉既是以忠义许国,不可惊动睿圣皇帝,以免吕颐浩等人借口。事已至此,你们尤须敬事睿圣皇帝,以尽臣子之义。"

刘正彦又提出另一项建议说:"行在莫须迁至越州。"越州是今浙江绍兴。朱胜非笑着说:"越州僻居海隅,却与杭州近在咫尺。若是一意退避,便是将行在迁至天涯海角,亦是不济事,此是下策中之下策。"

苗傅说:"依朱相公底意思,当是如何措置?"朱胜非从两人提出的建议,深知苗傅、刘正彦及其同伙并无什么高明的对策,而已处黔驴技穷的境地,他说:"依下官之议,上策莫如依太后底初议,恭请睿圣皇帝同听政。三岁底幼帝,终是难以号令天下。"他见苗傅和刘正彦咨嗟不语,又说:"如今自家们恭请睿圣皇帝同听政,便是功在自家们,而不在吕枢密。"

刘正彦说:"此是大事,须从容计议。"朱胜非说:"此事尚非有燃眉之急,自可缓缓地。"苗傅和刘正彦退出都堂,朱胜非望着他们的背影,面露一丝哂笑,他通过这次谈话,不仅感到自己的身家性命可以无虞,而且开始有了胜券在握的信心。

冯康国和冯益带着两名吏胥,乘船沿运河南下。两人经过商量,冯益也改扮成吏胥。他们途经临平镇时,正好遇到苗翊叛军的盘查。冯康国事先已经探明情况,就对叛军的兵士说:"我自秀州来,是马参议底故交,你们可引领前去一会。"叛军押送冯康国一行,来到监镇的官衙,目前已成了苗翊一军的临时司令部。

苗翊见到冯康国,就瞋目按剑说:"冯从事,你莫非前来送死?"马柔吉说:"你亦是胆大包天,既是吕枢相与张侍郎有传檄,苗、刘二太尉大怒,行且发大兵决战。"冯康国笑着说:"自古两国交兵,尚是不斩来使。自家们同是大宋臣子,难道便不能化干戈为玉帛?"经过他的一番劝说,苗翊终于同意,由马柔吉陪同冯康国前去杭州城。

马柔吉带领二十名军兵,同冯康国一行连夜赶路,到半夜二更时抵达杭州城北馀杭门下。马柔吉命令军士喊话,由于半夜不能随便开门,城上的叛军就放下几条麻绳,马柔吉、冯康国、冯益等只能缒城而入。他们连夜找到了王钧甫,又谈论通宵。最后,王钧甫和马柔吉同意,第二天一起前去都堂议事。直到天色微曦,三人才浅寐片时,而冯益却寻找机会,逃离王钧甫的住所,直奔城南行宫。王钧甫和马柔吉全神贯注的,是与冯康国谈判的成败,而根本没有注意到这个假吏胥的行踪。

早饭以后,王钧甫和马柔吉陪同冯康国,来到都堂。首先由王钧甫和马柔吉向朱胜非、苗傅和刘正彦禀明情况,接着又召冯康国入见。冯康国向三人唱喏,称"承直郎冯康国拜见朱相公与苗、刘二太尉",朱胜非首先发问:"冯从事何时升迁承直郎?"冯康国说:"此是近日吕枢相借补。"

朱胜非说:"吕枢密安否?"冯康国说:"吕枢相甚安,他与张侍郎教我问安朱相公与苗、刘二太尉。"朱胜非说:"张侍郎已有朝命,责授郴州安置。"冯康国说:"张侍郎早已下令,将发自行在底邮筒,一切弃置水中,以此与朝廷音问隔绝。"他考虑到韩世忠的眷属还在杭州城里,所以将扔弃邮筒的责任都推到张浚身上。

苗傅听到对方根本藐视行朝的诏命,气愤填胸,将手抓住剑柄,却终究没有拔出剑来。朱胜非完全留意了苗傅的这个小动作,却佯装不见,他说:"张侍郎既是不遵朝命,你又何须来此?"冯康国说:"吕枢相与张侍郎岂敢不遵朝命。日近有客自杭州来,吕枢相与张侍郎备知苗、刘二太尉忠义,于朝廷社稷初无不利之心,故再遣我前来,终欲将忠义大节,归于二太尉,彼此同心一德,共济国事。"

朱胜非觉察到苗傅和刘正彦经过冯康国一番硬哄软骗,脸上又微露喜色,又发问说:"不知吕枢密有何建白?"他故意不提"张侍郎",表示自己还是按太后的诏旨行事,不再承认张浚节制军马。冯康国说:"吕枢密与张侍郎以为,既是国步艰难,当以渊圣皇帝为天下主,太后听政,睿圣皇帝曾受渊圣皇帝诏,可为皇太弟、大元帅,同听政,少主虽是太上底亲骨血,却是年幼,不如称皇太侄,待年长之后,另议尊位。"

冯康国带来的建议,其实与朱胜非的建议十分相近,但朱胜非有意不作任何表态,刘正彦却忍不住说:"便可依此议。"朱胜非的目光又转向苗傅,苗傅十分勉强地说:"会得!"朱胜非说:"自家们是臣子,明日须奏禀太后。"直到此时,他还是避免作任何表态,打算着逼迫苗傅和刘正彦再作让步。

冯益改换了一身儒生衣冠,来到皇城北的双门,对守门的军兵说:"你们可去禀报吴太尉,言道有故人相访。"吴湛正在城门边的一间屋里,他根本没有想到,来访的故人竟是宦官冯益。在这次政变前后,吴湛虽然与苗傅、刘正彦暗中勾结,但在表面上还是希望不露形迹。自从得到吕颐浩等人传檄勤王的消息以后,他的内心更是忧郁。现在一见自己的远房亲戚,就已明白对方的来意,他屏退部兵,然后开门见山地说:"冯十五,你须是奉吕枢相与张侍郎底命令而来。"

冯益也以吴湛的行第称呼说:"吴二七,你煞是料事如神,我便是吕枢相与张侍郎所遣。他们聚集十万大军,旦夕便下杭州,此是你为朝廷立功底良机。"他有意夸大了勤王之师的兵力。吴湛叹息一声,说:"唯是当苗、刘二贼反叛时,我只因兵微将寡,未能护卫得官家,委是罪愆不轻。"

冯益已经知道吴湛在这次政变中的表现,他赶紧说:"此回正是你将功补过底机遇,岂可放过!"吴湛问:"你教我做甚事?"冯益说:"我只求你严密防拓皇城,不容透漏叛军入行宫,惊动太后与小官家。你放我入行宫,亦不可泄漏消息。"吴湛说:"便依你底意思。"

冯益事先曾设想了各种情况和困难,不料竟如此轻而易举地进入行宫,使他喜出望外。经历此次政变以后,行宫里的宫女所剩不多,而宦官更加稀少。冯益熟门熟路,径自先去隆祐太后阁,凡是遇到宦官和宫女,就教他们一定保密,不得对人泄漏自己前来的消息。柔福帝姬刚从隆祐太后阁里出来,准备找潘贤妃和小皇帝。她见到一个儒生前来,不免惊奇,冯益急忙下跪叩头,说:"小底冯益叩见帝姬。"第二卷已经交待,冯益曾在柔福帝姬母亲小王贵妃的阁分中服役,和柔福帝姬最熟。柔福帝姬见到原来是去沿江慰劳的冯益,也特别高兴,说:"冯十五,原来是你!"

冯益说:"小底此回煞是犯死求生,奉了吕枢相底密令,前来宣力。"柔福帝姬带他回阁,隆祐太后听了他的叙述,就说:"老婆命你干办皇城司,与吴太尉协力,能保得皇城无虞,便是大功,日后另当加官。你可传老婆口宣,吴太尉若能保守皇城,必是不咎既往,另加厚赏。"冯益叩头谢恩,他从此就和吴湛共同负责皇城的防卫。

　　隆祐太后号称垂帘听政,其实在与朱胜非、梁佛面等人密议的场合,并不垂帘。但如果要与朱胜非、苗傅等人共同面对,就必须垂帘,三岁的小皇帝还必须在帘前陪坐。在这种场合,柔福帝姬照例在屏风后听殿里的谈话,以便了解情况,事后商量对策。隆祐太后今天还特别吩咐冯益也站在屏风后面。

　　参加这次面对的,不仅有朱胜非、苗傅和刘正彦,还有冯康国,这是朱胜非力争的结果。四人上殿行臣礼之后,不料竟是小皇帝首先开口:"朕年龄冲幼,如何了得国事,不如请父皇回宫理政。众卿且与太后面议,朕须便溺。"小皇帝说完,竟下了御榻,一溜烟奔出殿外。

　　朱胜非等四人明白,小皇帝所说,当然是出自太后等的调教,朱胜非马上响应说:"陛下神明,臣敢不仰承圣谕!"苗傅和刘正彦已经没有兵变之初的那种气势,也只能佯装笑脸,随声附和说:"陛下圣明!"

　　冯康国说:"臣冯康国奉吕枢密之命,特来与两宫请安!"他不提被贬责的张浚,当然也是给行朝一种体面。隆祐太后说:"吕枢密在江上宣劳,老婆深所眷倚,切望他早日回朝,与朱卿、苗卿、刘卿同共扶保。卿等虽有异议,其实皆是忠心辅国。国家多事之秋,尤宜将相协和,以济功勋。"

　　冯康国说:"吕枢密以为,如今当以渊圣皇帝为天下主,太后听政,睿圣皇帝为大元帅,同听政,主上暂称皇太侄。"隆祐太后问道:"众卿以为此议如何?"苗傅和刘正彦说:"臣等以为,便依吕枢密之议。"

　　不料朱胜非却说:"臣以为渊圣既已北狩,天下岂可一日无主,不如恭请睿圣皇帝掌政,天下方得安定。"他十分注意用词,避免使用"复辟"或"反正"。隆祐太后见到苗傅和刘正彦的脸色变得十分难堪,就说:"此是大事,不可仓促,卿等可下殿后再议,深思熟虑,然后取旨。然而老婆年迈力衰,亦委是难以掌政。"

　　冯康国看风使舵,他马上说:"若是太后用朱相公之议,吕枢密亦当力赞,而不敢有异。"隆祐太后顺水推舟,说:"既是如此,卿等且下殿再议,老婆自当虚伫。"

朱胜非等四人面面相觑,只能准备退殿,隆祐太后最后又问:"冯卿,你今是何官?"冯康国说:"臣蒙吕枢密借补承直郎。"隆祐太后说:"今日老婆特迁你为奉议郎,守兵部员外郎。"将他连升七官,冯康国连忙叩头谢恩。

下殿以后,朱胜非把意气沮丧的苗傅和刘正彦召到都堂,继续商谈。朱胜非说:"我知二太尉底心思。吕枢密请睿圣皇帝复为大元帅,亦不过是谋复辟底阶梯。与其教吕枢密等人立功,不如我与二太尉立功,径请睿圣皇帝反正。"

刘正彦说:"唯恐主上复辟之后,须追究自家们。"朱胜非说:"我已为二太尉筹划,二太尉若是亲行,恭请睿圣皇帝,我当上太后与睿圣皇帝札子,建请用前代故事,赐二太尉誓书、铁券,誓结君臣之谊,则是必无后患。"

苗傅和刘正彦到此地步,已根本没有主意,刘正彦首先说:"我以为当依朱相公底计议。"朱胜非说:"自家们可率先上章,建请复辟,以免落后。"他当即叫来两名吏胥,分别为苗傅和刘正彦起草奏疏,自己其实早已有了腹稿,也就一写而就。朱胜非特别在奏疏里写上赐予苗傅、刘正彦誓书和铁券的建议,并且请苗傅和刘正彦过目。

三份奏疏立即传送到大内,不到一个时辰,有一名小宦官带隆祐太后的手谕来到都堂,手谕里除了褒嘉三人的"忠义"之外,又下令朱胜非,让他马上"检详铁券故事,如法制造铁券,不得顷刻住滞"。朱胜非望着面带微笑的苗傅和刘正彦,说:"如何?"刘正彦说:"下官已自悔罪,今日犹赖朱相公缓颊,太后深恩。"苗傅也说:"下官感荷朱相公。"

此外,朱胜非早就暗自命令吏胥将这件事对外传扬,于是百官们要求宋高宗复辟的奏疏纷纷送进大内,隆祐太后大有应接不暇之势。很多官员又纷纷来到都堂,要求讨论宋高宗复辟的仪礼。朱胜非因势利导,趁热打铁,他说:"明日便是吉日,待早朝取旨后,自家们便前往睿圣宫,迎请主上回行宫,二太尉以为如何?"苗傅和刘正彦说:"唯朱相公之命!"

朱胜非在都堂上忙碌了一整天,直到晚饭后,方才回家。他正准备脱衣卧床,突然又心血来潮,命令一个亲信的吏胥,把冯康国召到家里。朱胜非并不和他细谈,只是吩咐说:"你明日早朝后,不须去睿圣宫,可与苗、刘二人辞行，兼程径去秀州，教吕枢密、张侍郎等急速进兵，不可延误！"冯康国禀命而退。

三月二十九日是当月的最后一天，早朝过后，朱胜非奉了隆祐太后之命，率领百官，去睿圣宫迎请宋高宗回行宫。宋高宗自从柔福帝姬通报了吕颐浩等勤王的消息后，一则以喜，一则以忧，接连几天还是处在高度紧张状态。直到昨夜，柔福帝姬又一次来到睿圣宫，报告了行将复辟的喜讯。岂但是宋高宗本人，就是宫女、宦官和卫士们也个个欢天喜地。柔福帝姬临行前嘱咐说："近日百官必是迎请九哥复辟，然而九哥尤须调养，见百官时，须是一个官家模样。"人逢喜事精神爽，宋高宗情绪振奋地说："二十姐放心，朕见百官时，必是个天子模样！"

心病还须心药医，萎靡不振的宋高宗立时胃口大开，经过一夜的安卧，气色也好多了。吴贵人建议说："百官朝拜，不可以无一个殿廷，不如在佛殿中临时排办。"宋高宗说："佛殿中不必排办，以见朕礼佛底诚心正意。天气晴朗，正可在庭院中受百官朝拜，不须拘常礼。"

百官的迎请队伍来到睿圣宫外，由朱胜非单身首先进入宫内，到庭院里朝见行将复辟的皇帝。朱胜非跪在地上，不断地叩头，说："臣罪戾深重，今日重睹清光，不胜犬马之情！"他激动得落下泪来。宋高宗也动情地说："朕知卿忠心，忍辱负重，与二凶委曲周旋，此是乾坤再造底大功。"

朱胜非说："陛下复辟，自是祖宗庇佑，太后圣算，天子神威，外有吕枢密、张侍郎等文武勤王，压以兵势。臣何敢贪天之功，只是求陛下圣恩宽大，稍减罪罚。"宋高宗盼咐说："卿且起立议事。"

朱胜非站起身来，走近宋高宗，用低声说："二贼今在宫门外，隆祐太后已是赐得誓书与铁券，臣以为陛下亦须赐誓书、铁券……"不等朱胜非说完，宋高宗咬牙切齿地说："此是甚道理！"朱胜非连忙解释说："臣已关报吕枢密，教他们急速进兵。今日陛下尤须教他们安心。"宋高宗此时才面露微笑，说："卿措置甚是得宜，朕当依卿所奏。"

按宋高宗和朱胜非的商议，由于庭院不大，一时不可能容纳百官，就安排百官分批朝拜和迎请。当一批又一批的官员山呼"万岁"时，宋高宗才感到自己终于重睹天日，获得新生，而重享天子的尊严和乐趣。

宋高宗和朱胜非有意将苗傅和刘正彦安排在最后朝拜，并且只安排他们两人,朱胜非还是在旁侍立。苗傅和刘正彦跪在地上,不断叩头谢罪,宋高宗用温和的口吻说:"卿等可起立,朕且与二卿从长计议。"

苗傅和刘正彦起立后,宋高宗恳切地说:"二卿世代受国深恩,你们底父祖功在社稷,勋在史册。此回二卿处事虽微有轻率,朕决无责难之意。自仓促渡江以来,朕下罪己诏,深自悔过。二卿直言敢谏,若非忠心为国,岂能如此!朕指天日为誓,与二卿尽君臣之谊,终不相负!"

苗傅和刘正彦以手加额,说:"今日臣等方知圣天子底度量,此是臣等之福!臣等感圣恩至深,自当誓以死报!"宋高宗说:"朱卿已奏请为二卿赐誓书与铁券,目即朕虽尚未反正问政,然而知二卿尚不安心,此事尤不可迟缓。朕已命朱卿置办,待明日亲赐二卿。"

刘正彦说:"唯是韩世忠目即驻兵秀州,敢请陛下亲下御札,命他还师江上,亦可教臣等安心。"宋高宗说:"人主底亲札尚不得取信臣僚,取信于臣僚,须用御宝。朕今退处别宫,杜门省愆,不预国事,并无符玺。朕已与朱卿定议,明日复辟回行宫,可待明日再下御札。"

苗傅说:"然而兵事紧急,唯恐一日不得缓。"宋高宗说:"既是恁地,朕当赐韩世忠亲札。"他当场提笔写道:

> 知卿已到秀州,远来不易。朕居此极安宁,苗傅、刘正彦本为宗社计,始终可嘉。卿宜知此意,遍谕诸将,务为协和,收兵回江上,以安国家。

　　付韩世忠

宋高宗最后画上御押"⑤",吩咐朱胜非说:"朱卿可持此札,恭请太后用御玺,然后付二卿,命官员持札速去秀州。"朱胜非说:"臣恭依圣旨!"苗傅和刘正彦千恩万谢,与朱胜非一同退出睿圣宫。

四月初一,宋高宗在天子仪卫队的簇拥下,重返皇城。冯益和吴湛在双门外跪在地上叩头迎接,冯益流泪说:"小底与官家暌违一月有余,今日方得重睹天颜!"宋高宗见到冯益,又联想起被杀的康履和曾择,不免心酸,但此时此刻当然不是发泄感情的场合,他说:"朕已知太后命你干办皇城司,你须留意门钥启闭,朕自有功赏。"冯益当然完全听懂了"门钥启闭"的含意,说:"小底恭依圣命,不敢丝毫懈怠。"

宋高宗见到吴湛,感到特别有安反侧的必要,就说:"吴卿忠心王事,朕所简知,你与冯益同共谨守皇城,朕岂能忘。"吴湛说:"臣此回唯知戴罪立功,须教陛下安居皇城,必无疏失。"宋高宗赶紧补充一句,说:"朕日后当另有封赏!"

等冯益和吴湛谢恩以后,宋高宗方进入离别二十多天的行宫。他与亲人的见面礼,就在后殿举行。首先是小皇子手捧御玺盝,跪在宋高宗面前,这是御玺专用的金盒,里外三重,说:"臣旉年幼,了不得国事。今将御玺奉还阿爹,儿子退居臣位,谨守臣职,煞好!"这几句话当然是大人所教,但宋高宗听来,分外感觉亲切,他接过御玺盝,交给司宝宫女,然后将儿子抱起来,说:"待儿子长大,朕自当依你公公底规制,传位于你。"潘贤妃和柔福帝姬也相继向复辟的皇帝行礼,分别叫"官家圣躬万福"和"九哥万福"。

宋高宗到隆祐太后跟前下跪,却忍不住痛哭流涕,潘贤妃等还是初次见到皇帝竟哭得如此伤心。隆祐太后也受了感动,她说:"九哥不须如此,老婆料得九哥必是否极泰来!"她见皇帝还是继续恸哭,不免动了慈情,掏出红手帕,亲自为皇帝拭泪,说:"九哥亦是可怜,父母亲属在远,勉力支撑倾危,极是不易!自古圣主有屈必有伸,今日九哥痛定思痛,大宋社稷必有中兴之日!"

宋高宗说:"臣构此回当效学夏少康与越王勾践,扫除六合,图强雪耻。"隆祐太后用手加额,说:"九哥下此决心,亦是天地祖宗垂佑!此回九哥复辟,外臣且不必论,行朝底功臣,第一便是朱相公。幸得九哥命他为相,若是黄潜善与汪伯彦在位,便不可收拾。日后若有进朱相公谗言,切不可听信。大内底功臣,第一便是二十姐,老婆全仗她出谋划策。"

宋高宗说:"臣构得以反正,极是感激伯娘,感激二十姐。"隆祐太后感到,还须给潘贤妃一个体面,又补充说:"贤妃娘子亦极是忧心,终日护持小侄孙,功不可没。"

隆祐太后和宋高宗共同下诏,宣布四月四日撤帘,宋高宗终于结束了二十五天的废黜生活,并且下诏重新恢复建炎年号。

[壹肆]
夺取杭州城

宋高宗复辟的当天，他和隆祐太后的四份誓书和铁券，分别赐给了苗傅和刘正彦。他命令韩世忠退师的手诏，也由苗傅和刘正彦派官员送往秀州。中国古代的铁券制度流传已久，最初是皇帝赐功臣的凭证，后来又发展为安抚罪臣的凭证。宋朝的铁券制度废弃已久，朱胜非只能下令参照古制铸造。铁券的形状像半个小甑，上面有四个小孔穿丝绦，其上的铭文是金字。隆祐太后所赐两个铁券的铭文是"颁示大信，为国勋臣，河山带砺，永代无变"，宋高宗所赐两个铁券的铭文是"君臣如初，砺山带河，天心人意，若金之坚"，都是两人的亲笔。相传从汉朝以来，铁券铭文中少不得以山为砺，以河为带的盟誓。

苗傅和刘正彦把铁券展示给部将和谋士们，面露喜色，说："圣上又另下御札，命吕颐浩与张浚单骑到行在朝见，不得带兵。"

众人纷纷祝贺，谋士张逵却说："切恐自今赵氏得安，苗氏、刘氏可忧而不可贺，可危而不得安。"另一谋士王世修说："我以为吴湛此人反覆无常，不如将二太尉底兵马，替了吴湛底兵马，守护皇城与行宫。若有急难，便请官家到军营。"

王钧甫反对说："如今大事方定，若是恁地，岂不益增疑虑，且待吕颐浩与张浚到行在，另行计议。"苗傅说："官家新赐誓书、铁券，如是替换皇城兵马，吕颐浩与张浚又是有以借口。"刘正彦说："苗太尉所言甚是！"

张逵说："吕颐浩、张浚等人不除，二太尉终是难安，不如募死士前去行刺。"众人对这条建议，又都表示赞成。苗傅说："你可募刺客，措置此事,不得泄漏。"

再说冯康国到秀州,传达朱胜非的密令以后,吕颐浩立即召集文武官员,众人纷纷同意马上出兵,吕颐浩说:"国家艰危,君父废辱,自家们力图兴复,如今圣上幸得反正。然而反贼犹是盘踞行在,包藏奸谋。若是犹豫观望,切恐苗、刘二贼反以恶名加于自家们,而圣上又深受其害。如今既有朱相公密谕,明日便进兵杭州。"众将异口同声说:"自家们唯听吕枢相底号令!"

张浚正准备作一些补充,有吏胥报告说:"今有杭州兵马钤辖张永载到,言道赍到官家付韩太尉手诏。"韩世忠说:"既是圣上有诏,待自家接旨。"

张浚急忙制止说:"不可,凡事须从权达变,既是自家们决意进军,一切诏命,自当成事之后开拆。"吕颐浩说:"张侍郎所言,深合我意,可将张永载临时拘押,待事平之后,另取圣旨。"张浚又补充命令说:"自今有行在传旨底,一切拘押,不须禀白。"

张浚当夜在卧室,正准备脱衣上床,有一名吏胥进入屋内唱喏,张浚望着此人,感觉面生,就问:"你是甚人?"那人说:"张侍郎且休得惊慌,我是苗傅与刘正彦所遣底刺客。"张浚马上抽出床头的剑,并准备喊人。那人说:"张侍郎,我身上并未带得利刃,虽是奉命前来,并无行刺底意思。"

张浚感到此人语气温和,就问:"你何以不欲行刺?"那人说:"我是河北人,亦粗知顺逆,岂肯为苗、刘二贼宣力。唯恐张侍郎与众文武备御不严,便踊跃应募,以便率先告报。我去之后,当另有刺客前来。"

张浚说:"既是壮士颇知义理,请问尊姓大名?"那人说:"我不愿说破姓名,唯是求张侍郎放我脱身,从此远走高飞。"说完,就躬身而退。

张浚等他走了片刻,就立即叫来吏胥,下令说:"众文官武将处加派兵卫,昼夜巡守,不得稍有疏失。另叫秀州取一个死囚斩首,言道苗、刘二贼遣刺客前来,已被兵卫乱刀所斩。"吏胥禀命而退。

一夜之间,刺客的消息已经传遍了全城。吕颐浩和张浚翌日全身戎装,腰佩宝剑,举行誓师仪式。吕颐浩正好利用刺客的事激砺众将,他说:"刺客一事,足见汉贼不两立。勤王底大事,如是不能成功,便须成仁,众太尉须知成败利害,义无反顾,拼死一战,救取主上,亦是救取自家们底性命!"众将齐声说:"自家们已是知得成败利害,唯有努力向前,后退便是一线死路!"

勤王军出发了,韩世忠一军在前,张俊一军居中,刘光世一军居后,而所有的将士家属也全部随军。现在看来,家属随军作战,不免荒唐。但在当时的形势下,家属随军,固然成了累赘,却又是维系军心和士气所必需。将士们大抵都不愿把他们的家属留在秀州城。

四月三日,苗翊和马柔吉统率的叛军在临平镇迎战,他们在运河里遍插鹿角,用以拦阻舟师,以精锐的赤心队三千人为中坚,负山阻河列阵。韩世忠用一千多将士守护家属,自己亲率五千人马,首先投入战斗。

呼延通自从西京之战以来,一直被韩世忠看成是本军的第一勇将,他命令呼延通率领二百骑兵,突破敌阵,以便步兵继进。不料叛军阵前是一片泥泞地,呼延通的骑兵不能驰骋,反而在敌人密集攒射的箭雨下,死伤近半。

韩世忠眼看骑兵的驰突失利,就翻身下马,手持大青和小青双刀,吐了吐舌头,对部属们说:"今日各人须是以死报国,若有脸面不带数箭,我必是将他斩首示众!"说完,就挥舞双刀,不顾泥泞,率先冲锋,大呼陷阵,他用双刀接连劈死几个敌人。两军进入混战状态,难分胜负。

吕颐浩得知前军已经投入战斗,就与张浚骑马通过一个小泥潭,也不顾身上溅满泥浆,来到一个小土坡上观战。他不像张浚,还是有一些军事经验,只是观望片刻,就对张浚说:"韩太尉尚是难以取胜,我去刘太尉军中,你去张太尉军中,督他们左右急速进击!"说完,就策马下坡。张浚也接着下坡,前去张俊军中。

刘光世和张俊两军向叛军发起左右侧击后,战局立时改观,叛军大败。许多将士扔下兵器,当阵坐地投降,苗翊和马柔吉只率领几十名骑兵,逃奔杭州。他们在半路上遇到刘正彦的援军,刘正彦也不敢迎战,与他们一起逃回杭州。与他们相距不远,韩世忠也督兵奋力追赶。张俊和刘光世两军又在后紧跟。

宋高宗回行宫的三天之内,仍然处于高度紧张的戒备状态。他平时全身戎装，佩剑不离身，连晚上睡觉也和衣而卧，枕下放着佩剑，卫士和马匹都是随时侍候，准备出逃。二日半夜，宋高宗突然在床上一跃而起，睡在旁边的张才人同时惊醒，说："官家，怎生底？"宋高宗吩咐说："你速命冯益召朱胜非入见！"张才人也同样是和衣而卧，她急忙起床，对亲信的小宦官布置任务。

冯益自从回到杭州以后，也一直处于卧不安席、食不甘味的状态，按照宋高宗和朱胜非的命令，他最要紧的任务，就是稳住吴湛，稳住吴湛的部兵，守卫皇城。宋高宗回行宫的第一天，就下令将吴湛超擢七官。每天夜里，冯益就睡在双门的城楼。如今冯益得到命令，就匆忙写下一个字条，派皇城司的一名快行，前去相府。

朱胜非也不坐轿，只带两名随从，骑马急驰双门，然后由冯益引领到后殿，这时已经是四更时分。朱胜非叩头，说："臣朱胜非叩见陛下，恭祝陛下圣躬万福！"宋高宗说："朱卿少礼，朕今有紧切事，须与卿计议。"

朱胜非起立后，宋高宗特别下令赐坐。朱胜非说："陛下召臣，当是为吕颐浩等进兵底事。"宋高宗说："卿有甚传闻？"朱胜非说："臣别无传闻，然而依冯康国底行程，吕颐浩兵马不过一二日，便到行在。"

宋高宗说："朕亦是为此喜忧参半。"朱胜非说："陛下自明日始，不如暂罢早朝。"他又对冯益说："冯大官尤须严密防拓皇城，不可疏失。"

宋高宗问冯益："吴湛有甚底动静？"冯益说："吴湛屡与小底言道，当严守皇城，然而他亦虑兵微将寡，若是持久，切恐难以支捂。"

宋高宗说："你明日更与守城官兵特支犒设，每人十贯文足。待事平之后，另支重赏。你如是觉察吴湛有异意，尤须大义灭亲，可先斩后奏。"原来宋高宗回行宫的当天，已经给吴湛部属的每名将士发放五贯钱的犒赏。冯益说："官家待小底恩重如山，小底敢不遵旨效命！"

宋高宗又对朱胜非说："卿不须回去，暂住行宫，以备朕朝夕顾问，亦可避贼凶锋。"朱胜非说："陛下明日不早朝，臣又暂住大内，必是教二贼更生疑虑。臣须是留在都堂，与凶贼周旋。"

宋高宗说："既是恁地，卿若有急难，可自双门入行宫暂避。"按照古代的规矩，天子坐朝面南，臣僚一般只能迁道从皇城南的通越门出入，皇帝允许朱胜非自由出入双门，当然是一种特恩。

朱胜非谢恩说："臣感荷陛下深恩,便是粉骨糜身,亦是甘心!"宋高宗说："君臣本是一体,艰危之际,尤须共患难。"朱胜非说："臣不可久留。"当即行礼退殿。

朱胜非回府后,已是五更,稍事吃食和休整,又把自己的家属分几处秘密疏散,然后坐轿上朝。他来到通越门外下轿,与等候早朝的百官互相寒暄。有小宦官出来通报说："官家夜来伤冷作疾,太后今日亦不垂帘听政。"朱胜非又装模作样地与百官恭祝皇帝圣躬早日康复,然后坐轿到都堂办公。

不过片刻之后,苗傅突入都堂,也不行礼,气急败坏地说："韩世忠那厮胆大妄为,不遵圣旨,他底兵马已到临平镇,刘太尉亦已发兵措置。我须与朱相公同去见圣上。"朱胜非装着惊骇的神色,说："不料韩世忠恁地胡做!然而君父违和,自家们身为臣子,又如何强求面对?"

苗傅说："今日尚须朱相公与我同共奏禀主上。"朱胜非叹口气说："既然官家底手诏亦是不济事,我更无分毫主意。事已至此,我唯有与苗太尉同去通越门。"他马上坐轿,和苗傅绕道到皇城南,向守门者通报,请求皇帝接见。

通越门终于开了半扇,冯益出城,对两人说："官家虽有不适,特命朱相公与苗太尉入见。"吴湛望着挂甲佩剑的苗傅说："苗太尉,入朝须是卸了器甲。"苗傅面露疑难之色,冯益说："苗太尉放心,官家已是赐你铁券。"朱胜非也说："苗太尉不须忧疑。"于是苗傅卸脱盔甲和佩剑,随冯益进皇城,来到后殿。在路上,冯益乘苗傅不注意,向朱胜非使个眼色,朱胜非已经明白了,又回了一个眼色,摇了摇手。

宋高宗面色憔悴,精神紧张而疲惫,装病并非是难事。他头裹黄帕,斜倚在御榻上,但细钢甲仍然罩在淡黄袍内,御榻后面又倚着一把宝剑。朱胜非稍稍延迟下跪,乘着苗傅向皇帝叩头请安的时机,又向皇帝使了个眼色,宋高宗也用眼色表示会意。原来宋高宗在后殿埋伏了卫士,准备斩杀苗傅。朱胜非认为杭州城仍被叛军控制着,而临平镇还未有胜负的战报,不宜鲁莽行事,他用眼色制止了这次行动。

苗傅起立以后,口奏说："韩世忠违抗圣旨,不知陛下有何处分?"宋高宗装出无可奈何的模样,说："朕半夜受寒,颇感不适,神思昏倦,难于视朝理国事。朱卿可为朕拟进诏旨,朕付卿措置。苗卿与韩世忠都是国之干城,万不可自相残杀,教房人坐收渔利。"

朱胜非当即为皇帝起草了一份御札,宋高宗说:"卿之所草,言简意赅,条理甚明,朕一字不可易。"他提笔把朱胜非的草稿誊录一遍,叫冯益交给苗傅,说:"苗卿可命信实人,将朕手诏付于韩世忠,令他即刻回师江上,你亦当与他协和如初。"他打了一个哈欠,说:"请二卿退殿,朕须回后宫休息。"

苗傅其实只是得到了一纸空文,他内心很不满意,却又无法说什么,更提不出任何具体而有效的建议,然而又不肯离开后殿。他呆立片刻,又说:"若是韩世忠又不遵旨,当怎生措置?"宋高宗茫然地发问:"朱卿以为当怎生措置?"

朱胜非说:"臣愿去韩世忠军中,以陛下圣旨晓谕。"宋高宗说:"煞好!"他一面说,一面起立。苗傅还不肯走,他咕哝着说:"臣等未曾伤害陛下,陛下亦不可伤害臣等!"宋高宗装着有气无力的声调说:"朕已赐二卿铁券,以天日为誓,昭示天下,决不食言!"

朱胜非和苗傅告退。他们边走边商议,苗傅将皇帝的手诏交给朱胜非,朱胜非望着阴沉的天色,说:"待自家们先去都堂会食,午后我便赍御札出城。"苗傅实在没有心绪再和朱胜非会餐,他说:"朱相公且回都堂,我须前去理会军务。"

午后,天空开始下起濛濛细雨,朱胜非离开都堂,正准备带几名随从骑马出城,一名吏胥前来报告说:"苗翊一军在临平镇战败,刘正彦率兵增援,亦是不济事,已是逃回城中。"朱胜非说:"既是恁地,自家们已不须出城,且随我去行宫奏禀圣上!"说着,就策马直奔皇城。

刘正彦和苗翊败逃回杭州城,与苗傅等人进行紧急会商。苗翊说:"我须将韩世忠全家斩馘,方雪此恨!"张逵说:"与韩世忠结仇,不是好事,不如将他底老小拘押军营。"王世修说:"偌大杭州城,如何可守,不如依我底原议,请赵官家入军中。然后退兵福建路。福建路多山,易守难攻。"马柔吉说:"此是妙计!主上在军中,吕颐浩等岂能另立朝廷!"

大家商议已定,苗傅、刘正彦等带领人马,冒雨南下皇城,来到双门下。他们只见城门紧闭，就在城下喊话。冯益和吴湛披戴油绢雨衣雨帽，出现在城头。冯益问："二太尉有甚事？"苗傅说："韩世忠等谋叛，自家们须护卫圣驾到军中。"冯益说："自古无马背上驮载朝廷底道理，如今官家圣体违和，尤须在大内静养。二太尉且回，官家已是诏令朱相公亲至韩世忠军谕旨，两军不日即可协和。"冯益虽是那么说，其实朱胜非此时正在双门的城楼里。

刘正彦急了，说："若是官家不出，自家们须是入皇城，恭请圣驾。"冯益说："刘太尉不可乱做，若是乱做，韩世忠等岂不是更有以借口？"

慌乱之中，苗傅等人只能在城下临时商量，苗翊也率部兵赶来，他愤愤然地说："不料韩世忠底老小已是不知去向！"马柔吉说："城上必是有备，难以急攻直下，如在此顿兵逾时，亦是贻误兵机。"王钧甫说："不如请主上到城头，然后设计。"

苗傅大喊说："既是恁地，自家们恭请圣上到城头，有紧切机宜底事奏禀。"冯益说："官家违和，如何到此，我当为二太尉转奏。"

刘正彦急不可耐，对吴湛喊话："吴太尉，你上回已是为自家们开城门，今日再开一回，便是再生父母。"吴湛说："上回只为逐出康履，此回有圣上诏命，再也开不得。"

张逵说："吴太尉，你既已与自家们合谋，此回便是反戈一击，切恐亦是徒劳，日后不免兔死狗烹。不如开门，与自家们同共恭请圣上至军中，方是上策。"说得吴湛面皮红涨，冯益马上对吴湛说："吴二七，你今日立功，我自当保你终身富贵。"

吴湛立即对城下的叛军说："众位太尉，今日底城门委是开不得。你们既有吕枢相等大兵相逼，三十六计，不如走为上计。"

苗傅到此地步，再也无计可施，就大喊说："自家们对圣上虽有不恭之罪，然而又躬自谢罪，力请圣上反正。自家们决无害圣上底意思，恭请圣上亦依铁券誓书，休得加害于自家们。"冯益赶紧说："二太尉且请宽心，官家底铁券岂能轻赐。若是轻赐，又何以为天下之主？"

苗傅等人到此已是穷途末路，只能退兵，稍事收拾，就在当晚打开城西涌金门，逃出杭州。他们还企图在城里纵火，由于夜雨不停，也没有成功。他们撤离后不到一个时辰，韩世忠就分兵从城北馀杭门和东北艮山门两路突入城里,而没有遭遇任何抵抗。兴高采烈的韩世忠下令说:"速赴皇城勤王救驾!"于是全军又冒雨南下皇城。

军队抵达双门,但在漆黑的雨夜无法点燃火把,韩世忠吩咐部属说:"不可喧哗,以免惊扰官家!"他单骑来到门前,大声喊道:"下官是韩世忠,今已肃清城中叛逆,请城上答话!"

城上张伞点起了十盏灯笼,朱胜非披戴油绢雨衣雨帽,来到城头,说:"城下莫非是韩太尉,自家便是朱胜非!"韩世忠感到高兴,说:"朱相公与凶贼周旋,极是不易,请受我一拜!"说完,就翻身下马,向朱胜非作揖。

朱胜非也在城上还礼,说:"韩太尉与吕枢密等此回端的是立得大功!"韩世忠说:"圣上安否?"朱胜非说:"圣驾今在大内,极是平安。"

韩世忠说:"我要叩见官家,请朱相公开门。"朱胜非说:"我身为臣子,不得擅开,此事须奏禀圣上,韩太尉且在此稍候。"

宋高宗在朱胜非进宫奏报临平之战的消息后,仍然保持高度戒备,他全身戎装佩剑,坐在后殿,殿外排列卫士,随时准备逃出通越门,连妃嫔和小皇子也都做了逃跑的准备。唯有隆祐太后坚决不肯出逃,但她也准备了一段悬梁自尽的白绫,柔福帝姬也表示愿与隆祐太后共生死。当苗傅等兵临双门的消息传来,整个行宫都充满了紧张和恐怖的气氛。宋高宗下意识地用手按住剑柄,手心里不断渗出汗水。直到叛军撤离双门的消息传来,行宫里的气氛才稍为松弛。但宋高宗依然下口宣说:"须命冯益与吴湛用心防拓,不可有分毫疏失!"

有宫女进殿,说:"张娘子、吴娘子等问候官家,官家进用御膳,莫须去后宫?"宋高宗说:"不须,晚膳便在此殿,叫他们与儿子同共来此。"晚膳就在后殿进用,宋高宗还是神情紧张,脸上并无一丝笑容,众宫女也只是默默地用膳,没有一个人说话,连小皇子也受大人的影响,只是低头吃饭。

晚膳过后,宋高宗吩咐众宫女带皇子回后宫,自己一人只是在殿里踱步,焦急地等待消息。按宋高宗的口宣,每过片刻,必须有宦官进殿,报告大内平安。现在冯益连跑带跳,奔入后殿,下跪后,也顾不得叩头,说:"小底启奏官家,韩太尉今已肃清城内叛贼,驻兵双门下,要入见官家。"

宋高宗此时才仰天哈哈大笑,宦官们还从未见到过皇帝有那样的狂喜。宋高宗说:"可命韩世忠到通越门,朕当躬自迎接!"宦官们立即给皇帝卸脱盔甲和佩剑,换上幞头和黄袍,然后步行出殿,张着大伞,前往通越门。

朱胜非得到皇帝的命令,就马上下城,只是将一扇城门半开,就同几名随从牵马出城,城门又立即关闭。韩世忠感到奇怪,说:"朱相公何不径入大内?"朱胜非笑着说:"变难已平,故圣上依天子威仪,命你前往通越门,行臣子之礼。我身为臣子,岂可自双门径入,须与你同行。"

他们绕着皇城来到通越门下,城门大开,宋高宗亲自在城门口出迎,冯益和吴湛伴随皇帝。朱胜非和韩世忠下马,就在雨夜的泥水中下跪叩头,高呼"臣恭祝圣躬万福"。宋高宗亲手把两人扶起,执着两人沾满泥浆的手,恸哭起来。两个臣子也不胜犬马之情,陪着皇帝哭泣。最后,宋高宗拉着两个额头还带着泥浆的臣僚,后面用大伞遮雨,一同进入后殿,冯益也跟随着皇帝。

皇帝特别给两人赐坐,赐龙凤茶,又教宦官给两人擦去额上的泥浆。有小宦官进殿,叩头口奏说:"娘娘已命帝姬送韩太尉底宝眷去通越门,并宣召安国梁夫人入宫。"宋高宗听后,对韩世忠解释说:"朕复辟底翌日,太后娘娘便将宝眷召至行宫,暂避凶贼,如今又送他们回府。"其实,隆祐太后和柔福帝姬知道皇帝好色,所以赶紧把韩世忠的姬妾送走,不让皇帝见到茅佛心、周佛迷等人,以免横生枝节。

韩世忠激动得下跪叩头说:"此回幸得太后娘娘与陛下圣明,救得臣全家老幼,煞是感恩不尽!"宋高宗说:"安国夫人梁氏此回大功非细,朕今封她护国夫人。另赐卿底宝眷黄金二百两,白银四千两。"韩世忠再次叩头谢恩。

宋高宗亲自吩咐御厨供进点心,他见到韩世忠狼吞虎咽的模样,说:"卿必是极饥。"韩世忠说:"臣与军兵只为勤王紧切,午后未曾用饭。"他一气吃了十多个虾肉馒头,吃饱以后,下意识地起立,拍了拍肚皮。

宋高宗说:"更说与卿,吴湛其实与二凶互为表里。朕忧日后变生肘腋,卿须在数日之内,为朕除害。"冯益万没有想到,皇帝刚脱离危险,就想杀掉在最后阶段还算是戴罪立功的远房亲戚。他想为吴湛说情,却又张口结舌,不敢说话。他深谙皇帝的脾性,即使出面求情,也救不了吴湛,自己反而会从此失宠。他无计可施,只能向朱胜非使眼色。朱胜非明白冯益的用意,但处在他的地位,尤其不便缓颊,就只能把头一扭,装着没有看见。

韩世忠说:"何须数日,今夜便可斩吴湛底首级,献于陛下。"宋高宗说:"然而吴湛底部众尚是把截皇城,此事莫须缓行,急则生变。"韩世忠说:"陛下且安心,臣必不致惊动陛下!唯是臣须命自家军兵暂时替代吴湛底军兵,守护皇城,日后待陛下另命宿卫。"宋高宗说:"卿可与冯益同去措置。"冯益只能说:"小底遵依圣旨!"就和韩世忠一起告辞退殿。

朱胜非感到韩世忠不在,就是一个与皇帝单独谈话的机会,他说:"如今大局已定。臣备位政府,自三月五日事变后,依臣子之义,本当就死,以报陛下。所以隐忍偷生至今,只为陛下不复辟,臣便是死不瞑目。如今正是臣引咎辞避之时。"宋高宗说:"卿拜相方是三日,事变遽起。尚赖卿忠义应变,得以戡平祸难。卿有大功于社稷,朕亦尤须用卿辅政,以图恢复。"

朱胜非说:"臣若不去,百官中必有人以为臣有所蒙蔽。唯有臣辞离政府之后,任人追究弹劾,方可见得公议。"聪明的朱胜非深通古代专制政治的三昧,他完全懂得,只有用这种办法,才能彻底平息谤言,解除君主的任何猜疑。宋高宗再三表示挽留,朱胜非却是坚决请求辞职。

宋高宗最后说:"朕与卿相知,今只得暂时听卿去位,日后定须召卿,委以重任。然而卿去之后,甚人可以继登揆席?"朱胜非说:"以时事而论,须是吕颐浩与张浚。"

宋高宗问:"且拜一人为相,二人之中,又是何人为优?"朱胜非说:"知臣莫如君,拜相是大事,臣岂敢品评优劣。"

宋高宗说:"经历此回事变,朕与卿是患难君臣,卿须为朕直言。"朱胜非说:"臣不能为陛下选择宰相,依二人底得失而论,吕颐浩临事练达,而失于粗暴,张浚颇喜事功,而失于疏浅。"

宋高宗说:"张浚年少,朕且除他执政。如今外臣之中,朝廷唯是倚杜充为干城。"朱胜非说:"杜充刚愎自用,善于矫饰而得虚誉,缓急恐是败事。然而东京留守司军尚是继承宗泽底遗烈,端的是天下劲兵。"

宋高宗说:"卿何以见得东京兵马精锐?"朱胜非说:"御营司诸将之中,以韩世忠最是敢战,他犹自败于西京,溃于沭阳。唯有东京留守司军力抗强虏,粘罕最是凶悍,亦是不敢轻犯东、西二京。"尽管皇帝的谈兴尚浓,朱胜非感到时间太晚,而自己要说的话也已说完,就告退下殿。

再说韩世忠和冯益前往通越门,夜雨已经停止,韩世忠路上叮嘱说:"冯大官,你此回须是听我号令,大义灭亲。"冯益此时已经想通了事理,他毫不犹豫地应答说:"会得!"到达通越门后,吴湛下城迎接。冯益笑容满面,说:"吴二七,官家已是下诏,将你升迁七官。又念将士们夜以继日,守城辛劳,特支犒设,然后放他们回营歇息。请吴二七召集官兵,在门前领受犒设。"韩世忠说:"我当命部将、武义呼延大夫暂替吴太尉守城,不致疏虞。"

吴湛高兴地接受命令,不多时,武义大夫呼延通的军队就占守了皇城,吴湛的军队则集中到了通越门前,而韩世忠的部伍又分布在周围。这时已经临近四更,两军都点着火把,照得通越门前通明。

韩世忠上前,执着吴湛的右手,他吐了吐舌头,面带微笑说:"吴太尉,你底部属虽是数日辛劳,却是未见有怠倦之色,待我与你同共点阅。"他一面说,一面却突然双手用力将对方的中指折断。吴湛顿时痛彻心肺,满身大汗,他惨叫一声,而韩世忠却同时将他踢翻在烂泥地里,用脚踩着吴湛的背部,拔出了大青和小青双刀。

吴湛的部属一时都目瞪口呆,韩世忠举双刀大喊道:"吴湛私通叛贼,我奉圣上诏令,将他擒获。你们都是忠义官兵,官家知得你们未与吴湛这厮同流合污,护驾辛劳,另有犒设。"在吴湛的部属中,固然也有不少心中不服的人,却迫于韩世忠的军威,没有一个敢于出面说话和反抗。

在韩世忠说话的同时,几名军兵上前,将吴湛捆绑。吴湛此时从头到脚,沾满了泥浆,他只能对冯益大喊说:"冯十五,且不说太后与官家早有信誓,你又是自家底亲戚,数个时辰之前,你尚是保我终身富贵,亦须言而有信!"冯益说:"官家既有圣旨,我救你不得。"

吴湛知道死到临头,就只能毫无顾忌地大骂:"那厮独夫民贼!荒淫无道,不顾父兄劫难,不图中兴,宠信奸佞,奔窜偷安,作恶多端,而又心肠歹毒,反覆无信,食言而肥,怎生君天下!我不听张逵底言语,如今已是后悔莫及!"韩世忠感到不能让他继续散布"指斥乘舆"的言论,就挥刀劈下吴湛的头颅。吴湛的尸身倒地,一腔鲜血汩汩地渗入烂泥地里。韩世忠将吴湛的军队强行拆散,分编到自己的队伍里。

当韩世忠在皇城南处死吴湛的同时,梁佛面却接到隆祐太后的特旨,连夜从皇城北的双门进入行宫。梁佛面已经明白隆祐太后迫不及待地召见的用意,她特别穿上隆祐太后所赐的那套命妇服。宫女进阁通报后,由柔福帝姬出迎。梁佛面进阁后下跪,口称"臣妻梁氏恭祝太后娘娘圣躬万福"。隆祐太后见到梁佛面的穿着,就格外高兴,说:"国夫人免礼,官家已是改封你为护国夫人。国夫人此回大功非细,自今以后,老婆每月特支你内宫禄赐。"

梁佛面谢恩后起立,立即脱下了青罗绣翟衣,说:"奴家面受太后娘娘密旨,不曾泄漏,更不曾开拆衣领。如今随韩承宣军入城归家,未及焚化,便奉太后宣召。今将绣罗衣奉还。此衣极是贵重,焚烧亦是可惜。"柔福帝姬接过青罗绣翟衣,说:"国夫人所言甚是!"

柔福帝姬望了望隆祐太后,就拿来一把剪刀,当场稍稍拆开衣缝,取出了二寸黄绢,看了看上面的字迹,就用蜡烛点火焚化。三个女人望着落地的绢灰,心中都如千斤重石落地。这片小小的黄绢,如果再留在世上,就是可怕的祸根。

柔福帝姬说:"国夫人如此爱惜此衣,待奴家缝纫数针,依旧赐还。"隆祐太后说:"此衣请国夫人留作纪念,老婆亦当另赐新衣。"梁佛面说:"太后娘娘与帝姬救国苦心,却不得载入史册,直是可惜!"

隆祐太后说:"老婆与二十姐何须求史书留名,唯是求他时瞑目,到得太祖官家殿前,免吃铁棒。"柔福帝姬说:"奴家唯是求父兄回归,中原光复,便得死了瞑目。"

[壹伍]
叛将的末日

四月初四,雨过天晴,这正好是隆祐太后事前宣布正式撤帘的日子。吕颐浩、张浚、刘光世、张俊等率大军进入杭州城,参加早朝。

宋高宗很快宣布朱胜非罢相,外任洪州知州,任命吕颐浩为右相、兼御营使,张浚为知枢密院事、兼御营副使,并且依两人的奏请,准备将行在迁往建康府。刘光世加官太尉,升任御营副使,韩世忠升武胜军节度使,张俊升镇西军节度使。宋高宗还任命辛永宗担任御营司中军统制,负责宿卫。

朱胜非离开行朝以前,最后一次在都堂参加会商,他说:"目即须是急速追歼苗傅与刘正彦残部,不可教他们渡江,投拜虏人。"韩世忠起立,挥动手臂说:"我当擒取二贼,献于阙下!"

在韩世忠发兵之前,宋高宗特别在后殿单独召见,以示恩宠。宋高宗说:"卿发兵之后,太后与朕当厚待卿家老小,不时抚问将士家眷。卿擒取二贼之后,朕当优赐两镇建节。"宋朝节度使本来已是武将最荣耀的虚衔,但一般都只有一个节度州的军名,即一镇节度使,皇帝许诺授予两镇节度使,这当然是一种例外的、特别的恩礼。

韩世忠说:"陛下恩重于山,臣唯有早日平定叛贼,以报陛下!臣念及王枢密亦是忠于陛下,不幸被叛贼戏害,唯求陛下优加追恤。臣发兵之前,当为王枢密择地厚葬。"韩世忠自从投军以后,一直得到王渊的赏识和提拔,王渊死后,他尤其念念不忘王渊的恩德。宋高宗说:"王渊殁于王事,朕自当追恤。"

韩世忠下殿后,皇帝望着身边的冯益,不由叹了口气,说:"如今唯有你在朕底左右!"他身边的一批宠信宦官,如今只剩下冯益一人,除康履和曾择被杀之外,其他人也已被流放远方。韩世忠提到王渊,他就不由联想到那些仍然流放在外的宦官。冯益已经明白皇帝的意思,但一时不知怎么说话。宋高宗沉吟了一会儿,自言自语说:"若是追恤王渊,他们回行在,又有何不可?"

冯益揣摩到皇帝的心意,其实是很想让那批被流放的宦官回宫,但碍于他们的名声很臭,而现在又正值宣布要励精图治的时候,显然不合时宜。他感到自己不便说什么。不料皇帝突然又说:"冯益,你回得行宫,他们又如何回不得行宫?王渊须要追复,康履又如何不得追复?不如教他们与邵成章同回行朝。邵成章虽是越职言事,亦是忠心社稷,况且又是有功底人,委是贬责太甚!"前面第二卷已经交待,宦官邵成章上奏弹劾黄潜善和汪伯彦,而被流放到江西吉州。

冯益笑着说:"小底唯恐邵九回得大内,陛下便无欢乐可言。"宋高宗原先只是想用邵成章陪衬一批宠信的宦官,一起回行官,也多少起些掩饰作用,经冯益一说,又觉得果真召邵成章回官,也确是碍手碍脚,就问道:"你有甚计议?"

冯益说:"邵九是渊圣信用底旧人,大内人人惧他三分。官家不如优礼邵九,且教他在洪州优游岁月。朱相公将去洪州赴任,官家可教朱相公好生看觑,亦是一说。朝野必是因此称颂官家底圣德。"宋高宗脸上露出微笑,说:"冯十五亦是大内底智囊!"

吕颐浩和张浚翌日面对时,宋高宗宣谕说:"自崇宁以来,内侍用事。朕即位后,虽是下诏禁止宦官掌兵,然而崇宁旧风尚有循习,激成事变,理宜痛革。卿等可命词臣为朕草诏,自今不许内侍与主兵官交通、借贷,干预朝政,若是违犯,并行军法!"宋高宗所说的"崇宁"是宋徽宗的年号,他以此代替了"太上在位时",这是中国古代专制帝制下必须有的说话艺术,避免直接指陈太上皇的过错。吕颐浩说:"陛下英断,臣退班后,便命词臣草诏。"

宋高宗有了这段开场白后,又说:"邵成章是渊圣旧人,亦是有功,朕已命他归洪州优养,以免他干预朝政,再犯罪过。其他苗、刘二凶贬窜底内侍,朕亦悉与召还,教他们痛自改过,朕左右不可无人,亦是理当弃瑕录用。"吕颐浩和张浚听了皇帝这段话,才真正明白了他的用意,但又难于提什么反对意见。张浚还是忍不住说:"然而陛下须宣谕他们痛改前非,以免有累圣德。"

宋高宗说:"朕既颁明诏,内侍若再有犯,朕当严惩不贷。韩世忠奏请追复王渊。王渊虽有过失,然而忠节可嘉,殁于王事,可追赠开府仪同三司,另赐美谥。康履被二贼所害,亦须赐美谥。"他特别把韩世忠的奏请,也作为一种借口。吕颐浩和张浚简直就难以置信,危机刚过,皇帝怎么又提出这种荒谬的主张,而与自己弃旧图新的标榜完全相悖。张浚毕竟年少气盛,仗着自己是救驾功臣,说:"臣以为王渊与康履虽是死于非命,而过犯不轻,不宜赠官赐谥。谥号一定,便是百世不得更改,切恐难免天下后世讥议。"

宋高宗突然发怒,大吼道:"朕为天下主,难道赠官赐谥,朕便不能主张?又何须臣民妄议!"吕颐浩和张浚一时都惊得目瞪口呆,宋高宗很快觉察到自己失言,脸上又露出痛苦的表情,说:"此回事变,端的是铭心刻骨,二人惨遭斩馘,朕至今尚是心有余痛。二卿当体朕此意,助成赠官赐谥之事,朕心不忘。王渊生前,在御营司亦是得人心,此回赠官赐谥,亦可激励韩世忠所部,剿灭反叛。"

吕颐浩感到,自己已是不得不出面圆场,就说:"臣当以陛下底圣意宣谕太常寺议谥,另命词臣草王渊赠官制。"

张浚到此更是无话可说,他身为知枢密院事,这些事情也与自己的职权无关。他就适时改换议题说:"吕相公与臣计议,苗、刘之变,可为至戒,然而武将之中,尚有同是悖逆底人,至今犹是逍遥法外。"

宋高宗问:"卿所言是甚人?"张浚说:"范琼在靖康围城中,与王时雍等同恶相济,大逆不道,罪恶满盈。陛下圣恩宽贷,命他率兵平盗贼,将功赎过。此后黄潜善与汪伯彦失策,又命范琼并统王彦所部军兵。苗、刘之变时,臣在平江府,遣人三次致书,范琼置之不理。若不乘时显诛,日后必是朝廷大患。"

本书第二卷已经交待,黄潜善和汪伯彦为制止宗泽北伐,特别下令将王彦所统的八字军调往行在扬州。王彦到行朝后,由于主张对金用兵,黄潜善和汪伯彦将他看成是宗泽同党,又把他的部队拨到范琼属下,王彦改充范琼部下的统领。王彦只能称病,请求致仕,宋廷乘机将他罢官赋闲。张浚当执政以后,与吕颐浩商量,又辟王彦出任御营司参议官。

苗刘之变后的宋高宗,已是惊弓之鸟,他说:"范琼不可不早除,卿等有甚底谋划?"吕颐浩说:"臣等以为,陛下移跸建康府后,即可召范琼赴行在。臣与范琼旧有嫌隙,不便独任此事,张枢密掌兵,正可下手。若是他迁延不至,须动用大军讨平。"

张浚说:"国家兵力不足,上策是诛首恶一人,而赦其余将士,分编各军。王彦曾在两河屡立战功,他底旧部目即在范琼属下,正可助臣措置。"宋高宗说:"朕不日便进发建康府,张卿可先下枢密院札,召范琼前去建康府。"

王渊赠官开府仪同三司,谥号襄愍,康履谥号荣节的诏命正式发布后,韩世忠和张俊选择吉日,亲自披麻戴孝,为王渊举行隆重葬礼。韩世忠在五月初带兵离开杭州,追击苗傅和刘正彦叛军。宋高宗也大致与此同时,将行朝迁到建康府,而隆祐太后和柔福帝姬仍留在杭州。

建康府(今江苏南京市)过去是六朝古都,如今又是江南东路首府,常住人口约有十七万。按古代的标准,人口达十万以上,就算是大城市了。建康府城是五代时所建,城周二十五宋里四十四步,城门除东、西、南、北四门以外,另外有东面的上水门和西面的下水门,是横贯全城的秦淮河出入口,在西门之南,下水门之北,还有栅寨门和龙光门。宋高宗将行宫暂时设置在神霄宫,神霄宫是宋徽宗崇尚道教时,由原来的保宁禅寺改成的道观,建筑相当宏大,位于建康府城西南,凤凰台之东,秦淮河上的饮虹桥之南。

韩世忠这次出兵相当顺利,一个多月内就将叛军消灭,苗傅、苗翊和刘正彦先后被擒获,而王世修、张逵、王钧甫、马柔吉等人或是在作战时被杀,或是部分叛军投降时进献他们的首级。几百辆槛车,载着苗傅、苗翊、刘正彦等几百人,押解到行在。苗傅兄弟和刘正彦三人单独被押到都堂。都堂临时设在府衙。

吕颐浩和张浚带着刑部、大理寺官员,亲自验明正身。三个重犯戴着二十五宋斤重、六宋尺长的重枷,拖着一宋丈二宋尺的铁锁链,脚步踉跄,进入堂内。张浚见到苗傅兄弟俩垂头丧气,而刘正彦却反而显示出傲岸不屈的姿态,就问道:"刘正彦,你伤天害理,尚有甚底不服?"刘正彦横眉怒目,说:"我有太后与官家铁券,你们岂可杀我!"

吕颐浩吩咐说:"且取他们底铁券来!",于是有吏胥将韩世忠军缴获的四个铁券送到案前,吕颐浩问道:"刘正彦,此可是你们底铁券?"刘正彦说:"便是!"吕颐浩大吼道:"我身为宰相,他事不得主张,此事尚可主张,且将铁券当堂焚化!"

于是吏胥们当场抬来一只带着风箱的火炉,当时叫行炉,放在三个重犯的面前,把四个铁券逐一投入炽热的火里,由吏胥不断加炭鼓风。盛暑天气,吕颐浩和张浚穿着薄纱紫袍,还是感到酷热难当,教吏胥们给自己扇风。苗傅等三人被火炉烤得大汗淋漓,四个铁券终于被烧化了,可是真金不怕火炼,铁券上遗留的金字铭文却无论如何也烧不化。吕颐浩最后下令说:"且将三个凶贼押赴大理寺狱,炉内底金字可取出,另行打造金器。"

按皇帝的命令,特设诏狱,由御史台、刑部和大理寺官员审讯和议刑。其实审讯也不过是徒具形式。唯有大理少卿王衣上奏,认为这数百名囚犯之中,还有不少被雇买和掳掠的妇女,完全是无辜者,请求皇帝赦宥。最后宋高宗亲自批准,将苗傅、苗翊和刘正彦三人执行磔刑,三人的妻子和儿女也全部处斩,其他的俘虏酌情赦免,以示皇恩宽大。

行刑的当天,三名重犯再次被押到都堂,由吕颐浩、张浚等再次审验正身,然后押赴城东秦淮河北岸的一个闹市。韩世忠如今已升任武胜、昭庆军两镇节度使,今天皇帝特命他和大理少卿王衣监刑。军队押着一串槛车,包括苗傅、苗翊、刘正彦和他们的亲属,韩世忠骑马,王衣坐轿,紧随槛车之后。宋代施行磔刑已是十分罕见,所以看热闹的人纷纷拥来,一时显得人山人海。

军队到达闹市的一片空地,将囚犯们围成一圈,为韩世忠和王衣临时设置桌椅,让他们入座。冯益也奉皇帝的旨意,坐轿来到现场,观看用刑。他与韩世忠、王衣互相作揖寒暄后,韩世忠又吩咐另外给他一个座位。

苗傅兄弟只是闭目等死,而刘正彦却是骂声不绝,他既骂皇帝,又骂苗傅不中用,说:"苗傅匹夫,不用自家底计谋,便至于如此下场!我当时悔不将那厮无道官家碎尸万段!"

韩世忠对王衣说:"不可教刘正彦指斥圣上!"王衣命令吏胥说:"速去杜刘正彦底口!"吏胥拿了一团乱麻来到刘正彦的面前,不料刘正彦又咬紧牙关,不让麻团塞进自己的嘴里。

韩世忠发怒说:"且将他底口舌剜了!"于是一名军士上前,用尖刀直插刘正彦的嘴里,上下左右剜动,刘正彦满嘴流血,破碎的唇肉和舌肉掉在槛车里外,他只能发出呜呜的声音,人们再也听不出他说什么。王衣下令:"先将刘正彦速与施刑!"

兵士和吏胥打开槛车,牵来了五条水牛,刘正彦的颈部、双手和双脚被套上五条铁链,接着就是一场五牛分尸的惨剧。刘正彦的颈部以下还牵连着大块骨肉,兵士又用刀把他的首级砍下,然后用竹竿枭首示众。苗傅和苗翊也分别受此酷刑,接着他们的家属也被斩。冯益今天很少说话,他一直面带微笑,用观赏的眼光注视着用刑的全过程,最后只是对韩世忠和王衣说:"今日韩节使与王少卿辛劳,官家口宣,命我转致问候。"就坐轿回行宫。

宋高宗在行宫等待着用刑的最后消息,冯益进宫跪奏,说:"小底启奏官家,众凶贼及其老小用刑已毕,民心大快,人人称道官家圣明。今日严刑,足以为乱臣贼子万世之戒!"宋高宗听后大悦,说:"朕今夜当与众娘子痛饮!"

几天之后,御营司平寇前将军范琼的部队来到了建康府。范琼被宋廷调动到江南西路,镇压盗匪。他三年以来,其实一直和朝廷保持着若即若离的态度,并且不断扩充实力。自从宋廷下了惩处的决心以后,吕颐浩和张浚就找王彦密议。王彦说:"我虽不才,愿前去江西洪州,劝诱得范琼前来。"吕颐浩说:"若是王参议能诱使范琼到行在,便是大功!"王彦说:"此去若要成功,须是朝廷命我统率旧部。"张浚说:"此议甚是!"他与吕颐浩上奏宋高宗,给王彦另加御营司游奕军统制的头衔。

王彦只带二十名骑兵,离开当时的行在杭州,倍道兼程,前往洪州。他超过了缓慢行进赴任的朱胜非,先到洪州。范琼驻兵在洪州城东,实际上成了知州无法管辖的草头王。他的部队一半是自己的旧部,一半是王彦的八字军。在王彦来到以前,范琼已经接到了命令他前往行在朝见的枢密院札子。范琼和自己的心腹们商量,决定按兵不动,观望形势。

王彦到洪州以后,先住在城里,私下召见旧部傅选等人,暗中传达朝廷命令。八字军的将士本来就不服范琼,而敬服旧帅,纷纷表示愿意遵从朝命,前去行在。

王彦认为时机成熟,就突然来到范琼的军营。范琼在军营里坐衙,部将们在两边叉手站立,有军士进来禀报,说:"今有御营司参议官、游奕军统制王刺史奉朝命前来。"范琼说:"且请他入来!"原来黄潜善和汪伯彦竟因平盗贼有功,将范琼晋升庆远军节度使。范琼认为,自己是节度使的高官,而王彦不过是遥郡刺史,所以摆起架子,不愿出迎。

王彦进入正厅,范琼也不起立,等待着王彦唱喏。王彦高声说:"范节使,你虽是高官,我虽是低官,然而自家们是御营司底同僚,我今日又是奉朝命来此,须以平交礼互见!"范琼无可奈何,只得勉强起身,与王彦互相作揖。

王彦先交给范琼一个枢密院札子,然后坐定,等待着对方的反应。范琼看到札子上除了重申前去行在朝见的命令外,最重要的,就是特命王彦前来统率旧部,与自己同往行在。军队是范琼乱世称霸的资本,现在要肢解他的部伍,无疑是剜去自己的心头肉。范琼急怒攻心,真想发作,但是望了望王彦镇静自若的神气,又有几分畏怯。

自从在北宋末年开封围城中杀害姚友仲和吴革以来,武显大夫、右军统制、同提举一行事务王俊一直是范琼最重要的心腹。范琼喊道;"武显王大夫!"王俊会意,就凑上前去,范琼将那份枢密院札子交付王俊。王俊也粗识一些文字,他看了一遍,就凑到范琼耳边,低声说了几句话,范琼也用低声回答:"且依你底计议。"

王彦都看在眼里,却仍装着若无其事的样子。范琼对王彦说:"王刺史,请你明日到教场阅兵。"他根本不提交出部分军队的事,王彦说:"下官既是到此,便须当面交割部伍,不宜延迟。范节使须是谨遵朝廷指挥,方见得忠心。"他对自己的旧部、后军统制傅选等人大声说:"自即日起,傅统制等须依朝廷指挥,依旧归自家管辖!"傅选等将立即应答:"自家们唯是遵依朝廷指挥，服从王刺史底号令。"

范琼做梦也想不到，顷刻之间，自己的部队就一分为二，一时目瞪口呆，气得说不出话。他的心腹王俊等人更不敢说三道四。王彦却从容地说："范节使，明日当与你同去教场阅兵，二日之后，自家们两军同时起发，前赴行在。"范琼说："此事莫须缓缓计议。"王彦说："范节使与自家同为大宋臣子，朝廷指挥，唯有恭依，不可计议。"

王彦当夜就留宿军营，抚定旧部，并且命令各军保持戒备。第二天，范琼和王彦来到教场阅兵，范琼骑马在前，王彦骑马在后，各自手执铁树，用军礼检阅队伍。王彦见到自己的部队军容严整，而范琼的部队军容散乱，更增强了信心。

两人阅兵后下马坐定，范琼吩咐说："取盗贼前来祭旗！"当即有几名军兵押来一个大汉，把此人绑在一个木桩上，当场剥皮剖心，那个大汉惨叫不绝，最后，又用一个木盘盛着心和血，放置在一面大旗下，又用血衅战鼓。

范琼望着王彦，用威胁的口吻说："有不服我底，便得此下场！"王彦严肃地说："国朝大将出兵，唯是用牲牢、酒、脯、香、币作军祭，而磔犬为牲，不曾闻得用人。范节使今日备极残酷，正可施用于苗傅、刘正彦之流。不服朝命底，便须依此下场！"他最后一句话的声调，更高于范琼。

范琼十分恼火，他望了望王俊，王俊却已被王彦的气势所慑服，他向范琼使了个眼色，范琼到此也只能强忍下来，不敢发作。王彦又心平气和地说："范节使在江西平定贼盗，多有勋劳，圣上深是倚信。只因如今朝廷分军四出，行在兵卫单寡，而江西已不须重兵驻守，故将自家们底两军勾抽赴行在。自家们不可辜负朝廷底恩命。范节使有功，圣上当另有封赏。"在王彦的硬哄软骗之下，范琼终于同意前往建康府。

兵马未到，王彦的奏报已先用急递发到行朝。按君臣的商议，宋高宗特命张浚全权处置范琼。张浚颁发枢密院札，命令范琼和王彦将兵马屯驻在南门外，于翌日先到都堂参见长官，面议朝见事宜。

第二天上午，范琼命王俊带领八百名全副武装的精兵，充当护卫，而王彦只带着去洪州的二十名亲兵，在前领路。等范琼进城后，刘光世立即率领部队，包围了他在南门外的军队，由八字军傅选等将配合，对范琼的部属强行拆散改编。

再说王彦引领范琼的部队,进建康城南门,然后北上,由河桥穿越秦淮河,来到都堂。王彦吩咐王俊说:"你且在堂外祗应,我与范节使去堂内入见。"王俊望了望范琼,范琼说:"你须随我入内!"王彦不便拦阻,就说:"既是如此,武显王大夫便随范节使参见。"

范琼进入都堂,只见吕颐浩和张浚正襟危坐在书案后,他虽然曾与吕颐浩有过一次口角,如今对方既是宰相,也只能伏低做小,他上前唱喏说:"下官参见吕、张二相公!"王彦和王俊也跟着唱喏。张浚拿起案上的一张黄纸,说:"圣上有敕,范节使可去大理寺,入诏狱根勘。"

范琼马上抽出佩剑,大喊道:"何人敢教我入狱!"王彦也抽刀在手,说:"圣上有旨,你敢不遵?"此时张俊亲自指挥伏兵突出,范琼感到势孤力单,就大喊道:"武显王大夫速去叫亲兵救我!"王俊也已抽出手刀,他应声说:"会得!"却举刀向范琼的右臂砍去,由于范琼身披重甲,手臂还免于被砍断,他惨叫一声,手里的佩剑落地。张俊的军队一拥而上,将范琼擒捉捆绑。

王俊却同时将手刀扔在地上,向吕颐浩和张浚下跪说:"小将虽是追随范琼,却是心怀忠义,不敢违犯圣旨,有负国家。"张浚说:"武显王大夫知得顺逆,煞好!"

被捆绑的范琼大喊道:"王俊,我待你恩重如山,不料你恁地翻目无情!你当年难道未曾随我杀姚友仲与吴革?"张浚四年前也在开封围城中,范琼杀害吴革,是早已耳闻,而杀害姚友仲,却还是闻所未闻。

范琼的话说得王俊头上冒汗,他刚站起身,又急忙下跪说:"此是范琼自家所为,如今却诬罔小将。"他用手指着自己人中上的红疤说:"当年虏人攻打东京,小将拒敌,口内中箭,射落二齿,亦足见小将为朝廷尽忠宣力。小将虽是自范琼微时,便追随他,却未有过犯。"

张浚吩咐说:"速将范琼押赴大理寺狱!"军士们将范琼押走后,张浚又对王俊说:"武显王大夫,圣上有旨,此回唯是勘问范琼一人,其余将士一切不予根问。你今日已是服从朝廷,可随张节使前去抚谕军兵,日后朝廷自有封赏。"在张浚的眼里,武夫少知义理,王俊今天有如此表现,已经很不容易,根本不打算另外追查王俊的罪行。王俊谢恩而退,随张俊出外,向带来的八百军士宣布朝廷命令。这支军队很快接受了朝廷的改编。

再说范琼被押到大理寺后,王衣奉诏立即审讯。范琼被押到堂上,他只是叉手正立而一言不发。王衣说:"范琼,尔在靖康围城中,逼迁太上,杀害姚、吴二太尉,迎立张邦昌等事,须要从实供通。"范琼虽是武夫,他也明白,既然到了诏狱,就决无生还的希望,所以他拿定主意,就是不说话,不招供。

王衣连问几次,都不见回答,就大喝道:"既是不伏供通,可先责一百臀杖。"于是一群吏胥上前,将范琼按倒在地,用粗木棍连着重打他的臀部,不消片刻,就打得皮开肉烂。范琼虽是武人,也熬不了痛楚,他在一阵惨叫之后,就大喊几声"死罪"。

王衣吩咐停止用刑,范琼开始招供,他的供词也有意对王俊的罪行添油加醋。吏胥记录以后,又给范琼念了一遍,然后教他画押。范琼还是按照自己在官府文书上画押的旧例,用毛笔写了一个"上",作为本人的押字。审讯就算了结。

王衣将狱案进呈吕颐治和张浚,吕颐浩和张浚看到其中牵连王俊的供词不少,却都认为真伪难辨。两人在奏对时,都主张对王俊不予追究。第二天,宋高宗下令,只将范琼一人赐死,家属流放岭南,而重申其余将士一概不予问罪。王俊后来被朝廷派往荆湖南路当统制。六年以后,岳飞平定杨么,王俊就编入岳家军。又六年以后,王俊出面诬告张宪和岳飞,宋高宗遂下令特设诏狱,此是后话。

王衣接旨,又将赐死的命令转交狱吏。狱吏拿了一条麻绳,到囚室对范琼说:"官家有旨,赐你自裁!"说完,就将麻绳往地上一扔。不料范琼此时却仍未断绝求生的念头,他对狱吏说:"我是国家底大将,圣上召自家到行在,却未曾见得圣上一面。我愿前去叩见官家,若是官家当面赐死,我便死而无悔。"

狱吏说:"你恶贯满盈,官家岂能召见。既是死到临头,你念及被害底姚太尉、吴太尉等忠良,亦须自尽。"范琼说:"我不见圣上,便不能自尽!"

狱吏不再与他说话,就离开囚室。不一会儿,六名健吏进入囚室,他们抬进了一只素木案,七手八脚就把范琼捆在案面的木板上。范琼拼命挣扎,却无济于事,就大喊道:"你们擅杀大将,我到阴曹冥府,亦须告你们杀害之罪。"

一名狱吏笑着说:"范琼、姚太尉、吴太尉等早已在太祖官家殿前,等候你数年。你便是到得冥府,亦须吃铁棒!"众人再也不由范琼分说,撕开他的上衣,一名吏胥手持尖刀,朝范琼左肩以下,乳头上方的部位,按经络学说叫缺盆,是手太阳经、手少阳经和手阳明经循行的部位,猛插一刀,然后将刀左右摇动,扩大伤口。从现代解剖学看来,这一刀还不是刺在范琼致命的部位。范琼的鲜血涌出,顺着上衣和案板滴落地面。他浑身出汗,不断大喊大叫,过了好一会儿,他的呼声逐渐微弱,终于咽气。

[壹陆]
荩臣诤士

宋高宗在从杭州到建康府的路上,就向吕颐浩和张浚提出,必须向金朝派遣使者求和,他说:"如今虽是夏日炎炎,转瞬之间,便是到了秋高马肥时节,虏人须是用兵。国家衰弱已极,如何支捂?遣使北上,便是第一紧切底事。朕不惮卑辞厚礼,唯是求虏人不用兵。"吕颐浩和张浚说:"危难时自愿出使,极是不易,待臣等用心寻访。"

君臣到达建康府后,宋高宗又不断催促。一天,吕颐浩在面对时口奏,说:"今有饶州鄱阳人洪皓,自愿奉使,此人是政和五年进士,官为朝散郎。张枢密举荐后,臣与他言谈,甚是识道理,通世务。"张浚补充说:"此人秉性忠义,臣敢保他不辱君命。"

在宋朝的官场里,进士出身本身就是一块金字招牌,非其他出身可比。宋高宗说:"此时自愿奉使,必是忠臣,而况是进士出身,可教他午后入对。朕思忖多时,与金虏终须一个'和'字了得。朕嗣极之初,黄潜善与汪伯彦建请,遵守靖康誓约,与金虏划河为界。二人虽是日后误国,却不可因人废言。李纲轻举妄动,废罢二人初议,至今两河全失,兵祸未已。虏人所以不住用兵,一是因朕废了张邦昌而即位,二是以朕不守靖康誓约。朕今命词臣起草国书,唯愿以卑辞缓和敌意,使国家与生民稍获休息。"他说完,就由身边的张去为将御案上的一份国书草稿递给吕颐浩和张浚。

吕颐浩看后说:"当年南唐自降帝号,然而国朝曹彬终于饮马大江。如今陛下自降尊号,愿充金虏底藩臣,卑屈已极。臣与陛下君臣之分已有三年,身为大宋底首相,切恐难逃君辱臣死之责,亦是愧见百官。"原来自从宋高宗登基以后,已经向金朝元帅府屡致国书,其通常的格式是"大宋皇帝构致书大金元帅帐前",而这份国书却改为"宋康王赵构谨致书元帅阁下"。从皇帝自动降为康王,在古代政治中当然成了头等大事。

张浚也说:"国书中言道:'自古国家迫于危亡,不出守御与逃奔二策。今守则军旅不振,逃则封域已穷,偏师一来,唯有束手听命。'切恐未见缓兵之效,而益启轻侮之意。臣以为国书宜改写。"

宋高宗说:"朕料得卿等必出此言。卿等奉朕为君,不得不如此议论。以朕所见,唯有不与虏人交兵,而保守得黄河以南地界,方是上策。金虏强大,朕便是降去尊号,有所不惮,此事朕意已决,卿等不须另议。"

吕颐浩和张浚为向金朝派遣使者,也议论多次,两人都对求和的效果表示怀疑。真所谓是病急乱投医,既然皇帝一力主张,两人也抱着侥幸一试的态度。然而今天皇帝自己授权词臣起草的国书,又颇出两人的意料之外。尽管两人表示了反对意见,而皇帝的态度却如此决绝,于是吕颐浩和张浚互相无可奈何地望着,不再申述异论。

张浚又另换议题说:"如今京东与陕西残破,唯是杜充尚以重兵镇守东京,兼护西京。国家艰危以来,措置首尾失当。大宋承平一百六十年,只是与西夏战事连绵不断。陕西诸军,人称西兵,是国家精士健马底所在,陛下中兴须自关陕始。若是虏人占得陕西,深入四川,则东南亦是难以自保。臣与吕相公计议,莫如命杜充节制京东、京西与淮南,臣愿亲去陕西,便得以首尾相应。"

宋高宗说:"朝廷久无重臣镇守陕西,卿自请为朕远行,极是忠荩。卿是执政官,按祖宗法制,国家所置使名以宣抚使最重,多是委任执政。朕今特命卿为宣抚处置使,出守陕西,可以便宜行事。朕依二卿之议,另命杜充兼宣抚处置副使。"

张浚说:"臣蒙陛下知遇之深,委寄之隆,敢不勉竭驽钝,以图报称。但愿经营三、五年后,臣与杜充得以两路进兵,收复河北与河东失地,迎请二圣归朝。"

宋高宗说:"朕不求卿收复失地,唯是命卿保守陕西。越王勾践尚是十年生聚,十年教训。朕既是作国书,自愿去尊号称臣,二十年内,不得言收复失地底事。渊圣做事反覆,轻毁盟约,致使虏人有以借口,朕当引以为至戒。虏人若是愿和,朕自当信守盟约,行以小事大之礼,以黄河为界河,不得逾越。便是二十年后,亦须依事势而定。臣僚侈谈仇耻,可得忠义底虚名,朕却是受实祸。"

两个多少倾向抗战的大臣,听到皇帝这番议论,不免深感泄气。但依当前的形势而论,确实也只能暂求偏安。吕颐浩和张浚感到无话可说,就准备告退。宋高宗盼咐吕颐浩说:"卿可持国书与洪皓,以朕意晓谕。"

吕颐浩回到都堂,就立即召见洪皓。洪皓今年四十二岁,和善的相貌中透露出坚毅,举止雍容。吕颐浩特别与他互相作揖,以示平交的礼遇。洪皓坐定以后,吕颐浩取出那份国书草稿递给洪皓,说:"主上午后便召洪朝散面对,此便是词臣所草国书。"

洪皓把国书仔细看了两遍,说:"国书卑屈太甚,莫须改易?"吕颐浩本来就为国书感到委屈和恼火,他说:"此是主上亲定,一字改不得。"

洪皓站立起来,说:"我此回自愿奉使异域,原是不顾生死荣辱。然而国书恁地说,直是教我难于受命。"吕颐浩面带怒色,说:"国家艰难时节出使,比不得承平时出使大辽。若要不卑屈,便不须出使。此事你自去面对,不须与我议论。"

洪皓也不相让,说:"吕相公居百僚之首,当知君忧臣辱、君辱臣死底道理。"他提到"君辱臣死"四字,正好是吕颐浩奏对时的言论,更使吕颐浩的一腔怒气,都发泄在洪皓身上,他一时声色俱厉,说:"你知君辱臣死,我难道不知君辱臣死,众文武都去投秦淮河自尽,又有甚人救得君父之辱?且与我退下!"

洪皓却反而用恳切的语调说:"我与吕相公面谈数次,知得相公尚是个血性男儿,非黄潜善、汪伯彦之流可比。然而吕相公身居百僚之长,理当率先百僚,匡正国书之失。你今日不能匡正国书之失,切恐他日亦复不得君父底仇耻。"吕颐浩到此也无言以对。

当天下午,洪皓进入行宫,到后殿面对。后殿最初是一个佛殿,宋徽宗时,改为供奉道教的元始天尊,现在又将元始天尊请出了大殿。暑热天气,宋高宗还是头戴隆祐太后所赠的特制道冠,身穿淡黄薄纱袍。

洪皓叩见以后,宋高宗首先愁眉苦脸地说:"国步艰难,两宫远狩,朕不能昏定晨省，极不遑安。卿此去若能见得两宫，遥致请安之意，亦可稍减朕底罪愆。"他说着，就滴下了两串泪珠。洪皓受了感动，他说："陛下如此孝悌，自可感通天地鬼神。臣此去若能叩见两宫，定须致陛下底至意。然而臣以为天道好还，虏人残暴，岂能久据中土。陛下日后若能扫除仇敌，克定中原，此便是圣天子底大孝。"

宋高宗说："卿恁地忠心，不避危难，直是大宋社稷之福。朕今进你五官，以徽猷阁待制、假礼部尚书，充大金通问使。卿此去若得缓兵一二年，便是大宋底功臣！卿去之后，家中老母眷属，朕自当特增禄赐，用心看觑。"原来宋朝出使，为了提高使者的级别，经常用假官，即借官的办法。洪皓虽然用礼部尚书的名义，但作为假官，并不担任礼部尚书的实职。

洪皓完全理解，皇帝谈话的关键是在"缓兵一二年"一句，他说："臣受太上皇、渊圣与陛下底圣恩，如今又蒙陛下超擢，义当效法汉朝苏武，克尽臣节。然而国书言词过于卑屈，使虏人底气焰更盛，便难以行缓兵之计。"

宋高宗说："吕颐浩与张浚亦是持此议，依卿底计议，国书当怎生底？"宋高宗认为，目前需要依赖洪皓出使，不便像对待吕颐浩和张浚那样，立即回绝，只能装出虚心听纳的姿态。

洪皓说："依微臣底议论，陛下一不可贬帝号，自居于藩位，二不可恁地卑屈，启虏人底贪心，三须名正言顺，请番人归还二圣与天眷。目即既是敌强我弱，尤须效法太上皇与金虏海上之盟底旧规，平起平坐，不卑不亢。"

宋高宗又伤心落泪，他掏出红手帕，一面拭泪，一面用近乎哀告的口吻说："朕非木石，极感卿底忠荩。词臣一时疏失，未能体朕迎请二宫底至意。"他用简单的一句话，就把自己其实并无迎还二帝的心意，轻易地掩饰过去。他继续说："朕蒙祖宗休德，嗣位已是三载，如今在国书中自行贬降，岂不是痛切心肝？然而春秋之际，越王勾践卧薪尝胆，躬自执役，降为臣虏，苦心焦思，又是过朕百倍。朕思忖多时，唯是天下百姓免于兵燹，朕又何惮于一己之屈。若是依卿之议，切恐终不得使金虏暂缓南牧之骑。"

宋高宗的眼泪还是收到立竿见影之效，洪皓长吁一声，说："臣愿为陛下一行,唯愿陛下切记社稷底深仇大辱,效法勾践,时刻以恢复为念,臣便是在异域千刀万剐,亦当感恩于九泉!"他不再坚持异议,君臣俩又相对恸哭一场。三天之后,洪皓一行使者就毅然离别故土,渡江北上。

皇帝的所作所为,固然可以瞒昧廷臣,却是瞒不过身边的宦官。冯益、张去为等人亲身感受到宋高宗的变化。他现在确实一反懒于问政的旧习,不但白天办公,有时甚至在晚膳过后,还要教张去为或张才人、吴贵人给自己念奏疏或上书。

现在正是建康暑热最盛的时节,就在洪皓奏对的翌日,晚膳过后,依然热气逼人,后殿内没有一丝风。宋高宗头上只戴一顶小冠,横贯一枝玉簪,束住发髻,身上穿一件淡黄薄纱袍,由小宦官不断给他摇扇,还是不断渗汗。张去为站立御案前,借着烛光,为皇帝念臣僚的上奏。他取过第二封,按以往的习惯,先粗略地看一下,不由额上冒汗,他说:"起居郎胡寅底上奏,语言指斥,直是比当年陈东底上书,有过之而无不及,小底不敢为官家口诵。"

胡寅是福建路建宁府崇安县人,字明仲,他是名儒胡安国的侄子,而过继为儿子。靖康末年,他在开封围城中,任司门员外郎,曾与张浚一起逃入太学,不肯在立张邦昌的议状上画押。胡寅新近由张浚举荐,到行朝担任起居郎。按照制度,他应当经常在外廷值班,负责记录皇帝言行和朝廷大事,撰写起居注。起居注是当时的一种较原始的官史。然而他第一次上殿值班时,就迫不及待地上奏。

宋高宗听说有"指斥",也不免吃了一惊,他只能取过奏疏,亲自阅读,只见胡寅用正楷写道:

> 陛下以亲王介弟,受渊圣皇帝之命,出帅河北,二帝既迁,则当纠合义师,北向迎请。而遽膺翊戴,亟居尊位,遥上徽号,建立太子,不复归觐宫阙,展省陵寝,斩戮直臣,以杜言路,南巡淮海,偷安岁月。漫不治军,略无捍御,无辜元元,百万涂地。方且制造文物,糜费不赀,讲行郊报,自谓中兴。房骑乘虚,直捣行在,匹马南渡,狼狈不堪。自画大江,轻失形势,一向畏缩,唯务远逃,军民怨咨,如出一口。自古中兴之主,所以能克复旧物,莫不本于愤耻恨怒,不能报怨,终不能

已。未有乘衰微缺绝之后，固陋以为荣，苟且以为安，而能久长无祸者。

愿下诏曰：继绍大统，出于臣庶之诇，而不悟其非；巡狩东南，出于侥幸之心，而不虞其祸。经涉变故，仅免危亡，盖上天警戒于眇躬，俾大宋不失于旧物。金贼逆天乱伦，朕义不戴天，志思雪耻。父兄旅泊，陵寝荒残，罪乃在予，无所逃责。

以此号召四海，耸动人心，决意讲武，戎衣临阵，按行淮、襄，收其豪英，誓以战伐。天下忠义武勇，必云合响应。今日图僻处东南，万事不竟，所谓乞和，决无可成之理。惕息遁藏，蹈危负耻，终无中兴之端，将成噬脐之悔。

臣愚误蒙眷求，擢侍左右，职司记注，掌书言动。有知不言，有言不尽，苟非畏祸，即是欺君。震惧于衷，不能自已，戆愚抵冒，理合诛夷，宽仁如天，恃以无恐。倘或其言可采，有补大猷，尺寸之功，垂名竹帛，是古人之所荣，微臣之至愿也。

胡寅几乎每一句话，都深深刺痛了宋高宗，他顿时大汗淋漓，呆愣了片刻，突然又拍案而起，用最大的音量咆哮："如此逆臣，不斩是无天理！"他在殿里来回急急踱步，宦官们还从未见到皇帝如此盛怒，大家屏息敛声，殿里只能听到他重重的脚步声。宋高宗绕殿几十圈，又气急败坏地坐下，提笔在黄纸上接连写了几十个"斩"字。张去为敏锐地观察到，皇帝的"斩"字竟愈写愈小。最后，宋高宗又气愤地将黄纸撕得粉碎，把纸屑扔了满地。

宋高宗感到口渴，吩咐说："取一盏凉茶来！"一名小宦官立即端来一个粉青冰裂纹官窑瓷盏，里面盛着龙凤团茶。宋高宗呷了几口，茶水似乎帮助皇帝稍稍平息了一点怒气。他又取过胡寅的奏疏，下意识地把奏疏的最后一段轻声念了几遍，长叹一声，自言自语地说："朕已是成全了陈东与欧阳澈底千古美名，却是背负了恶名，可一而不可再！"

宋高宗沉吟片刻，终于提笔写了一份简单的御批，吩咐张去为说："你送御批到都堂，命吕颐浩与张浚立即处分，不得住滞。你须将御批带回。"张去为说："小底恭依圣旨！"马上退殿。

事实上，胡寅上奏的副本也已分送到都堂。张浚看后，感到十分恼火，自己看在昔日共患难的情分，好意举荐，不料竟如此不识抬举，给自己制造麻烦。他对吕颐浩说："胡寅煞是狂生！"吕颐浩说："胡左史本是狷急底人，自家们堂除他，亦是失宜。然而他秉性忠义，尚不可以一眚而掩大德。"按照宋朝官制，胡寅的起居郎是由在都堂办公的宰相任命，称堂除。

话虽如此，张浚还是认为，胡寅这份上奏可能影响皇帝对自己的信任，晚饭过后，就把胡寅召到自己的私宅。胡寅今年三十二岁，只比张浚小一岁。他虽是文士，却长着浓密的络腮胡子，一对环眼，炯炯有神，光从相貌而论，就有一股豪气。他幼年十分顽皮，经常和邻居孩子打架。胡安国开始把他关在一个小阁，他闲着无事，就把几十块木头雕成人像。胡安国又试着把他锁在书房里，他就开始读书。胡安国屡次试他，竟是过目不忘。胡安国从此对他另眼相看，他对妻子说："这个孩儿是我家底千里驹，长大成人，他的学业功名必在你底亲子之上！"

胡寅到达张府，张浚还是按当年至交的礼节，亲自出迎。胡寅和张浚由于过去的亲密关系，本来是以行第互称的，但是这次来到行朝，因为张浚已经官拜执政，就互相改为以表字相称。胡寅坐定以后，就开门见山地说："德远叫我，必是为上奏底事。"张浚说："圣上即位已是三年，明仲上奏，却要圣上下诏，说'继绍大统'不合道理，此是甚意？"

胡寅说："主上即位，本是不合道理。当年陈东便持此说。主上既是对虏人自降尊号，何不与举国臣民说当初登基底不是，亦可以感召忠臣义士，教众人为社稷宣力。我又不是要主上逊位，奏中言道：'有知不言，有言不尽，苟非畏祸，即是欺君。'此便是自家底意思。"

张浚说："圣上自变难以来，励精图治，明仲不当以恶言讦直，甚失臣德！"在中国古代，"失臣德"当然是很重的批评。胡寅说："依自家所见所闻，主上底立国规模，便是苟且偷安。黄潜善与汪伯彦正是迎合主上底旨意，故贬斥李相公，将二人倍加恩宠。如今虽是号称维新图治，却将胡作非为底内侍悉与召还，王渊与康履赠谥，而内宫号称君子底邵成章却不得召，便见端倪。吕相公与德远尚有恢复之志，切恐你们惨淡经营之后，却是成全了主上苟且偷安之意。自家痛陈失政，正欲主上改弦易辙。孟子

153

曰:'民为贵,社稷次之,君为轻。'我底上奏,便是以民为贵,以社稷为重,不得不用危言,以耸君听。"

胡寅的议论,不免使张浚联想到皇帝"二十年内,不得言收复失地"的谈话。张浚扪心自问,对皇帝的谕旨也感到不快,但他还是用另一种想法自我宽慰,一旦国势强盛,就可劝说皇帝改变主意。他的内心不能不承认胡寅的说法有几分道理,但对方回绝自己的批评,却又进一步引起他的不满和不快,张浚在口头上决不能认输,就说:"明仲此说,直是矫言诡行,文过饰非!"

胡寅反问说:"德远以为,洪尚书出使,能教虏人按兵不动否?"张浚说:"虏人狼子野心,和不可恃,须备战守。"

胡寅说:"德远明知和不可恃,又何须遣送一个忠心赤胆底洪尚书,前去龙潭虎穴?此是你与吕相公有患得患失之心,迎合主上偷安之意,侥幸于卑词求和。身为大臣,恐尤不可稍有恋栈之意,遇事便须本于道理,主张正义。"

"恋栈"是"驽马恋栈豆"的缩写,比喻贪恋禄位。"患得患失",特别是"恋栈",对张浚当然是很重的批评,张浚的灵魂深处被胡寅刺痛,立时面红耳赤,他正要发怒,却有吏胥进来,说:"官家有御批,请张枢相去都堂!"两个朋友免去了一场争吵,但张浚从此在感情上对胡寅产生很深的裂痕。

吕颐浩正在都堂,张去为却等到张浚到达,才向他们交付御批,两人见到御批上写道:

胡寅狂悖,即时逐出庙堂。御批不得外传。

付吕颐浩、张浚

㫰

御批上只有御押"㫰"的墨迹,却无玺印,这是一种非正式手诏。张去为把皇帝的口宣重复一遍,吕颐浩和张浚只能应答说:"臣等遵旨!"张去为不再多说,当即向张浚要回御批,然后回行宫。

吕颐浩和张浚明白,皇帝的用意是既要惩处胡寅,又免于自己担当不容直言的恶名,而是教两个宰执替自己担当恶名。张浚对胡寅本是满腹气恼,但到此地步,却反而有推诿之意,他说:"胡寅此人,煞是狂悖,无人臣礼。下官与他论理,犹自巧言偏辞,强词夺理。然而我唯是掌管枢密院。胡寅既是吕相公堂除,尚须由吕相公下令罢官。"

吕颐浩叹息一声,他虽然对张浚的推诿有所不满,但罢免胡寅确实又是自己的职权范围,无可推托。他想了一会儿,就问道:"且与他迁直龙图阁,主管江州太平观,如何?"张浚明白吕颐浩的用意,也是想用迁职的方式,稍稍洗刷恶名,就说:"此是吕相公底职事,下官不须议论。"

胡寅很快就离开朝廷,前往外地当宫观闲官。

[壹柒]
一得一失

宋高宗最苦恼的问题之一,当然是阳痿症。自从患病以来,已经找了不少医生,然而不论是各种药物,还是张才人配置的药膳,都没有使他的性机能稍有好转。局势平静之后,他的性欲又逐渐强烈起来,就更苦于得不到欢快,而宫女们也苦于皇帝性欲勃发时的疯狂蹂躏,由于性欲得不到正常发泄,房事更成了一种折磨女子的刑罚。聪明的张才人和吴贵人也不得不经常巧妙设计,让其他宫女代自己受刑。有好几名宫女因为不能满皇帝的意,竟被宋高宗用剑刺死。

一天,行宫发生了两名宫女上吊自尽的事件,张去为收尸时,发现两个女子身上裸露的部分,竟被啃咬得伤痕累累,也不由发出轻微的叹息。他为此专门找冯益商量,说:"若是医不得官家底痿腐之症,切恐宫中不得安宁。你既是干办皇城司,不如在建康城中张挂数百榜帖,访求名医。"冯益说:"如是以皇城司寻访郎中,便是满城风雨,官家知得,岂不怪罪?你不如与十数小内侍,乔装改扮,私出大内暗访。"

张去为感到冯益之说有理,就吩咐十多个小宦官,改扮为吏胥,四出求医。张去为自己也找了一个闲空,改扮成儒生,教一名小宦官扮成书童,出外寻医。他们沿着秦淮河南岸漫步,一直走到上水门附近,发现有一家医药铺,挂着块招牌,上面写着"东京黑虎丹王家"。张去为见到这块招牌,不由以手加额,说:"此直是踏破铁鞋无觅处,得来全不费工夫!"原来开封城里的"黑虎丹王家",正是专治痿腐之症的名医。

张去为连忙走进医铺,有一个小厮儿迎上前来,说:"自家底大夫外出行医,请秀才在此坐候。"他为张去为端来交椅,张去为只能坐着等待。张去为闲着无事,就与小厮儿攀谈:"敢问你家大夫名讳？善治甚病？"小厮儿回答:"自家底大夫讳继先,今年三十二岁,三代良医,精通方脉,喜用凉药、寒药,他常言道,人底百病,大抵不出'寒热'二字,施药唯是品配节度得寒热得宜,便是康健长乐。黑虎丹是祖传秘方,天下无二,治痿腐之症煞有奇效。"

正说话间,王继先手提药篮回到医药铺,张去为起身与他互相作揖,只见王继先长着一对小眼睛,脸色红润,颔下一撮黑须,显得精神健旺。双方坐下,王继先屏退了小厮儿,对来客说:"我观秀才底气色极佳,必是无病无痛。"张去为说:"王大夫煞是善观气色,自家委是无病。"

王继先说:"若是我猜得不误,秀才乃是行宫底大官,只为官家有疾,前来求医。"张去为惊叹说:"王大夫果是神明！我叫张去为,目即在内侍省供职。"

王继先说:"我自东京追随官家到扬州,遭渡江之变,迁徙建康府。官家有疾,本是大内秘事,然而近日颇有传闻。"张去为万没有料想到,皇帝的秘事却是不胫而走,竟传遍朝野,弄得满城风雨,就说:"你若能治愈,便是终身富贵！"

王继先说:"人生在世,何人不求富贵,我非是不欲一试。然而此事却是祸福功罪,在呼吸之间。"张去为说:"官家极是体恤大夫,十数名医官为官家治病,虽是未愈,亦并未得罪。"

王继先被张去为完全说动了,开始向张去为详细打听宋高宗的身体状况,他说:"闻得官家极是健壮。"张去为和盘托出,说:"太上官家三十二皇子中,官家是第一健壮有力,又喜骑射。在康邸时,已得五女,邢圣人与潘娘子亦是在藩邸受孕。官家登基后,潘娘子生小皇子。然而柔福帝姬言道,邢圣人北上时,骑马堕胎,三个公主早薨于青城寨营,长公主早薨于北上途中,二公主亦在金虏御寨洗衣院中早薨。官家自登大宝以来,后宫未有受孕。在扬州时,白昼御幸,适闻虏骑杀来,便得此病。"

王继先问道:"官家平时饮食如何？"张去为说:"官家食量不小,喜冷食,常口渴。"王继先又问:"便溺如何？"张去为说:"前溲常赤,后溲常干,不时壅结。然而今日却得泻疾。"古时又称大小便为前后溲,张去为是回答皇帝的病情,所以特别注意用文雅的词汇。

王继先经过一番盘问,自己感到有了一定把握,他笑着说:"我近日去占得一回六壬,言道必有大富大贵。今日张大官光临寒门,必是应验!"六壬是宋代的一种占卜。张去为也笑着说:"王大夫日后富贵,切不可忘了自家!"

王继先又提出一个条件,说:"我叩见官家之前,须是检详官家底医案。"张去为说:"若是官家愿召,当教王大夫备阅医案。"

宋高宗在行官后殿召见这个民间医生,王继先进殿叩头,自称"草泽小民王继先恭祝圣躬万福"。宋高宗特命赐座,王继先仔细观察了皇帝的气色,见到小冠之下,已经有丝丝白发,问道:"官家年少,气血充盈,不知何时新添白发?"宋高宗只能直说:"此是苗刘之变时,朕底忧心所致。"王继先又观察了皇帝的舌苔,开始切脉,他突然开口说:"小民天热口渴,乞官家宣赐瓜,然后静心诊御。"宋高宗笑着对张去为说:"速去排办一盘杭州进贡底银瓜!"

小宦官很快端来一个朱漆木盘,盘中盛放着切成一片片的瓜瓤,如同白玉一般,十分可爱,宋高宗闻到一股甜香,不免口馋,问道:"朕可得食瓜?"王继先眯着一对小眼睛,笑着说:"小民死罪,小民索瓜,直是恭请官家吃瓜。官家伏热中暑,故得泻疾,吃瓜便能消暑。"

宋高宗高兴地笑了起来,他开始对这个医生产生好感,说:"既是如此,朕与你共食!"王继先说:"小民岂敢与官家共食?"宋高宗说:"朕既已宣赐,便是无妨!"于是两人把一盘银瓜全部吃光。

王继先接着就开了两张药方,说:"小民家虽有祖传黑虎丹,亦须辨证施治,用药可随意增损加减,请御药院依此方,另加汤剂供进。官家泻疾痊愈之后,便可进药。然而三日之内,仍须独卧,禁忌御幸。官家虽是圣体康强,精气健旺,一日以御幸一回为宜。小民另为官家精制蠲毒圆,官家稍有不适,或便溺干赤,便可服用,或加牵牛丸,必有奇效。"

宋高宗问道:"你底祖传秘方何以命名为黑虎丹?"王继先说:"黑便是肾水。道家底丹书言道,心中元神谓之龙,肾中元精谓之虎。小民家底秘方,于温补肾阳,初有薄效,便名为黑虎丹。"

宋高宗下令说:"王继先目即便在翰林医官院供职,若有效验,当与授官。"王继先谢恩下殿。

几天之后,张去为找到了王继先,高兴地说:"昨夜官家御幸,煞有奇效,龙颜大悦,特旨超授你为和安大夫,另赐黄金百两。"和安大夫是当时医官的最高一阶,但依官品而论,还只是从六品。按宋朝的社会等级观念,医生不过是方技者之流,所以医官的品位颇低,但王继先还是激动得流出眼泪,说:"卜肆底助教果是占验如神,我当赠他黄金二两,另以四十八两赠还张大官。"一两黄金价值高达三十贯,二两黄金无疑就是厚礼。

张去为说:"和安王大夫如此厚礼,怎生受得?"王继先说:"张大官不须辞谢,我若无张大官荐引,岂得有今日?"张去为稍作推辞,最后只受了十两。他所以只受十两,是敏感到王继先日后很可能得到皇帝恩宠,认为受礼太厚,反而不利于日后的结交。

张去为进一步向王继先透露说:"官家十分欢喜,然而张娘子却极是精细。她将和安王大夫底药方反复推敲,言道大夫底黑虎丹与汤剂用淫羊藿为君药。查得医书,西川有淫羊,一日可交媾百遍,乃是食仙灵脾所致,故又名淫羊藿。此药充气力,坚筋骨,而久服令丈夫精清,精清则无子。"王继先笑着说:"不料大内妃嫔之中,尚有通医道底。"

张去为接着就详细介绍了张才人的情况,最后说:"如今既是潘娘子失宠,张娘子虽是从来不曾明言,人人测知她必是求子心切,于官家底医药煞是关切。她又言道,你所合底蠲毒圆,有大黄、大戟、芫花等药,俱是苦寒,或有小毒,官家不宜服用。官家午后便召和安王大夫,你须用心应对。"王继先说:"感荷张大官事先关白,我必是有以应对!"

当天下午,王继先再一次进殿,他下跪叩头,已可不用"小民"的称呼,说:"臣王继先叩见官家,恭祝圣躬万福!感戴官家皇恩浩荡,臣唯有竭尽绵薄,以图补报于万一。"宋高宗说:"王继先免礼,朕另有所问。"

王继先起立后,皇帝果然提出了淫羊藿和蠲毒圆两个问题。王继先回答说:"古人言道,尽信书,不如无书。臣有一妻二妾,平时亦自常服黑虎丹,却已是生了二子四女,目即一妾又已怀孕。服用黑虎丹底男子,何止成百上千,从未闻不能生育。臣兼用望、闻、问、切四诊,又检详官家医案,知得圣体底禀赋特异。前此十数名医官,或纯用补法,或纯用下法、清法,臣以为当攻补兼施。黑虎丹等为补法,用以扶正。臣为官家特制蠲毒圆,此为竣下,常人服用不得蠲毒圆,官家服用,必是得祛邪之效。"

王继先的一套理论,不能不使宋高宗信服,他笑着说:"后宫内人或以为,卿底施药颇为孟浪操切。"王继先明白,皇帝所说的"内人"当然是指张才人,就应答说:"臣底用药,譬如用兵行师,须是出奇制胜。圣体康强,故可施用猛药,不施猛药,便不得扶正祛邪。"

从此之后,由于宋高宗服药有效,王继先很快得到皇帝的宠信。张才人也劝宋高宗试着停止服用壮阳药,但停止一天,就一天不能进行房事。于是王继先就成了皇帝不可须臾或离的人物。有一次,宋高宗偶尔在后宫说笑:"王继先便是朕底司命!"王继先因此就按排行得了"王八司命"的绰号。他虽然官位不高,却与张去为等宦官勾结,逐渐成为行朝的一大恶势力,家产日丰,而作恶日甚。

七月初秋,小皇子赵旉突然发高热,几名御医相继诊治,却不见好转。宋高宗召来了王继先,不料王继先却理直气壮地推诿说:"臣深受圣恩,皇子违和,臣若有技能,义当效力。然而臣只是大方脉,素来不习小方脉,亦未曾为小儿治病,切恐误诊。"皇帝听后,也只能作罢。狡黠的王继先其实已经仔细打听和研究了小皇子的病情,感到病势凶险,所以不敢应承。

小皇子的病又持续了两天。潘贤妃日夜陪伴着儿子,衣不解带,也不单纯是母子之情,自从失宠以后,小皇子自然是她在后宫的惟一靠山和希望。她望着病重的儿子,不时悲泣落泪。张才人、吴贵人和七名国夫人每天都来问病请安,礼意周全,无可挑剔。张才人的态度更是显得十分诚挚和恳切,潘贤妃也只能虚情假意地与她敷衍,彼此在表面上反而显现出从未有过的和气。心急如焚的宋高宗除了一天看视几次,又命令冯益在建康府城里出榜帖,以黄金一千两,授医官和安大夫悬赏,可是并没有医生应召。

十一日清晨,宋高宗在早朝前,特别先来看望,他见到儿子已经昏迷不醒,不由不落泪。近中午时,他与臣僚们的奏对结束,又匆匆赶到潘贤妃阁。一名宫女听说官家前来,急忙入阁禀报,却不慎将地上的一只鼎踢翻在地,发出嘣的响声。处在昏迷状态的小皇子受到惊吓,全身抽搐不止。潘贤妃见到儿子这种模样,流着眼泪下床,给宫女一记耳光。那名宫女也吓得下跪求饶,轻声连说"死罪"。

宋高宗正在此时进阁,见到这种情景,问明情况后,就对身边的冯益使了个眼色,冯益明白皇帝的意思,就拉起那名宫女说:"你且出阁外!"叫两名宦官将她押出阁去。宋高宗等那名宫女出屋,随即咬牙切齿地低声下旨说:"便将她庑下斩馘!"阁外远远传来一阵凄厉的惨叫。与那阵惨叫同时,小皇子也停止了呼吸。

潘贤妃扑在儿子的尸体上,哭得死去活来。宋高宗也坐在床边,哀恸不已。张才人、吴贵人等闻讯赶来,大家都陪着皇帝痛哭流涕。张才人的好处,是在任何场合下,都表现出超等的贤惠,她最后吩咐吴贵人等陪伴皇帝出阁,自己却留下来陪伴和安慰潘贤妃。尽管随着小皇子的去世,潘贤妃在后宫已经根本没有东山再起的任何可能,但此后多少年,张才人对待潘贤妃仍然是伏低做小,恭敬有礼。

儿子的夭亡,使宋高宗的心境坏到极点。他宣布辍朝五天,将儿子的棺材暂且寄存在佛寺,下诏建康的所有佛寺敲钟一万杵,并且就在城里的能仁禅寺为亡子做道场。

宋高宗虽然暂停早朝,从十三日开始,就与宰执大臣面对,处理朝政。吕颐浩和张浚见到皇帝面带泪痕的伤心模样,都感到难过。两人只能用好话劝慰,吕颐浩说:"皇太子年幼,却是聪明智慧,不幸仙逝,万方哀痛。然而陛下为社稷中兴,亦须忍痛节哀。"张浚说:"皇太子仙游渺邈,煞是教臣等痛心疾首。然而天佑大宋,陛下春秋鼎盛,圣体康强,日后必有皇子皇孙千百。"

宋高宗因白昼宣淫时受惊吓,而得阳痿病,也自认为是一件十分羞耻的事,他从未在任何场合对臣僚谈及此事。他本人还蒙在鼓里,以为自己的病是宫禁绝密,而朝臣根本不会知道。然而张浚今天所以说这句话,其实是已经得知了"王八司命"的事。

宋高宗说:"朕正处艰难之际,又遭此厄运,直是痛切朕心。今蒙卿等劝解,朕心不忘。"吕颐浩说:"洪皓出境时,闻得虏人放还内侍与宫女各二人,今已到淮南境,不日即可到行在。边臣奏报,太上、渊圣与天眷尚得平安。"

宋高宗听后,反而更忍不住伤心掉泪,他一面用红手帕拭泪,一面说:"朕违远二圣,已有三年。今得平安奏报,却是悲胜于喜。太上当天下长久承平之时,以天下奉养一人。如今身处绝域,居处、饮食、衣服必是粗陋,二圣与天眷娇生惯养,又怎生承受?朕今虽居住深宫广殿,甚是不安。朕底父、母、兄、弟与妻皆在异域,唯有一个儿子,极是可爱,不料数日之间,便与朕永诀。朕今已是孑然一身,形影相吊。"他说到伤心处,竟号啕痛哭起来。吕颐浩和张浚只能百般劝解。

十四日是宋高宗暂停早朝的第三天。他懒于早起,起床之后,为了排遣愁闷,干脆就教张去为给自己念臣民的奏疏和上书。张去为随手取了其中的一份,按惯例粗略地看了一下,就说:"奏禀官家,此是西川仙井监仁寿县乡贡进士李时雨底上书,然而小底却是不敢口诵。"宋朝的进士当然是官场里最荣耀的出身,久而久之,进士的名称就愈来愈滥,所谓"乡贡进士"只是通过解试,有资格参加进士的考试而已,又称举人或贡士。宋高宗问道:"莫非又是胡寅之流?"

张去为说:"那厮村秀才底上书不是有指斥语言,只是建请官家选择宗室,立为皇太子。"儿子刚死,居然有人建议另立皇子,岂不是预测自己要断子绝孙,使宋高宗火冒三丈。但他又立即联想到,肯定是自己前些时候所得的痿腐之症已经泄漏出去,又不由增加了很深的羞辱感,但此时此刻,宋高宗的意气十分消沉,简直就没有发火的劲头,他只是用极其感伤的语调说:"你且择要为朕口诵。"

张去为说:"那厮村秀才言道,官家立宗室为皇子,只为增重朝廷,只待皇太子长成,可另封为王。"宋高宗听到这段话,心头的怒气稍为平息,说:"他又言甚底?"

张去为说:"那厮言道,仁宗官家在位四十二年,晚年立英宗官家,此是不以一己为私,而以天下为念。愿陛下效法仁宗官家,使社稷有所统属。若以为官家春秋鼎盛,不可以比拟仁宗官家,便是大误国计。"宋高宗听后,用低沉的声调,咬牙切齿地说:"传朕旨意,将李时雨即时押出国门,此后不得应举!"张去为说:"小底遵旨!"

张去为下殿,而宋高宗瘫倒在御榻上,李时雨的上书,固然使他的内心增加了新的伤痛,而同时也刺激了他强烈的求子欲。儿子夭亡以来,精神上的痛苦,使他中止了房事,宋高宗不由自言自语地说:"张浚所言极是,朕当有皇子皇孙千百,以为国本。"

宋高宗自即位以来,一直恣情纵欲。张才人有一次曾婉转地规劝说:"官家须有龙子凤孙千百,御幸似当有节。"张才人知道房事太盛,很不利于自己的生育,当然因此而深以为忧。宋高宗却得意地说:"朕已有皇子,自可尽欢三五年。"现在宋高宗回忆起那次谈话,不由深深地后悔。

宋高宗决定排遣痛苦和忧愁,养精蓄锐,当夜就和张才人进行房事。然而天不从人愿,此后行宫竟无一个女子怀孕。尽管王继先已对淫羊藿作了解释,宋高宗还是对这种药疑神疑鬼,命令王继先改变壮阳药的处方。但说也奇怪,处方里只要没有淫羊藿,就无法进行房事。王继先绞尽脑汁,他能治愈皇帝的阳痿,却无法使他生育。尽管如此,"王八司命"的地位还是十分稳固,而其他御医都无法取代。他的黑虎丹、蠲毒圆和壮阳汤药成了皇帝必备的灵丹妙药。

[壹捌]
金明池畔伤心月

岳飞所统的东京留守司右军,从春到夏,参加了几次平定盗匪的军事行动。尽管金军残破京东,突击扬州,杜充按兵不动,只是以平定开封府界和京西的盗匪,向朝廷报功。六月中旬,逃遁到淮西的王善,又率兵流窜到开封府界的太康县,进行抢掠。岳飞的右军又一次奉命出击。他的部队在太康县西北的崔桥镇一带,几乎将王善军全部歼灭,王善只带着一百余骑,逃回淮西路濠州(治今安徽凤阳)的巢穴。

六月二十一日,岳飞的右军回到开封城西的金明池北军营。他安顿了军务之后,就急忙和张宪同去拜见老母姚氏和家人。他们俩事实上是一家,从未分灶。全家人会聚在厅堂,李娃婚后即怀了孕,而高芸香穿着夏天的薄纱衣,她的身孕又更为明显。姚氏特别体贴两个孕妇,家里的一切事务,都教岳银铃和芮红奴料理。岳飞和张宪坐定以后,岳云和巩岫娟马上为父亲和张宪端茶,而年幼的岳雷更是依偎在父亲的怀里。在互相请安问好以后,姚氏打算让两对夫妻相聚,就说:"五郎,全家安好无事,你可与张四哥回房歇息。"她话音刚落,有亲兵进屋报告,说:"今有中军王、徐二统制与孙干办到此。"

岳飞和张宪连忙出迎,双方互相作揖,进厅堂坐定,张宪说:"你们此来,必有紧切事。"王贵和徐庆望着孙革,示意由他先说,孙革说:"行在有苗傅与刘正彦事变,自家们只是事后方知。然而事变已平,杜充却以勤王为名,欲亲提大军南下,只留些少人马,付与副留守郭仲荀守城,又命西京闾太尉亦奉永安县会圣宫祖宗御容南下。他只俟岳统制回来,便下令南撤。"他对杜充和郭仲荀不用官称,而直呼其名,分明是含有轻蔑之意。岳飞和张宪不由大吃一惊。

王贵补充说:"主上有诏,命令杜充以宣抚处置副使底重任,节制京东、京西与淮南路,另命张枢相为宣抚处置使,镇守陕西。朝廷底旨意,只是教两个重臣各任方面,结成辅车相依之势,抵御虏人,未曾教杜充撤兵。"张宪感到奇怪,说:"杜充怎地胡做,难道胆敢违抗朝旨?"

徐庆说:"杜充素来专断独行,便是郭太尉身为副留守,亦不得干预他发号施令,唯是遵禀而已。自家们亦不知他包藏甚底心机。"孙革说:"他带重兵南逃,却是教郭仲荀守城,便是要将弃京城底罪责,归于郭仲荀。郭仲荀虽是无能之辈,此回亦是叫苦叫屈不迭。杜充又教知蔡州程昌寓前来,任留守司判官。唯有陈都统尚自与杜充抗辩不屈,已被杜充罢免了都统制。"

岳飞没想到,自己离开开封不过五天,竟发生了如此变化。陈淬被罢免都统制,对岳飞无疑也是一个打击,自从追随宗泽抗金以来,两人一直是互相信任,遇到危难,也能互相配合和救助。他紧锁宽阔的眉宇,不言不语。

张宪问道:"你们有何计议?"孙革说:"自家们底意思,杜充虽是刚愎自用,然而在东京留守司中,尚是倚重岳统制。如今亦只得死马且当活马医,请岳统制前去劝谕。"大家的目光同时转向岳飞,岳飞却仍不说一句话。众人都熟悉岳飞的脾性,认为不必再追问。王贵等三人当即告退。

岳飞和张宪送别以后,各自回屋,与妻子团聚。李娃发现,丈夫的神色异常严峻,与刚回营时完全不同,就问道:"王、徐二统制与孙干办前来,又是为甚事?奴家见得鹏举煞是烦恼。"岳飞就把刚才谈话的情况叙述一遍。

李娃长叹一声,说:"可惜宗留守经营东京二年,却要断送于杜充之手。杜充暴戾恣睢,又如何容得你劝谕?可叹朝中众多文武,竟无人识得杜充真面目!"她见到岳飞深思的模样,又说:"鹏举有何计议,奴家或可与你分忧。"

岳飞说:"自从马统制被杜充那厮杀害以后,郡夫人恨之入骨,教我为姐夫报仇。大丈夫一言九鼎,我为此耿耿在怀。如今杜充胆敢违抗朝旨,弃东京与敌,此正中机便。"

岳飞提到了一丈青要为马皋报仇的事,李娃可算是惟一的见证人。李娃说:"若能杀了杜充,亦是人心大快。然而此事干系重大,亦不知后段如何?"岳飞说:"郭太尉无能,不如请陈都统摄留守事,然后奏禀朝廷。"

李娃忧心忡忡地说:"鹏举,此事切不可鲁莽,你切须事先与陈都统从长计议。"岳飞说:"孝娥此说,正合我意!自家便去拜见陈都统!"李娃送他出屋,又叮咛说:"万不可轻易泄漏!"岳飞说:"会得!"

岳飞当即找张宪,两人一同进城,途经开远门时,又拉了孙革同行。三人很快来到陈淬家里。虽是被杜充罢免了都统制的实职差遣,陈淬仍然保留了武功大夫、忠州团练使的官衔,他闭门家居,心里有说不尽的悲愤。现在听说岳飞等来访,就将来客接到屋里。

陈淬在战前本已抱儿弄孙,然而战争却先后吞噬了全家老幼的生命,如今只是孤身一人,带着一个当直的亲兵。岳飞等人也并非是初次相访,他们发现,在陈淬那间不大的厅堂上增添了一幅本人的半身画像,但画上的人并不披戴盔甲,却是幅巾儒服,其上还有本人的题诗:

落第少年不自哀,

烽烟铁马戍轮台。

数奇不是登坛将,

竹杖芒鞋归去来。

陈淬见大家注意这幅画像,就感慨地解释说:"三十余年前,有一个年少气盛底举子,虽是科举落第,却是慷慨有大志,有意于边功。不料岁月蹉跎,历尽祸难,妻儿又惨遭杀害。如今一个五十五岁底老翁,孤子一身,空有报国复仇之心,又无补于国事!便请画工描了丹青,聊以自嘲。"

岳飞见当直的亲兵不在厅堂,就乘机说:"如今战祸遍地,切恐陈都统难得有归隐底乐土,小将以为,陈都统今有报国复仇底机便。"不单是陈淬,就是连同来的张宪和孙革两人也感到惊奇,陈淬问道:"岳统制是甚意思?"

岳飞所以就便拉张宪和孙革两人前来,就是因为彼此肝胆相照,也必须多几个人合谋,他说:"陈都统可曾记得,数月之前,小将便与都统谈论,秦汉之交,项羽斩得宋义,破釜沉舟,终是成就破秦底大功。"岳飞虽然只是引用历史典故,而张宪和孙革此时也都明白了他的微言大义。两人在大吃一惊之余,虽然也心存顾虑,却都感佩岳飞的勇气。

张宪只是稍稍迟疑一下,就马上表态说:"小将以为,欲救取京城,亦唯有用此策!"孙革也接着表态说:"下官以为,岳统制此计虽险,却是忠义救国之道!"

三人的目光都紧盯着陈淬,平静的厅堂里一时气氛紧张,三人都能感受到自己的心跳和呼吸在加剧。陈淬犹豫片刻之后,立即站起身来,用斩钉截铁的口吻,又压低声调说:"岳统制虽是心存忠义,此事却是万万使不得!此计便是四人知得,切不可泄漏!"

三人听到陈淬的表态,都深感泄气。岳飞和张宪不愿再说,孙革却说:"杜充畏敌如虎,违背朝命,妄自逃避,弃京师与虏人,岂是无罪?"

陈淬说:"自家已是与他争议多时,他以京师乏粮,屯不得重兵为辞,又以朝廷教他'便宜行事'为借口。既是朝廷信任,料得他巧舌如簧,必有掩饰罪过底言语。"他绕着厅堂急走几圈,又说:"且莫说自家们是武人,便是宗判官在此,亦不可胡做!岳、张二统制须知,国朝最是忌讳武将干政!"大家明白,他所说的"宗判官",当然是指宗泽的儿子宗颖。宗颖是文官,他着重强调了文武的差别,说明文官不能做,武官就更不能做。

陈淬见到岳飞的脸色变得十分难堪,又抚着岳飞的肩背,特别呼他的表字说:"鹏举,你与循礼年少,满腔忠义之气,日后尚可大有作为。小不忍则乱大谋,切须隐忍,以待时机!若是依你底计议,不难快意于一时,然而后事却是不堪设想。"

岳飞不再说话,只是起身告辞,其他两人也跟着告退。陈淬把他们送出家门,他用眼色向张宪和孙革示意,要他们规劝岳飞。三人骑马出城,张宪和孙革心境的沉重,其实并不亚于岳飞,他们也不想说话。张宪深谙岳飞的脾性,他料定岳飞经过陈淬的劝说,已经放弃原议,只是心中愤懑,自己反而不便多说。三人只是默默地前行,沿途见到熟悉的街巷、往来的行人,都增加了他们对都城的惜别感。

到开远门下,孙革与两人告别,他语重心长地说:"我历观留守司底统兵官,若论才武,无过于岳、张、王、徐四统制。陈都统小心谨慎,自来不曾轻举妄动,然而他底言语,亦非全无道理。常言道,留得青山在,不怕没柴烧。二统制不可意气消沉,尤须为国珍重!自家料得,日后大地重光,岂可不寄厚望于二统制!"愁闷的岳飞只回答说:"理会得!"张宪说:"感荷孙干办底劝勉,敢不赤心报国!"

岳飞和张宪在夕阳西下之时,赶回军营。岳银铃和芮红奴已经为全家准备了晚饭。岳飞见到老母,还是装出若无其事的样子。晚饭过后,李娃按照惯例,给岳云、巩岫娟和岳雷三个孩子教书识字,然后安排他们睡觉。岳家的习惯是早睡早起,岳雲是家里第一个早起的人,不管刮风下雨,他每天清晨的练武从未中断。

岳飞在晚饭后,就一直侍奉着姚氏。姚氏几次三番打发他回房,说:"老身自有你二姐伏侍,你可回房去,与妻儿相聚。"岳飞也不应答,只是恭敬地在旁侍立。岳银铃向母亲使了个眼色,说:"五郎今日不听妈妈底说谕。"岳飞到此只能辩解说:"我数日征战,未得侍奉妈妈,今晚岂可不在妈妈身边?"

姚氏用微嗔的口吻说:"五郎常言道,不敢不遵母命,今晚如何不遵老身底命令?且速速回房!"岳飞面有难色,却还是没有退意。岳银铃笑着说:"妈妈教你走,你便走!"她把岳飞推出房门,上了门闩。岳飞在门外喊道:"妈妈!儿子不孝!"姚氏笑着说:"你不冷落新妇,便是大孝!"

李娃刚好安排了三个孩子睡觉,见到岳飞回屋,料到必定是给姚氏驱逐回来的,内心有几分高兴,她面带微笑,亲切地招呼岳飞坐下,说:"鹏举,可要吃茶?"岳飞做一个手势,说:"不须!"

李娃见岳飞神色忧郁,又料到必定是与陈淬商量的事不顺利,就说:"鹏举入城去,与陈都统怎生计议?"岳飞说:"陈都统是小心谨慎底人,他劝我不得小不忍而乱大谋。然而听任杜充将京师拱手让与敌人,难道只是小不忍,天下另有甚底事堪称大谋?"

岳飞说着,竟哭泣起来,在李娃的心目中,丈夫是个顶天立地的英雄,但她今天却是第一次见到丈夫伤心的,甚至可说是软弱的啜泣。此时此刻,岳飞面对妻子,简直像一个受尽委屈的孩子。李娃完全理解丈夫的心态,她掏出手帕,真想为丈夫拭泪,但迟疑了一下,还是把手帕递给丈夫,她说:"鹏举勇于担当国事,奴家思忖,此举亦煞是蹈危履险,成败参半。

陈都统老成持重,亦是一说。"

岳飞见到李娃递来的手帕,又猛然想起了一件事,他用手帕擦干泪水,站立起来,找出了一小包用手帕包裹的泥土,激愤地说:"我渡河投归宗留守之时,在河北取此一方土,发誓于他日将此土封于燕山之上。不料如今河北全失,故乡沦陷,京师亦被杜充那厮视为弃物!难道自家们奋死血战,多少豪杰殉身于疆场,唯是赢得了步步后退,教虏骑踏遍天涯海角?"

岳飞的话提醒了李娃,李娃就地抓起一撮土,用岳飞拭泪的手帕包裹起来,说:"此处有英雄泪,又有京师土,唯愿鹏举有朝一日,亦将此土封于燕山之上!"李娃一时心潮起伏,心有所感,就取来纸墨笔砚,用娟秀的楷书写下了一阕《秦楼月》,然后为丈夫吟唱:

繁华歇,金明池畔伤心月,伤心月。英雄啼泪,遗民啼血。

哀兵自古终须胜,铁骑踏破燕山缺,燕山缺。光辉重照,汉家陵阙。

《秦楼月》是《忆秦娥》的别名,相传是由唐朝大诗人李白首先创作,曲调悲怆凄凉。但李娃的吟唱,却有意略带高亢激越,使处于悲痛绝望中的岳飞感受了激励,他上前执着妻子的双手,两人泪眼对着泪眼,尽管灯光黯淡,李娃还是从丈夫温暖的双手里,从丈夫泪眼中迸发出来的奋斗的光芒里,感受到了豪气,感受到了力量,她倚偎在丈夫的怀里,低声而亲昵地说:"奴家知得,鹏举是盖世英豪,一时底进退,又何足以消磨大丈夫底意气。"

李娃的劝勉,在岳飞心里注入了一股暖流,使他对妻子产生一种很深的感激之情。岳飞感叹说:"孝娥煞是自家底知己,天下第一贤妻!我自幼便在村中喜看诸色伎艺人做场,如讲史、诸宫调、小唱之类,熟知三国时关、张底武勇英烈,歆羡不已。自从投军杀敌以来,如在张招抚、宗留守底麾下,做得一个偏将,亦是甘心效命。可叹如今却在杜充那厮底节制之下。若是得独自成军,何愁虏人不灭,要使后世史册,知有我岳飞,与关、张齐名!"他最后几句话,又变得慷慨激昂。

原来宋时乡村中有民间艺人演出,往往是临时占一片空地,叫做场。讲史是单纯的说历史故事,诸宫调却是说唱长篇故事,以唱为主,小唱就是执板演唱唐宋流行词曲。

李娃说:"奴家虽是女流,自幼却是喜读《资治通鉴》等史书。关、张虽是樵夫牧童熟知底英雄,然而民间辗转流传底故事,已不是史册所载底真人真事。奴以为,鹏举当效法汉朝韩信、唐朝郭子仪,能屈能伸,而成大业。杜充那厮浅陋底庸才,鹏举岂得长久屈居于他底属下,须是思忖独自成军之计。"

李娃最后一句话提醒了岳飞。他一夜思考,第二天来到留守司,杜充把他召入书房。岳飞唱喏,说:"小将已于崔桥镇大破王善贼军,今日前来参拜杜宣相。"岳飞依照杜充的宣抚处置副使的新任,称他为"宣相",即宣抚相公的简称。他按照惯例,叉手正立在书案前。坐在书案后的杜充听到岳飞改称他"宣相",有几分高兴,他带着笑容宣布说:"我一介儒士,误蒙主上器使,出任宣抚处置副使。今依朝廷便宜行事底指挥,近日便乘船,沿汴河南下,前去行在。你是本司底第一勇将,我已借补你为武德大夫、英州刺史,亦须率领右军,与留守司诸军随行。"

岳飞说:"小将闻得朝廷命杜宣相节制京东、京西与淮南路,目今防秋在即,不知杜宣相如何措置?京师重地,不知命何人把截?"他这句话当然是明知故问。

杜充讨厌岳飞的提问,但还是作了回答:"我提重兵南下,便是去行朝计议防秋。京师自有副留守郭太尉与知蔡州程直阁防拓。"程昌寓的文职是直龙图阁,简称直阁。

岳飞用恳切的语调说:"小将以为,中原之地尺寸不可弃,而况社稷、宗庙在东京,列祖列宗底陵寝在西京,尤非他地可比。杜宣相以朝廷委寄之隆,有重兵硕望,不守两京与京东、京西,郭太尉与程直阁些少军力,又教他们如何支撑?杜宣相一旦启程,两京与京东、京西便不复是大宋底疆域,他日再欲收复,非捐弃数十万将士底性命不可。切望杜宣相改图。"岳飞说到最后,两串泪珠滴落胸前。

杜充开始吼叫:"你是偏裨,如何理会得我底深谋?你只须听我号令,若是违犯,军法便容你不得!"

杜充对部属动辄使用粗暴的、威胁性的言词,人们已经司空见惯,也就见怪不怪,岳飞对此也早有思想准备,他说:"小将委是难以领会杜宣相底兵机。然而若是两京因此失守,行朝底台谏官亦须有所论奏。小将不才,愿率本军人马,助郭太尉死守京城,亦可稍宽杜宣相后顾之忧。"要求自己守东京,这是岳飞的一步棋。他认为郭仲荀无能,自己留守东京,可以摆脱杜充,逐渐独立成军。他还特别提出台谏官劾奏的问题,也希望借此对杜充稍有震慑。

在杜充心目中,岳飞无疑是自己最重要的鹰犬、最得力的打手,他的属下无论如何不能没有岳飞,他用不容商量的口吻说:"两京重地,我自当命郭太尉等用心守御,不至疏虞。你所部右军犹须随我南行!"

岳飞见自己留守东京之议被否决,又说:"小将闻得杜宣相罢免了陈团练底都统制差遣,目即大军南行,切恐无人助杜宣相节制诸军。监门官孙革曾冒犯杜宣相,而已事隔多时,小将右军中目今尚无人主管文字,敢请杜宣相将他差到军中,庶几南下之时,军中文字有所照应。"岳飞的意思,当然是希望自己出任都统制。

岳飞的建议引起杜充的考虑,按杜充的计划,他本人讲求舒适,准备乘船走水路,而大军还须走陆路,的确需要有人为自己统驭各军。都统制的人选只能有两人,第一是岳飞,第二还是陈淬。他认为两人都不是对自己唯命是从之辈,而岳飞的才能又在陈淬之上,并且为各军所敬服,但本着养鹰休饱、饱则飞扬的原则,尤其不能让岳飞出任都统制。

杜充说:"陈淬闭门思过多时,可教他复任都统制。孙革用心险恶,他若是到你军中,有害无益。你可回营,准备率本军南下!"他说着,就傲慢地把手一挥,岳飞只得忍气吞声地退出书房。尽管自己的三项要求都被否决,但陈淬复任都统制,还多少给他带来一点宽慰。

东京留守司的各军进行南撤的准备,其中最麻烦的,当然是家属的随行。右军的兵力扩充到四千人,其中骑兵仍保留了年初一千二百人的编额,而家属却另有约四千人。岳飞仍按年初的旧例,命张宪与第三将将官郭青、沈德、韩清护送家属。岳家的老母姚氏和李娃、高芸香两个孕妇当然是重点的照顾对象。岳翻仍然是第三将的普通战士,岳飞安排弟弟照顾全家老小。

尽管宋高宗带着他的小朝廷,已经漂泊东南三年,但撤离一百六十八年的国都,对任何爱国军民说来,都是十分痛苦的事。王贵和徐庆指挥的中军也与右军同行,岳飞感情上最牵挂的,当然是监开远门的孙革。他想念孙革,却又难以抽出时间,与他话别。

在大军启程的前夜,孙革主动来到右军的军营。岳飞当即聚集全军的将官,与他诀别。张宪代表众人,恭恭敬敬地向孙革进献了一卮酒,说:"孙干办虽是未能到得自家军中,却是与全军将士同袍同泽,敌忾同仇。敬请孙干办满饮此杯,他年他月,尚得相聚。"

孙革举杯一饮而尽,说:"我唯是一介书生,国难时节,得与众太尉相知,便是三生有幸。平世用文,治理天下;乱世用武,戡定祸乱。欲得复仇报国,尤须仰仗众太尉宣力。自家底恩师马殿院,只为弹劾奸佞,贬死异乡。我立誓步恩师底后尘。杜充将我贬为监门官,亦是与我报国之机。唯愿众太尉平复中原之后,当祭奠为国死难底亡灵!"

孙革提到自己的老师马伸,也表示了自己以身许国的大誓,使众人都感泣起来。岳飞上前,执着孙革的双手说:"我不能请孙干办到自家军中,万诛何赎!"孙革说:"自家早已感戴岳统制底恩意。丈夫有泪不轻弹,岳统制切须忍辱负重,能屈能伸,为国珍重!"他马上与众人告别,岳飞率众将送他出营,孙革上马,头也不回,就直驰开远门。岳飞等人直到望不见孙革的背影,才怅然回营。

翌日,岳飞的右军将士个个怀着深痛和大恨,开始南撤。岳飞骑着逐电骠,不断回首望着愈来愈远的军营、金明池、琼林苑、护龙河和高大的城垣。他咬紧牙关,一言不发。突然,于鹏带着一批军士,唱起了李娃的《秦楼月》。原来李娃在创作这阕词的第二天清晨,就教岳云等三个孩子识字咏唱。岳云又特别拉了巩岫娟和弟弟,为于鹏咏唱。于鹏听后,心有所感,他深通乐律,感到《秦楼月》原来的词曲已经不足以表达词意,就另外谱写了悲壮慷慨的一曲。宋词本是当时的流行歌曲,于鹏很快就教会了一批军士。《秦楼月》词唱出了全军的心声,使大家感奋落泪。

岳飞却一直强忍着泪水,他听从了昨天孙革"丈夫有泪不轻弹"的告诫,他听到了最后的两句歌词,不禁低声自问:"此去南行千里,亦不知何日重归汉家陵阙?"

[壹玖]
铁路步相会

东京留守司有三万大军南撤,而杜充亲自带两千亲兵走水路,陈淬指挥各军走陆路。岳飞和张宪的右军充前队,陈淬本人亲统王贵和徐庆的中军,跟随在右军之后,其他各军依次在中军之后。岳飞的右军也依次是第一将和第二将骑兵在前,第三将步兵居中,第四将步兵压后。岳飞本人亲统王经和霍坚的第一将,走在最前列,张宪则是亲统第三将居中。由于家属的拖累,行军速度当然很慢。

队伍到达开封府界南端的铁路步,却意外地出现一支军队,拦阻去路。岳飞闻讯,连忙和王经、霍坚、于鹏、王敏求驰马来到前列,只见对方队列前有两面白旗,旗上用黑线绣了"关西贞烈女"和"护国马夫人"十个大字,一员将领,手持一对长刀,头戴钢箍莲花冠,身披重甲,骑一匹白马伫立队前,威风凛凛。岳飞当然认得,来者正是新兴郡夫人一丈青王燕哥。

原来岳飞离开西京以后,当地的防守态势也发生了很大变化。有一个乱世的草头王,名叫杨进,号称"没角牛",形成了称霸一方的局面。京西北路制置使翟进出兵进剿,竟遭杨进偷袭而战死。翟进的哥哥翟兴只能率余部退守伊阳县凤牛山寨,与杨进对抗。驻守洛阳空城的间勍不免感到势孤力单,他和义女一丈青商议对策。

一丈青还是不能忘记当年救过自己性命的张用,她说:"闻得张用与王善分兵之后,屯驻蔡州确山县一带,招徕数州丁壮,兵马颇盛,人称'张莽荡'。张用不似王善,若能劝谕他前来,亦可壮官军兵威,使房人不敢小觑西京。"间勋说:"杜充虽是嫉恨张用,然而国难之际,自当弃瑕招安。"他决定修书一封,一丈青也特别另外修书一封,命令一名小武官,宋时称为"使臣"的前往。

不久以后,那名使臣回来报告说:"张用言道,他愿归间太尉底麾下,唯是须依允他一件事。"间勋问:"什么事?"那名使臣说:"下官不敢说。"间勋有点不耐烦,说:"且与我实道来。"那名使臣望了望坐在旁边的一丈青,说:"他要娶郡夫人做浑家。"一丈青虽然是豪爽的巾帼英雄,听得这句话,也不由红着脸,逃出屋去。

那名使臣的报告引起间勋的深思。自从一丈青来到西京,他和妻子竭力抚恤,但他们也知道义女的心境一直极坏,特别是在岳飞拒绝婚事以后,一丈青更是郁闷。他们夫妻也不时商议,希望给义女另找佳偶。间勋对夫人说了这件新闻,间夫人说:"马统制遇害,已有数月。如今是乱世,女子守寡,往往是以日易月,二十七日之后,便卸脱麻衣,更换红装。若是郡夫人有意,此事便一举两得。"

间夫人立即找一丈青谈话,试探意向。一丈青竟爽快地应允了这门婚事。一丈青的精神十分愁苦,其实非常渴望有一个男子,作为自己的精神支柱和寄托。今天得知张用提亲,最初也不免感到羞怯和突兀,但静心一想,在自己的心目中,张用固然不能和岳飞相提并论,然而她对张用的粗豪直率,其实还是有相当好感。特别是回忆郑州之战时,张用舍命相救,赠送白马,这匹白马至今仍然是自己的坐骑,更有一种姻缘天定的感觉。她为此特别到市上占卜,又去寺观求签,结果都是上上大吉。

经过再一次往返,双方确定,由张用派一百名将士前来迎亲。虽然洛阳的市面萧条,间勋夫妇的经济也不宽裕,还是勉力为义女准备了一批嫁妆。间勋对义女说:"郡夫人不可只身前去,不如教张应、李璋率旧部五百人随从,缓急亦可照应。"一丈青说:"西京兵微将寡,若是勾抽五百人随奴家,军力益见单薄。奴家不久便当率张用全军,前来驻守。"她决定只带亲兵二十人,另加女使二人。

一丈青马上就要启程,间勋夫妇与张应、李璋、赵宏、舒继明等人都与她依依惜别。不料此时突然接到了杜充要间勋事实上放弃西京的命令。

一丈青愤怒地说:"杜充那厮奸贼,胆敢擅弃东、西二京,理当碎尸万段!"闾勍忧心忡忡地说:"然而东京重兵南撤之后,副留守郭太尉无能,些少军力,粮草鲜薄,又如何防拓两京?"一丈青心生一计,她果断地说:"闾太尉不可听杜充底号令,奴家去后,必有理会!"她并不说明自己的计谋,当即上马,率领男女双方的一百二十名将士和二名女使,飞奔确山县的张用大寨。

张用的大寨坐落在县城西北的兴隆村。张用认为这个村名吉利,决定作为据点。他主张不与朝廷为敌,所以不攻打任何州县城。他的义兄弟曹成、马友和李宏因此与他发生分歧,各自分兵南下,与他脱离关系。张用的队伍目前达一万四千人,但大都是老弱妇孺,他们或是被掳掠而来,也有因乱世生计无着,前来投奔的,而充当战士者也不足四千人。

张用亲自出寨,把一丈青迎到厅堂。他不断望着对方的丰壮英姿,喜悦无比,笑着说:"我曾与郡夫人同共厮杀,此亦是苍天早已前定底姻缘。"一丈青却严肃地说:"奴家是盘马弯弓底人,与张统制结成伉俪,不是为与你铺床叠被,飞针走线,却是为与你同共统率军马。"张用说:"此是自然之理。"

一丈青说:"然而军中亦恐有不服奴底号令,今日须是先比武,后成亲。"张用久闻一丈青悍勇无敌,也曾萌生过与她一比武技高低的念头,就爽快地答应说:"用刀枪比武,切恐伤人,不如用杆棒,不知郡夫人愿步行竞技,抑或驰马角逐。"一丈青站立起来说:"与军中壮士用步,与你用马!"

一丈青立即换装,时值夏末,她头上只裹了一个简单的红绢包髻,身穿一套紧身藕色丝衫裤,腰间束一条青花麻布巾,脚上是女子流行的凤头尖鞋,体态显得格外丰壮。张用临时为她找来两条四宋尺有余的木棒代替双刀,带领她来到一片空地,前来围观的将士们不由人人喝彩。一丈青来到围观的人群中站定,高声喊道:"哪个壮士愿与奴较量?"张用军中的壮士们,一个接着一个持棍棒上场,和一丈青比武。豪勇的一丈青抖擞精神,施展武艺,竟接连击倒了八人,她大喊几声,就再无第九人敢于上场。

张用此时已经有几分怯意,他后悔不该轻易允诺比武,自己如果输在一丈青之手,岂不是当众出乖露丑。他对一丈青说:"郡夫人煞是武艺超群,然而比武多时,亦须回房歇息。"一丈青已经听出了他的弦外之音,说:"奴只须在此用一个炊饼,吃一碗茶,便与你在马上一决雌雄。"

张用到此地步,也无法再打退堂鼓,只能吩咐端来炊饼和茶。他临时找来一条枣木棒,代替常用的凤嘴刀。一丈青吃完点心,就和张用各自持棒上马。张用所骑,还是郑州营救一丈青时抢来的那匹黑马,而一丈青当然是骑张用所赠的白马。一对未婚夫妻开始在马蹄扬起的黄尘中格斗,不一会儿,一丈青大喝一声,举棒把张用打下马来,赢得围观者的一片喝彩。一丈青当即翻身下马,把未婚夫扶起,张用满面羞惭,说:"不料尚未成婚,浑家先打夫君。"一丈青笑着说:"郎君道伏奴不伏?"张用说:"我此回煞是心服口服!"两人的一问一答,自然在围观者中引起一阵哄笑。

当夜,张用和一丈青度过新婚的欢乐后,一丈青对张用说:"杜充妄图弃东京南逃,自家们明日便须出兵,横截了那厮兵马,为奴底前夫报仇!"张用虽然感到自己的兵力不足,却不好违忤妻子。

现在一丈青列阵在东京留守司军前,特别展开自己的两面绣旗,当然是希望有熟人前来答话,而她最渴望见到的人,正是岳飞。当她见到一名将领,手持丈八钢枪,骑着一匹黄骠大马,就推断出来者必定是岳飞,心中一阵激动和酸楚,不免掉下了几滴泪。

岳飞首先高喊:"下官拜见郡夫人!"一丈青噙着泪水说:"岳五哥万福!姐姐日夜思念岳五哥与李十姐,妹妹安好否?"她呜咽的音调,使岳飞深受感动,他回答说:"浑家已有身孕,今在后军,我与她亦是日夜思念郡夫人。不知郡夫人如何到此地?"

一丈青说:"奴与义父闾太尉计议,嫁与张用,以求援兵。如今姐姐与你底新姐夫自确山起兵,只为前来取杜充底首级。岳五哥须记得数月前底誓言,助姐姐一臂之力,亦是为国除害!"岳飞说:"马统制惨死杜充之手,我亦粗知一诺千金之理,岂得忘此大仇。然而杜充不与大军同行,他另率两千人,坐船南下,已是早行三日,切恐追赶不及。"岳飞不想细谈自己两次谋划杀杜充的细节,认为这类事情已经不值得一提。

一丈青听到这个消息,深感泄气。她想了一下,说:"岳五哥智勇忠义,岂能甘心在杜充奸贼之下受屈。奴家料定你必是不愿轻弃两京,不如乘此机便,独自成军,与姐姐同心协力,抵御房人,收复河山。"

一丈青的言谈,特别是"独自成军"四字,深深刺中了岳飞心灵中最敏感的痛处,他长吁一声,说:"我朝思暮想,便是'独自成军'四字。自家亦是个顶天立地、嚼齿戴发底男儿,屈从于杜充,死不甘心!然而陈都统与众人劝我切须隐忍,教我记取三年前不遵王彦号令,险遭不测,深以为戒。"

一丈青沉思片时,说:"奴久欲与岳五哥比武,一见高下,未得如愿。今日便在铁路步与你挑战。你若是胜得奴底双刀,奴与你底新姐夫自回确山;奴若是赢得你底钢枪,你们底大军便撤回东京城。"

在宗泽生前,一丈青有时与东京留守司的男将们提出比武的要求,但男将们,其中也包括岳飞、王贵等人,都不愿应承。其理由当然也十分简单,赢了不算光彩,而输了却是颇失男子的体面。现在一丈青重新提出比武的要求,使岳飞感到为难,他说:"我不过是一军统制,尚须听命于陈都统,岂能以比武定进退?"

一丈青却并不理睬岳飞的回话,她大喝道:"岳五哥,今日须叫你受教于奴底双刀!"说完,就拍马举刀,直取岳飞,把岳飞逼到了必须应战的窘境。一丈青舞刀进击,岳飞一面抡枪架格,一面连声说:"郡夫人,我不愿比武!"不管岳飞愿意与否,他只能接受对方的挑战。一丈青连劈数十刀,岳飞只是招架,并不还手。一丈青的自尊心反而受到挫伤,她当然不愿意让这种不对等的比武场面持续下去,她大喊说:"岳五哥如何不反击?奴便是死于你底枪下,亦是甘心!"话音刚落,岳飞用枪刃撬开对方的双刀,却顺手抡动枪杆的后部,将一丈青扫落马下。

岳飞连忙翻身下马,扔了钢枪,一面把一丈青扶起,一面连着道歉,说:"郡夫人,下官得罪!"在后面压阵的张用见妻子落马,急忙手持凤嘴刀,纵马直奔战场。一丈青见丈夫飞马而来,连忙大声喊道:"张郎,不得与岳统制无礼!"

张用立即下马,与岳飞互相作揖,他不免称赞说:"今日方见岳统制底好身手!"一丈青说:"岳五哥不知,你底新姐夫新婚之时,便被你姐姐打下马来!"张用被妻子说破底细,不免面露窘色。

岳飞说:"下官恭请郡夫人与新姐夫到军中,与众人相聚,亦可与陈都统再作计议。自家底浑家极是思念姐姐。"

不料一丈青却断然回绝:"奴与众太尉会见,与妹妹相会,唯是益增伤感,不如不见。朝政昏暗,是非黑白颠倒,李相公、宗留守、张招抚等忠良备受摧折,黄潜善、汪伯彦、杜充等奸贼反得重用,'中兴'二字亦不知何时了得?唯愿岳五哥早日北归,与奴家夫妻同共杀敌。"一丈青在皇帝开元帅府时,就追随宗泽,她目睹建炎朝政的昏暗,特别是前夫马皋遇害后,使她的内心滋长了反叛意识,相当厌恶这个荒淫无道的皇帝。她追随张用不过几天,却很快体会到一种不受朝廷羁束的自由和快活。她其实已接受了张用的处世之道,既不公开反叛朝廷,又不听命于朝廷。

岳飞回阵,就便叫了于鹏、王敏求和本军第一将及第二将的王经、寇成、霍坚、姚政六将,与一丈青、张用会面。但这对夫妻不听大家挽留,当即麾兵撤回确山。岳飞等人望着他们的背影,感叹不已。岳飞的心情格外沉重,他不愿意继续行军,下令本军就在铁路步暂驻。张宪和第三将、第四将的官兵、家属等赶到时,张用和一丈青的队伍已经无影无踪了。

岳亨得知这个消息,就单独找岳飞谈话。岳飞见到他脸色难堪,口欲言而嗫嚅的模样,就说:"岳正将有甚言语,实道来。"岳亨用沉重的语调说:"小将自靖康年间,在东京围城中与虏人血战,后又追随马统制与郡夫人杀敌。如今杜充教自家们离别桑梓故里,小将委是不忍心。今日知得郡夫人驻兵确山,行将增援西京。小将愿重归郡夫人麾下,又恐违犯军法。"

岳飞感伤地说:"岳正将亦是知我心事,你不忍暌违故土,我又何忍轻弃东京?我亦是恨不能即时插翅,飞回河北。然而我亦是军中一介偏裨,做不得主。此事须禀白陈都统,若得俞允,我当放你逐便。"

中军抵达铁路步后,岳飞和张宪马上找到陈淬和王贵、徐庆,叙述与一丈青、张用相会的情况,他最后说:"岳正将恳请离军,此正是军心不稳。将在外,君令尚可有所不受,既是杜充不在军中,陈都统何不回师开封城,关白朝廷。"陈淬说:"你须知副留守郭太尉尚在城中,他亦是不愿留守东京,正可乘机督率自家们再次南下。我思忖再三,目即京师粮食缺乏,大军亦只得南下就粮。待我到行朝拜会台谏官,说破军情,然后将军中老小留于江南,自家们再行北上,亦是名正言顺。"

岳飞不再说话,他的内心也特别赞成把家眷安顿在南方,可以使将士们安心作战,无后顾之忧。张宪问道:"然而岳正将底请求,又当如何措置?"陈淬长叹一声,说:"将他强留军中,亦是于心不忍。闾太尉孤军苦守西京,极是不易,不如以增援西京为名,放岳正将逐便,教他统旧部前往。"

岳亨带领了自愿随从的六百名军士,连夜就准备启程前往确山。岳飞和张宪亲自为他们敬酒送行,每人颁发犒赏铜钱一贯。突然,李娃带着明显的身孕,由岳雲和巩岫娟陪同前来,她首先对岳亨行礼,说:"岳正将万福!奴家与郡夫人情同姐妹,今日却不得一见,深以为憾。敢烦岳正将携带些少薄礼,以寄奴家至意。"巩岫娟捧着用一方素绢裹着的小包,放在桌上,并且打开包裹,只见里面放着两方丝帕和两枚用作头饰的鸳鸯白玉梳。巩岫娟又为众人打开两方丝帕,其上是李娃的娟秀楷书,她在一方手帕上誊录了新近创作的《秦楼月》词,另一方手帕上是一篇骈体文短启:

  姐妹情深,庆洞房之佳气;山水阻隔,怅候问之未遑。兰心剑胆,鸳帐虎韬。九朝皇都,岂忍视同弃屣;两河故园,尚期扫尽狼烟。萍踪无定,后会有期。

于鹏在这群武夫之中,当然文化最高,他看后发出深长的赞叹说:"李孺人煞是女中丈夫底手笔!"岳飞并不说话,他只是用内心领会妻子的感情,他在朦胧之中产生一种幻觉,似乎妻子的文字并不是她个人的创作,而是两人共同的创作。大家沉默了一会儿,张宪用深沉的音调说:"李孺人底文字,便是自家们底心声,敢烦岳正将转致!"岳亨小心翼翼地收藏了李娃的礼品,说:"李孺人与众太尉底心意,下官务须转致郡夫人!"

在暗夜中,岳亨的队伍开始动身。在岳亨上马时,岳飞紧握他的双手,依恋地说:"不知与岳正将何时相会?"岳亨激昂地说:"但愿于克复故土底战场上重逢!"岳飞等人望着这支队伍消失在黑夜中,大家嗟叹不已。

[贰零]
凄凄惨惨戚戚

七月初秋的月末,东京留守司的右军和中军在一个晴朗天气,终于抵达大江北岸的真州六合县宣化镇。宣化镇的渡口,就是现今江苏南京对岸的浦口。两军的将士,连同家属,全是北方人,而惟一的南方人,则是都统制陈淬。北方人初次见到如此波澜壮阔的江水,不免惊叹不已。

在沿途受到特别照顾的李娃和高芸香,也手挽着手,徒步来到江边观览,两人望着滚滚江水,都触景生情,李娃说:"自古至今,多少骚人墨客,吟诵大江,今日身临其境,方知大江底旖旎秀丽、浪高流阔,却是抒写不尽。然而今日见得大江,更是思念黄河。"高芸香感叹说:"奴家十月怀胎,却须在江南分娩。亦不知何年何月,方得带领亲骨血,重返相州故里。"李娃也叹息说:"自家们从黄河退至大江,委是更无退路!"

陈淬早年应举,从福建路北上,渡江到开封,后来却一直在北方的军队里服役。他再次见到大江,更是百感交集,连他本人也说不清楚心头是一种什么滋味。他一时甚至没有心绪部署两军渡江,而只是呆立在江岸怅望。突然,有军士送来一份刚到的邸报。他取来一看,不免倒抽一口冷气,说:"难道朝廷百官,竟全是有目无珠!"在他身边的岳飞、张宪、王贵和徐庆四将取过邸报一看,原来邸报上的第一条消息,竟是杜充在七月二十六日授任同知枢密院事,官拜执政。

这个消息对众人都是心理上的重大打击。张宪念着杜充的升官制词说:"'徇国忘家,得烈丈夫之勇;临机料敌,有古名将之风。'不料一个庸懦怯敌底卑夫,竟成徇国底丈夫,刚愎无谋底俗子,便是料敌底名将!"

王贵对陈淬说:"朝廷宠信杜充,陈都统又怎生陈诉?"徐庆愤愤地说:"陈都统不去陈诉,军中又有何人去陈诉?"陈淬望着大家失望和愤怒的目光,说:"我虽是武臣,终须尽大宋臣子之责。自家们尚须先措置渡江。"东京留守司的各军,以右军和中军为前队,分批乘船渡江,到达对岸的龙安津和靖安镇,然后前往建康城东北的锺山一带屯驻。

杜充是在七月二十四日渡江,他刚到龙安津,听说张浚率领一支人马,已在当天启程,前往陕西,就决定暂不进建康府城,先去追赶张浚。他赶到府城西南的江宁镇,终于追上了张浚。张浚已经得知杜充前来行朝的消息,但还不能确定杜充的行程,更没有想到,杜充特别赶来与自己会面。两人过去仅有一面之交,但由于杜充不断向朝廷虚报战绩,使张浚对杜充颇有好感。今天杜充特别赶来会面,更使他感动。两人作揖寒暄后,张浚就屏去王彦等随行官员,单独和杜充在监镇官衙里长谈。

张浚和杜充都感觉饥饿,吏胥们临时为他们供应了点心和茶水,两人边吃边谈。杜充向来自视极高,但今天却特别对张浚表示敬意,他说:"此回朝廷变难起于仓促,张枢密与吕相公以大智大勇,力挽狂澜于已倒,功在社稷,名垂竹帛。今日幸得再睹清光,更见张枢密少年老成。众人莫不异口同声,言道国朝除授执政,自寇莱公之后,便是张枢密年少。"寇莱公就是宋朝名相寇準,古代讲究避名讳,对于名公表示尊敬,就不能直呼其名,寇準封莱国公,所以称他为莱公。

张浚说:"杜宣抚镇守东京,使京师有金汤之固。虏人虽是猖獗,亦不敢轻犯,四海皆知杜宣抚底威名。国家危难之际,委是众望所归,人人倚为国之柱石。朝廷以杜宣抚与下官分统方面,措置防秋,未审杜宣抚有何良谋?"两人互相称赞,也各自感到舒心快意。

杜充说:"自古祸难,未有甚于靖康之变,二帝北狩,自家们身为大宋臣子,委是痛心疾首。方今第一急务,便是重振兵威。自中唐五代以来,骄兵悍将辈犯上作乱,国朝列祖列宗力矫此弊,设立文臣统兵之制,委是百代不可易底良法美意。然而文臣统兵,一须是知兵,二须是驭将,整饬纪律。我自统兵以来,亦是渐知驭将之道,须是恩威兼施,如今军律不严尤是第一大患,故务须威重于恩,方得有济。"

杜充的一大嗜好就是夸夸其谈,而张浚却是听得津津有味,他说:"杜宣抚此说,煞是深通统兵底三昧,我敢不受教!圣上虽是命洪皓等出使,唯恐虏人不肯讲和,侵犯不已,不知杜宣抚有何对策?"由于杜充事实上没有回答他的问题,张浚还是重复刚才的问话。

杜充说:"目即东京缺粮,我留郭仲荀等守城,亲统重兵南下,便是为与大臣们计议防秋底大事。"他首先掩饰自己擅弃开封的问题,有意稍稍停顿一下,观察对方的动静,看到张浚毫无反应,就继续说:"我料得虏人此回出兵,必是依急袭扬州底故伎,自淮南径攻江南。故王师设防,当以行在为主,而以东京为次。上策莫如依凭大江天堑,秋冬时节,可避其锐气,待春末夏初,然后击其惰归。"

杜充的胡吹乱诌,无非是为自己逃遁江南编造一套冠冕堂皇的理由,用以掩饰罪责。他有一个基本估计,金军虽强,绝不可能杀过大江,自己躲避到江南,就能平安无事,可以放肆大吹大擂。张浚却反而对他敬若神明。两人的一席长谈,杜充终究没有白费唇舌。张浚事后在路上给朝廷上奏,说杜充"议论慷慨,深谙韬略,有宰辅之器,可以大用"。

杜充在第二天参加奏对,又与吕颐浩长谈,第三天,宋高宗就发布他升任同知枢密院事。朱胜非离开行朝前对杜充的评议居然没有任何功效,从皇帝、宰相到百官,大都把杜充看成是国家的擎天柱和救星,居然没有人想到要追究他擅弃东京的罪责。但杜充却嫌自己执政的新命是功高赏薄,大材小用,于是就佯称有病,再三上奏辞免。一时之间,杜充的装病又成了行朝百官的议论中心。

陈淬到达建康府城后,才得知杜充装病,寓居在城东的一套租房,拒不见客。陈淬试着前往求见,报告军务,也果然被杜充的亲随拒之门外。陈淬满腹忧愤,决定去找殿中侍御史赵鼎。凭他在官场的经验,如果自己率众将上告杜充,无疑适足以败事,而决无成事的可能。因为崇文抑武的朝廷只能偏听偏信杜充,而不会相信武将。通过台谏官弹劾杜充,成了惟一可能的选择。按过去的交往,陈淬对赵鼎还是寄予厚望。

赵鼎是陕西解州闻喜县(今属山西)人,字元镇,今年四十五岁。他和陈淬曾有一些交往,但不是深交。因为在赵鼎的眼里,陈淬不过是个落第举人,弃文就武,而自己是荣耀的进士登科,不足以成为平交与深交。

虽然同是做官,科举出身的是正品,而其他出身则是次品,这已成为宋代官场里根深蒂固的传统偏见。

赵鼎退朝回家以后,仆从报告陈㴩相访,赵鼎不免感到突兀。但赵鼎的好处是待人接物,处处显示了雍容大度和雅量。这个崇宁五年的年少进士,寄身官场已经二十四年,虽然官位不高,而内心自视甚高,认为自己是标准的宰执大器。他马上出迎,与陈㴩以表字互称,对来客显示了一种有分寸的礼遇。

赵鼎与陈㴩分宾主坐定,彼此寒暄过后,陈㴩急于把谈话进入正题,他详细叙述了杜充的各种劣迹,最后悲愤地说:"自宗留守统兵以来,东京留守司军久经战阵,与虏人鏖斗,委是天下底劲兵,可惜却是在杜充那厮底节制之下。自家们虽有报国之志,却须退兵千里。将士们人人怀念故土,若是得朝廷供应粮食,自家们誓愿回归东京,与来犯之敌决一死战。切望元镇尽举劾之职,以救国难。"

赵鼎简直不相信自己的耳朵是否是在听离奇的神话。因为自从杜充继任东京留守,在朝廷的声誉日隆,威望日著,陈㴩指责杜充擅弃东京,更使赵鼎惊诧不已。陈㴩不难发现,赵鼎在用心倾听的同时,仍然不时流露出将信将疑的目光,开始感到几分不快。赵鼎最后用平和的语调说:"自家蒙圣上录用,叨居宪台,自须振举职事,不避权势,觉察纠劾百官,以报圣恩。今日已是知得君锐底来意,且容我与宪台底同僚用心查究情实。"

陈㴩不免用略带激愤的声调说:"若是在平世,似杜充模样底人,坐在政事堂中,尚且不容于清议。目今正值仲秋,已是虏人底举兵时节,虏人虎视鲸吞,岂肯与我讲和?国势岌岌可危,重用杜充,必是祸国败事,噬脐莫及。难道赵殿院便不能听下官一言?"

陈㴩特别不用赵鼎的表字,而改用"殿院"的官称,当然是加重责任之意。赵鼎却用温和的语调说:"君锐志在报国。杜枢密委是未奉朝命,便拥重兵南下,然而他亦自振振有词。圣上与吕相公方是倚重杜枢密,下官便是依君锐所言,劾奏杜枢密,亦未必济事。此事且容下官与宪台同僚共议,必有上奏。"他强调的是"上奏",而不是劾奏。

赵鼎的回答当然引起陈㴩的不满,陈㴩真想发怒,与赵鼎争吵一场。但他毕竟年过五十,熟悉官场的世故。他清楚懂得,争吵的结果更会事与愿违,便很快压抑了愤怒,起身告退。他执着赵鼎的手,用沉重而恳切的语调说:"国家今日底安危存亡,便系于台官辈能否仗义执言。重用杜充,国难未已!"

赵鼎礼貌地送别陈淬。他第二天还是把陈淬反映的情况,带到了御史台。作为一台之长的御史中丞范宗尹说:"闻得杜枢密处事峻急,罚重于赏,部属不免有怨。武将所言不可信。"其他御史也纷纷附议,这些文官们都怀着一种传统的偏见,宁肯相信科举出身的文官杜充,而不愿相信武将。赵鼎说:"然则京师乏粮,守军单寡,自家们不如同共上奏,建请增拨军兵与粮食,以救京师之急。京师重池,不可不固守。"他的建议得到御史们的同意。

陈淬离开赵鼎家,带着两名亲兵,在秦淮河边漫无目标地骑马前行,他满腹的气恼、忧愁和痛苦,真想在河边大哭一场,却是欲哭而无泪。他来到上水门附近,见有一只小船停在前面,船里走出一个戴盖头的妇人,也不以为意。不料那个妇人见到陈淬,却主动上前行礼,口称"君锐万福"。陈淬连忙下马还礼,他透过盖头的薄纱,依稀见到那个妇人的面容,原来那个妇人正是李清照。陈淬曾经和赵明诚夫妻有过一段交往。

原来自从赵明诚得到主管建康府崇真观的差遣后,一直留在城里。夫妻俩商量,认为在兵荒马乱的年月,建康府可能不是安全的住地,于是李清照在六月乘船前往沿江的池州(治今安徽贵池),看望一家亲戚,商量避难事宜。不料最近赵明诚得疟疾,李清照又匆忙乘船赶回建康府。

陈淬和李清照只是互相简单地介绍了各自的情况,就随李清照前去探望赵明诚。这是赵明诚卸任建康知府后购置的新居,一个不大的院落,有八间房,六棵梧桐。陈淬一进门,就有一股药味和霉味扑鼻而来,他立即感到屋里的湿气太重。赵明诚的新居完全不像文士的雅洁书斋,他离开益都县故居时,曾选了十五车书籍和古器南下,这是他家收藏的精华。但因屋里的地皮潮湿,夫妻俩只能把这些珍宝全部堆积在各种家具上,显得十分凌乱。

李清照对陈淬感伤地说:"益都故居底收藏,闻得已化为煨烬。此处居室隘陋,自家们南下时,带来书二万卷,金石刻两千卷,其他字画鼎彝之类不计其数。平时奉为至宝,爱不释手,如今竟不知甚处顿放?"陈淬说:"可叹我身为武将,竟不能拯救国难,保护文物!"

李清照带着陈淬径入赵明诚的卧室。赵明诚躺在床上,他近日又得腹泻,身形枯瘦,精神萎靡。原先书籍占据了一半床位,现在只能把书籍搬到床边的两张方凳上,以免被腹泻污染。一个小厮儿在屋里为他煎药。李清照见到丈夫的模样,不由伤心地说:"奴家闻得你大服茈胡、黄芩等药,极是可忧,便自池州一日夜行舟三百里。今日得见,果是不出奴底所料。"她强忍悲痛,不敢落泪。

陈淬也走上前,向赵明诚问安,他说:"自家今日与易安居士邂逅,知得德甫微恙,特来看视请安,唯愿德甫早日康复。"赵明诚感到奇怪,问道:"闻得君锐为东京底都统制,何以到行在?"

陈淬十分为难,感到不说不行,而说了又会影响病人的疗养,他带着惶惑的眼光望着李清照,李清照说:"君锐既已到此,尚须说破真情。"陈淬就坐在床边,尽可能简单地介绍了杜充率重兵南逃以及拜会赵鼎的情况。

赵明诚悲愤地对李清照说:"我料得建康府不是世外桃源,便教你前去池州。池州濒临大江,又怎生安居,你犹须南奔!"李清照说:"夫君得病,奴如何忍心离别?"

赵明诚心忧如焚,又吩咐说:"你取纸笔来,且为我草拟奏疏。台官不愿弹奏杜充,我既得沉疴,尤须弹击那厮奸贼!"李清照懂得丈夫的脾气,此时此刻,是决不能劝阻的。她只能在堆满书籍的几案上腾开一角,开始为丈夫草拟一份奏疏。

李清照写完后,赵明诚就要小厮儿扶他起床,不料刚站立起来,又感到腹痛,直到大便以后,才喘息着,坐到了几案前。李清照教小厮儿服侍他先吃了汤药。赵明诚不顾头晕眼花,勉力支撑病体,誊录妻子的草稿,个别地方还略作修改。陈淬在旁观看,十分感动,说:"今日方见得德甫底忠心!唯愿主上感悟,早作措置。"赵明诚写完了最后一个字,只感到精疲力竭,天旋地转,一枝毛笔落地,身体也跟着歪倒。陈淬急忙扶住,与小厮儿一起将赵明诚抬上床。

赵明诚喘息片刻,才艰难地对陈淬说:"自家已是病废之人,君锐尤须为国宣力,拯救社稷江山!"陈淬说:"我敢不受教!德甫尚须善自调摄,强进药石,以求康复。"他劝慰了赵明诚和李清照一番,就离开赵家。

李清照回家以后,赵明诚的病势继续加重,他在病中还一直打听朝廷对自己上奏的回音,不料竟如石沉大海。岂但是他的上奏,就是范宗尹率领御史们主张固守东京的上奏,事实上都成了废纸。

金军尚未发动攻势,而宋朝的守御形势已经急转直下。东京副留守郭仲荀很快仿效杜充,带领所部南撤,好几万开封市民也跟着南逃。程昌寓也率本部人马撤回蔡州。宋廷只是临时任命了上官悟权东京留守,而根本不可能哪怕是再派一名兵士、送一石粮食前去支援,忠于职守的上官悟仍然苦守着这座都城。宋高宗把隆祐太后和柔福帝姬请到建康府,又命令两名执政护送隆祐太后、柔福帝姬、潘贤妃、七名国夫人等同去江南西路的首府洪州,自己身边只留下张才人和吴贵人,摆出随时准备逃跑的架势。

张浚在西行前,曾建议将行在迁到鄂州(今湖北武昌),吕颐浩也表示赞成。但宋高宗经不住大多数廷臣的劝说,还是决定前去杭州避敌。在有关防淮还是防江的争议中,宋高宗又同意许多朝臣的意见,放弃防淮,而全力防江,于是杜充放弃东京,逃奔江南的若干口实,又反而成了占上风的议论。

在人心浮动、纷纷扰扰之中,转眼就到了八月中秋。这个往时的佳节,现在成了李清照平生最痛苦的时期。赵明诚病入膏肓,已经到了苟延残喘的地步,除了喝一点粥汤,不可能再服用任何药物。李清照只是朝夕守候在丈夫的身边,她不敢啼哭,更不忍向垂死的丈夫探问后事的安排。正是在这个节日,陈淬同于鹏和李娃、高芸香两个孕妇,带来一些节日礼品,前来探望。

原来陈淬回锺山军营后,向将士们介绍自己的遭遇,众人不免叹息,于鹏说:"小将三年前曾随张招抚前去济州大元帅府,与赵修撰夫妇相逢于途中。易安居士在村店题诗:'生当作人杰,死亦为鬼雄。至今思项羽,不肯过江东。'至今记忆犹新。赵修撰得沉疴,我岂能不去看觑。"岳飞在家里说起赵明诚夫妇的事,李娃和高芸香也是久慕李清照的才名,尽管高芸香已经临近分娩,却不听张宪劝阻,坚持一定要前去探望。姚氏到南方后,似乎是水土不服,接连几次感冒,虽然不是重病,岳飞是个大孝子,他把军务尽可能交付张宪,自己日夜侍奉老母。张宪本拟陪妻子前去,又脱不开身,他与李娃等人商议,只能临时雇佣一个稳婆随行,作为应急措施。

李清照虽然在平时不戴贵重的首饰,没有浓妆的习惯,却从来注意淡雅的修饰,以求保持一种才女的风度。但自从回建康府后,却完全无心装扮,近乎蓬头垢面,现在听说来了客人,感到自己那副模样,实在难以接客,就吩咐仆从先招呼来客在厅堂稍坐,自己临时稍作梳理,然后来到厅堂。

李清照与客人互相行礼,道"万福",陈淬特别向李清照介绍两个孕妇。高芸香说:"奴与李十姐久慕李宜人底才名,如雷贯耳,今日方得拜会,委是三生有幸。"李娃更借用唐朝大诗人李白《与韩荆州书》的典故说:"自家们只是女流辈,生不得封万户侯,唯愿一识李易安。"

众人分宾主坐下。李清照见到这两个女子,一个端庄,一个秀丽,对她们不顾身孕,竭诚拜会,也十分感动,她说:"奴家虽是薄有才名,如今流离于江南,假息于人世,赵修撰一病不起,端的是万念俱灰。然而在艰危时节,蒙二位孺人相顾,极是感荷深情。"李娃正好有孺人的封号,高芸香虽然没有封号,但按宋时的习俗,官员的妻子也可尊称孺人。

于鹏说:"三年之前,小将追随张招抚,在济州初见赵修撰与李宜人,深感李宜人底豪杰胸襟,忧国情怀。今日幸得再见。"他望着李清照憔悴、消瘦而苍白的面容,确实比三年前衰老,更增加了一重悲哀。李清照听他提到张所,也加重了伤感,说:"张十五如此忠智慷慨之士,不幸遭奸佞陷害。赵修撰曾命人数回探望,却是音信全无,近日方知得他虽蒙恩宥,北上潭州居住,却依然责授凤州团练副使,未得叙复,为国效力。"

于鹏说:"自家与岳统制朝夕思念张招抚,今日方知得音问。张招抚含冤负屈,自不待论,而国家患难至此,尤不可无张招抚主张国事。直是令人叹息不已。"陈淬说:"古往今来,君子有才,而不得展其忠智,小人无能,却得施其奸佞,不知屈杀了多少英杰!"

李娃问道:"不知赵修撰贵体可曾康复?"李清照不免抽泣说:"已是不进药石,气息奄奄!"她在丈夫面前积累了多少天的泪水,到此竟如源源不断的涌泉。客人们也只能劝慰一番。两个女客当然不便于直入赵明诚的卧室，陈淬和于鹏蹑手蹑脚地进入卧室，只见病人紧闭双目，气息微弱，也不敢惊动，又轻手轻脚地回到厅堂。陈淬等人最后只能和李清照告别，陈淬真想询问一下赵明诚身后的安排，却只能欲语还休。

八月十八日清晨，赵明诚突然显得精神亢奋，李清照预感到这是回光返照，却只能强颜欢笑，陪伴着丈夫。赵明诚说："生死有命，自家魂返大造，别无牵挂，唯是念浑家孤苦伶仃，家中又有许多书画古器。"

李清照到此不得不向丈夫询问后事，说："若有缓急，当怎生处置？"赵明诚说："必不得已，先弃辎重物事，其次弃衣被，再次弃书册卷轴，最后弃古器。若是遭逢虏人，不得逃脱，须是抱古器自尽，宁死不可受辱。渊圣皇帝当年不听张十五底言语，不能身殉社稷，便免不得受辱。此可为大宋臣子底至戒！"

李清照再也忍不住啜泣，说："奴家当遵依夫君底至嘱，宁死不受辱！"赵明诚强撑病体，由李清照扶他起床，坐到了书桌边，李清照亲自为丈夫磨墨。赵明诚额头冒汗，他喘着粗气，竭尽余力，用歪歪扭扭的字迹，写下了绝命诗：

　　　　漂泊东南天地间，
　　　　乡关千里沦腥膻。
　　　　大漠风烟易水寒，
　　　　长淮大江震鼙鼓。
　　　　鄙夫如何保城郭，
　　　　决计南行雁为伍。
　　　　欲将血泪寄山河，
　　　　去洒中原一抔土。

赵明诚写完最后一个"土"字，就歪倒在书案上，李清照急忙将他扶住，发现丈夫已经断气，随即发出凄厉的悲啼，孱弱的身躯简直不能自持。一名女使把李清照扶到床上，李清照在床上恸哭了一阵，才用低弱的声音吩咐站在床前的僮仆和女使们："全家举哀，关报亲朋！"

赵明诚的父亲曾是宋徽宗时的宰相，在行朝的亲戚故交颇多，吊唁者络绎不绝。李清照全身缟素，白天接待吊客，夜晚独自哀伤悲思。几天之后,吊客已十分稀少,却有两个意想不到的人前来赵家,一个是医官王继先,另一个是宦官张去为。

王继先的医药铺原来就离赵家不远,他当了医官以后,乔迁新居,却特别拜访了赵明诚。按宋时的等级观念,医官自然是低贱的方伎一流。赵明诚平时不愿与他们交往,但他对来访者也只能以礼相待,并且招待他参观了自己的收藏。

现在李清照听到仆人的报告,也不愿亲自接待。她吩咐主管家务的干当人说:"你且言道,自家底宜人卧病不起,只得教你接待吊客。"那名干当人说:"男女理会得!"李清照当即上床,掩上床帐。

不过片时之后,王继先和张去为两人走了。李清照起床,那名干当人报告说:"和安王大夫临行时,言道欲以黄金三百两买断赵修撰底书画古器,七日后再来面议。"李清照悲愤地说:"赵修撰尸骨未寒,他们前来,只为欺侮自家一个寡妇。家中底收藏,如何便值得九千贯?此是故夫与我二十余年节衣缩食所致,便是一书一画、一字一器亦不得卖与他!"干当人说:"和安王大夫甚得官家恩宠,宜人须是谨慎。"

李清照也顾不得伤心和悲痛,从床沿一跃而起,走向书案,立即写了三封书信,教仆人分别送往赵明诚的表亲、兵部尚书谢克家,自己的亲弟、编修敕令所删定官李远和陈浧三处,然后又指挥仆人和女使,把收藏的大部分书、画、字帖、金石拓本、古器之类迅速打点,收拾行李。

仆人带回谢克家的书信说,已经专为此事上奏皇帝,让李清照放心。李远和陈浧也先后来到赵家。陈浧特别带着于鹏、韩清和二十名军兵,李娃也不顾身孕,与他们同来。李清照见到这批来客,心绪稍宽,她对大家说:"赵修撰底妹夫、兵部黄侍郎从卫隆祐太后与六宫,前去洪州。奴家思忖,不如将行李先寄存黄尚书处,以免缓急之际,难于搬挈。"赵明诚的妹夫、兵部侍郎黄概兼任御营司参赞军事,已经随隆祐太后等离开了行朝。

陈浧说:"易安居士如此措置,甚是得宜。如今朝廷决计不守长淮,专守大江。自家与东京将士退至江南,便是退无可退,唯有与虏人决一死战,以报朝廷。然而易安居士金枝玉叶,岂可在建康府久住,不如待赵修撰葬事完毕,前去洪州。"李娃补充说:"奴与于太尉、表弟随陈都统同来,只为助李宜人搬挈。"

李远按李清照的排行称呼说:"廿二姐如今孤孑一身,自当随我。主上决计移跸避敌,廿二姐可随行朝进退。然而行李寄存黄侍郎处,亦是长策,以免临时措手不及,亦可杜绝王继先那厮觊觎之心。"

众人计议后,于鹏立即出外雇船。陈淬和韩清亲率军兵,把赵家的行李逐一收拾和搬运上船。李清照给黄概写了一封信,教干当人率领其他仆人押船前去。行李发运以后,李远、陈淬等人也相继告辞。

赵家现在只剩下两名女使和两名小厮儿。在大部分书画、古器之类搬走以后,八间屋顿时显得空旷。傍晚时分,天空开始下起细雨。李清照感到筋疲力尽,就躺在床上休息,却又怎么也睡不着,只是哀愁万千。女使进屋,说:"请宜人晚膳。"李清照说:"你们自去进食,自家不思茶饭。"女使说:"宜人尤须保重,稍进饮食。"李清照说:"且容我稍自安息。"

女使退出卧室,李清照独自躺在床上,只是断续啜泣。童年时父母的慈爱,新婚的欢乐,婚后二十多年间各种往事,都不断在脑海里复映着。她仔细地品味着人生四十七年的苦痛。即使在丈夫奄奄一息之际,她还没有真正品味到孤寂之痛,然而当丈夫一旦离别人世,岂但是昔日的恩爱,就是连夫妻间的一些不快和口角,也成了最珍贵的回忆。一旦失去了亲人,李清照方才体会到,自己最难忍受的苦痛就是孤寂。她也试图排遣悲痛和哀愁,静卧休息,不想往事,而庭院里的风声,夹杂着梧桐树在细雨中发出的滴水声,又似乎在滴碎自己的心。

李清照再也无法静卧,她慢慢地起身,来到了点着油灯的几案前。在半天之前还是堆满书籍的几案,如今已显得空荡荡的,她又马上联想到自己夫妻二十余年收藏的命运,喃喃自语说:"自家们与收藏原是相依为命,人命苦,人命薄,不料收藏底命尤苦尤薄!"她和赵明诚没有子女,自从南下建康府,在益都故居的大量收藏毁弃之余,更是把带来的精品视若掌中之珍,成为老境寂寞的慰藉。在赵明诚和李清照的幻觉之中,这些收藏仿佛是有生命的,仿佛就是自己的大群子女。现在李清照想到离开自己的收藏,更加重了孤寂之痛。

李清照本没有酒兴,此时却又想着借酒浇愁。她自己去厨房,拿来一个陶酒瓶和一个粉青瓷酒盏,自斟自饮了两盏。宋时南方的糯米酒,酒精含量是很低的,不足以使李清照醉酒,却又增添了感情上的煎熬,使她产生了一种强烈的发泄欲。一段时期以来,她事实上已经废弃了笔砚,现在却又下意识地磨起墨来。她一面滴泪,一面写下了《声声慢》词:

寻寻觅觅,冷冷清清,凄凄惨惨戚戚。乍暖还寒时候,最难将息。三杯两盏淡酒,怎敌他、晚来风急。雁过也,正伤心,却是旧时相识。

满地黄花堆积,憔悴损,如今有谁堪摘。守着窗儿,独自怎生得黑。梧桐更兼细雨,到黄昏、点点滴滴。这次第,怎一个、愁字了得。

赵明诚埋殡之后,李清照大病一场。正值她病重之际,宋高宗的行朝开始南迁。谢克家却因论奏王继先,被宋高宗罢官,外任泉州知州。李远找到亲姐,准备用船接她到杭州。重病中的李清照却坚决拒绝弟弟的好意,她说:"奴已喘息仅存,唯愿留在建康,与你姐夫底新坟为伴。"她料定自己在世之日无几,预先立下了遗嘱,与丈夫合葬,成了她人生的最后愿望。

在亲故们纷纷逃难之余,岳飞家的女眷们逐渐成为李清照仅有的亲人。身孕愈来愈大的李娃不时前来照看,她把姚氏、岳银铃和芮红奴也带到了赵家,帮助照看病人。李清照生活在社会上层,她还是初次以平等的身份,接待来自社会下层的没有文化的妇女。姚氏等人淳厚的品格,无微不至的关照,使她深受感动,也减轻了她孤寂的痛苦。两个月后,李清照的病体竟奇迹般地康复了。

当年有闰八月。九月初,高芸香生下了儿子,按张宪早先的约定,取名敌万。十月中旬,李清照在陈淬、于鹏和岳家女眷的帮助下,收拾行李,离开建康府,南下投奔李远。陈淬、于鹏和岳家的女眷们,包括抱着满月婴儿的高芸香,都为李清照送行。

李清照带着全家四名男女仆从和所有收藏、细软,来到秦淮河边上船。她与送行的女子们都戴着盖头,彼此依依惜别,无限惆怅。李清照在河岸动情地说:"奴家年少之时,曾经历宦海风波,夫妇两家,阿舅与阿爹朝成姻亲,暮为仇敌。自以为人间少有真情。尔们与奴非亲非故,不料当奴家病重孤苦之际,看觑关切,胜似亲人,委是感恩不尽,亦是见得人间自有真情。奴如今唯是寄残生于世间,亦不知何以回报。"她说着,就呜咽起来。原来在北宋后期,政界陷入了愈演愈烈的党争。李清照在父亲李格非遭受迫害时,曾写诗向时任执政的公公赵挺之求情,其中有"何况人间父子情"之句,赵挺之却置之不理。悲愤的李清照又写了"炙手可热心可寒"的诗句。然而曾几何时,赵挺之又遭蔡京的排挤。这段经历虽然事隔二十多年,可是对李清照的刺激一直很深。

姚氏说:"李宜人且休,自家们得与宜人相识,便是前世有缘。宜人自幼娇生惯养,老身是村农之家,粗手粗脚,唯恐伏侍不周。"高芸香却背诵白居易的诗说:"同是天涯沦落人,相逢何必曾相识。"

面对真挚的回话,使李清照在感情上更多了一重歉意,特别是自己步朝廷百官的后尘,逃奔后方,而那些军人的家眷却留在前沿,与丈夫、儿子们共患难,同生死,她用惶惑不安的眼光望着陈淬,说:"若是虏人侵犯江上,胜负当如何?"陈淬露出严峻的神色说:"我本当与将士返回东、西两京,死守京东、长淮。不意到得江南,便归不得中原。如今不须计胜负,唯当不顾死生,与虏人血战!"李清照完全理解陈淬的处境和心情,但对方的回答又使她毛骨悚然,不寒而栗。

于鹏隔着面纱,虽然看不到李清照脸色的变化,也能够体会她的心理,他用宽慰的口吻说:"李宜人只须放心前去!"陈淬说:"请易安居士登舟!"李清照怀着沉重的心情与众人诀别,缓步上船,进入舱内。船夫解缆起航,李清照听到船外传来众女子的声音:"恭祝李宜人路途平安!"她不忍心再看一看舱外,只是取出手帕拭泪。坐船沿着秦淮河,出建康府西城下水门,驰入大江,然后再由镇江府的浙西运河南下。

[貳壹]
魂系黄河

洪皓出使金朝,被金人扣押在河东路太原府城。但洪皓还是想方设法,刺探敌情,打听徽、钦二帝的下落。闰八月下旬,金朝左副元帅完颜粘罕、元帅右监军完颜谷神、元帅右都监耶律余睹从西京大同府南下,到达太原后,破例地召见了洪皓。

洪皓被金人带到大堂,只见有三人都是头戴进贤冠,身穿木绵布左衽紧身紫袍,另两人则头戴幞头,身穿木绵布左衽紧身红袍,他们就是太原府尹、河东北路兵马都总管完颜银术可和大同府尹、山西路兵马都部署高庆裔。自从去年八月,完颜银术可在氾水关之战被岳飞和王经重创,伤势虽然痊愈,却不再担任战场统兵官。

洪皓明白,女真人喜欢宋朝的冠、帽、幞头之类,但穿戴却不像宋朝官员那样,有十分规范的制度。木绵布就是今天的棉布,产地只限于广南和福建,被人们视为稀珍,女真人更是酷爱抢来的木绵布。他上前长揖,说:"大宋通问使洪皓拜见大金国元帅与宰菫。"

完颜粘罕现在已经能稍稍听懂一些汉语,不须完全由高庆裔翻译。他发怒说:"你既是来此,岂可不学大金礼仪,行跪礼。"洪皓不卑不亢地回答:"大金兵马雄盛,占得两河之地,然而大宋皇帝犹自保守南方,称孤道寡。南北风俗有异,我是宋使,尤不可忘却本朝底礼俗。恳祈国相鉴谅。"

耶律余睹作为降金的辽朝皇族,平时在女真人面前不免自惭形秽,少言寡语,今天却有了说话的兴致,他问道:"江南底康王在国书中既是自行贬去皇帝尊号,甘心向大金称臣,你如今犹自称他为帝,又怎生教自家们信得国书?"洪皓说:"皇帝甘愿自贬尊号,是主上兼爱南北百姓,不忍兵革涂炭底大仁;自家犹自称皇帝尊号,是臣子底大义。"

完颜谷神说:"我若是出兵,江南便立时为齑粉。此时你又如何做江南底臣子?"洪皓说:"南方有大江天堑,河湖密布,地气卑湿,皇帝虽是命我出使求和,却又整军经武,切恐未必有利于大金军马。"

完颜谷神吼道:"大金东邻大海,自家底气力,亦可教大海干涸,唯是不能教天地相接!"洪皓听到这种不伦不类的比喻,就接口说:"自古以来,兵便是火,玩火者须自焚。如今大金已是用兵近二十年,占得偌大土地,愚意以为,不宜贪多务得。"

完颜粘罕拔出佩剑,大喊道:"你既是做和事官,却怎地口硬,难道我便不能杀你?"洪皓用平和的语气说:"启禀国相,我如是畏死,便不来出使,既是出使,便当自甘刀斧。然而自古两国相争,不斩来使。大金不如将自家投于水中,言道是使者坠落深渊而死。"

金朝的官员用女真话议论,担任翻译的高庆裔说:"国相与元帅底意思,是教你效学宇文虚中,投拜大金。"洪皓到此方才知道去年出使的宇文虚中的情况,他感叹说:"我与宇文虚中皆是南人,他既已投拜,自家世代为宋民,深受国恩,尤须谨守臣节!"

完颜谷神用女真话对完颜粘罕说:"此人是进士,煞是人才,杀了可惜。不如暂留他教儿子读书,自家们日后出兵擒了康王,他岂有不降之理?"高庆裔又向洪皓传话说:"元帅叫你去大同府,教他底八个儿子识字读书。"

洪皓想了一下,说:"我是通问使,此回出使,只为求和,请安两宫,既是不得如愿,便有辱使命。教元帅底儿子识字,知中原礼义,亦是好事。然而我不能受大金官封,亦不能剃头辫髮,更改汉服。"高庆裔翻译以后,完颜谷神说:"依得!依得!"于是洪皓就被金人押往大同府。

金朝号称西朝廷的完颜粘罕等人发遣了洪皓以后,就动身前去平定军,和东朝廷的右副元帅完颜讹里朵、元帅左监军完颜挞懒等人会商。元帅左都监完颜阇母已经在当年初病死。他们会商的地点还是在四年前的官署里。九月晚秋，金风萧瑟，而耐寒的女真人都身穿单衣，他们的心境很好，围坐在一个长方桌边，一面饮酒，吃着全是肥猪肉的"肉盘子"和蜜渍油炸的"茶食"，一面谈话。

完颜粘罕还是以尊长的身份自居，他首先说："我当与谷神取康王底东、西两京，另命娄室统大兵攻陕西，此回须是你们下京东与淮南。"完颜讹里朵说："我已与挞懒定议，我驻兵京东，夺取残零州县，他统兵取淮南。"不料完颜兀术发问说："你们何以不出兵江南？"

前面已经交待，宋高宗逃难后，完颜谷神曾统兵赶到扬州，他亲眼目睹大江的波澜壮阔。回师以后，就与完颜粘罕多次私下交谈，他说："大江浩浩荡荡，非混同江与黄河可比，闻得南人善于操舟，切恐不得轻易渡江。不如先取江北土地，出兵江南，须待日后另议。"

完颜粘罕同意完颜谷神的意见，所以今天并不提出兵江南的问题。现在听到完颜兀术的提议，他正准备反驳，却看到高庆裔向自己使了个眼色，就转而向完颜讹里朵发问说："讹里朵，你底东朝廷又是甚意思？"讹里朵望着自己的同母弟，说："兀术，你难道愿统兵直取江南？"完颜兀术站立起来，把头上的进贤冠扔在地上，又随手拣起，说："南人言道：'不入虎穴，焉得虎子。'江南不是虎穴，我擒获康王，便似地上取冠，唾手可得。"

完颜谷神问道："你出兵江南，当先攻何处？"完颜兀术说："你闻知康王在扬州，便直下扬州。如今康王在建康府，我自当先取建康府。"

完颜谷神又问："若是康王闻风而逃，又当作甚么措置？"完颜兀术说："当年自家们灭辽时，闻得辽主在中京，便以劲骑不舍昼夜，杀奔中京，不料辽主已是逃窜。辽主先后逃奔鸳鸯泊、白水泊、余都谷，终是被娄室擒获。南人不习骑射，我只须以精骑穷追不舍，康王便是逃往天涯海角，必是被我擒获。"

完颜谷神再问："大江波浪汹涌，怎生济渡？"完颜兀术说："大江虽阔，我直是一箭可及，一苇可航！"

完颜讹里朵亲自向自己的同母弟敬一杯酒，说："我料得兀术胆气豪壮，必定成功。我今分拨五万军马与你。"完颜挞懒听到完颜讹里朵把东朝廷的军队大部分调拨给完颜兀术，心里有几分不快，但也无话可说。

完颜粘罕对完颜谷神望了一眼，他感到这次攻江南，也不能让东朝廷独吞战果，完颜谷神说："既是你们决意出兵，自家们亦当命拔离速、毂英与马五统兵，自大江上流济渡，如是康王西向逃窜荆湖、四川，便可拦截。"如前所述，按宋时的习惯，人们把长江中游称为上游或上流。

完颜粘罕用命令的口吻对完颜兀术说："横渡大江，不是易事。你若是用兵不顺，或是此回擒不得康王，亦须在江南保守一个大寨，以便日后用兵，不得全军北归避暑。"完颜兀术很不高兴，说："粘罕，你不须长康王底志气，灭自家底威风。我此回便须留在江南避暑，不擒得康王，便不来见你！"

军事会商结束后，完颜粘罕私下问高庆裔说："你在席间示意，是甚底意思？"高庆裔说："兀术粗勇少谋，我料得他便是渡了大江，轻则损兵折将，重则丧身江南。东朝廷自愿损折军马，国相不须拦阻。"完颜粘罕并不答话，却报以微笑。

原来完颜粘罕愈来愈倚重高庆裔和萧庆两人，充当他的谋主。萧庆是辽朝的皇后本族，侍奉完颜粘罕还是相当谨慎，不敢随便说话和献计。高庆裔自认为渤海人与女真人本是同族，就没有什么顾忌。他见到完颜粘罕对待金太宗和东朝廷的人趾高气扬，就屡次私下劝他谋叛，说："你事事藐视御寨与东朝廷，他日必是取祸，不如取而代之。"但完颜粘罕却并不打算谋反，认为自己军权在握，实际上拥有原辽朝的西京路和宋朝的河东路等地盘，无论是皇帝还是东朝廷，都对自己无可奈何。

完颜粘罕和完颜谷神回到太原府，召来了完颜拔离速、完颜毂英和耶律马五三将，这次由完颜谷神部署任务，他说："自家们分拨二万人马，命你们三人自淮西取间道南下，不得攻城略地，直到江北。若是南虏依江固守，无隙可乘，便可回师，占取京西路。如有机便，可挥兵渡江，直取江南西路洪州。康王西向逃窜，须将他擒获。俟来年春，当率军马北归。"

完颜粘罕只是补充说："你们须记取，兀术虽是四太子，你们既是与他分兵两路，便不须伏他节制。如是擒得康王，亦须似亡辽底海滨王、亡宋底昏德公、重昏侯，不可杀戮，押送北上，便是大功。"完颜拔离速等将禀命而退。

完颜粘罕的兵马大部分拨给完颜娄室攻陕西，又分兵给完颜拔离速，所剩只有万夫长、盖天大王完颜赛里所部八千人,作为机动兵力。完颜粘罕说:"闻得杜充已率重兵去江南,东、西二京空虚,自家们虽是兵力不多,亦可相机攻取。"完颜谷神说:"你可坐守太原,由我统兵前去。"

完颜粘罕说:"既是恁地,便须烦劳哥哥。"完颜粘罕今年正好五十岁,而完颜谷神还年长两岁。完颜粘罕自从进入中原以来,沉湎酒色,贪图享乐,逐渐懒于亲临行阵。既然完颜谷神自愿统兵,他更乐于在太原坐镇。两人论地位,当然是完颜粘罕较高,但完颜粘罕在私下有时还称对方为"哥哥",以示亲密和尊敬。

完颜谷神和完颜赛里在九月下旬从巩县北的黄河渡口过河,他们的目标还是先取西京洛阳,再攻东京开封。不料在黄河边立脚未稳,就遭受宋军的夜袭。夜袭的宋军正是闾勍、张用和一丈青的部队。

完颜谷神已经富有遭受劫营的经验,他命令全军点起火把,以重甲骑士分左右两翼,向来犯之敌迂回侧击。宋军也以宗泽生前的车阵迎敌。经历一夜鏖战,双方伤亡很重,却是难分胜负。

天明之前,两军各自收兵。闾勍对众将说:"王师兵力不多,既是劫营不能杀退虏人,便须挪回洛阳。"岳亨说:"若是虏骑追来,岂不危殆。步兵须是结车阵而退,我愿统骑兵断后。"一丈青望着张用说:"自家们当与岳太尉同共率骑兵断后。"众人商议已定,就步兵在前,骑兵在后,整军而退。

完颜谷神和完颜赛里率军追来,张用夫妻和岳亨立即指挥五百骑兵反击。金军以三千骑兵的优势,源源拥上,将宋军骑兵围困起来。张用夫妻和岳亨麾兵奋力死战,一批又一批的敌人都死在他们的刀枪之下。闾勍当即指挥张应、李璋、赵宏、舒继明等将,率领车队回兵救援。金军最终溃败,完颜谷神和完颜赛里只能率残部逃回黄河北岸。

宋军的伤亡很大,五百骑兵竟战死了三百多,岳亨也中了六箭,还有七处刀枪伤,伤势严重。闾勍吩咐使用铁钳,将他身上的长箭拔去,由于箭镞很大,穿肉透骨,拔时粘连皮肉,流血不止。岳亨咬紧牙关,强忍疼痛,就是不发出一声呻吟,闾勍临时把他安置在一辆战车上。

宋军回归洛阳,远远见到了高大的城垣。躺在战车上的岳亨问道:"前面是何处?"一直在他车边服侍的义兄弟张应说:"此处已是见得西京城。"岳亨说:"且与我停车!"推车的军兵连忙站住。岳亨说:"且扶我一看西京城。"张应下马,亲自把岳亨扶起。

岳亨坐在车里,眺望着远处的城楼,对张应说:"且叫间太尉、张统制、郡夫人与众兄弟到此!"众人很快来到车前,岳亨对张应、李璋和赵宏三个义兄弟说:"自家底户贯便是与此一河相隔底河阳县。我自靖康年间投军,与你们志同道合,在开封城下血战杀敌,至今已是四年。唯是不知杨大哥等六兄弟音信,我如今却是寻觅不得,引以为恨。我死之后,你们可暂埋于洛阳城郊。他日北进中原,须将我底尸骨送回故乡,埋于黄河之滨,我便是死亦瞑目!"

众人听到岳亨立遗嘱,都深感伤心,间勋劝慰说:"岳太尉且好自养伤,伤势必自痊愈。"岳亨说:"去年宗留守逝世时,唯是高呼'过河',我亦须连呼三声。"他艰难地振臂高喊三声"过河",倒在车上。众人都围在车前恸哭。

间勋回到洛阳城的翌日,就召集众将,当场向大家出示三省和枢密院的札子,说:"朝廷有命,授任我节制淮南军马,奉会圣宫祖宗御容南下,前往淮西濠州。"一丈青说:"朝廷底札子,分明便是杜充底奸谋,岂可听命于他!"

间勋说:"朝廷已是命翟兴专守西京。前日虽是战胜,自家们底兵力益见单寡,粮草鲜薄,不如暂去濠州防拓。"一丈青说:"自家们夫妻底确山大寨,粮草足备,间太尉不如驻兵确山,广招兵马,把截京西。"在兵荒马乱的岁月,粮食是宝中之宝。张用既然打算乘着乱世,割据一方,就尤其留意粮食。他的部伍四出抄掠几个州,主要就是抢夺粮食。

间勋说:"确山县是蔡州地界,知州程昌寓所辖,我并无朝命,如何驻兵确山?"张用本来只为与一丈青成婚的缘故,才答应前来隶属间勋,他乘机说:"若是间太尉要去淮西,自家须回确山大寨。"他说完,又以征询的目光望了望妻子,因为按照夫妻俩比武成婚以后的规矩,军中还须一丈青作大半的主。

一丈青在感情上对朝廷相当厌烦,特别是深恨杜充,她这次附和了丈夫的意见,说:"如是间太尉决意去淮西,自家们不如在确山招兵买马,抗击虏人。他日兴复,自当与闾太尉并力厮杀。"闾勋当然不愿意与他们分兵,但到此地步,也不得不同意分兵。

一丈青和张用率领本军人马,很快撤回确山。临行之前,她与闾勋夫妻依依惜别,甚至忍不住抱着义母闾夫人痛哭一场。

闾勋统计本部军马,只剩下三千六百多人,他派出二百人护送永安县会圣宫的宋太祖、宋太宗等御容,由蔡河乘船南下,本人统领不到三千五百人的队伍,连同五千多人的家属,由陆路往东南方向撤退。

由于家属的拖累,行军相当缓慢,十月下旬,他们抵达寿春府(治今安徽凤台)城西北,竟与完颜拔离速的西路南征军不期而遇。最初是金军一个百夫长率领的巡绰骑兵发现了这支宋军。舒继明号称金刚,最为骁勇,他率一百骑兵出击,一马当先,连发三箭,箭无虚发,射死三个敌人,其中一人就是百夫长,接着又率先舞动斩马刀,直贯敌兵群中,金军被宋军斩杀六十多人,残兵逃走,却没有抓到俘虏。

闾勋富于行阵经验,他说:"此处是平原,离寿春府城尚有三十余里,若是虏人大兵前来,弓骑暴集,岂不危殆?"命令全军加速向寿春府行进,军队依托战车,在外围掩护,家属尽量靠拢在队伍中心。然而行军约五宋里,完颜拔离速、完颜毂英和耶律马五率领近一万正兵源源南下,黑衣黑旗的骑兵群,人喊马嘶,形成黑压压的一大片,迅速把宋军包围。

闾勋完全明白形势的危险,他命令众将说:"如今唯有全军一心,结成车阵,向东南行进,全师进入寿春府,万不可各自突围。"他还是按宗泽常用的车阵战术,命令张应、李璋和舒继明三将为前队,带领全军推进,突破包围。事实上,当完颜拔离速全军途经寿春府时,知府已经向金军投降。完颜拔离速临时派了一名汉儿千夫长周企,率领一百名正兵和一百名阿里喜,占领了府城,而闾勋的部队却毫无所知。

金军骑兵从四面八方向宋军围掩和突击,宋军步兵依托战车,用弓弩射退敌人,又推进约四宋里。金军后续的近万名阿里喜也赶到战场。完颜拔离速改变战术,命令以汉人居多的阿里喜步兵冲锋在前,作为正兵的骑士则在后驱赶阿里喜。金军终于突破了宋军的车阵,而闾勋的队伍则陷入了被围歼的可悲境地。

闾勋下令,凡是成年的家属,也一律拿起武器,参加抵抗。两军进行混战。间勋挥剑杀死了三名敌人,不幸战马中箭倒地,被金军俘虏。赵宏赶来营救,遭到敌骑的围攻。他骁悍非凡,抡动浑铁枪,接连刺死了十二名敌人,最后因为腰部中箭,被敌人乱刀劈死。间夫人眼看不能突围,就举剑自刎。间勋的三个儿子、一个女儿和女婿全部战死。唯有张应、李璋和舒继明率领了约八百名军兵突围南下。

完颜拔离速本来急于南下,并不想在寿春府停留,不料经历了这次遭遇战,伤亡颇大,就率军到寿春府城外休整。三名金将,主要是由通汉语的耶律马五出面,开始审问间勋。耶律马五说:"间太尉,你追随宗爷爷,在东、西两京屡次抵拒大金人马,今日被擒,又有甚说?"间勋横眉冷对,拒绝回答。

耶律马五与完颜拔离速、完颜毂英用女真话商量一阵,又对间勋说:"拔离速郎君念你亦是丈夫汉,不忍加害。你若是投拜大金,自当封官。"间勋说:"我是大宋臣子,岂能剃头辫髪!"

完颜拔离速完全失去耐心,他对完颜毂英喊道:"洼勃辣骇!"完颜毂英取来一条粗木棒,走到间勋身后,举棒向间勋的后脑猛击,间勋当即倒地而死。

三月下旬,完颜拔离速的金军由寿春府直下江北的黄州(治今湖北黄冈),占领州城,杀死知州赵令晟,然后准备渡江。金军只劫掠到少量舟船,就拆毁民居,赶造木筏。宋朝荆湖沿江制置副使王襄叔却率领水师逃跑。于是金军得以轻而易举地渡过大江,而前后还用了三天时间,方得以全军渡江。完颜拔离速得知隆祐太后在洪州,就从兴国军(治今湖北阳新)出发,杀奔洪州。

[贰贰]
杜充主持江防

闰八月,宋高宗的一项重大人事安排,就是正式发布吕颐浩升任左相,而杜充超升右相,兼江、淮宣抚使,镇守建康府,全权主持江防。

当时金人尚未举兵,而建康府的南宋行朝早已笼罩着一片惶恐气氛。吕颐浩在一次面对时郑重地说:"臣朝夕思忖,若是虏人南下,当且战且避,奉陛下于万全之地。臣虽不才,愿死守江上。"宋高宗说:"朕左右岂可无宰相。臣僚们建议,杜充既已来此,不如教他统兵守江上。"

吕颐浩说:"然而杜充告病,自拜执政以来,便居家休息。"宋高宗说:"朕命内侍冯益与医官王继先前去探视,言道杜充端的无病。朕知他不满于官拜枢副。杜充留守东京,委是有大功于世,若是重用,亦须不次超擢。"枢密院长官的正职还是知枢密院事张浚,而杜充授任同知枢密院事,加一个"同"字,就算是副职,所以简称"枢副"。吕颐浩说:"知臣莫如君,进退大臣,自须陛下英断。"

翌日,宋高宗就发布了左、右相的新命。杜充一面上辞职奏,一面却来到都堂上班。众人见他满面红光,但谁也不好当面说他前一阵装病。

接着就是左、右二相共同面对。杜充激动地说:"陛下圣恩深厚,而臣愚浅下材,当国家艰难之际,若不辞避,切恐旷官败事。"宋高宗说:"朕既是决意用卿,卿便不须辞免。"杜充又激动地说:"陛下圣断如此,臣虽愚鲁,亦唯有策驽励钝,以报君恩于万一!"

宋高宗说:"群臣众口一词,以为卿乃是国之柱石,统兵把截大江,非卿莫属。朕愿闻卿有何良策?"杜充说:"军兴以来,臣蒙陛下恩命,先后留守两京,亦粗知军情。方今大患,在于军律不整,赏罚不明,将骄卒惰,临阵怎生用命?臣以为若是统兵,便须恩威兼施,而威尤须重于恩。祖宗底遗制,以文臣统兵,然而承平已久,文臣少有知兵,又如何统兵?臣以为唯是坐运帷幄,不能躬冒矢石,便不能知兵。"他其实不过是重复了以往对张浚的谈话,唯一的补充,则是吹嘘自己是个"躬冒矢石"的"知兵"文臣,尽管他从未上过一次战阵。

宋高宗高兴地说:"卿底议论,可谓切中时弊,深通用兵底三昧。今秋虏人如是南犯,卿以为当如何退敌?"杜充还是重复对张浚的谈话:"臣以为大江自古号称天堑,唯有控扼大江,避其锐气,击其惰归。"

宋高宗说:"朕命卿兼江、淮宣抚使。卿若能防拓大江,不教虏人南渡,便是大功。依目今事势,但能与虏人划江而治,保全得大宋社稷,朕便不惮称臣纳贡。若论击其惰归,唯恐胜负难卜,有害无益。"

吕颐浩感到皇帝的苟安心理过强,就说:"陛下若是志在划江而治,便与虏人共有大江之险,切恐陛下亦不得在大江以南安居。何况大江以北,尚有东、西两京,是宗庙与陵寝底所在。陛下与虏人国书,愿守靖康誓约,以黄河为界,亦只是权宜之计。他日国势强盛,岂可视两河如异域。臣以为若有机便,尚须击其惰归,使虏人不敢小觑大宋。"

宋高宗不愿和宰相争议,就对杜充说:"卿日后如要反攻,亦须取旨施行。"杜充本来就不过是吹牛说大话,皇帝的圣旨正好给了他机会,他连忙应声回答:"臣恭依圣旨!"

新官上任三把火,杜充在受任宣抚使的翌日,就坐衙接见众将。由于建康府的府衙已临时改为都堂,杜充只能临时把通判厅改为宣抚使司。按宋时的仪制,官员只有在朝会时才能穿朝服,平时只能穿公服。杜充为了显示自己的权威,特别赶制了一套簇新的公服,包括幞头、紫袍、金带等。他端坐在堂上,前面横放着一个檀木书案,身后站立两名吏胥,书案边站立十名执刀的军兵。他那高大肥胖的身躯显得格外臃肿,神色严厉,摆出目空一切的骄倨姿态,等待着众将的参拜。

众将的参拜并非是一拥而入,集体参拜。杜充别出心裁,特别规定要一个接一个参拜。参拜前须通"谒",又称"榜子",类似现代的名片,得到准许后,方能进入大堂参拜,并且要依事实上废弃已久的旧制,手执木骨朵,施行"执梃趋庭"的礼节。这种武将参谒宰执的特殊礼制,旨在强调文武之间的尊卑名分。

一名小武官双手捧着榜子进入大堂,说:"太尉、奉国军节度使、御营副使刘光世参拜杜相公!"他将榜子恭敬地放在杜充的书案上,杜充威严地说:"叫他进入!"两名吏胥喊道:"刘太尉进入参拜!"刘光世手擎木骨朵进入堂内,向杜充唱喏,口称:"下官刘光世参拜杜相公!"杜充大喊道:"刘太尉免礼,且站立一旁!"刘光世只能执着木骨朵,站在案前。依刘光世的高官,居然没有座位,自然满腹牢骚。

第二名依次进入的是韩世忠。韩世忠打听到杜充的一些劣迹,现在居然要受杜充的节制,满心不悦,他在唱喏时有意不自称"下官",说:"检校少保,武胜、昭庆军节度使,御前左军都统制韩世忠参拜杜相公!"杜充大怒,回报说:"韩世忠,你且站立一旁!"韩世忠听到直呼自己的名字,也满面怒色,他勉强隐忍,手执木骨朵,站立在案前。

第三名张俊为了表示对杜充的不满,干脆跟在手捧榜子的武官之后,不等吏胥召唤,直接进入堂内。杜充不等他唱喏,就厉声大喝:"张俊,你不等传唤,便径入大堂,此是甚礼?"张俊却装着若无其事的样子,笑着说:"下官急于参拜相公,便等不得传唤。"他一面说,一面就举着木骨朵作揖,并且自行站立一旁。

杜充认为受到了羞辱,他咬牙切齿,恨不能立即将张俊斩首示众,但是他毕竟无权杀一个从二品的节度使。他的目光转向了给张俊呈送榜子的武官,咆哮着说:"军兴时节,不知尊卑,不依礼节,若不申严纪律,又如何用兵破敌?且将这厮押出,斩首示众!"杜充身边的执刀军兵立即一拥而上,不管这名武官怎么呼天喊地,鸣冤叫屈,还是将他押出堂外。

张俊没有想到杜充竟给自己如此的下马威,但他料到求情无用,就装着无所谓的模样。韩世忠实在看不过去,他站出来说:"杜相公,此自是张节使不遵礼节。杜相公可斥责张节使,不可杀无辜。"

杜充咆哮说:"你虽是勤王功臣,此处却不是你说话底所在!你既为两镇节度使,尤须服我底号令,且与我退立一边!"那名无辜的武官当即被砍头示众,众将的参拜礼还是依次进行。杜充凭借杀人之威,对武将们恣意申斥,颐指气使。武将们一个个灰溜溜的,神情沮丧。

按宋高宗君臣议定,张俊担任皇帝的护卫,随皇帝南逃,他虽然参加了这次参拜,却并不归杜充节制,而刘光世与韩世忠两军却须归杜充节制。第二天,宋高宗接到刘光世和韩世忠两份奏疏,要求脱离杜充的节制,刘光世在奏中还归纳为"六不可"。这些当然都是他们属下文士的手笔。

宋高宗单独对吕颐浩商议说:"杜充虽是严峻,然而当军政废弛之际,不严峻又怎生统兵?韩世忠与刘光世乃是粗人,少能深识义理,朕岂能允他们底奏请。"吕颐浩说:"国难之际,将相不可不和。昨日杜充杀张俊一名武官,亦是太过。陛下须晓谕将相协济。"正说话间,张去为上殿,跪下奏禀说:"刘光世与韩世忠在殿门外求对。"宋高宗说:"你可传朕口宣,他们不服杜充底节制,便不须见朕!"

张去为退下后,吕颐浩继续说:"今日底事,陛下圣断煞是英明。然而大江上下千里,杜充统兵十余万,亦不可聚兵一处。不如教韩世忠驻兵镇江府,以护两浙路沿江,刘光世驻兵江州,以护江西路沿江。他们受杜充节制,缓急之际,得以犄角相应。"宋高宗说:"便依卿底计议。"

张去为又回殿奏禀说:"刘光世与韩世忠得官家口宣,甚是惶恐,言道愿恭依圣旨,伏侍杜充。"宋高宗提笔,分别给两人写了"将相和,则士豫附"的七字手诏,又分别颁赐银合茶、药,命张去为带往殿门外。

吕颐浩说:"陛下深得驭将之道!"宋高宗说:"朕不如此处分,又怎生安心移跸临安府?"原来早在七月,杭州就升为临安府,临安一词,当然有避难所和安乐窝的双重含义。

闰八月下旬,宋高宗的行朝离开建康府,沿着水路迁移临安府,一路上且行且止,直到十月上旬,方才抵达目的地。刘光世和韩世忠奉命带兵前去江州和镇江府,这又使他们喜出望外,因为虽然保留了受节制的空名,而终于摆脱了杜充的直接管辖。自从那次参拜以来,他们虽然只能服从圣旨,而与杜充相处,简直就如同芒刺在背。

杜充直接管辖的队伍,除了原东京留守司军外,还包括了御营司其他各军,他还特别把刘光世的傅庆所部,强行留在建康府,隶属自己,这又无异于剜去刘光世的一块心头肉。建康府的总兵力达六万人,改编为江、淮宣抚司军,仍由陈淬出任都统制。陈淬向杜充提议,把傅庆所部军号命名为中军,而把王贵和徐庆所部中军并入岳飞的右军,王贵依旧任右军同统制,张宪依旧任右军副统制,徐庆改任右军同副统制。杜充算是同意了这项改编。两军合并以后,岳飞的右军兵力扩充到六千五百人。

十月,淮西发生李成的叛乱。李成原是河北东路雄州归信县(今河北雄县)人,当过弓手,能挽弓三百宋斤,惯舞双提刀,各重七宋斤,乘着乱世起兵。一个相面道士陶子思说李成有割据之相,于是李成起兵叛乱,却很快被刘光世军击破,一把提刀也被缴获,呈送给了宋高宗。此后李成叛服无常,这次又统兵来到淮西,企图勾结南下的金军,攻城略地。李成匪军占领了滁州(治今安徽滁县),杀掉知州,将本地的壮丁全部强行刺字,编入部伍,又出兵真州(治今江苏仪征)。

宋廷感到事态严重,命令杜充发兵进剿。杜充派温州观察使、御前前军统制王㻛率本军前往。在杜充属下,王㻛所部是惟一一支没有改变原来军号的部队,他的兵力达一万三千人,大大多于宣抚使司下的任何一军,而本人的官位又高于都统制陈淬。但在当时腐败的军风下,王㻛却是一个拥兵玩敌的老手。他率领一万人马渡江以后,就屯驻在六合县西北的瓦梁,按兵不动,又编造了一个不像样的理由,说是军兵没有犒赏,就无法进兵。

自从皇帝和行朝离开建康府后,杜充就成了当地的主宰。他还是按以往的老例,深居简出,成天在府衙内宴饮。杜充官拜右相之后,就更加骄恣,不接见部属,全由吏胥传达命令。杜充的最大嗜好就是杀人,他别出心裁,用搜捕细作等各种名义,每天都在创造滥杀无辜的新记录。陈淬、岳飞等人都极其愤懑,他们的最大苦恼,是明知他败事有余,还须补苴其成事的不足,在感情上真希望他败事,而在理智上又必须帮助他成事。

十月下旬,一名吏胥带着杜充的手令,来到锺山军营,找着岳飞,他唱喏后说:"王观察渡江以后,按兵不进。杜相公命岳统制渡江策应,进剿李成。"岳飞说:"闻得李成兵马不过五、六千人,强刺百姓,胁从随军底又居大半。王观察一万兵马,足以剿灭。自家又何须出兵?"岳飞的心情抑郁,真不想为杜充打仗。

吏胥用规劝的口吻说:"男女唯是传杜相公底命令。男女知得,岳统制慷慨许国,丈夫刚气,然而常言道,在人檐下过,不敢不低头。杜相公严酷,尽人皆知,岳统制犹须遵依杜相公底号令。"

岳飞长叹一声,说:"闻得李成以滁州为巢穴,却自引兵驻来安县,与王观察军相持,巢穴空虚。我不如引兵自慈湖渡江,直取滁州,然后与王观察腹背夹击来安贼军。"吏胥说:"杜相公底手批教岳统制明日自龙安津渡江,去瓦梁与王观察会合,同共进剿。切恐岳统制不宜违令。"

岳飞说:"待我自去求见杜相公。"吏胥说:"实不相瞒,杜相公自到建康府后,得了一个秦楼楚馆底小姐,一个露台弟子,终日在内寻欢作乐。切恐岳统制求见不得。"宋时的所谓露台是一种舞台,往往设置在广场,此处所谓"弟子"当然是指女艺人。岳飞听后,气得说不出话来。

岳飞与众人商量以后,决定由张宪留守,自己和王贵、徐庆带领四千军马在翌日清晨渡江。右军刚到对江的宣化镇,就得到急报,说李成的匪军偷袭长芦镇的崇福禅寺。原来崇福禅寺是江、淮间的第一名刹,重廊层阁,楼塔高耸,金碧辉映,有房屋两千余间,僧行数百人,另有人力数百,为寺院服务。王瓒军进驻瓦梁后,就把崇福禅寺作为后勤基地,最近杜充命令江南东路提点刑狱裴凛带着大量犒军银绢,存放在寺内。李成闻讯后,就派部将冯进率领五百轻骑抄小路前往。

冯进的五百骑在拂晓时抵达。江岸的少量辎重官兵还在船上睡觉,他们得到急报,不敢上岸抵抗,连忙斫断缆绳,乘船逃回江南。冯进率骑兵下马,突入寺内。住持僧慧海今年正好六十岁,他不顾众僧劝阻,亲自出迎,双手合掌施礼,说:"老僧拜见将军。"冯进见来者是个清癯慈祥的老和尚,就客气地还礼说:"自家们此回前来宝刹,只为收取官军底犒设物事,敢烦长老指引。"

慧海无可奈何,只能派一名知事领路,匪军打开临时的库门,只见里面的银锭和绢匹堆积,个个满心欢喜。他们劫掠了大量银绢,除了随身携带外,还抓来了几百名年轻的和尚与人力,强迫他们负担,准备撤退。被驱逼者大呼小叫,哭哭啼啼。

慧海只得上前劝阻说:"将军要取官府寄存底银绢,老僧岂敢拦阻。然而敝寺底众僧,须是在寺内诵经礼佛。恳祈将军放他们逐便。"冯进立即骂道:"这厮老秃驴,休得啰唣!"其他一些年长和尚慌忙上前,把慧海拉走。

匪军把负担者押出寺外,正准备上路,突然远处传来一阵急促的锣声。这是匪军的警报。冯进立即发令说:"速与挪回!"五百骑兵上马后,还恋恋不舍大量银绢,用马鞭驱赶着负担者快走。负担者中有一和尚喊道:"官军已到!"他扔下担子,拼命地狂逃,于是其他和尚与人力也起而效法,一哄而散。匪军已顾不得银绢满地,只能押着没有跑掉的四名和尚与五名人力,沿着往盘城的大路撤退。

两军合并之后,岳飞右军有骑兵一千四百人,他还是编组为第一将与第二将,每将七百人,分别任命王经、霍坚和寇成、孙显为正、副将。他得到李成匪军偷袭的急报后,就命令王贵统兵为后援,自己和徐庆率马军第一将和第二将,急驰长芦镇。右军骑兵到达位于六合县城南盘城山下的盘城,找着村民问讯。村民报告,确有一支骑兵在后半夜途经本地,往长芦镇的方向前进。

岳飞下令,全军向长芦镇急行。右军很快在盘城以东的九里冈与匪军发生遭遇战。岳飞和徐庆指挥两将骑兵包围了匪军。这支匪军虽然只有五百人,却全是追随李成放荡多年的惯匪,也是李成匪军的精锐,冯进指挥他们突围,不肯轻易投降。一场激烈的鏖兵之后,匪军被全歼,只逃脱了十多骑,冯进身受重伤,与三十多名匪军被生擒。九名和尚与人力都得到解救。王贵率步兵赶来,帮助清扫战场。右军在此次战斗中除受伤者以外,也战死了六十人,而最大的收获是得到了四百匹战马。

岳飞全军返回宣化镇,在镇上休息一天,把冯进等三十多名俘虏押回对岸。第二天上午,岳飞整饬队伍,进军瓦梁。不料只行军两宋里路,对江又传递到江、淮宣抚司的札子,说是金军已经兵临淮西,命令岳飞的右军马上撤回江南。岳飞又率全军渡江,返回锺山军营。驻兵瓦梁的王璥接到命令,更是求之不得,也立即带兵后撤。冯进等三十多人被押解到建康府后,正好满足了杜充的嗜杀欲,下令将他们全部斩首。

在岳飞和王璥撤兵的同时,却有五百军兵渡江,来到了长芦镇的崇福寺。带队的是武略郎伏之彦。崇福禅寺存放的银绢经过匪军的洗劫,另加附近百姓闻讯前来,已经攘取一空。慧海和尚出迎后,合掌施礼,对伏之彦说："老僧不能为官府保存银绢,委是有罪!"伏之彦说："下官前来,并非为犒赏物事被掠,而怪罪宝刹。只为奉杜相公钧旨,虏人南侵,务须坚壁清野,要将宝刹焚烧。"

慧海和众僧大惊失色,众僧当即纷纷下跪,恳请伏之彦不要焚寺。接着,寺院的人力和附近村民也闻讯前来,向伏之彦下跪求情,一片哭声。伏之彦感叹说："下官亦是曾来宝刹行香,敬礼佛祖,岂是忍心,然而杜相公底钧旨,下官又岂能违抗？"

慧海转身,用略带愤懑的语气对众和尚与百姓说："既是杜相公无力抵御虏人于长淮之北,覆巢之下,又岂能有完卵？你们且各自散去,收拾物事,崇福寺还须听杜相公底号令。"

慧海带领僧众,来到大殿,最后一次向佛像焚香祷告。祷告完毕,慧海转身对伏之彦说："物事有成有毁,皆是前定。敝寺香火二百年,不料竟毁于老僧底手中。然而老僧既是遁身空门,物事底成毁,又岂得容心？"话虽如此,他还是流下了两行清泪。伏之彦也跪拜在佛像下,对佛像念了宣抚司的札子。

众僧的细软收拾完毕,纷纷走出禅寺。伏之彦吩咐军兵在崇福寺内二十四处重要建筑旁堆积芦柴,在傍晚酉时放火。不一会儿,烈焰腾空,火光烛天,慧海率领全体和尚,还有附近很多居民,都跪在火光前大哭。天明后,偌大的寺院就成一片废墟,而余烬未熄。

崇福禅寺的和尚们只能各奔东西。慧海辗转来到江州庐山东林禅寺,又得以结识岳飞,此是后话。

[贰叁]
马家渡之战

杜充出任江、淮宣抚使后，先后任命了两个水军统制，一个叫邵青，另一个叫郭吉。邵青原是水盗，后受招安。杜充命令两人分别负责建康府以西和以东的江面。十一月初，邵青听说李成匪军流窜到和州，就率水师进入太平州当涂县对江的和州历阳县的杨林河，企图袭击这支匪军。不料金军突然出现在杨林河口，截断水师的归路。邵青只身乘一艘船逃到南岸，而他的水军近乎被敌全歼，其他好几十艘船全部被金军缴获。金军乘胜占领和州。消息传来，建康府为之震惊。但杜充只是下令郭吉同时负责建康府东西江面，自己还是成天在家里深居宴饮。

忧心忡忡的岳飞在宣抚司衙门找着陈淬，他说："虏人既是夺了邵统制底舟船，必自采石济渡。小将不才，愿统兵前去太平州防拓。"陈淬叹息说："自家亦是两月见不得杜充，他唯是教吏胥传言，教自家们用心把截建康府江面。"

岳飞说："江防已是紧切，自家们须见杜充面陈。"陈淬犹豫了一下，还是和岳飞一起来到杜充的深宅，对守门的军兵和吏胥说："自家们有紧切事宜，务须求见杜相公。"吏胥进去禀报，又很快出来，对两人说："奉杜相公钧旨，陈都统与岳统制不须入见，若有紧切事宜，自可另具申状。"

岳飞悲愤地说："此是何时！"他说着，就大步径入。两名军兵举刀拦阻，岳飞用双手将两名军兵推倒在地，直奔杜充的内室。他只听到里屋传来了女子娇滴滴的声音："杜相公满饮此盏！"就在门外大喊："小将岳飞求见杜相公！"然后推门而入。

与此同时,一个女子手里的哥窑葵瓣口浅白断纹酒盏落地,酒泼湿了杜充的锦绵袍襟。岳飞只见桌面上铺陈佳肴、美酒和果品,而沉湎酒色的杜充显得比两个月前更加虚胖,他歪戴着东坡巾,显得有些醉意,身边坐着两个美女。岳飞连忙唱喏说:"小将岳飞参见杜相公!"然后叉手正立。

　　杜充的环眼显露凶光,他咆哮说:"岳飞,我教你不须入见,你胆敢违令,破门而入!"岳飞也愤怒地说:"今日我不破门而入,切恐虏人不日亦须破门而入,捉拿杜相公!"

　　杜充经他一说,脸上顿时流出了虚汗,又立即显露出惶恐和畏怯的神色,酒意全消,张口结舌。岳飞沉痛地说:"杜相公不守京师,退军江南。如今劲虏大敌,已是近在淮南,睥睨长江,邵青底舟船又被番人掳获。杜相公身膺官家底重寄,却是安卧在积薪之上,积薪已是起火,杜相公犹自终日宴居,不见众将,不理兵事。"

　　这还是杜充多年以来第一次受到下级的训斥,他又开始吼叫:"岳飞,你不过是一介偏裨,我自有兵机,你岂能理会得,须知我底宝剑犹是新磨!"他尽管还是吼叫,但音量已经比第一次降低。

　　杜充的威胁,使岳飞立即联想到被杀的马皋,他悲愤地噙着眼泪说:"杜相公如今有右相兼宣抚使之尊,杀一个偏裨,不啻草芥。马统制便是被你所害。然而杜相公苛酷寡恩,诸将人人离心离德,又不知甚人能为国家效命?如是建康失守,杜相公又当窜身于何地?"

　　岳飞的话使杜充猛醒,他很快意识到,自己的身家性命其实还是在岳飞手里,如果杀了手下的第一员勇将,就等于自坏长城。杜充又降低音量,不再直呼其名,说:"岳统制,我与你同乡,亦久知你底忠荩。你今日排门而入,有甚么御敌之策?"

　　岳飞说:"闻得虏人四太子大军屯驻淮西和州,宣抚司自须勾抽兵马,前去太平州,相机待敌。小将不才,愿统兵前往。"杜充把岳飞的右军当作自己的看家资本,当然不肯允准,他说:"建康重地,你须在此把截,我自当另发兵马。"

　　岳飞说:"杜相公驭军过严,众将敢怒而不敢言,心怀怨望,缓急岂能用命。若是尚欲收拾军心,不可不日日坐衙,亲自劳军。"杜充沉吟了一会儿,就说:"我明日当亲去江浒,慰劳将士。"

岳飞说:"小将告退!"杜充说:"且慢,岳统制忠心,我当亲自为你斟酒一杯。"一个女子连忙在另一个哥窑瓷盏里注酒。岳飞说:"小将有妈妈严命,滴酒不敢入口!"他一面说,一面就转身离开杜充的内室。不知怎么,他的耳边又似乎响起半年前一丈青的话:"为姐夫报仇。"岳飞不由长吁一声,他似乎自己也说不明白,为什么还要在眼看杜充可能败事的时候,却为这个一丈青的仇人出谋献策。

今天岳飞那种对抗杜充权威的行为,如果换成另外一个武将,即使是都统制陈淬,杜充是决不会宽饶的。但说也奇怪,杜充事实上对岳飞有着一种特殊的依赖心理。岳飞真正发怒,杜充还是对他有一点畏怯,而感到必须稍加笼络和抚存。他从来不怕众将离心离德,认为只须用自己的威严加以镇压,却害怕岳飞离心离德。这是岳飞自从回到东京留守司后,两人之间渐渐形成的微妙关系。

杜充第二天装模作样地教两个女子披戴盔甲,准备到各个军营巡视和慰劳。突然有吏胥进入,他面露喜色,进呈刚到的太平州知州郭伟退敌的战报,说:"启禀杜相公,虏人四太子大兵渡江犯采石渡,已被杀退。"

杜充臃肿的滚圆脸上立即露出笑容,他又恢复了以往骄倨不可一世的神态,吩咐两个女子说:"尔们且与我卸甲,我当举酒庆功!"他又懒于出外坐衙和劳军了。

完颜兀术的金军再次渡江攻慈湖寨,又被宋军击退,就转攻淮东。十六日,金军攻破了建康府对江的真州。杜充只是下令各军在建康府沿江列戍。

完颜兀术接连两次渡江失利,心中十分焦躁,他在真州州衙召集了八名万夫长会商,说:"大金人马渡江不利,对岸防拓严密,无机可乘,不如先杀往海岸,占据淮东。"

韩常说:"此回分兵,挞懒监军攻淮南,四太子攻江南。若是自家们不得渡江,岂不是伤损四太子底威名?依男女底计议,不如声东击西,且在宣化镇一带虚张声势,却向马家渡进兵。男女不才,愿为先锋。"

完颜兀术说:"你不须为先锋。"他把韩常看成是自己的爱将,舍不得轻易使用。完颜兀术转向渤海人大挞不野说:"你可选精兵,亲自为前锋。若能济渡大江,便是大功。若是济渡不得,休怪我无情!"大挞不野说:"男女当恭依四太子底号令,勉力渡江!"

金军在真州江岸多插黑旗,摆列舟船,布置疑兵,而秘密将主力转移到和州乌江县。十八日天色未明,大挞不野亲率一千精兵,分乘二十艘船,驰向对岸的建康府沿江西南角的马家渡。大挞不野知道完颜兀术的脾性,他秉承严令,不敢怠慢。船只还未靠岸,他就下令涉水登岸,并且第一个执着手刀,跳下舟船,涉水而进。

宋军根本没有把马家渡作为防守的重点,在渡口只驻守江、淮宣抚司前军第二正将张超所部六百人。他们大部分还在睡梦里,等到担任瞭望的军兵奔回寨内报告时,大挞不野所率的金军也已杀到。金军轻而易举地击溃张超所部,占领了马家渡,但船只不多,后续部队分批渡江,费时颇久。

张超的军队被击溃后,逃往建康府城西南的江宁镇,向驻守镇上的前军统制刘衍报告。刘衍连忙集合队伍,他全身甲胄,骑在马上,正准备下令出发迎战,不料队伍中突然飞出一枝冷箭,正中刘衍的心窝,刘衍当即落马身亡。射冷箭的是第三将准备将戚方,此人原是骐骥院管马的厢军教骏兵士,北宋亡国后,就混在一支盗匪中,他后来与匪首"九朵花"闹翻,就杀了"九朵花",率领徒党,投奔杜充,编入前军。但戚方的匪性不改,曾受到刘衍的责罚,他怀恨在心,乘机作乱。戚方射死刘衍后,就大喊道:"虏人渡江,国家必亡,杜充苛酷,自家们不如自寻快活!"他原来的徒党也乘机起哄,于是前军竟一哄而散,戚方裹胁着一部分军兵充当盗匪。

宋军迟迟未能前往马家渡阻击,给了金军充裕的渡江时机。只有水军统制邵青闻讯后,乘坐一艘船,船上有十七名水手,在江面拦截敌人。金军向邵青的战船放箭,邵青和水手们先后中箭受伤,一名水手竟身中十七箭,不得不败退。

由于前军的溃散,金军渡江的急报迟至当天中午,才传到建康府城的宣抚司。杜充正由两名侍妾陪着午宴,他听到报告,顿时脸上变色,酒盏落地,慌忙下令召见陈淬。这还是两个多月以来的第一次面谈。杜充尽管面露窘色,却仍架子十足,他不给陈淬座位,让他叉手正立着谈话。

陈淬说:"闻知虏人渡船仅有二十只,一回不过济渡千人。若是水陆两路,急速发兵前去,必可歼灭渡江之敌。"杜充说:"我所忧底,非是马家渡底虏人偏师,若是调发大军去马家渡,对江真州底虏人大军莫须乘虚而入?我疑是四太子调虎离山之计。"

陈淬说:"虏人既已在马家渡得手,便是真州屯驻大兵,亦须移军乌江县。若是杜相公尚存疑虑,可命岳飞统六军自陆路,郭吉统水军自水路前去,自家督诸统制留守江岸。"杜充想了一下,说:"岳飞不可教去,靖安镇最是紧切去处,须教他屯兵。若是六军人马前去马家渡,切恐江岸兵力单寡,缓急难以支捂。可命刘经统左军与扈成后军、傅庆中军自陆路,郭吉水军自水路前去。"

陈淬说:"陆路兵少,恐不济事。岳飞不去,便须勾抽七军。"杜充害怕自己身边的兵力少,说:"我料得刘经等三军,足以杀退虏人偏师。"

陈淬急得和杜充争吵起来,他提高声调说:"虏人既已渡江,杜相公岂得轻敌?兵少不济事,便有噬脐之悔!"杜充最犯忌的事情,正是部属和自己顶撞,特别是自己目前已有宰相之尊,更非留守东京可比,他大吼道:"你且退下!我处分军机,岂容你置喙!"陈淬愤愤地退去。

杜充下令以后,陆路的三军计有一万四千人马,立即出动,而水军统制郭吉不但没有出兵,反而带领水师,沿江东逃。在开阔的大江江面,正值气候良好,风平浪静,不善水战的金军竟如履平地,再没有遭受水上的攻击。刘经等三军赶到马家渡时,已是十八日半夜过后,天色未明。刘经当即下令,自己的左军居中,傅庆的中军和扈成的后军分别为左、右翼,向江岸的金军进击。

金军已有三个万夫长的兵力全部渡江,他们是大挞不野、汉儿王伯龙和女真人斜卯阿里三军,女真人乌延蒲卢浑的部伍已有一半渡江,万夫长乌延蒲卢浑本人也已到了大江南岸。金军虽然已经实现渡江的目标,却不敢懈怠,军兵纷纷举着火把,照得江岸通明。

金军首先迎战刘经的,是王伯龙的部队,而当头阵的则是千夫长王善。原来王善在崔桥镇被岳飞杀败后,逃到淮西濠州一带,正好遭逢完颜兀术南侵的大军。王善投降金人,他的残部被收编,全部改成剃头辫发,隶属于王伯龙。王善的残部没有什么战斗力,立即被左军击溃。王伯龙是辽东人,辽朝末年为盗,后被金军收编。由于他悍勇善战,完颜讹里朵新近提拔他当万夫长。王伯龙马上制止了王善军的溃散,而指挥反击。宋金双方的汉军步兵进行激战,一时难分胜负。

金军乌延蒲卢浑和斜卯阿里的骑兵分左右翼,向宋军突击。中军的傅庆本人倒是骁勇敢战,无奈他的部队还是刘光世养成的积习,平时则兽聚,由官府供应钱粮,战时则鸟散,他们经受不住金军骑兵的冲击,纷纷溃散。傅庆的少量骑兵被金军包围,他抡动一杆铁锥枪,连刺五个敌骑,率部杀出重围。扈成后军的战斗力也不如左军,在乌延蒲卢浑骑兵的冲击下溃逃。刘经的左军虽是原东京留守司的一支劲兵,终究不敌优势的敌人,也接着败退。金军击溃宋军,却乘胜收兵,并不追击。他们等待主将完颜兀术本人渡江,然后统一军事部署。

宋军的败报在十九日当天中午就传到建康府城。惊惶失措的杜充再次召见陈淬,陈淬第一次见到这个上司对他卑躬屈节,改用表字称呼,杜充说:"我甚悔不听君锐底忠告,依目今事势,莫须君锐亲自统兵前去马家渡?"陈淬说:"便是杜相公不言,我亦须请缨,然而若要战胜虏人,岳鹏举底右军不可不往。"

杜充说:"众将底部伍,当听凭君锐勾抽,右军还须驻守靖安镇,以防不测。"他的意图,还是想把右军当作保护本人的亲兵。陈淬说:"若是杜相公不教右军出兵,我亦不敢请缨。"杜充万般无奈,只得依允说:"便依君锐底计议,唯求君锐急速出师,以济艰难。"

事实上,在陈淬与杜充讨论的时候,岳飞的右军早已出动了。原来陈淬被杜充斥退后,就骑马出城,找到驻兵在靖安镇的岳飞等人,诉说自己的愤懑。陈淬的年龄比岳飞等人大一辈,但彼此却愈来愈成为忘年交。岳飞脸上露出十分严峻的神色,他说:"兵家事机,尤不可失之交臂,待小将即时统兵前去,为刘经等三军底后援。若是事后杜充怪罪,小将甘当军法。"陈淬感动地执着岳飞的手说:"岂能教你当军法,若是杜充怪罪,自家承当!"

岳飞当即对张宪说:"今有韩副将率三百人守寨,缓急之际,须防不测。张统制可率二百人马回寨,护送全军老小,即刻前去茅山,以避兵祸。"岳飞自从来到建康府后,就乘闲暇的时候,与本军众将遍历建康府的山川,他事先已经看中了句容县城东南四十五宋里的茅山,作为必要时的转移地点。现在的吩咐正是原定的计划。张宪马上带领二百人马出发,岳飞见张宪上马,又对他用沉重的语调说:"告报妈妈,不须以儿子为念!"王贵等人也强忍与亲人生离死别之痛,纷纷向张宪嘱托。众人都明白,右军将面临一场胜负未卜的恶战。张宪的部伍急速回锺山军营,与守寨的第六副将韩清会合,立即护送全军家属转移。

右军以骑兵二将在前,步兵四将在后的顺序,向马家渡方向疾进。岳飞与于鹏、王敏求、王经、霍坚在队列之前。队伍抵达建康府城西南六十宋里的江宁镇,就与溃败的刘经、傅庆和扈成军相遇。岳飞对三员统制说:"刘统制、傅统制、扈统制,你们有甚计议?"傅庆说:"我久知岳统制智勇,愿服从岳统制底号令。"扈成接着说:"我亦愿伏侍岳统制。"刘经认为,自己与岳飞是地位平列的统制,但既然自己已是败军之将,所部的兵力又损失最重,也只好表示服从,说:"自家亦愿服从号令。"

岳飞统计一下三军的残部,尚有五千多兵力。他当场用慷慨的音调,对众将士训话说:"自家们皆是昔日宗留守底麾下,同袍同泽,久经战阵,曾杀得虏人底国相、三太子辈望风而逃。如今虏人已是渡江,自家们如若四散逃窜,却是逃无可逃,日后必成虏人底驱口。我知得你们俱是丈夫汉,不愿辫髪左衽底,须与我同共冲锋陷阵!陈都统必是亲统大军,为自家们继援。"岳飞的话激励了那群败兵败将,众人不约而同地高呼:"自家们愿追随岳统制,与虏人死战!"

岳飞当即部署刘经和扈成率领两千人,留守江宁镇,自己和众将士饱餐一顿晚饭,准备夜袭。他命令傅庆和王贵统率步兵,担任正面攻击,自己和徐庆统率骑兵,担任迂回攻击。岳飞对众将宣布作战方案说:"虏人渡船甚少,渡江之后,便是置身于死地,势必力战,又数万军兵麇集,王师兵少,急切难以战败。我思忖再三,今夜以精骑捣虏人后背,擒贼先擒王,若能斩馘或俘虏得四太子,虏人便是群龙无首,势必溃败。然而如是不能擒杀四太子,便须在天明前收兵,不可恋战。待陈都统大军前来,再议破敌之策。"众人都表示赞成,又补充了一些细节性的建议。

十九日前半夜,傅庆和王贵指挥临时编组的四将步兵,开始向马家渡的金军进击。金军的八个万夫长所部,已有七支军马渡江,第八支军马也开始渡江,而完颜兀术本人也到了大江南岸。金军取得一次胜利以后,有所懈怠,大部分人开始休息,只是命令六名千夫长统兵,举着火把巡逻。宋军步兵逼近敌人,就用弓弩攒射。于是熟睡的金军纷纷惊醒,大呼大叫,各自为战。

岳飞和徐庆率领骑兵来到金军的侧后,也向巡逻的金军发起攻击,岳飞、徐庆和寇成各自抓到一名俘虏,盘问完颜兀术的所在。三名俘虏中,一人说不知道,而两人都说完颜兀术驻兵在渡口。一个俘虏口供更详,说是那里矗立一面大的三角形、绣白日黑旗,旗上还挂着一盏灯笼,这是统帅的标志。完颜兀术身边又有一千精骑充当合扎猛安。于是一千八百名骑士就不顾一切,向渡口冲锋。

完颜兀术果然亲驻渡口。宋军骑兵突破金军的阻击,杀到渡口时,完颜兀术就亲率合扎猛安迎战。这是一场惨烈的交锋,两军的骑士都一批又一批落马。徐庆和孙显的战骑先后中箭倒地,两人都夺了敌人的战骑,上马再战。最后,完颜兀术的合扎亲兵竟大半阵亡,完颜兀术眼看形势不妙,只能在残兵的护卫下,乘船逃往江北。一夜混战,不分胜负,宋军抓不到完颜兀术,只得按原计划,在天明前收兵。

完颜兀术果然骁勇敢战,他等待宋军退兵后,又重新渡江,并且把最后的一兵一卒全部带到江南。完颜兀术下令,把所有的战尸全部扔到江里,于是马家渡一带的江水就很快被大量战尸所染红。

时值二十日清晨,完颜兀术在渡口江岸亲自召集八名万夫长训话,他指着自己的帅旗说:"此回南虏非寻常可比,杜充所统,原是宗爷爷底军马,端的是敢战。昨夜鏖兵,杀了自家多少儿郎。然而终夜厮杀,我底帅旗未曾倒地,便是吉兆。我底帅旗不退,你们便不得擅自退却。若要临阵畏避,都与洼勃辣骇!既是全军济渡,便须战胜南虏,活擒康王。你们且在此休息一日,然后向建康府进兵。"

岳飞的部队返回江宁镇,他清点军马,不论步兵和骑兵都损失了约一半。岳飞和众将的心境都十分沉重,他们只能一面休整士马,一面向建康府城发战报,等待援军。

陈淬率领一万五千兵力赶到了江宁镇,在他的后面,则是御前前军统制王燮一万三千人的队伍。陈淬到达后,马上召集众将,商讨对策。他环视众将说:"众太尉有何破敌良策?"大家都不说话,于是陈淬的目光又盯着岳飞,岳飞到此也不能不首先说话:"四太子重兵麇集,军马厚重,今日之势,不可不战,亦不可求速胜。王师上阵,可多用强弓硬弩,遏制虏骑奔冲,夜间则分兵斫营。待敌人兵疲意沮,可招上流刘太尉、下游韩节使底大军,会聚马家渡,同共破敌。"

陈淬听说要召唤刘光世和韩世忠军,就说:"依目今事势,杜相公虽有节制之名,切恐刘太尉与韩节使难以依从,破敌尚须依仗本军。今日须杀得虏人一阵。"他当即部署军马,准备将自己的部队临江岸展开,而命令王燮的御前前军作侧翼掩护。刘经、傅庆和扈成三支残兵临时划归岳飞,统一指挥。

岳飞私下对陈淬说:"王观察不是敢战底人,虏骑又常以拐子马左右围掩,切恐败事。"陈淬说:"我亦知他怯战,故不敢将御前前军用作正兵。"

岳飞说:"依小将之议,莫须将御前前军分兵,分布于诸军。"陈淬说:"王观察底官位尚高于我,我虽是都统制,亦不得离散他底部伍,教他做空名统制。"

岳飞说:"陈都统尤须告诫王观察,教他临阵用命。目即小将所统马兵已不足千骑,若是陈都统将各军马兵分拨于小将,小将当乘机伺便,突入敌阵,如是能俘馘得四太子,此亦是一说。"陈淬说:"此议甚好!"他立即下令把各军的骑兵都拨归岳飞,统一指挥。但宋军的骑兵不多,各统制和将官手下还须有亲骑,最后增拨给岳飞的,也不过一千五百骑。

陈淬按照岳飞的提议,在出兵之前又特别告诫王燮说:"王观察,此回用兵,非比寻常,社稷安危存亡,在此一举。将士若临阵不用命,须知军法无情!"王燮慷慨激昂地说:"养兵千日,用兵一时。我久沐皇恩,临阵岂能不勉竭驽钝,以图报称!自家底将士如不努力厮杀,我便当行军法!"陈淬听他如此说,就相当放心。

宋军向马家渡推进,在大江岸边,面向西南列阵,右面临江,王燮一军则部署在宋军的左后侧。岳飞的右军尽管经历一夜鏖战,比较疲劳,陈淬仍把他们部署在易受攻击的左翼。岳飞命令王贵、傅庆、刘经和扈成督率众将,统领步兵,列队阵前,自己和徐庆统领骑兵,在阵后休息。

金军面向东北列阵后,开始先以汉人阿里喜步兵发起冲锋,实际上带有试探性质。宋军用密集的强弓硬弩,一次又一次地击退敌军的正面攻击。两军接战了几个回合,金军无法得手,又改为以铁骑发起冲锋,双方再接战几个回合,仍然被宋军击退,金军在阵前留下了大批的人马战尸。

时间已经到了下午,岳飞仔细观察敌阵,他向陈淬建议说:"虏人以步兵列阵江岸,此是薄弱之处,自家们若以马军突破敌阵,出阵后反击,直取核心,虏人立大纛处,必是四太子底所在。"陈淬说:"你便可立即出兵,我当策应。"

岳飞和徐庆马上率领全体二千五百骑兵,沿着江岸出击。在江边列阵的正是汉军韩常和王伯龙两部。岳飞骑着逐电骠,手持丈八钢枪,徐庆舞动铁鞭,两人率先冲锋,大呼陷阵。二千五百骑兵紧跟在后,很快击溃了金军,将不少敌人掩入江中。这支骑兵突出敌阵之后,又向敌阵内树立大纛的方位进击,所向披靡。

然而完颜兀术此时却已不在阵中心的部位指挥。他几乎在岳飞出兵的同时,也亲率完颜当海和完颜迪虎两个万夫长的生力军,绕向宋军左翼阵后,准备发动攻击。陈淬发现金军的行动,马上下令王𤫊率军抵挡。王𤫊指挥御前前军迎战,他眼看敌骑来势凶猛,就首先带领亲兵几百骑逃窜,御前前军的一万三千将士也跟着溃逃。金军的铁骑得以轻而易举地绕到宋军阵后,冲击宋军。

两军进入混战的局面。完颜迪虎首先率骑兵袭击位于左翼的右军步兵,王贵指挥部兵沉着应战,射死一批敌人,率先冲锋的完颜迪虎当场毙命。但在金军优势骑兵的攻击下,其他各部宋军最终先后溃败。黄昏时刻,陈淬仍然带领二百亲兵死战,他的战马中箭死亡,就下马步战,最后因众寡不敌,被金军乱刀劈死。岳飞和徐庆带领骑兵,在乱军中来回冲杀,最后找到了本军的步兵,和王贵、傅庆、刘经、扈成等合兵一支,以孤军苦斗,且战且退,撤向建康府城。这是马家渡之战中唯一整军而退的部队,却因战斗的损耗,剩下了不足五千人,而骑兵又不足一千四百人。

[贰肆]
建康城的陷落

杜充发遣重兵去马家渡后,再也无法安卧,只是彻夜在房中踱步。他的亲吏们不难发现,昨天还是骄恣而不可一世的杜相公,今天却是哭丧着脸,眼球里布满了红丝。他平日胃口极好,有一个贪饕的大腹,而二十日竟整天不吃饭。直到夜间,才教吏胥们端来薄粥。他刚吃了几口,就传来了陈淬战败的急报。杜充当即撂下饭碗,气急败坏地说:"速备舟船,自下水门出城!"杜充带着亲兵和吏胥匆匆来到秦淮河边上船。

金军未渡江之前,建康府城里的坊郭户市民已经逃走了一半。杜充得知金军渡江的消息后,却下令关闭城门,于是城里更是风声鹤唳,谣言纷起。惊慌的市民们来到各个城门口,请求开门,而各个城门却都有军兵严密把守,严禁出入。城东的上水门前聚集的船只不多,而下水门是秦淮河的入江口,门前挤满了逃难的船只。水门刚打开,市民的舟船就互相拥挤着出水门。杜充豪华的官船反而被民船拦截在离下水门颇远的河面。

杜充心急火旺,吩咐吏胥们传话,大喊道:"杜相公欲出城迎敌虏人,尔们速与让路!"民船上的百姓也纷纷大喊:"自家们亦是欲出城迎敌。杜相公尊贵,不可轻上行阵,自当在小民之后出城。"杜充在官船里听后,气得说不出话。他又听到百姓们大喊道:"杜相公平日暴戾,枉斩了多少无辜。如今警急,又欲弃城逃遁!"更有人大嚷:"杜充,你身居高官,便当与府城共存亡。你若在阵前身亡,尚是赎了枉斩无辜底罪过,为朝廷尽节!"杜充听着百姓们你一言、我一语的奚落,面皮紫涨,张口结舌,最后他只得下令说:"且挪回宣抚使司!"

杜充回到衙里，已是天光微熹。他两个夜晚未能入睡，只觉得头疼脑胀，两眼昏花，有吏胥报告说："启禀杜相公，韩节使底大军已焚了镇江府城，退往江阴军。陈都统力战阵亡，岳统制已是整军退回锺山军营。"韩世忠不服节制，不来支援建康府，这是在杜充意料之中的事，而岳飞整军而还，又给杜充带来了希望。他吩咐说："可与诸军各人犒赏银十两，绢十匹，另与岳飞下札子，命他提举一行事务，教他统兵入城，我当与他同去真州，徐谋兴复大计。"原来在此前，杜充已得到隔江真州知州的报告，说是金军已全部撤离真州地界。

岳飞和将士们已是连续两个日夜的奔波和鏖战，但退到锺山以后，岳飞还是无法休息，他必须招收来自其他各军的败兵败将，重新整编队伍。岳飞刚匆匆地吃过早饭，杜充的一名亲吏就带着大量的银和绢前来，并且还有一个宣抚使司的札子。岳飞将札子给众将传看，然后对吏胥说："杜充刚愎苛酷，滥杀无辜，致使将士离心离德，畏敌怯战，擅弃京师，误国败事。我不能为马统制等报仇，诛除杜充，以谢天下，已是问心有愧，岂能再屈居于罪臣之下。然而目即杜充尚是右相兼宣抚使，众将若是愿追随杜充，我亦不敢强留。"

他说完，就望着傅庆、刘经和扈成三人，因为王贵等将肯定是和自己同心同德的。傅庆马上从交椅上一跃而起，大声说："我愿追随岳统制，不愿追随杜充那厮奸佞！"刘经和扈成也作同样表态。岳飞下令给全体将士平均分发犒赏银绢，包括其他各支败兵。尽管岳飞允许将士投归杜充，而那名吏胥最后竟未能带走一兵一卒。

经过二十一日的休息和整编，岳飞集合和编组了近一万人的队伍。他在当夜召集众将会商，议论今后的去向，王贵提出其实是早已商定的方案，说："马家渡战败后，建康城势不可守。若是自家们入城内死守，又不免受制于杜充。不如且移屯茅山，凭借山势，与敌周旋。"刘经首先表示赞同，说"此议甚好！"岳飞见众将没有异议，就说："既是众人定议，自家们明日便前往茅山。"二十二日黎明，这支军队撤离锺山，向茅山转移。麻烦的问题是在军队之外，又挟带着几千家眷，还必须专门派兵护卫。

杜充接到吏胥来自锺山的回报,才如梦初醒,原来曾经是自鸣得意的"威重于恩"的驭将之术,最后竟结出一个众叛亲离的肥硕苦果。他虽然还拥有右相兼宣抚使的重名,现在除了身边的三千亲兵之外,再也指挥不了一兵一卒。几天以来,他已经反复考虑过今后的去向。如果是东逃西窜,无非是投奔受过他侮辱的韩世忠和刘光世,自己作为一个败军之相,肯定是被他们所羞辱。如果逃往行朝,其结果也无非是遭弹劾而罢相,所蒙受的骂名,也决不会少于黄潜善和汪伯彦。因此,渡江去真州,躲避金军,就成了他唯一可能的选择,尽管这种选择也充满苦涩。

他派吏胥召来了建康知府陈邦光,陈邦光也一变原先摧眉折腰的姿态,对架子极大的杜相公行起近乎平交的礼节,他只是微微弯腰一揖,说:"下官拜见杜相公。"仅仅是一个小动作,已使杜充的内心充满了辛酸,他只能作揖还礼,说:"陈制置,只因王燮临阵脱逃,王师于马家渡败绩,你以为当如何守御建康府?"陈邦光还兼任沿江都制置使,杜充特别称他"制置",已经流露出命他守城的意向。

陈邦光完全听出了杜充的弦外之音,就连忙辞避说:"杜相公文韬武略,威声远播,今以右相兼宣抚使之尊,受朝廷重托,自当有折冲御侮底奇谋妙策,使建康城有金汤之固。下官庸浅,唯有禀命于杜相公。"杜充也明白对方的用意,他不愿再与陈邦光兜圈子,就直截了当地说:"我明日便欲起离建康,渡江去真州,号召江北诸军,截虏人归路。我授命你固守府城,以待援师。"

陈邦光说:"我并无兵马,如何守得?"杜充说:"你可调集各县乡兵,征发在城坊郭户男丁,上城防拓。"

陈邦光说:"仓促之际,乡兵如何召集?便是召集,征发在城男丁,亦是难以守御。杜相公平时以国之干城自许,危难之际,岂得只身潜逃,而将守城之责诿于下官。"陈邦光的话已经相当刺耳,杜充再也无法忍受,他咆哮说:"我命你守城,你岂敢不听号令?"

陈邦光此时也不示弱,说:"杜相公,你平时若是不威福自恣,何至有今日?依下官之见,你若得死守府城,尚不负主上委寄之重。"两人大吵一场,面红耳赤而散。

杜充再也不过问建康府城的防守,他在二十三日带着三千亲兵,径自乘船出下水门,逃往对江的真州。

金军骑兵十分讲究用兵的快速,但完颜兀术虽然在马家渡取胜,却损兵折将,蒙受重创,不得不休整五天。他命令乌古论少主接替战死的完颜迪虎,出任万夫长,作为前锋,于二十六日向建康府城进军。

乌古论少主所部离城十里,却遭遇到一支部队的阻击。这是宋朝宗室、上元县丞赵垒之统率着当地的一千乡兵,自东而西,前来江宁县的地界迎敌。这一千人只是装备着纸甲、竹枪、竹弓之类,但作战的顽强却完全出乎金人意料。一个时辰的激战,最后还是完颜兀术亲统大军赶来,才将这支乡兵歼灭,而金军也伤亡甚众。完颜兀术的心头不免笼罩深重的忧虑,对自己能否攻下建康城感到毫无把握,他下令说:"且去建康城南门下寨,以观南疜动静,不得轻易攻城。"

金军到达建康府城,在南门外扎寨,完颜兀术临时选择了铁作寺作为司令部。扎寨尚未完毕,有大挞不野押上了两名建康府的吏胥。他们送来陈邦光的降状,约定明天大开城门,亲自出门投拜。完颜兀术喜出望外,他由通事翻译,向两名吏胥盘问情况,特别打听了宋高宗和杜充的下落,两名吏胥据实回话。完颜兀术最后发付两人回城,并且下令赏赐银子十两。

二十七日,建康府各个城门同时打开,完颜兀术只率军队两千人入城,他随身带着汉儿万夫长韩常和两名千夫长,一个是渤海人张真奴,另一个是奚人萧斡里也。陈邦光率领官员在南门外迎接。完颜兀术进入府衙后,居中坐定,韩常等三人分坐两旁,而陈邦光和全体降官则叉手在两边侍立。完颜兀术开始说话,由张真奴担任通事,他说:"陈知府,你们既已投拜大金,须知大金礼俗,可先与我剃头辫髪。"众降官虽然面有难色,可是事已至此,又有谁敢违抗。陈邦光第一个带头,被一名金兵剃去顶髪,又将其余的头髪扎成两条辫子。

完颜兀术又说:"闻得城中有通判杨邦乂不愿投拜大金,可将他押来。"不一会儿,杨邦乂被押到大堂。完颜兀术只见杨邦乂的胸襟上写了十个大字的血书:"宁作赵氏鬼,不为他邦臣。"站立堂中,傲然不屈。他向张真奴问明了血书的内容后,就说:"杨通判煞是好汉。陈知府,你须与我晓谕,若能说得他投拜,便是你底大功。"

陈邦光只得上前说:"杨通判,常言道,识时务者为俊杰。大金军马所向无敌,康王犹如釜鱼假息,必是朝夕被俘……"不等陈邦光说完,杨邦乂指着他大骂说:"天子以你捍守建康城,你不能抗敌,又有何面目见我?"骂得陈邦光满面羞惭,无言对答。

萧斡里也与完颜兀术说了几句,就拿着纸笔到杨邦乂面前,说:"死活二字,由你自写。"杨邦乂当即大字写了个"死"字,掷笔于地,又对完颜兀术大骂说:"金国妄自尊大,兴兵涂炭中原,天道恢恢,岂能容得,你作恶盈贯,必是磔尸万段!"

张真奴翻译之后,完颜兀术大怒,下令说:"速将他洼勃辣骇!"一名金兵举棒上前,当头猛击,杨邦乂立即倒地。完颜兀术余怒未息,又亲自抽出佩刀,朝杨邦乂胸前刺去,当场剜出他的心脏。在场的降官们个个吓得面如土色。

金军拉出杨邦乂的尸身后,完颜兀术在大堂与降官们开始饮酒作乐。降官们赔着笑脸,逐一上前,向完颜兀术等人劝盏。完颜兀术等人初次品尝到江南风味的名酒佳肴,胃口大开,陈邦光还特别强逼一批秦楼楚馆的小姐,为完颜兀术等人佐酒弹唱。

酒阑席散,欢娱尽兴,完颜兀术吩咐陈邦光说:"我留张、萧二太师在此,与你共守城池。你可为我作书与杜充,若是能归附大金,当与大楚底张邦昌同等礼遇。待我活捉康王北归时,另与你赏功。"陈邦光说:"下官恭依四太子尊命。"

完颜兀术在众小姐中挑选了两名姿色最美的,准备带出城外。韩常也想挑选两人,却被完颜兀术制止,他对韩常说:"你带了小姐去,又如何行军用兵?待自家们生擒康王回来,我另当重赏你五十人。"韩常再也不敢说什么。

完颜兀术连夜出城,宿于铁作寺。他在十二月初统兵南下。张真奴和萧斡里也两个千夫长统兵两千,他们在建康府城西南原宋高宗行宫一带驻守,由于兵力单薄,为了安全起见,干脆将这一地区的居民全部赶走,在军营周围另筑一个小城,成为城中之城,人称新城。金军不时出新城,将财宝和女子抢掠入内。陈邦光的一举一动,自然需要先请示张真奴和萧斡里也。

杜充逃到真州后,不住官衙,却住在天庆观里,只是成天和两个侍妾宴饮,借酒浇愁。十二月初,有吏胥报告说:"建康陈知府命人渡江携书前来,求见杜相公。"杜充想起自己临行时的口角,真想驱逐来人。但他又很想知道江南的动静,于是就命令吏胥先把书信要来。陈邦光的书信不但写得十分客气,而且还相当谦卑,信里首先就向杜充谢过,其次是说明自己降金的经过,最后是分析杜充的处境,强调完颜兀术的招降条件。当杜充见到信中"四太子欲处杜相公以大楚张邦昌之位",就完全动心了。

自叹穷途末路的杜充又转而有豁然开朗之感,但他为了抬高自己的投降身价,还是采取犹抱琵琶半遮面的姿态。他提笔回信,婉言谢绝,而在谢绝之中,又保留松动的口气。一个进士出身者,做此类文字游戏,还是游刃有余的。他写完信后,又盼咐吏胥说:"可赏来人白银五两。"这当然又是一种可以使陈邦光心领神会的姿态。

陈邦光和杜充之间来回通信多次,杜充抬高身价的欲望自认为得到了满足,就正式表示"愿弃暗投明,救百姓于水火"。真州知州得知此事,只好逃离州城,并且向朝廷上奏,报告杜充叛变。杜充带来的亲兵风闻此事,也大部分逃散,最后只剩下不到二百人。

转眼到了建炎四年(1130年)初,负责淮南战场的完颜挞懒亲统兵马,南下真州。杜充这次却不敢摆任何架子,他亲自出城十里迎降。完颜挞懒进城入州衙,在大堂正坐,向来妄自尊大的杜充只好叉手侍立一边,而在另一边侍立的则是辫发左衽的刘豫和秦桧。刘豫和秦桧都曾与杜充相识。刘豫现任金朝京东东路、西路和淮南路安抚使。秦桧也学了一些女真话,却不如刘豫学得好,完颜挞懒用刘豫充通事,向杜充发问:"闻得你身任右相、兼宣抚使,在建康府留守。何以不投拜兀术,而到此投拜于我?"

这句问话可难为了杜充,他方知完颜兀术和完颜挞懒彼此并无联络,一时简直不清楚如何措辞。他想了一会儿,才想到了自己给陈邦光回信上的用词,就结结巴巴地说:"下官久侍康王,深知他荒淫无道。唯愿弃暗投明，救百姓于水火。"杜充吩咐吏胥，取来陈邦光的书信，躬身面呈完颜挞懒，说："此是建康陈知府底来信，备述四太子之意。"

完颜挞懒当然无法读汉文，就把书信交付刘豫和秦桧。不料金朝正在酝酿未来子皇帝的人选，而完颜挞懒首先看中了刘豫，并且向刘豫有所透露。刘豫更是向完颜挞懒百般讨好，觊觎着子皇帝的宝座。他看了陈邦光的书信，真恨不能当即把杜充刺死。但此时此刻，刘豫面对着秦桧，也只能如实向完颜挞懒介绍书信的内容。

完颜挞懒听后微微一笑，对刘豫说："子皇帝一事，兀术又不是元帅，如何许得他？"刘豫听后，算是吃了一颗定心丸，他有意对杜充稍作改译，说："挞懒监军言道，四太子又不是元帅，如何能教你坐张邦昌底交椅？"

杜充立即面如死灰一般，他正想用一些话来掩饰自己，表示自己无意于当子皇帝，只求拯救百姓之类，完颜挞懒却吩咐刘豫说："杜充既已投拜，便须辫发，习大金礼俗，你可教他。此处不须留他，明日便将他遣发去河东，教粘罕与谷神授他一个孛堇。"刘豫在翻译时却做了手脚，女真语的"孛堇"本意是官长，刘豫却有意译为"低官"。秦桧看透了刘豫的用心，却不便纠正，以免得罪刘豫。

杜充再也无话可说，他只能向完颜挞懒作揖告退，不料刘豫又说："杜官人既已投拜，便是大金臣子，须与挞懒监军行大金跪礼。"杜充满脸窘色，他还不清楚怎么行女真人的跪礼，就尴尬地说："下官端的不知甚个跪样？"刘豫翻译以后，完颜挞懒哈哈大笑，他的眼光转向秦桧，说："你可教他！"秦桧来到杜充身边，朝着完颜挞懒，以熟练的动作，做了一个跪左膝、蹲右膝的全套礼节。杜充也学着做，却显得笨手笨脚，引起众人的一阵哄笑。满面羞惭的杜充被刘豫领出大堂，当即剃头辫发，换穿左衽服装。

杜充回到天庆观，侍妾、仆从和道士们都惊奇地发现，杜相公已经改变了模样。杜充吩咐赶紧收拾细软，准备明日动身。他本人怀着满腹辛酸，独自在房里取铜镜照影。他向来看不上女真人的发型和服饰，现在见到本人在铜镜里剃头辫发的尊容，真是欲哭不得，欲笑不能。他长吁一声，忽然背诵起一句唐朝罗隐的诗："时来天地皆同力，运去英雄不自由。"

有仆从进屋报告,说:"秦参谋求见。"杜充连忙出迎,却一时不知对秦桧行什么礼节,秦桧见到杜充,还是依中原方式行揖礼,杜充就还以揖礼。

双方坐定,秦桧说:"昔日与杜相公同朝为臣,不期今日得见。"杜充听秦桧称自己为"相公",而不像刘豫那样叫"官人",心里的虚荣心又多少得到一些满足和慰藉,他说:"下官不才,初次归顺大金,又不知礼仪情实,须得秦参谋关照。"

秦桧说:"自家们既又是同朝为官,自须辅车相依。"他接着把刘豫所以嫉恨杜充的原因也和盘托出。秦桧愿意向杜充透露真情,也出于对刘豫陵轹同列的嫌恨。杜充到此才恍然大悟,说:"然则我当怎生理会,恳请秦参谋教我,此便是死生肉骨之恩,下官当铭感终生。"

秦桧说:"大金御寨远在白山黑水,中原底事,多由东、西二朝廷作主。东朝廷以讹里朵三太子为首,西朝廷以粘罕国相为尊,国相尤是位高势重。三太子与四太子是同母兄弟,挞懒郎君既是愿立刘豫,唯恐三太子与四太子心同气合,故遣发杜相公去西朝廷。然而杜相公去西朝廷,亦未必不是吉人天相。"杜充听后,愁颜顿开,说:"下官蒙秦参谋明示,如拨云见日,不知何以为报?"

其实秦桧也有自己的意图,他又换了一个话题问道:"杜相公熟知江南情伪,依杜相公之见,此回四太子出兵,可否生擒得康王?"杜充说:"康王决意逃窜,若是奔走闽广,切恐四太子难以追赶。"

秦桧又问:"如是四太子今年追不得康王,可否在江南立足,度过暑月?"杜充说:"江南诸将俱是庸碌之辈,唯是我宣抚使司属下,有一个统制岳飞。此人煞是智勇双全,三年之前,曾在太行山,以孤军转战,杀退了四太子大兵,此后又屡破大金人马,不可小觑。"

秦桧过去并非没有听到过岳飞的姓名,唯有杜充这次介绍,才给他留下了深刻的印象,他说:"实不相瞒,挞懒郎君以为四太子难以成事,屡次问卜,俱是不吉。他曾言道,当初在开封破城时,赵氏少主上降表,万姓燃顶炼臂,号泣迎送,苍天突然降雪,便见得天意人心,不如南北分疆而治。若是四太子无功,他便放我南归,成就南北讲和。建康是自家底桑梓故里,如今已归属大金,虽是一江之隔,我如此衣饰,却不便拜谒祖茔,犹须等候四太子底战报,决定行止。"秦桧内心其实相当厌苦女真人的马背生活习俗,思念故土和亲戚,渴望回南方生活和做官,这又是他不愿向杜充坦白的。

杜充与秦桧话得投机,当夜设宴招待。秦桧相当讨厌吃女真人的"肉盘子"肥肉,甚至荼食,现在终于重新品尝到家乡的稻米和菜肴,格外高兴。杜充特别教两名靓丽的妾在旁劝盏,他们浓妆艳抹,娇声软语,更使秦桧为之神魂颠倒。一个女子举箸给秦桧夹上一片嫩笋,说:"秦参谋必是多时不得家乡玉食。"秦桧竟下意识地抓住她的玉手。那个女子一声尖叫,筷子和嫩笋同时落地。

如果在平时,杜充见到有人竟敢调戏他的爱妾,必定是暴怒不可遏,今天却显得格外慷慨,他说:"既是秦参谋喜爱,我愿以此女子相赠。"秦桧想到在燕京的那位河东狮,连声说:"不敢!不敢!"他望着那个女子,又不免垂涎三尺,于是干脆厚着脸皮说:"若得她侍奉一夜,下官便已感恩不尽,而心满意足。"杜充哈哈大笑,说:"会得!会得!"

翌日杜充启程,老奸巨猾的秦桧怕得罪刘豫,不便相送。刘豫却前来送行,他见到有两个体态袅娜的女子,不免起了歹意。他上前揭开两人的盖头,观察他们的容貌,然后对杜充说:"二女子是甚人?"杜充此时已气得面皮发紫,但只得忍气吞声地说:"此是下官底侍妾。"

刘豫皮笑肉不笑地说:"杜官人初到大金,何不将二女子敬献挞懒郎君?"杜充已经忍无可忍,他怒吼道:"刘通事此意甚好,然而下官当自去敬献,不敢有劳刘通事!"他不叫"刘安抚",而叫"刘通事",也是有意羞辱对方。刘豫为了巴结完颜挞懒,还是抢先禀报说:"杜充有两个殊色侍妾,我教他前来敬献监军。"完颜挞懒当然高兴,说:"甚好!"杜充虽然竭力克制自己的感情,还是稍带不快之色,他带着两个女子进入大堂,因为气昏了头,竟上前对完颜挞懒行揖礼,刘豫乘机大喝:"杜官人见得挞懒监军,岂得不知大金礼节?"

杜充满面窘色,又改行生硬的女真跪礼,他半跪在地上说:"下官愿以两个侍妾敬献于元帅监军阁下!"完颜挞懒高兴地说:"杜充,你投拜大金,尚无官封,我今授你一道谋克孛堇底官诰。"

在女真人看来,授予汉人孛堇的官诰,虽然爵位不高,还是一种特恩。

刘豫将"谋克孛堇"翻译为"百夫长",又使杜充气上加气,羞上加羞,自己曾是一个堂堂的宰相,却仅仅换得一个百夫长的头衔,但他当面还须向完颜挞懒谢恩,说:"下官感戴挞懒监军底恩典!"

又羞又恼的杜充在当天启程。他途中只能在夜间独宿时,才背着仆从,伤心地痛哭几场。

[贰伍]
转战广德军

岳飞的队伍进入了茅山山区,这是道教著名的三山之一,有大茅峰、中茅峰、小茅峰等山峰,各山计有十多个道观,自东晋以来,一直是道教上清派的活动中心。张宪和韩清护送全军老小,先已到达此地。三茅峰的位置,大茅峰位于最南,上有崇禧观等,小茅峰位于最北。张宪率领部队临时就在大茅峰扎寨。

岳飞的队伍抵达后,军人与家属会面,立即爆发出一片生离死别的哭声,因为有的军人算是生还,有的家属已经永远见不到自己的亲人了。岳飞跪在老母姚氏面前问安,他还来不及问候其他亲人,包括临近分娩的李娃,就急忙起身,抚问战死者的家眷。李娃也不顾身孕,由岳雲和巩岫娟陪同,跟随丈夫,一起参加慰问。

岳飞用沉痛的口吻,对死难者的家属说:"众将士为国捐躯,虽死犹荣。他们底老小,便是我底老小,我自当用心看觑,决不食言。他们所得底犒赏,我当加倍颁发。"说罢,他当场就向各家分发银绢。李娃在旁帮助丈夫分发,王贵、张宪、徐庆等众将也参加分发和抚恤。

岳飞夫妇的行为,使死难者的家属十分感动,一个老婆婆挽着李娃的手说:"如今底世道,官便是贼,贼便是官。做官底,又有甚人不刻剥军兵。难得岳统制与李孺人如此善待将士,老身底儿子虽是战死,亦是甘心!"她牵着一个十四岁的孙子说:"此是老身底孙儿,便交付与岳统制,当追随统制赴汤蹈火,万死不辞!"

老婆婆的话启发了众家属,大家纷纷把战死者未成年的子弟托付给岳飞，计有三百多人。李娃对岳飞建议说："何不创建一个童儿队，教他们随军习武。"岳雲说："阿爹，孩儿亦当入队。"岳飞说："甚好！"他对张宪说："此事便由你理会。然而祥祥入队，便是战士，尤须严加管教，不可骄纵，须教他服习劳苦，先于众童儿。"

不料巩岫娟也说："阿爹，孩儿亦当效学新兴郡王夫人，入队习武，日后驱驰战场，杀敌立功。"巩岫娟的请求却使岳飞感到为难，因为战死的巩义方把自己仅存的孤女托付给自己，他无论如何不忍心让义女参加童儿队。他皱了皱眉，说："女儿，此事阿爹依不得。"

巩岫娟因此竟伤心地哭起来："阿爹，你难道不允女儿为亲父报仇？"岳飞的心里格外难过，却一时不知怎么劝说。李娃赶紧把巩岫娟搂在怀里，用慈爱亲切的声音劝解说："女儿最是识道理，如今祥祥入童儿队，家中婆婆年老多病，你妈妈又是有孕，发发年幼。你须在家替代祥祥，侍奉婆婆，陪伴妈妈，关照发发。"

张宪也凭借岳家的亲戚关系，以长辈的身份，叫巩岫娟的小名说："我知得娟儿极是孝顺晓事，须理会你阿爹与妈妈底道理。"他招呼岳雲说："还不拜谢娟儿。"岳雲上前打躬作揖，说："有劳娟儿为我昏定晨省。"死难者的家属见到这种情景，也都啧啧感叹。

岳飞临时占用崇禧观的若干空房，将司令部设在观内。他目前最忧虑的，一是粮食不足，二是军心不稳。这支一万人的队伍中，原先属于自己亲统的右军将士只占三成，其他都是各军的败兵。岳飞为了稳定队伍，早在锺山时就重新编组，希望以自己原来的部属为核心，团聚众人。傅庆表示愿意服从改组，而扈成和刘经却坚持不肯拆散自己的本部人马，他们以本军吸收败兵，各自保持了一千五百人的队伍。到茅山以后，刘经屯兵于小茅峰，扈成屯兵于中茅峰，对岳飞显示了某种若即若离的姿态。即使在其余的七千人中，也是人心浮动，谣言屡起，有人还私下逃离。流亡为盗匪的戚方，竟秘密派人前来，招败兵为盗。岳飞还得到风声，有人竟秘密商议，说大宋将亡，不如投拜金人。

十二月初的一个寒夜，朔风劲吹，崇禧观的一间房里只点着一盏油灯，蚕豆大的火苗不断晃动。岳飞就在这间屋里召集众将会商，参加者除原右军的将领外，还有傅庆、刘经、扈成等人。首先是王贵报告军情和敌情,他说:"目即效用与军兵私自逃奔,已有一百三十六人,切恐忠勇将士仿效逃窜。军中粮储,仅供五日,今日已由徐统制亲自统兵前去句容县城,搬挈仓粮。徐统制已命人关白,城中粮食虽尽数搬运到茅山,亦只供本军十余日食用。"他所说的"徐统制"当然是指徐庆。

王贵说完,岳飞却保持沉默,他等待着众人的建议。刘经部下第二正将王万是汤阴人,与岳飞同乡,他说:"茅山不可久住,不如将老小留于寨中,自家们须下山,与虏人厮杀,另谋粮饷。"傅庆说:"然而若不能稳得军心,切恐亦难以与虏人厮杀。军中人言籍籍,言道朝廷存亡难卜,又如何为社稷宣力?"

岳飞尤其留意刘经、扈成与他们部将的发言,不料除王万外,竟再也没有人说话。他不能不向刘经和扈成发问说:"刘统制与扈统制是甚意思?"刘经说:"当依王正将底计议。"扈成说:"我愿听从岳统制底号令。"

岳飞最后对众将下令说:"明日徐统制便将句容县城底粮食搬挈入寨。张统制可与姚正将、韩副将统兵八百守寨,训练童儿队,保护老小。自余人马须整饬军纪,然后下山,前往广德军。"张宪和姚政、韩清异口同声地说:"小将遵令!"

翌日,岳飞把官兵们集合在大茅峰下的一片空地,开始训话,他手里拿了作为盗匪标志的一条红头巾,以十分沉重的语调说:"国家自宣和、靖康以来,祸乱已有五年,如今番人已杀至大江以南。自家们荷大宋厚恩,危难之际,唯有忠义报国,立得功名,名垂竹帛,死且不朽。若是剃头辫发,投拜虏人,或是戴红头巾,作恶民间,便是偷生苟活,身死名灭。建康是江东形胜之地,虏人盗据,大宋又何以立国?今日底事,唯有与虏人死战,有死无二!"他激昂的言词,慷慨的音容,使许多官兵感泣起来。

王贵上前说:"凡是不愿为红头巾底,可将私藏底红头巾当众撕碎!"他取过岳飞手里的红头巾,扯成碎片。果然有四百多人,已私下接受了戚方派人送来的红头巾,他们纷纷取出红头巾,当众扯碎。

岳飞环视众人,宣布说:"今日徐统制当搬挈粮食入寨,安顿老小,自家们明日便下茅山,前赴广德军,与虏人死战。我料得曾欲投拜底人,必能洗心革面,勇往直前。"有几十名军兵上前,跪在岳飞面前,泪流满面,说:"自家们曾有投拜偷生底私念,如今誓愿追随岳统制,有死无二!"岳飞连忙将他们一一扶起,安慰说:"改过不吝,便是丈夫汉!"

徐庆率领军队搬运粮食到山寨,他还带着两名马家渡之战后溃逃的低级武将上山。原来在句容县一带,逐渐聚集了近五千逃军,却是处于群龙无首的状态,他们的统兵官都是军中低级的部将、队将之类,互不相下。众人商议的结果,是决定推岳飞为主将,投降金朝。他们打听到徐庆带兵搬运粮食的消息,就主动推举两人,与徐庆联系。聪明的徐庆将计就计,把这支散乱的队伍引领到茅山。岳飞听了徐庆的报告后,就马上接见这两个来客,他说:"我当与你们下山,共商大计。"

岳飞命令徐庆留在山上贮藏粮食,自己与傅庆、王贵、张宪等人全副武装,带领两千人马下山。五千逃军见到岳飞,就纷纷跪拜,岳飞下马,说:"你们既是愿推我为主,须将兵籍付我。"于是就有好几十名部将和队将,向岳飞交付了自己所部的名册。

岳飞问道:"今有傅统制、王统制、张统制等在此,你们之中,须有好汉,愿与自家们比试武艺?"他话音刚落,傅庆跃马抡枪而前,大喊道:"甚人与我较量?"有四人上前比武,都被傅庆打倒马下。接着王贵和张宪也手持鞭锏出马,又打倒了八人。最后岳飞亲自舞动十八宋斤的铁锏,跨着逐电骠缓步上前,高喊道:"谁人与我比武?"他连喊三次,再也无人应声。人群中突然响起一阵喊声:"自家们原是心服岳统制底神威,便诚心前来,何须比试。"

岳飞厉声喊道:"你们虽是诚心服我,我唯有率你们与番人死战,而不能率你们去投拜番人!你们若要投拜,可先杀了我,我决不能从你们投拜!"到此地步,众人再也不敢说话。岳飞又说:"你们亦是血性男儿,常言道,身体发肤,受之父母,不敢毁伤。你们难道甘心于剃头辫发?"大家又无以对答。岳飞用威严的目光环视众人:"以你们五千之众,为朝廷立奇功,收复中原,身受上赏,便得荣归故乡。你们若是诚心归附,须是湔涤旧念!"众人纷纷跪下,说:"自家们愿追随岳统制,与番人死战!"岳飞收编了五千逃军,分隶于本军各将之下,却必须把出兵的时间推迟一天。他派于鹏通报了刘经和扈成。

出兵的前夜,岳飞怀着依恋之情,侍立在母亲的身边,却被姚氏赶回自己的屋里。行将分娩的李娃仍然不辞辛苦,按照惯例,每夜教岳雲、巩岫娟和岳雷读书识字。懂事的岳云和巩岫娟见到父亲回屋,就招呼小弟弟掩上床帐,一起睡觉。在那间小小的卧室里,三个孩子挤在一床,岳飞夫妇睡另一床。岳飞夫妇不愿影响孩子们睡觉,只是默坐床沿。

寒冷的冬夜,屋里的砚、盆等里面的积水都冻成冰。李娃穿着麻布绵袍,仍然感到寒气逼人,她只是把身躯紧紧依偎着丈夫。岳飞见到绵袍下的大腹,更加爱怜妻子,他用手紧紧握住李娃的手。丈夫温暖的手,使李娃的整个身心都感到温暖。彼此久久地沉默着,岳飞估计三个孩子已经入睡,就低声动情地说了一句话:"我委是亏负孝娥!"李娃也只是低声简单地回答:"鹏举不亏负江山社稷、天下万姓,便不亏负奴家!"

两人互相深情地望着,岳飞又说:"妈妈言道,她此回须自做稳婆。"李娃说:"阿姑年老,奴如何敢烦劳阿姑。高四姐产子,便是二姑自做稳婆。二姑晓谕再三,她做稳婆,必无疏失,教五郎放心。"

岳飞交待说:"祥祥入童儿队习武,我唯恐他凭恃父势,效学富贵之家纨袴子弟底故态。我已叮咛再三,叫张统制严加管教,你亦须用心,切不可娇宠。"李娃说:"祥祥虽是十一岁,却是生长于艰难之时,极是晓事。鹏举亦不可过严。"岳飞说:"人非圣贤,孰能无过。祥祥只是童儿,尤须戒励,小过不改,长大之后,便成大过。"李娃不再回答,只是深情地望着丈夫。

次日黎明,张宪和姚政、韩清把大部队送到寨外,岳飞又特别嘱咐他们,要对童儿队严加训练。岳飞统兵先到大茅峰下等候,不多时,刘经率左军前来会合,但扈成的后军却迟迟未到。岳飞猜测到情况必定有变,就命令于鹏和王敏求率领五十骑返回中茅峰。

于鹏和王敏求到达中茅峰后,发现寨内已空无一人,他们询问山上祠宇宫里的道士,说扈成军已经离开了约大半个时辰,队伍不是往南方,而是往东北方向行进。于鹏和王敏求派两名骑兵下山报告岳飞,又带领其余四十八骑往东北方向追赶。他们的马队终于追上了前往镇江府金坛县的扈成后军。

扈成和统领庞荣只能勒兵列队,显示出准备迎战的紧张气氛。于鹏和王敏求按照岳飞事先的吩咐,与扈成的队伍保持一段距离,然后首先向他们马上行礼,扈成和庞荣也在马上还礼。于鹏高声说:"岳统制已知扈统制底心意。自家们既是同朝为官,不得相聚,亦须尽同袍同泽之谊。日后如有危难,自当互救。扈统制与庞统领如愿与岳统制重新合兵并力,岳统制必当倾心相待。"扈成不说话,庞荣却说:"请于干办传语岳统制,自家们亦是感荷他底厚意。"于鹏和王敏求见到对方没有回兵之意,就在马上再次行礼,驰马而去。

扈成的一千五百人马进入金坛县境,选中了县西的三洞乡玉京里扎寨。扈成安顿了老小之后,决定带兵前往镇江府城。尽管听说韩世忠军撤离之前,已经把城里的库藏搜剔一空,但他总是怀着得到钱绢和粮食的一线希望,更渴望占据这个大府,可以在乱世称雄于一方。

扈成的军队来到府城正南仁和门下,只见城门紧闭。扈成命令军兵大喊,只见城楼上出现一个戴着红头巾的武士,对城下大声说:"我是旧江、淮宣抚司下底副将,你们来此,是甚意思?"

扈成和庞荣认出,此人名叫李选,外号铁爪鹰,又号李滑槌。他们没料到有人已经捷足先登,占据了府城,心中颇为不快。扈成出马说:"我是后军统制,你是副将,自须伏侍我,速与我开门。"

李选笑着说:"乱世之中,何论官位高低,兵多底便须称雄。我望得城下,你不过千余人马,我却有人马万余,还须你伏侍我。"李选的说话当然也是吹牛,他搜罗各军溃兵,也只有三千多人。

扈成大怒,正想与庞荣商议,如何攻城,却有一人飞马而来,原来此人是金坛县的留守军兵。他向扈成报告说:"大事了不得!今有旧江、淮宣抚司准备将戚方前来劫掠,守寨第二正将谷俊投拜了戚方,全寨底老小、金帛已遭戚方劫夺。"这个消息对于扈成和庞荣而言,无异于晴天霹雳。扈成立即下令回军金坛县。

扈成心急如焚,带领全军急于赶路,却在半夜迷路。他下令扣开民房,抓住两个村民,充当向导。天明时,队伍来到一条小河边,正与戚方的队伍隔河相遇。扈成认出了戚方,他立马岸边,大声喊道:"戚将军,我与你本是同僚,敝军老小在金坛,何故相侵?"戚方当即下马,隔河作揖,说:"扈统制,死罪!死罪!戚方区区一介行伍之人,岂敢冒犯扈统制。此必是我部下小人所为,连累戚方。"

扈成见戚方有礼,也下马回拜,说:"我唯愿戚将军归还敝军老小与寨中金帛。"戚方说："戚方既蒙扈统制宽恕,自当挨究军中,将老小与金帛交付扈统制,不敢稍有侵损。请扈统制明日在此河边领取。"

双方暂时退兵。庞荣对扈成说："戚方那厮本是贼盗,秉性奸诈,在江宁镇暗害了刘统制。自家们不如乘夜攻其不备,救取老小。"扈成说："使不得,老小既在他掌握中,便须将计就计。你且在阵中,待明日放还老小,然后教军士放箭,射死戚方,降伏他底人马。"

第二天早晨,扈成带兵来到河边,只见对岸戚方只是单身匹马,远处有军马和本军的眷属。戚方高声喊道："戚方今日诚心以老小尽数交还,扈统制却是以大兵临河边,岂非是欲见侵陵?"扈成急于见到自己的家眷,对庞荣下令说："且将军马后退四百步!"庞荣面有难色,扈成又说："速与我后退!"庞荣只好将人马后撤。

戚方见到扈成的兵马已经退得很远,就大声喊道："扈统制,我将你底老小放还!"其实,这是一声暗号。原来戚方连夜在河边挖了三个大坑,上面用草皮遮盖,埋伏精兵六十人。伏兵得到暗号,就纷纷从坑里突出。扈成见势不妙,连忙拨回马头,已被伏兵包围,死于乱刀之下。庞荣在远处急忙挥兵前来营救,戚方也指挥盗匪涉河迎战。庞荣战败,率领残兵逃往常州宜兴县(今属江苏)。

戚方降服了几百名后军的官兵,他吩咐投降者认领自己的亲属,然后在其余的后军眷属中亲自挑选美女。其实,他早已看上了扈成的妻子卞氏。盗匪们将扈成的父、母、妻、子全部押来。戚方首先吩咐说："且将扈成底父母斩馘!"两名匪徒马上举起手刀,把扈成父母的人头砍落,卞氏吓得与一个儿子、两个女儿跪在地上,不断叩头,连声说："叩请戚太尉宽恕!"

戚方说："你与我为妾,我便恕得!"卞氏此时也万般无奈,说："奴家愿伏侍戚太尉!"戚方望着卞氏的两个女儿说："你底两个女儿恕得,扈成底儿子却是恕不得,日后必是祸患!"他的话音刚落,一个匪徒又举刀砍落了扈成儿子的人头。

广德军包括广德(今属安徽)和建平(今安徽郎溪)两县,是建康府到临安府的必经之路。十二月七日,完颜兀术的大军自建康府溧水县(今属江苏)直取广德军城,杀知军周烈,然后取道湖州安吉县(今属浙江),于九日通过独松岭险隘,杀奔临安府馀杭县。

岳飞的部队进入建平县界,接到探报,说完颜兀术大军已经南下,而万夫长大挞不野所部仍然盘踞着本军。岳飞命令王贵与郭青、沈德、李廷珪率领三千人马,立即对驻守建平县的敌人发动攻击。

金军千夫长、渤海人大九斤是大挞不野的表弟,他率本部八百人屯守建平县,旨在保障金军南侵的交通线。建平县虽有城区,而不修建城墙,但大九斤按照惯例,不驻兵城区,而是在城区以东另外扎一个小寨。王贵部署军马实施合围,很快就歼灭这支数量不大的敌军。大九斤死于乱军,而他的部伍大部分是河北与河东的签军,纷纷投降,反戈一击,计有四百多人。

岳飞统兵来到建平县,亲自面见那群剃头辫发的降兵,王贵首先介绍为首的三人说:"此便是起义归正底河北签军百夫长与五十夫长。"岳飞懂得金人的惯例,凡强行签军之后,往往就在抓来的丁夫中选拔壮健者,充当百夫长和五十夫长。三人当面自我介绍姓名,一个是百夫长董荣,另外两个是五十夫长牛显和张峪。

岳飞见此三人身材壮健魁伟,问道:"尔们底户贯是何地?"三人说:"自家们俱是相州临漳县人氏,被虏人签军,委是不甘心,今日幸有机便,得以归顺大宋。"岳飞听后,又悲又喜,说:"我底祖贯是相州汤阴,与你们是同州底乡亲。虏人残暴,将你们强行签军,教你们剃头,教你们与自家底骨肉相残。"

他又大声对众降兵说:"你们愿追随我杀敌,便可留下。若是愿归故里,我亦当资助钱粮。"众降兵异口同声地说:"自家们既已被驱逼到江南,唯有追随岳统制杀敌,日后追随岳统制杀回故里。"

岳飞见人心可用,又仔细盘问敌情,然后向降兵们布置任务,命令董荣、牛显和张峪三人统领众降兵,前去广德军大挞不野的大寨。

原来金军为保持从建康府南侵的交通线,从建平县到广德军城,另设四个小寨,各有一名百夫长驻守,而大挞不野的大寨则设在广德军城以西八宋里的奉元乡崇福里锺村。由于完颜兀术急于率骑兵南侵,一批粮食、炮具之类,都存贮在大寨内,准备日后陆续搬运。

岳飞依据降兵们提供的情报，分命郭青、孙显、霍坚和沈德四将各自统兵，消灭了四个小寨的敌人，而本人亲自统兵，与徐庆、王经、寇成等将，抄小路逼近大挞不野的大寨。

董荣、牛显和张峪带领四百多降兵，佯装逃回大挞不野的大寨。大挞不野听说宋军杀了自己的表弟，却不敢出兵北上迎战，只是派人飞报完颜兀术，而加强了大寨的戒备和巡逻。

十二月中旬的一天夜晚，董荣、牛显和张峪按照预先的约定，开始在寨内纵火，焚烧各种辎重和七梢炮、九梢炮之类。岳飞也挥兵从四面八方攻击金军的巡逻部队，杀入寨内。董荣等四百多人虽然身穿金军的黑衣，却在两臂捆上两条白麻布，作为记号。双方里应外合，天色未明，就结束了战斗。大挞不野率领败兵向南逃窜。宋军杀敌一千多人，而最宝贵的战利品当然是一批粮食。

岳飞决定暂时就驻兵在锺村的大寨。刘经对岳飞提议说："岳统制底大军已是获捷，我却是未立寸功。如今溧阳县被虏人占据，我愿率本军人马前去收复。"岳飞说："溧阳地当建康、镇江与常州三州府之交，其北便是茅山，自家们底老小所在，不可不取。可教王统制统兵，助你一臂之力。"岳飞所说的"王统制"当然是指右军同统制王贵。刘经说："不须，本军人马便已足用。"刘经的军马立即启程，岳飞亲自为刘经斟酒送行。

溧阳城西的敌寨驻有金军七百人，统兵官是渤海人、千夫长、兼同知溧阳县事李撒八，知县是陈邦光委派的一名宋朝降官。刘经的军队在半夜发动攻击，一举杀敌五百多人，活捉了李撒八等十二人。知县逃回了建康府城。刘经的部队凯旋而归，在半路上正与王贵的部队相遇。

原来在刘经出兵之后，岳飞召集众将会议，对本军重新作了整编。由于宋朝溃兵和金朝汉人降兵的纷纷归附，岳飞的队伍不断扩充。张应、李璋和舒继明率领近八百名军兵，撤退江南，辗转流离，终于找到了锺村的大寨。岳飞等人得知间勋、岳亨和赵宏牺牲的消息，都悲不自胜。岳飞的右军和傅庆的中军事实上已经合并，除了张宪率领的守茅山的八百人，还有刘经的左军以外，岳飞的直属部队已经扩大到一万五千人。

岳飞与众将商议，将全军重新分成六将，每将二千五百人，而守茅山的军兵编为第七将。第一将辖骑兵一千五百人，步兵一千人，其余各将都是步兵。傅庆兼第一正将，舒继明和张应任副将。王贵兼第二正将，孙显任副将。徐庆兼第三正将，董荣任副将。王经任第四正将，李璋任副将，牛显任准备将。寇成任第五正将，霍坚任副将，李廷珪任准备将。郭青任第六正将，沈德任副将，张峪任准备将。驻茅山的八百人为第七将，仍由姚政和韩清分任正将和副将。岳飞经过考察，对起义的董荣、牛显和张峪三人予以提拔重用。

对于军队今后的去向，众将七嘴八舌，议论纷纭，有的主张重新夺取建康府城，有的主张南下临安，有的主张暂时在广德军按兵不动，等有了进一步的探报，再决定行止。岳飞却说："目即军兵虽众，然而军律不严，便难于用兵。忆昔宣和时，童贯统兵伐辽，大军穿行河北，沿途奸淫掳掠，鸡犬为之一空。吴子言道，用兵'以治为胜'。童贯率不治之兵伐残辽，却是败于残辽底偏师，亦足以启金虏轻侮之心，以至于有今日之祸。近日有军兵奸掳村民底事数起，官军是仁义之师，岂可如此。自今尤须申严纪律，若有侵害百姓，必斩无赦！"

众将相当熟悉岳飞的治军之道，不说什么，唯有傅庆说："如今是乱世，平时不教军兵打虏，战时又如何教他们效命？"岳飞说："你说底是刘太尉统兵之术，自家底治军之方，须是冻杀不拆屋，饿杀不打虏！若是平时号令不明，士卒不整，缓急又岂能与强敌相抗，为朝廷效命？"傅庆听岳飞抨击自己的旧帅刘光世，心中颇不以为然，却又不便当场与岳飞顶撞，心想："且看你怎生做得冻杀不拆屋，饿杀不打虏？"

王贵说："转瞬便是岁末，莫须召茅山底军兵与老小下山，来此团圆？"岳飞想了一下，说："广德军号称东南锁钥，是兵家必争之地。若是老小到此，却是不便于用兵行师，不如将他们安顿在茅山。然而来年元旦，不可无犒赏，你可率本军前去搬运钱物，与众将士、老小互致音问。明日便启程。"

王贵明白，岳飞此时此刻当然挂念自己的亲属，特别是行将临盆的妻子，但为着统率全军，只能强割思亲的情丝，而特别把与家眷团聚的机会让给自己。他等众将散后，就私下问岳飞："我此去茅山，你有甚事嘱托？"岳飞说："我临行之前，家事皆已区处。可为我请安老母，恭谢不孝之罪。若是浑家生产，相烦传语报平安。"

王贵率领第二将的部队到达茅山,首先在大茅峰下会着张宪和姚政、韩清。王贵和孙显说明情况。张宪说:"你们底浑家甚是安康,如今他们与全寨老小追随姚太孺人,在崇禧观请法师们设醮作法,以符箓祈禳,护佑在寨老小与山下众将士平安。"王贵和孙显此时才注意到崇禧观的上空香雾缭绕,还不时传来道家音乐。

姚政说:"如今虽是乱世,而茅山诸道观香火更旺,全寨底老小都甘愿集资祈福。各处村民亦是纷至沓来,到茅山烧香祈福,消灾却祸。法师们日夜道场不绝。"孙显对王贵说:"自家们不如暂放军兵逐便,愿赴道场底便去道场。"王贵说:"会得。"

王贵当然关心李娃的情况,他问韩清说:"李孺人如何?"韩清笑着说:"表姐昨日产下一女,母女平安。依岳统制前议,为祈求国泰民安,取名安娘,如今有岳二姐与芮十二姐精心伏侍。"王贵说:"岳统制极是思念,然而不敢以私事妨废军务,只是叫我传语报平安。"韩清说:"表姐与岳统制心心相印,必是鉴谅。"

王贵和孙显等道场散后,见过姚氏等人。他们只在茅山上住宿一夜,第二天清晨,就急于搬运钱物,率军返回广德军。

王贵与刘经抵达锺村大寨,正好是建炎三年十二月二十八日,当月无三十日,二十九日就是除夕。岳飞下令,全军将士每人分犒赏钱五百文。傅庆找到岳飞,他装出一副愁眉苦脸的模样,说:"岳丈,傅庆没钱使。"宋时的"丈"往往是文士间的敬称,有以少事长的含意,傅庆破例地称岳飞为"丈",使岳飞吃了一惊。岳飞想了一下,说:"傅统制,艰难时节,全军官兵底钱物,须是犒设均平,便有以激励兵将,缓急可以倚仗。你既是没钱使,且取自家底五百文。"傅庆原指望能索取十贯、八贯钱,听了岳飞的回答,也吃了一惊。他犹豫了一下,还是把五百文钱取走,说:"如此方见得岳丈底情义!"

于鹏和王敏求奉命率领五百军士,到附近乡村购买麦面、猪、鸡、鸭、鹅、菜蔬、酒之类。由于粮食不足,全军最近只能维持早晚吃稀粥,中午吃干饭的水平。全军官兵都是北方人,在南方成天吃稻米,大多不习惯。岳飞指示,全军将士在除夕和元旦吃干饭,而希望伤病者能吃到麦面。

然而在战乱年代的乡村,物资匮乏,于鹏和王敏求采购到的物品,为数相当可怜。岳飞最后下令,在除夕之夜,采购的物品必须均分给每个官兵,酒不够就搀水,务必使每个伤病者分到一小块麦饼。他本人与众将官全部到最下等的军兵中共餐。

岳飞和于鹏、王敏求参加一队军兵的除夕夜餐,他们也只领受一小片肉、一箸蔬菜和一碗米饭。买来的村落腊酒本来就浑浊乏味,搀水之后,几乎就没有酒味。于鹏和王敏求还是与众军兵轮流呷了一口。岳飞却按照母命,用水代酒,他举起水碗说:"今日委是亏负了众将士,日后杀回两河,杀回燕山,当与你们痛饮!"一名老兵说:"自家投军已是二十年,见得多少作威作福底大将,亏负军兵,军兵却是有苦难言。岳统制与自家们同甘苦,又有甚底亏负!"

除夕之夜却是岳飞的不眠之夜,他在床上不断地考虑军队今后的去向,又不断地抚摸李娃赠送的玉环,思念远在茅山的亲人。

[贰陆] 进驻宜兴县

建炎四年正月,岳飞仍屯兵在广德军锺村,没有决定今后的去向,他只是派将士四出购买粮食。一天,有亲兵报告,说:"有一儒生,不愿自报姓名,唯是言道,愿见故人岳太尉。"岳飞向来敬重文士,听说"儒生"两字,就急忙出迎。岳飞没有想到,来客正是当年河北西路招抚司干办公事赵九龄,他连忙向来客长揖,说:"与赵干办暌离四年,端的想杀岳飞!"赵九龄还礼,用略带感伤的语气说:"我如今已不是朝廷命官,乃是一个草泽布衣,岳太尉不可叫我官称。"

岳飞上前,执着赵九龄的手,将他请到屋里,又命令在寨中的众将前来拜见,其中如寇成、王经、郭青、王敏求、沈德等人都是当年招抚司的故旧,见到赵九龄,分外亲切。岳飞知道赵九龄的脾气,就和众将改口,称他为"赵丈"。大家发现,时隔四年,其实不过两年有余,赵九龄今年四十五岁,而当年浓黑的鬓发已经变得花白,双目仍然炯炯有神,却更显得深沉,过去谈笑诙谐、妙趣横生的神态,竟变得严肃有余。

赵九龄对众将简略介绍了自己的经历,说:"自建炎元年,金虏四太子大兵攻破黎阳县后,我幸得死里逃生。转念朝政昏暗,事无可为,便径自归隐故土,不期三年之内,兵祸已是绵延到了江南,真不知何方尚是乐土?"

岳飞又因此及彼,想到了宗室赵不尤,问道:"赵丈,尔可知八六钤辖底下落?"赵九龄摇摇头,说:"我虽是日夜思念,却是音问全无。"

于鹏特别向赵九龄报告张所的情况说:"自家们闻得,张招抚尚是责授凤州团练副使,却已自岭南北上,今在潭州居住。自家们到江南后,去书信一封,建康失陷之前,已得张招抚回信。"原来自从李清照告知张所的音信后,于鹏就为岳飞等众将给张所写了一封信,信上有前河北西路招抚司众将的署名。正是在马家渡之战前,张所通过邮递的回函,到达锺山的军营。于鹏一面说,一面就取出珍藏在胸前的书信,交给赵九龄。赵九龄见信笺上只有短短的四行字:

路修势迫,神往形留。天涯涕泪,空怀报国之锐志;鸿雁传书,如见折冲之壮心。勉哉!勉哉!

赵九龄顿时流下了两行玉箸般的泪水,感叹说:"正方原是个奇男子!"他开始言归正传,问道:"岳太尉驻兵广德军,不知今后有甚计议?"岳飞介绍了军情和各种议论,说:"日后去向,尚未定议。"

赵九龄说:"我归隐家居三年,不期常州知州周杞亲自礼请,言道干戈纷扰,愿听我守土安民之计。我不得已,黾勉前去州城,却不愿再受官封。今打探得故人在此,特来相见,以慰渴想。"

岳飞问道:"赵丈学贯古今,足智多谋,自家们愿虚心就教。"赵九龄说:"四太子大军破临安等地,官家与行朝已航海避敌。然而虏人寒来暑往,势不得在江南久留。依岳太尉底军力,若是进兵建康,势必得利,却是阻截了四太子大军底归路。若是虏人窜逸沿江各处州县,荼毒更甚。不如以建康府城为诱饵,以逸待劳,乘机邀击四太子大军。"

岳飞说:"自家们莫须在广德军至溧水县设伏。"赵九龄说:"如今广德军不足以供军粮。岳太尉不如移兵常州宜兴县,县中粮储甚富,足供大兵食用。宜兴东临太湖,西通溧阳,岳太尉驻兵此地,便是进可攻,退可守。"

众将正为军粮不足而发愁,听说宜兴粮储丰富,都十分高兴。岳飞问道:"不知周知州是甚底意思?"赵九龄从身上取出了一张宜兴地图和宜兴知县钱谌的邀请信,交给岳飞,说:"周知州唯恐岳太尉大兵不早去。此回另有钱知县修书,恭请岳太尉驻兵宜兴,保境安民。"

岳飞等人看过书信后,赵九龄开始在宜兴地图上指划,说明山川形势,他说:"宜兴县城西南七十里,有一处张渚镇,位于通广德军底大道,溧阳县位于西北,广德军位于西南。岳太尉驻兵,张渚镇最是利便。我已先去察看,然后自张渚镇来此。"岳飞说:"既是赵丈躬亲视察,自家们岂得有异议。"

赵九龄说:"目即宜兴有四处贼盗,须得岳太尉大兵前去剿灭。其一便是江、淮宣抚司水军统制郭吉,他自江上之战,不战而遁,却是盘踞宜兴县南四十里湖㳇镇,出没太湖作过,另有林聚、马皋与张充在县境南山扎寨,离张渚镇不远。张充尤是凶暴,号称张威武。"宜兴的强盗马皋与一丈青的前夫同姓名。

岳飞环视众将,问道:"众太尉有何计议?"王经说:"既是赵丈决计,自家们唯当禀命而行。"特别是前河北西路招抚司的将领,对赵九龄更有特殊的信任感。

岳飞当即发令,说:"自家们择吉日出兵宜兴,须先剿灭贼盗。"他命令傅庆和王贵率第一将和第二将官兵前往湖㳇镇,于鹏随行,给郭吉投书劝降,先礼后兵;命令徐庆率第三将官兵,与刘经左军同去茅山,迎接家属,搬运辎重钱物去张渚镇;命令王经和寇成各统第四将和第五将官兵分别前往降服林聚和马皋两部,自己和郭青率第六将官兵前往降服张充,王敏求随行。

岳飞发令完毕,就望着赵九龄说:"不知赵丈有甚计议?赵丈底行止,自当悉听尊便。"赵九龄说:"我愿随徐、刘二统制前去茅山,拜见姚太孺人。然后同去张渚镇,待岳太尉大军安泊,我再回常州城。你们既是擒得渤海太师李撒八等人,不知如何处分?"

岳飞说:"十二人中,六个燕云汉儿,已是自愿投拜,如今在刘统制军中。两个女真人伤重身死,李撒八等四个渤海人拘押在寨中。"赵九龄说:"何不将他们放回建康城?"

寇成说:"赵丈必有深机。"赵九龄说:"常言道,苏、常熟,天下足。你们不如放出风声,军中缺粮,须去常州与平江府就粮。待四太子回兵,愿议论投拜之事。此亦是诱敌之计。"岳飞对刘经说:"李撒八等既是刘统制所俘,便请刘统制依赵丈底计议处分。"

二月初一,岳飞全军六将和刘经的左军开始分别行动。岳飞与郭青、沈德、张峪、王敏求带领第六将官兵,取小路,由湖州长兴县径至张充的山寨。这个山寨位于常州西南与湖州交界的垂脚岭。岳飞沿路察看地势,对郭青说:"山寨小路,不宜强攻,可以智取。待我单身先入,攻其不备,你统兵在后接应。"郭青说:"岳统制身为一军之主,岂可轻入虎穴。不如我单身前往,你统兵在后掩击。"

岳飞却执意不允。王敏求说:"既是如此,我当追随岳统制。"张峪也说:"岳统制岂可独行,我亦当同往。"岳飞最终同意两人的意见。三人不骑马,岳飞背上插着铁锏,腰挂佩剑,而王敏求和张峪各自带一把手刀。

他们攀山而上,离寨门不远,就大声喊道:"告报张威武,言道有北方故人求见。"不一会儿,只见有二十名匪徒簇拥着一个壮汉,走出寨门。岳飞立即单身上前作揖,说:"张威武,你可识得故人?"那个壮汉脸上显出惊愕的神色,说:"你是甚人?"

其实,岳飞的问话不过是为证实谁就是张充。张充话音刚落,岳飞就一面用右手闪电般地抽出背上的铁锏,一面飞步上前,往张充的头部猛击。张充来不及拔刀,急忙躲避,岳飞的铁锏正中他的肩头,把他打翻在地。张充还来不及发出嚎叫,岳飞左手已经持剑将他的人头砍下。

众匪徒一阵惊慌,王敏求和张峪执刀向前,与岳飞站成一线,大喊道:"官府大军已到,降服底不杀!"此时,郭青和沈德已率军队将山寨合围,鼓声和喊声四起。众匪徒不敢抵抗,纷纷弃兵刃下跪投降。岳飞和郭青马上把匪徒们编入队伍,收拾了寨里的钱粮杂物,放火烧了山寨,然后率队伍前往张渚镇。

事有凑巧,岳飞、郭青和刘经、徐庆、张宪两路人马几乎同时抵达张渚镇。张渚镇傍山临溪,颇有山水胜景。这个大镇平时有一千多户人家,赵九龄与岳飞等人察看地形后,临时在镇的四周扎寨,安排军队和家属食宿,存放马匹、辎重等。

张渚镇的人户多半姓张,镇上的大户名叫张大年,曾经出任黄州通判,如今家居。张大年家宅院很大,临溪为圃,自号桃溪居士。两个儿子在外做官,家口不多。赵九龄已和张大年事先协商,腾出一部分房屋,请岳飞临时住在他家。岳飞推辞再三,最后还是盛情难却,让自己和张宪的家属住进了张宅。但为了避免打扰张大年,将作为统制司的司令部设在张宅附近的一间空屋里。

岳飞在白天只是匆匆地拜见了母亲和家眷,初次看了一眼已经满月的女儿。他只是让岳翻安顿家属,自己忙于军务。到晚饭过后,一部分军士和家属的住宿尚未安排妥帖。张宪和徐庆对岳飞说:"你须去见姚太孺人请安,军务由自家们区处。"岳飞说:"不可,张威武底部众俱是亡命、乐纵、嗜好作乱之徒,不得已而服从,我须将他们分编各将各部各队。目即春寒尚重,士卒露宿,我亦不得独安。"他坚持将最后一批军士和家属的食宿安排妥帖,已是深夜。岳飞虽然极其思念自己的亲人,却不敢半夜进张宅,以免打扰家人休息。他只是坐在统制司的屋里浅寐了一会儿。

翌日,王经和寇成也在顺利地降服了林聚和马皋两股盗匪后,率领扩编的队伍,先后来到张渚镇。岳飞又是一阵忙碌,安排两将的军兵食宿,同时又将林聚和马皋两支匪兵拆散,分编到各将各部各队。他初步考察了林聚和马皋两人,认为至少暂时不宜信用,只安排他们当高级军士效用。

第二天晚饭过后,岳飞才得以和家人真正团聚。他从李娃怀里抱过小女儿,却激动得说不出话。姚氏说:"五郎,自你离茅山之后,全家安妥。新妇诞育,幸得二妮与六新妇精心服侍。你尤须拜谢她们。"

岳飞向岳银铃和芮红奴长揖,说:"谢过二姐与弟妇!"岳银铃说:"五郎不须谢!"芮红奴却说:"奴家立得大功,伯伯莫须上奏朝廷,封奴家一个孺人?"说得众人哈哈大笑。

这是三个月来全家的第一次团圆晚饭。李娃和高芸香抚育婴儿,无法掌厨,由岳银铃和芮红奴烹饪,而巩岫娟帮厨。岳飞注意到,巩岫娟端来三个陶碗,里面各盛一块油煎麦面饼和一大片羊肉,单单放置在姚氏、张宪和自己面前。岳飞对众人说:"麦饼、羊肉在江南来之不易,须与你们共吃。"姚氏说:"此是娟儿底一片孝心,她积攒得百文铜钱,上市买得些少麦面与羊肉,言道须犒劳阿爹。"

岳飞十分感动,说:"我怎生独自吃得?"姚氏说:"你是军中之主,老身是一家之主,你不吃,张四哥又怎生吃得?"在众人的劝说和逼迫下,岳飞和张宪不得不把煎饼和羊肉吃完。

姚氏看两人吃完,就用刀把自己的一份切成四块,分给了高泽民、岳雲、巩岫娟和岳雷,说:"待婆婆分与四个小孙儿!"岳飞惊愕地说:"如何使得!"姚氏说:"老身是一家之主,如何使不得?孙儿们不吃,婆婆今夜不进晚餐。"在一阵推辞和劝说之后,全家人还是必须服从姚氏的意志。

岳飞的心里对母亲更多了一重负疚感,在晚饭后,用心侍候。善解人意的姚氏又早早上床,把儿子赶回自己的卧室。岳飞的卧室还是两张床,一张睡着三个孩子,另一张却多了一个婴儿。小安娘已经睡着,而李娃仍然照旧在一盏油灯下教三个孩子读书。岳飞虽然蹑手蹑脚进屋,三个孩子还是扑向岳飞,岳飞也紧紧地搂住三个孩子,但大家都不敢高声叫喊,以免惊醒小安娘。

岳飞此时不免英雄气短,流下了两行泪水,他特别对巩岫娟深情地说:"我亏负娟儿甚多!"巩岫娟用手帕给岳飞拭泪,说:"阿爹辛劳报国,为娟儿底亲父报仇,娟儿受恩至深,亦不知何以报答!"李娃说:"自家们便似亲生父母子女,何须说此。"

全屋的人吹灯上床以后,李娃才紧紧地依偎在丈夫的怀里,岳飞说:"昨日军务繁冗,半夜不敢归家,惊动家人,以此便在统制司小寐。"李娃说:"实不相瞒,奴家却是思念鹏举,一夜未得合眼。"岳飞歉疚而爱怜地说:"此是自家底罪过!"

在军情艰难的特殊时刻,全家人对岳飞的理解和支持,家庭的亲睦和温馨,总是给岳飞带来特殊的鼓舞和勇气。

王贵和傅庆的军队在三天之后才来到张渚镇。原来按照事前的商议,于鹏先带着两名亲兵,骑马驰往湖洑镇。郭吉听说于鹏到来,就亲自出迎,原后军统领庞荣自从扈成被戚方所杀,率残部投奔郭吉,也一起出迎。于鹏坐下后,与两人寒暄一番,特别问明了庞荣的情况,就说:"兵家之事,势合则雄。岳统制因周知州、钱知县相邀,即日便到宜兴县驻军,欲与郭统制、庞统领合兵,共图兴复大计,特命下官前来投书。"

两人看了岳飞的书信,庞荣望了望郭吉,示意由他表态。郭吉说:"岳太尉英武,我最是敬服,敢不从命。马家渡之战时,我不能临阵杀敌,自知有背军之罪,不知岳统制可得宽饶?"于鹏说:"军律不严,最是今日大患。如是郭统制决意将功补过,日后临阵,勇往直前,岳统制自当明奏朝廷。"

庞荣说:"当初茅山分兵,悔不听于太尉底劝谕,以至扈统制遇害。

今日敢不归顺岳太尉！"郭吉说："请于太尉回报，自家们明日便统兵前去张渚镇。"

于鹏驰马回报时，傅庆和王贵的军队离开湖洑镇只有十六宋里。傅庆高兴地说："既是恁地，自家们不如在此歇泊，等候郭吉与庞荣归附。"王贵说："不可，我知得郭吉为人狡黠，恐有意外之变。自家们不如乘机进兵。"傅庆转而同意王贵的意见，于是就继续进军。

军队距离湖洑镇不过五宋里，有两名庞荣的亲兵驰马前来急报，原来郭吉阳奉阴违，已经率领部属往太湖方向逃遁。庞荣表面上服从郭吉，暗地里派人报告。傅庆说："果然不出王统制所料！待自家率马军急追，你统步军在后。"王贵对舒继明和张应说："舒副将可与傅统制同行，张副将率第一将步军与自家们同行。"

傅庆和舒继明的骑兵很快追上郭吉的逃军。郭吉的逃军分水陆两路，船只载着粮食和钱物，却被追兵包抄拦截。惊慌的郭吉对庞荣说："请庞统领统兵迎敌，待我上船，率水军登岸助战。"庞荣用手指着郭吉的背后，说："郭统制小心！"郭吉刚回头，庞荣就挥剑劈下郭吉的头颅，大声喊道："我已决计投归岳统制，有不服底，都与剿杀。"追兵与庞荣的军队里应外合，很快就降服了郭吉的军队，缴获了各种战利品，包括一批船只。

顺利剿灭盘踞宜兴的四股盗匪之后，岳飞的部队扩充到了一万八千人，另外也给刘经增拨兵力，使左军扩充到两千人。岳飞增设第八将，任命庞荣为正将，抽调张应任副将。其他六将的兵力仍旧，而姚政的第七将和庞荣的第八将各有军兵一千五百人。

赵九龄等一切就绪，就带着岳飞去宜兴县城拜会知县钱谌，又去州城拜会知州周杞。岳飞自从进驻宜兴以后，更加申严军纪，严禁骚扰百姓。在内乱外祸交迫的岁月，兵与匪其实并无差别，广大民众的生命财产朝不保夕。如今居然进驻了一支与众不同的军队，对民间秋毫无犯，专以杀敌报国、保境安民为己任，不能不使宜兴人民喜出望外，交相称誉。很多外地人也赶到宜兴避难。

岳飞的军队进驻宜兴不久，民间开始流传不少有关岳飞的添油加醋般的传奇故事，而且愈传愈神。一天，有一个民间画工找到军中，求见岳飞。岳飞在统制司接待，说："不知待诏见我，是甚意思？"那个画工笑着说：“百姓们传言，岳太尉俨如天神，求我为他们画一幅丹青。”

岳飞苦笑着说：“待诏今日便见得，我岳飞貌不惊人，岂敢以天神自命。唯是恨不能有天神之术，驱逐虏人，保天下百姓平安。”画工说：“不然，岳太尉虽非貌若潘安，煞是雄赳赳丈夫刚气。我今日须为你作画，以免百姓们误传，言道岳太尉有三头六臂。”

岳飞推托说：“我整日训兵习武，只为与四太子决一死战，岂有闲暇，为你作画。”画工说：“今日岳太尉务须成全自家底生理，不可辞避！”在旁的于鹏也出面劝说：“待诏是美意，众百姓是心意，岳统制岂得辜负？”画工又说：“岳太尉只须送我一个时辰！”

经画工和一些将领劝说，岳飞终于同意，他全身披挂甲胄，右手拄着一杆铁锏，让画工描摹。画工搁笔之后，众将欣赏这幅人像画，无不称赞，岳飞本人也十分喜欢。画工说：“容我回家临摹之后，再将此画赠送岳太尉。”

从此之后，那幅岳飞画像就被辗转临摹，宜兴百姓竞相购买，供在家中，朝夕钦仰，简直就把岳飞奉为一方的保护神。一些画工竟因此而发财。后来岳飞的队伍撤离宜兴时，当地百姓特别为岳飞建造生祠，这当然是古代最尊崇的礼节。岳飞的像又被刻在石上，供人们描摹。十一年后，岳飞遇害于冤狱，宋廷下令拆毁岳飞生祠。但道士们却将他的石刻像秘密地沉在附近的荆溪。直到宋孝宗为岳飞平反之后，岳飞的石刻像才又从荆溪取出，重新安放在当地的周处庙里。此是后话。

[贰柒]
流 离 江 西

　　隆祐太后一行的船队上溯大江,穿行鄱阳湖,又上溯赣水,在建炎三年九月初抵达江南西路首府洪州。船队在途中遇到了大风浪,有十二艘船被风浪吞没,落水而溺死者包括嘉国夫人朱氏、润国夫人张氏等一百十四名宫女。宋高宗自从扬州逃难,宫女大半散失后,放一百八十名宫女回民间,这次又在所剩的四百八十四名宫女中,分出三百八十三人,随隆祐太后前去,躲避兵祸,不料还未到洪州,竟有那么多的人葬身鱼腹。潘贤妃也落水,幸好得到营救,上船后就得了重感冒。她受到失宠和丧子的双重打击,心境本已十分抑郁,真可说是雪上加霜,到达洪州以后,依然卧病不起。

　　隆祐太后和柔福帝姬之间,自然是亲密无间,无话不谈。但隆祐太后经历了太多的宫廷生活磨难,磨难教会了她老于世故。她沿途再三对柔福帝姬强调说:"潘娘子如今落难,然而她终非忠厚底人。二十姐不可不同情,亦不可不持戒心。逢她且说三分话,未可全抛一片心,切记!切记!"她教柔福帝姬对潘贤妃持戒心,其实无非是对自己的侄皇帝持戒心。尽管在苗刘之变中,两人说得上是尽力营救,但隆祐太后还是深知侄子的为人,不敢不持戒心。

　　隆祐太后和柔福帝姬在船上商议得最多的一件事,就是如何会见邵成章。隆祐太后对柔福帝姬讲了邵成章很多好话,说:"老婆在成百上千内侍之中,唯是见得邵九一个正人君子,闻得他住在洪州铁柱观。"柔福帝姬说:"伯娘何不乘此机便,召他入来,朝夕相处。"

隆祐太后说:"使不得,邵九是九哥不喜底人,老婆召他入来,正宜潘娘子日后播弄是非。"柔福帝姬想了一下,就说:"到洪州后,可教潘娘子等住州衙,自家们便去住铁柱观。"隆祐太后说:"此亦是一说。"

当时朱胜非因遭弹劾,已经离开洪州,改任宫观官。隆祐太后未到洪州之前,就在船上召见随行的两名执政滕康和刘珏,说:"老婆自被废之后,便信奉道真,晨昏诵读《道德经》与《庄子》。如今国家有难,民不聊生,老婆到得洪州,不如与帝姬暂住铁柱观,亦得以朝夕侍奉元始天尊诸神,祈求国泰民安。"两名执政当然不可能有任何异议,说:"微臣谨遵娘娘懿旨,然而六宫潘娘子等,又不知于何处安泊?"隆祐太后说:"道观是清净所在,潘娘子、国夫人等自可依原议,住州衙安歇。潘娘子尤须服药调养。"

隆祐太后和柔福帝姬住进铁柱观的当天,就乘便召见了邵成章。邵成章跪在地上,用感泣的声调说:"小底不期今日得见娘娘与帝姬!"柔福帝姬当即上前,把邵成章扶起。邵成章叉手而立。

隆祐太后仔细端详着睽离三年的邵成章,发现他竟增添了许多白发,用感伤的语调说:"邵九白发如许,须是忧国所致。"邵成章滴着眼泪说:"小底委是思念渊圣官家!官家北狩,已是三年。北地寒苦,亦不知二宫怎生度日,然而必是朝夕盼望南归中原,度日如年。"

他的话又激发起柔福帝姬的哀痛,但柔福帝姬只是流泪,并不说话。隆祐太后说:"九哥自渡江之后,罢黜黄潜善与汪伯彦,革故鼎新,已初见中兴气象。料得二帝终得回朝。"邵成章说:"小底当初只为劾奏黄潜善与汪伯彦而得罪。求娘娘恕小底直言。"

隆祐太后说:"邵九直说无妨。"邵成章说:"欲得安邦定国,复仇雪耻,尚须请李丞相回朝掌政。"隆祐太后只能回报以苦笑,她的内心又何尝不主张请李纲复相,她说:"老婆女流,不得担当国事。如今九哥授任吕相公,吕相公亦是忠义底人。"

邵成章也无话可说,隆祐太后又换一个话题说:"老婆今赐你白银五百两。"这也是她表达自己一点心意的唯一办法。邵成章说:"小底感荷娘娘大恩,然而小底唯是孑然一身,在铁柱观尚是不乏衣食。娘娘缓急或有支使,小底不敢祗受。小底告退!"他说着,跪在地上连着叩头,然后离去。隆祐太后感叹不已,柔福帝姬却说:"伯娘恩意已尽,须是成君子之美!"

隆祐太后在洪州只住了两个月,到十一月上旬,滕康和刘珏慌忙前来铁柱观,滕康说:"奏禀太后,大事了不得,虏人已自黄州渡江,杀奔而来。刘光世驻军江州,不敢迎战,唯是闻风而逃。臣等计议,莫如奉太后退保虔州。"刘珏补充说:"臣等以为,水行缓,陆行速。臣等当奉太后、帝姬、潘贤妃、国夫人等陆行,其余人水行。如今已备办肩舆在外祗候。"

隆祐太后说:"卿等且在外等候,待老婆稍稍收拾细软。"柔福帝姬说:"奴家不坐轿,相公们可为奴备办马一匹。"

两名执政退出后,隆祐太后紧急召见邵成章,说:"虏人渡江,邵九可随老婆前往虔州。"不料邵成章用斩钉截铁的口吻说:"小底唯愿在此守城,掩护太后南行!"他说完,就跪在地上叩头,说:"唯愿上苍有眼,护佑太后、帝姬一路平安!"当即起身退走。

隆祐太后一边流泪,一边由宫女搀扶,走出铁柱观。柔福帝姬已换了一套紧身衣装,腰佩宝剑。她上前递给隆祐太后一把短刀,用严峻的口吻说:"伯娘,万事不可逆料。阿爹、大哥已是受辱太甚,自家们自须宁死不受辱。此刀供伯娘缓急时不受辱之用!"隆祐太后流泪说:"老婆当依二十姐之说,誓不受辱!"她接过短刀,藏在身边。他们来到观外,潘贤妃和五名国夫人都已坐轿等候,柔福帝姬又上前,给这六个女子各一把短刀,说了同样的话。这六人虽然不得不接受短刀,却都哭哭啼啼,显出六神无主的模样。从卫的军兵抬起隆祐太后等人的轿子,飞步奔出洪州城。

十一月中旬,完颜拔离速、完颜毂英和耶律马五统率的金军直驰洪州城下。这支金军自从渡江以后,根本未遇宋军的任何抵抗,唯有遭受好几支村民武装的袭击,间或损兵折将。此时洪州知州早已逃跑,士大夫们推举本地人、寓居官员李积中权知州事,而李积中又出城投拜。金军遂得以兵不血刃,进入洪州城。

不料忽然有一百宋军从两个小巷突出,攻击金军。尽管事出仓促,完颜拔离速等毕竟是宿将,当即指挥金军迎战。这支宋军虽然寡不敌众,却拼死作战,也使金军付出相当大的代价,最后有一名宋军被俘,被押到州衙。

完颜拔离速等三人坐在堂上审问,只见此人年纪不小,却颔下无须,声音也与男子有别,耶律马五问站立在堂前的李积中说:"你可识得是甚人?"李积中上前,脱去俘虏头上的兜鍪,原来是邵成章。正是他秘密组织了一支宋军,向金人发动自杀性的攻击。李积中向金将报告:"此人叫邵成章,原是康王宫中内侍,被康王贬黜到此,住铁柱观。"

完颜拔离速还是想起了这个三年前随宋钦宗到青城金营的宦官,问道:"你何以不住江南宫中,贬黜到此?"邵成章并不回答,倒是李积中代他做了回答。完颜拔离速听后,反而动了恻隐之心,说:"康王无道,旦夕便成大金底驱口。我念你是忠正底人,虽是抵拒大金军马,不忍便将你洼勃辣骇,你可投拜于我。日后随我北归,去郎主御寨长享富贵。"

邵成章说:"我与众长行设誓杀虏人,如今众长行为国捐躯,我岂得独生,唯是求速死!"耶律马五翻译以后,就命令金兵准备木棒,只等完颜拔离速下令。不料完颜拔离速说:"当年谷神监军在汴京杀了李侍郎,犹自后悔,今日不得杀此忠臣。"他吩咐李积中说:"可将他押回铁柱观,教道人们好生看觑,不得再与大金为敌作过。"

邵成章意外地被押回铁柱观,道士们听了李积中的吩咐后,对邵成章说:"邵大官,虏人虽是礼佛敬道,你若再与虏人为敌,须是连累自家们底性命。"邵成章的眼睛里迸发出仇恨和悲愤的目光,却一言不发。道士们感到害怕,大家商议后,决定把邵成章关在一间屋里,以免他出外惹祸。

邵成章恸哭一场,向被俘的宋钦宗遥拜叩头,然后解下腰带,悬梁自尽。两名道士进入屋里,又把邵成章从悬梁上救下。邵成章悠悠苏醒,哭着说:"我自尽,须是不连累众法师!"铁柱观的观主闻讯赶来,劝解说:"邵大官忠义,天下闻名。常言道,天道好还,虏人作恶,终须恶贯满盈。邵大官何不随自家们斋醮祭炼,为百姓禳灾,求二帝南归。"经众道士的反复劝说,邵成章终于放弃了自杀的念头。

金军在洪州停留了一个多月,分兵四出劫掠,一些宋朝的州县官纷纷投降,其中包括袁州(治今江西宜春)知州王仲嶷和抚州(治今江西抚州市)知州王仲山兄弟。王仲山就是秦桧的岳父。完颜拔离速等人得知隆祐太后的去向,就决定由完颜毅英带领一支劲骑,向吉州方向追奔。

十一月二十三日,完颜毂英所率的金骑沿赣水追到太和县,正值黎明时分,竟追上了隆祐太后一行。当时护卫的军队约有一万人,由于连续逃奔,相当疲劳,但滕康和刘珏听说敌人的追骑愈来愈近,仍然催促军队快速行进。年老的隆祐太后尽管是由夫力抬轿,也依然精力不济,正倚在轿中打盹,忽然听到"虏人杀来"的呼喊声,把她惊醒。一万军队根本没有组织任何抵抗,竟立即乱成一团,纷纷四散逃命,很多人乘乱当了强盗。滕康、刘珏等官员再也顾不得护卫隆祐太后,各自向附近山间奔窜。随行的财物、钱、银、绢之类,或是满地委弃,或是被逃窜的官兵们抢走。

柔福帝姬一直骑马,在隆祐太后的轿子前后,而隆祐太后的后面则是潘贤妃的轿子。按照柔福帝姬的应急安排,他们身边有十名宫女和八名宦官,都一律骑马,另加二十名轿夫,这批轿夫全是吉州本地的农民,一路之上,隆祐太后和柔福帝姬注意厚待他们。柔福帝姬眼见混乱的情况已不可能收拾,她对轿夫们说:"你们若是救太后与贤妃娘子离得险境,日后须有重赏!"她立即教隆祐太后和潘贤妃下四人抬的大轿,改换用两人抬的小竹轿。这一行人从,还是在柔福帝姬的指挥下,由熟悉路径的轿夫们穿行小山路,逃离险境。

他们不敢南下万安县城,而是避开县城,一直逃到万安县与虔州的交界。干粮用尽了,大家都感到饥饿和疲乏。柔福帝姬和其他女子在逃难时,更注意一律戴盖头,她下马吩咐为首的宦官何渐说:"自家们须在此稍憩,你去附近寻觅村庄,见得村民,须是好言好语,用重金排办吃食与居止。"经过俘虏生活的磨炼,使柔福帝姬成为这一群人中当仁不让的指挥者,隆祐太后和潘贤妃只能听凭她安排。

何渐久去不回,使众人不免心焦,柔福帝姬正想另外再派小宦官寻找,只见有一群人,自远而近,为首有两个骑马的,其中一人正是何渐。何渐引领另一个骑马者到近处下马,来到隆祐太后等人面前拜见,那个年轻的官员自我通报说:"下官高世荣拜见太后、贤妃与福国长公主。"柔福帝姬归宋后,宋高宗又另封她福国长公主。

高世荣是本书第一卷中介绍的高世则的堂弟,也是宋英宗高后的侄孙,算是外戚。他的父亲高公绘曾去岭南出仕,途经万安县一带,看中了当地的风土。他眼看中原干戈扰攘,就决定迁移到万安县寄居。高世荣本人去年进士及第,不久前被授予虔州司法参军。他来到此地,正值父亲卧病,就暂时居家侍候。

　　隆祐太后等人听到了高世荣的自我介绍,都有一种他乡遇故知的亲近感。隆祐太后更是流下了感伤的泪水,说:"当年老婆入宫,便是宣仁娘娘亲自礼聘。她曾言道,老婆能执妇礼,宜正位中宫。然而当受册为皇后时,宣仁娘娘又叹老婆贤淑而福薄,她日国事有变,又须老婆承当。如今看来,数十年底沧桑,全是不出宣仁娘娘所料。"宣仁是宋英宗高后的谥号。柔福帝姬见泪水湿透了隆祐太后的盖头,就说:"伯娘,此地不是伤心处,尚须请高司法安排众人生理。"

　　高世荣带领隆祐太后一行到他的庄墅。庄墅的建筑并不豪华,却颇为雅洁,给人一种世外桃源之感。高世荣按照柔福帝姬的吩咐,用重金酬答二十名轿夫,发放他们回家。隆祐太后一行虽然得到了暂时安歇,却不敢在高氏庄墅徘徊停留。一天之后,又提出要前往虔州避难。高公绘虽然卧病在床,仍不得不命令儿子护送隆祐太后一行南下。

　　高世荣今年十九岁,尚未娶妻,他听说过这位年仅十九岁的帝姬传奇故事,不免有一种好奇心。柔福帝姬到了他家,卸脱盖头,才使高世荣初次见到她的容貌。柔福帝姬依然为徐还守孝,全身缟素,并无修饰,却更给了高世荣一种清水出芙蓉,超凡脱俗的美感。他似乎忘记了这曾是一个经受金人蹂躏的女子,而不由产生了由衷的爱慕之情。但是,柔福帝姬的长公主身份,又使高世荣决不敢轻易有任何表示,他只是在沿途寻找一切机会接近柔福帝姬,而又显得彬彬有礼。高世荣隐约听说柔福帝姬感伤于徐还之死,曾有一辈子不再嫁人的誓言,但他还是存在一种幻想,期望有一天得以与这位帝姬有美满姻缘。

　　高世荣从不敢正面多看一下柔福帝姬,却不免在背面或侧面多看她几眼。隆祐太后在路上偶尔发现,高世荣竟痴呆呆地望着柔福帝姬的背影,才猜透了他的感情。在经历各种磨难之余,柔福帝姬当然是隆祐太后最亲的人。隆祐太后事实上也不能不为侄女以后的终身大事操心,她立即敏感到这是一个机会。

　　他们到达虔州城后,从行官员滕康、刘珏等人也先后前来。有些转当盗匪的军队,又前来虔州,表示愿意重新归降朝廷。隆祐太后最后统计一

· 254 ·

下宫女,五名国夫人,包括淑国夫人王氏、康国夫人萧氏、和国夫人王氏、成国夫人吴氏和惠国夫人孙氏,另有一百五十五名宫女,已不知去向和存亡。宋高宗通过宦官等千方百计搜罗来的民间美女,到此剩下了一百零八人,还不足此行所带宫女数的三分之一。

　　隆祐太后的生活逐渐安顿下来。她在建炎三年岁末又得到探报,说金军已转掠荆湖南路,目前的威胁得以解除,心情稍宽,就设法撇开柔福帝姬,单独召见高世荣。高世荣见太后,当然是恭敬地行臣礼,叉手站立。隆祐太后命令赐坐,又叫侍候的宫女们回避,然后再向对方发问:"高司法,闻得你尚未娶妻,可有侍妾?"高世荣说:"微臣年少,未曾有侍妾。"隆祐太后笑着说:"老婆知得,如今底士大夫都是放荡不检,你难道未曾有寻花问柳底事?"高世荣说:"阿爹家教甚严,微臣端的未曾有此事。"

　　隆祐太后自从有了这件心事以后,就一直在用心地观察和了解,认为高世荣并没有说谎,就转入正题,说:"你以为帝姬怎生底? 老婆已知你有情于帝姬。"高世荣立即脸涨通红,汗流满面,跪在地上,却一时说不出话。隆祐太后感到,此人还是相当老实,又说:"你须与老婆从实道来。"

　　高世荣结结巴巴地说:"帝姬……帝姬是……是金枝玉叶,微臣……微臣岂敢妄有……妄有非分之举。"隆祐太后有意紧逼一步,说:"你虽不敢有非分之举,却有非分之念。"高世荣急得连连叩头,说:"微臣……微臣有罪!"隆祐愈加喜欢这个年轻人纯实,就用宽慰的语气说:"你既无非分之举,沿途又护从有功,何得言罪,且坐下叙话。"

　　高世荣到此才遵命重新就座,掏出手帕擦汗。隆祐太后说:"老婆与帝姬相依为命,知得她煞是有情有义底人。你若是果有此意,尤须静心等候,切不可另做拈花惹草底事。待她为徐官人守丧期满,容老婆缓缓劝谕。"高世荣一时简直是喜从天降,紧张和害怕的心情为之一扫,他展眉解颐,赶紧再次下跪,连连叩头,却因为兴奋过分,说不出一句谢恩的话。

　　隆祐太后望着他那种神态,不禁为柔福帝姬的终身高兴,说:"自今以后,你不须做司法参军,便做老婆底掌殿前书笺。"这当然是为了他与柔福帝姬多接触。高世荣此时才说:"微臣叩谢太后天地之恩!"隆祐太后说:"更说与你,此事岂但性急不得,帝姬虽是女子,却因历尽祸难,颇有刚决之气。若是她不愿,老婆亦岂得勉强。"高世荣此时此刻,也不知从哪里来的一股勇气,竟对隆祐太后指天划地,发誓说:"若是帝姬终身不嫁,微臣便终身不娶!"隆祐太后深受感动,说:"待老婆努力!然而此事切不可外泄。"

建炎三年、四年之交,隆祐太后必须对随行的军兵颁发犒赏。虔州论面积,是江南西路的第一大州,却又是一个与福建、广南接界的穷州,隆祐太后一行的到达,使当地的财政十分紧张。滕康等人好不容易调拨了江西各州军的一些钱粮,应付犒赏。建炎四年正月,有一批军士到集市上买物品,他们拿出了犒赏的带沙眼的民间私铸钱和官铸的当二钱。所谓当二钱,是一文钱当两文使,而实际的用铜量却少于普通的两文钱,这也是宋徽宗时搜刮民脂民膏的一种手段。

虔州的民风相当强悍,货主当场表示拒绝,说:"此是盗铸私钱,或是太上道君官家底无道钱,怎生使得?"军士们说:"此是太后颁发底犒军钱,如何使不得?"双方从争吵发展到动手,打群架。商贩们往往都有自备的私人兵器,他们取出了竹枪,将军兵刺伤多人。这群军士退到景德寺的军营,也取出兵器。终于激成了军民交斗的局面。军队本来就没有军纪,他们乘机焚烧房屋,抢夺城中坊郭户的财物。虔州城里的民居往往是竹屋,很快就形成成片成片地区的火灾,烟焰冲天。在愈来愈厉害的冲突中,军民都有很多人死伤。

隆祐太后正和柔福帝姬、潘贤妃谈天,高世荣慌慌张张进入,说:"启奏太后,大事了不得!"隆祐太后等人也同时听到外面各种嘈杂的噪声,还以为又是金军杀来。听到高世荣简单的报告以后,柔福帝姬盼咐说:"速叫滕、刘二相公与知州抚谕军民!"高世荣说:"下官欲去禀白二相公,闻得二相公与知州已自逃出城外。如今唯有恭请太后、贤妃与帝姬亦出城暂避。"柔福帝姬问道:"到哪里去?"高世荣说:"闻得滕、刘二相公等前去城西杨梅镇,太后莫须亦去杨梅镇?"

高世荣带领二百名军士,护送隆祐太后等出逃。隆祐太后和潘贤妃还是坐竹轿,而柔福帝姬仍然骑马。隆祐太后虽然经历了靖康时开封围城、苗刘之变和太和县的兵灾,却都没有亲临兵祸现场。这次出逃,沿街燃烧的竹屋、流血的尸体、军民的呐喊拼杀,给她脑海中留下了最可怖的印象。

　　隆祐太后一行急急前行,沿街竹屋有一竿燃烧的巨竹,突然向隆祐太后的轿子砸来,幸亏在轿子侧后的高世荣及时骑马上前,用手推开,那竿巨竹倒在路边,而高世荣的手也被烧伤。不料祸不单行,临近出城,又有一支流矢飞来,射中高世荣的乘骑,那匹马嘶叫一声,把高世荣掀翻在地。在他后面的柔福帝姬惊叫一声,急忙骑马上前,幸好高世荣已经挣扎着爬起来。柔福帝姬吩咐一名骑马的宫女说:"且将坐骑让与高从事!""从事"是从八品文官虚衔从事郎的简称。高世荣却说:"大内底夫人俱是金枝玉叶,下官尚可步行。"他坚持步行,把这一队人带到了杨梅镇。

　　虔州城里的战斗还在继续,城里的坊郭户男丁终究敌不过军兵,又通过各种关系,把城外乡村户的男丁们请来,共同战斗。最后,滕康、刘珏等调发几个州的军兵,才把这场祸乱平息,而虔州城已是满目疮痍,残破不堪。

　　隆祐太后等人暂住杨梅镇,柔福帝姬和潘贤妃对滕康、刘珏等人十分不满,对隆祐太后说:"如此大臣,辜负官家重托,不如将他们罢免。"隆祐太后说:"此事尚须奏明九哥,老婆不得自作主张。"柔福帝姬说:"莫须召高从事,为伯娘草旨。"隆祐太后说:"高从事此回委是宣力,然而他底手伤未愈,恐不得握笔。老婆今日不适,二十姐可代老婆召见奖谕,教他伤愈之后,为老婆草书疏。"隆祐太后的意思,无非是让柔福帝姬和高世荣多一次接触的机会。

　　柔福帝姬召见高世荣,说明情况,问道:"你伤势未痊,且稍缓时日,然后为太后草奏。"高世荣说:"既是太后有旨,下官若以绢裹手,尚可捉笔。"他当场坐下,为太后起草给宋高宗的书疏,写完以后,毕恭毕敬地呈送给柔福帝姬,说:"恭请帝姬审阅,然后转呈太后。"他乘柔福帝姬阅读时,又忍不住多看她几眼。柔福帝姬对这份书疏相当满意,说:"高从事所草,明白晓畅,待我转呈太后。"

　　高世荣准备告退,柔福帝姬说:"高从事此回极是宣力,太后命你升三官,借补承直郎。然而目即府库虚竭,尚不得与你加俸。"高世荣说:"微臣虽是愚陋,亦粗知义理,如今国家艰困,二圣在远,太后与微臣加官,已是误膺宠眷,何须另加俸禄。"高世荣的言论其实不过是当时官场中谦辞的套话，但柔福帝姬还是不难看出他内心的真诚，进一步增加了好感。

[贰捌] 血洗两州城

完颜赘英率领金军追击到太和县,隆祐太后一行已经四散逃奔,金军掳掠到的驱口和财物相当少。自从渡江以来,金军在平原地区可以纵横驰骋,却在山区屡遭伏击。完颜赘英不敢继续深入山区穷追,就收兵返回洪州城。完颜拔离速等人商议,认为既然宋高宗并没有向西逃窜,决定对江南西路及荆湖南路和北路的重要地区实施破坏以后,退回北方。

十二月二十一日,完颜拔离速和完颜赘英统率大军撤离洪州,取道临江军(治今江西清江)和袁州,进犯荆湖南路。耶律马五却在当天指挥后军五千人,在洪州进行残酷的屠城。建炎三年的岁末,成了南昌城市史上很可怖的一页,虽然城里的财物已经掠夺殆尽,坊郭户人口也逃散了大半,金军仍然不放过任何一个在城的男女老少,他们以谋克或蒲辇为单位,挨家挨户地搜剔杀戮。特殊的例外是僧寺和道观,尽管金军明知有一些居民逃进了寺观,却并不突入寺观搜索。二十二日,耶律马五也率领军队撤离洪州,而留下了一座近乎死寂的城市。除躲避在寺观的人群外,只有很少数隐藏在城市某些角落的人幸免于难。

建炎四年正月,金军从袁州进犯荆湖南路首府潭州(治今湖南长沙)地界。潭州知州、兼荆湖南路安抚使、直龙图阁向子𝕴得到探报后,就召集僚属们紧急商量对策。一名吏胥进入禀报,说:"今有凤州团练副使张官人求见。"向子𝕴与李纲的关系颇好,曾受到黄潜善和汪伯彦的排斥,他自从到本地担任知州以后,就与张所有所交往,他说:"正方必有奇谋,我当亲自迎接。"

张所从号称炎荒之地的岭南迁到潭州，还是去年的事。他带着妻子徐缨络和十二岁的儿子张宗本，另加一仆一婢，居住在潭州城北里厢。宋时城市的厢作为城区，类似于现代城市的区。就生活而论，张所家并不缺乏衣食，向子諲还不时关照，但张所的精神一直陷入深沉的苦闷之中。特别是最近一段时日，就更关切战争的最新发展。张所今年不过四十三岁，当年在开封围城中还是满头青丝，如今却是鬓髪白了大半。

向子諲把张所迎到屋里，吏胥进茶，向子諲开门见山地说："如今虏人兵锋甚锐，我正须就教于正方。"张所却反问说："不知向直阁与众官人有甚计议？"于是众官员继续进行讨论，宗室、成忠郎赵聿之是秦王赵廷美的五世孙，论辈分还比宋高宗长一辈。他说："潭州城西，湘水便是屏障，易守难攻，虏人自东来，城守须以南、东、北五门为重。城中有东南第八将兵马八指挥，军额亦不过三千六百人，如今尚未及两千人，难以把截。势须勾抽各县乡兵，与城中坊郭户男丁，同共防拓。"东南第八将还是宋神宗时编组的驻军军号，正将、武经郎刘玠说："我愿统兵把截东二门。"所谓东二门是指小吴门和浏阳门。

通判孟彦卿说："目即闻得虏人大兵杀来，人心惶惶，坊郭户往往逃奔出城。"向子諲说："此须揭榜，禁止官吏士民，并不得出城。唯有死守城池，方得免兵祸。"他对另一通判赵民彦说："便请赵通判写一榜帖，命书吏誊录，在城中四处张贴，晓谕官吏士民。"

等众官员发言完毕，向子諲又对张所发问："正方有甚计议？"张所说："州城虽是西临湘水，亦须相机设防，以免疏失。闻得京东有盗贼刘忠近日流窜荆湖，盘踞白面山，白面山在岳州平江县、本州浏阳县与江西洪州分宁县之间，山险重复，营栅相望，有三万余人。若得效法当年开封底宗留守，招安刘忠，此亦是御敌底一计。"

向子諲说："此议甚是，我当修书一封，命信实人前去招安。"张所说："闻得刘忠凶悍，若是贸然将刘忠底部伍引至城中，切恐有意外之变，亦须预为关防。我愿去白面山，以便相机行事。上策莫过于统刘忠之兵，拦截虏人于来路，以保州城之安。"向子諲面有难色，说："正方历尽磨难，岂可亲自蹈危履险，前去龙潭虎穴。"张所说："士大夫处乱世，唯当为江山尽节，岂有他说。"

当天晚上,向子諲特别把徐缵络和张宗本也请到州衙,亲自为张所饯行。当酒酣耳热之际,张所想起了五年前从开封围城中缒城而出,准备去河北组织救兵的往事,不由感慨万端,就起立舞剑,悲歌当年的一曲《南乡子》:

杀气亘皇州,铁马嘶风撼角楼。天下阽危如累卵,堪羞!政府诸公无远谋。

何处觅吴钩?洗净烟尘解国忧。相顾滴滴离别泪,休流!须断头时便断头!

听着这阕悲歌,向子諲总觉得有点不祥,他离席起身,给张所敬一盏酒,说:"正方只为国事之重,不惜轻掷千金之躯,唯愿正方成功!我自当用心看觑你底妻子。"张所与妻儿、众官员诀别后,带着两名吏胥,连夜启程。向子諲等人和徐缵络、张宗本一直把张所送到城外,彼此依依惜别。

张所赶往白面山寨,几经曲折,终于会到了刘忠和他的副首领文广,这群盗匪的特征是个个头戴白毡笠,又在额上刺花,所以人称"白毡笠"或"花面兽"。两人在见面之初,对张所相当客气,文广特别说:"张招抚名满天下,今日幸得一见。"张所经过仔细观察,知道这两人都是来自社会下层的不识字的粗人,就说:"虏人荼毒黄河、大江南北,你们必是在北方不得存身,只得离乡背井,来到荆湖。"文广说:"自家底老小便是被虏人所害。自家们委是不得在京东存身。"

张所感到是一个机会,他决定暂时先不谈招安的事,说:"你们可知得虏人进犯,此亦是报仇底机便。我此来,只为与你们共商杀敌大计。"刘忠说:"我已闻得虏人进犯潭州界,然而此处是岳州界。寨中除老小外,能战底男丁不过万余人。人不犯我,我不犯人,切恐难以与虏人大军相抗,不如且把截山寨。"

文广说:"寨中战士又有多少血属被虏人驱掳斩馘,深仇大恨,岂可不报?自家们须带兵出寨,与虏人交阵。"刘忠说:"自家们敌不得虏人,何须前去。"张所说:"我本是一个罪废底人,然而念天下万姓有血泪之痛,江山有累卵之危,不敢在乱世偷安。我曾在河北任官,尚是粗知虏人情实,稍谙兵法,愿与你们下山,同共厮杀。"

文广说:"若得张招抚同去,煞好!"刘忠说:"去不得!"文广愤怒地站立起来,说:"你不愿去,可在此守寨,我当统兵下山!"刘忠拗不过文广,就说:"你可统六千人马前去。"张所也站起身来,说:"既是如此,我当随文首领前去。"

不料刘忠起立,拦阻张所说:"张招抚跋涉辛劳,且留寨中稍憩,我另有紧切底事,须与张招抚计议。"文广也说:"张招抚初到敝寨,不须烦劳。"张所通过刚才的谈话,开始对文广有几分好感,而对刘忠却有几分恶感,当然愿意与文广一同下山,但面对两人共同挽留,也只能勉强留下。

文广走后,两人重新坐下,张所问道:"刘首领有甚计议?"刘忠说:"山寨之中,俱是粗人,我思忖多时,须得一个秀才充当谋主,今日张招抚到此,岂非是天意!"张所说:"教我做谋主不难,然而你们须听我计议。"他说着,就取出向子諲的招安书信,对刘忠念了一遍,又苦口婆心地作了解释。

刘忠却表示拒绝,说:"我底意思,便是乘乱快活,岂愿伏朝廷指挥。张招抚既是罪废,便是朝廷无道无德,张招抚又何须听命于朝廷,不如在自家们底山寨中快活。"张所到此也只能拒绝对方,说:"我是一介儒生,粗识义理,世受宋恩,虽是含冤负屈,亦不忍背叛朝廷。刘首领亦是须眉男子,须知为国尽忠,是人生底第一大节。"

刘忠站立起来,开始吼叫:"张招抚既是不愿当我谋主,便须吃剑!"张所也站起身来,说:"刘首领,我愿冒险来大寨,便是不惜生命!大丈夫处于乱世,尤须遵大义,守大节,我愿刘首领亦做一个大丈夫。"刘忠说:"我只图快活,不须做大丈夫!"他当即吩咐匪徒,把张所和两名吏胥关押在一小间空屋,并且断绝饮食。

张所经过一夜思考,第二天在屋里大喊,说:"我愿见刘首领!"此时刘忠也正带着一群匪徒前来,开门以后,刘忠首先说:"张招抚,你可愿伏我?"张所说:"我不能伏你,然而我底两个随从无辜,你须先将他们释放,然后缓缓计议。"刘忠想了一下,说:"依得!"两名吏胥向张所作揖告别,张所只是说了一句话:"你们须禀白向直阁,我当为朝廷尽节!"

刘忠把张所押往厅堂,张所只见桌上已经摆了酒宴,他虽然饥肠辘辘,却不肯就座。刘忠说:"张招抚,世人无不好生恶死,难道你便是别有肝肠?你若是依我,便请坐下,满饮三盏。"张所感叹说:"好生恶死,固是人之常情。你亦当闻知,如靖康开封围城之中,有梅尚书、李侍郎、吴统制等,便是慷慨就义底人。"他想到了死难的梅执礼、李若水、吴革等人,不由落下了几滴泪。

刘忠虽然没有文化,却也有他的心计。他已经发现文广对张所颇有敬意,认为如果文广回寨,自己肯定杀不了张所,而将不肯投降的张所留在寨中,或者放走,肯定是日后的祸根。他举起手刀,说:"张招抚,你若是不愿降伏,便休怪我无情!"张所也学过武技,他飞起一脚,踢落了刘忠的手刀,大喊道:"若是愿归顺朝廷底,便与我擒杀这厮!"然而这群匪徒全是刘忠的心腹,在一场搏斗中,手无寸铁的张所终于被他们乱刀砍死。

文广带领人马下山,袭击了耶律马五统率的金军后队人马。双方都支付了相当的伤亡,耶律马五率残部追赶大军,而文广也率余部退回白面山寨。他得知张所被刘忠所杀,就责问刘忠说:"张招抚天下闻名,你岂得斩杀?"刘忠说:"我不杀他,他便要杀我,此亦是万不得已。"两人大吵一场,但刘忠还是硬哄软骗,平息了争吵。文广最后说:"张招抚人死不得复生,然而自家们须为他修坟立墓,吊祭尽哀。"刘忠感到这不失为平息内讧的办法,就说:"我亦后悔此事,当亲自吊祭。"于是他们就在白面山上为张所修建了一个大墓。

完颜拔离速和完颜㲈英统兵抵达潭州,离城十宋里扎寨。城里的官员对如何迎敌,形成了两种相反的意见。刘玠和赵聿之主张闭门拒守,而另一武将、敦武郎王暕主张出城拒战,他说:"虏人此回杀到江南西路,竟是有掳掠,而无战斗,若不得挫其锐气,又何以立国?"向子諲说:"若是出城,又如何应战?"王暕说:"虏人利在骑兵,王师利在弓弩,可背城列阵,杀他数阵,然后相机收兵,使虏人不敢轻易攻城。"孟彦卿和赵民彦都表示赞同,说:"自家们虽是文官,亦愿出城抵拒。"

向子諲同意,他们就率领三千禁兵和乡兵出城,在城东浏阳门外列阵。孟彦卿和赵民彦也都披戴甲胄,在军中督战。完颜拔离速和完颜㲈英自从渡江以来,还是第一次遇到宋军严阵待敌。他们命令一谋克八十精骑,先进行试探性进攻。这八十骑兵驰到宋军阵前,就遭受弓弩的攒射,百夫长和三十四人当场被箭射死,另有十一名受伤的金兵从地上挣扎着爬起来,企图逃跑,王曮指挥一批宋军出阵,将他们全部斩杀,最后只剩下三十四骑逃回。

完颜彀英对完颜拔离速说:"南人此回非比寻常,须是用计。"他提出自己的建议,完颜拔离速立即命令汉儿、契丹人和奚人组成的杂牌步兵两千人,前往挑战。他们来到宋军阵前,又遭受箭雨的袭击,死伤约几百人,其余的人向后败退。有几百宋军出阵,斫杀敌人的伤员。不料乘此混战之机,完颜彀英亲率劲骑,向宋军的左翼突击。宋军步兵很快被冲得七零八落,王曮和很多人缒城而上,孟彦卿和赵民彦却死于战场。

向子諲亲自在城上观阵,见此情景,也已后悔莫及。王曮上城以后,跪在向子諲的面前,说:"小将有丧师之罪,请向直阁依军法处置!"向子諲劝慰说:"胜负乃兵家之常,王敦武尚是忠心,可在日后将功补过。"向子諲统计,出城的军兵丧亡了一千多人,只能指挥全城军民,乘城死守。

金军所需的攻城器械不多,攻势并不猛烈,接连在东城攻了六天。刘玠、赵聿之等率领军民用心防守,挫败了敌人的攻势。金军只能改变战术,把进攻的重点转向北城,进攻一天,又不能得手。第七天半夜,金军又从西城冒险攀登,竟侥幸成功。大群金军拥入城里,潭州军民又进行巷战。王曮率乡兵苦守西城的朝宗门,最后战死。刘玠在巷战中身中几十箭,仍然力战而阵亡。赵聿之被敌人包围,大骂金军,最后用剑自刎。唯有向子諲,最后指挥军民从城南南楚门撤出。

潭州城在二月二日陷落。但前后八天战斗,金军支付了重大伤亡,这是完颜拔离速渡江以来,所遭遇的唯一一次坚强抵抗。胜利者接着又进行了四天的抢掠和屠杀。张所所带的两名吏胥,正好是在金军攻城前逃到城里,向子諲得到张所被拘押的消息,却不敢通报徐缨络母子。当金军破城时,徐缨络也执剑参加巷战,战死在家门口。张宗本藏在屋梁之上,躲过了金军的屠戮,得以幸存。他后来得到岳飞的抚恤。

金军接受了潭州之战的教训,从此再也不敢攻城。完颜拔离速和完颜彀英、耶律马五等商议,决定迅速北向撤退。这支原先有两万人的队伍,如今只剩一万多人,他们也不敢多带财物和驱口,只希望早日北归。完颜拔离速率领金军重新渡江,途经荆门军(今属湖北)北上,在四月初方才进入京西北路的汝州地界。

完颜拔离速等人对京西一带的地形还是相当熟悉,在四年前,他们曾随完颜银术可深入京西腹地,进行残酷的破坏。金军这次取道鲁山县城和叶县城之间,进入宝丰县地界,准备渡过汝水,继续北撤。他们在傍晚时分,来到距离汝水不远的一个村庄,名叫宋村。这个聚落已经空无一人。完颜觳英对完颜拔离速说:"儿郎们俱已饥疲,自家们莫须在此憩息一夜,明日再渡汝水。"完颜拔离速说:"会得。"耶律马五却说:"此处地名宋村,以亡宋国号为名,甚是不祥,莫须另择安泊之处?"完颜觳英说:"此又有甚忌讳,我便将它改名金村。"

时值初夏,连续半年多的奔波和征战,金军的将士思归心切,而女真人尤其不耐热,纷纷下马卸甲,准备晚饭。突然间,呐喊声起,数不清的宋朝乡兵,有的持兵刃,有的持农具,向金军袭击。完颜拔离速毕竟是宿将,他连忙麾兵应战,却为时已晚。饥疲的金军被杀得七零八落,溃不成军,四散逃窜。完颜拔离速和完颜觳英只率领近百名合扎亲兵逃命。他们最后收集散亡,还不足五千人,逃回了太原。

耶律马五却没有另外两名金将幸运。他和五十多个合扎亲兵被重重包围,最后只剩下他一个人,耶律马五还是困兽犹斗,他持一把手刀,大喊道:"谁敢与我挑战?"话音刚落,只见乡兵们让开了一条通道,一名宋将,头戴只露双目的铁兜鍪,手执铁杆笔枪,跨着黑马,进入围中,耶律马五抡刀向对方砍去,那名宋将用铁枪架格,却顺手用枪杆的后部把耶律马五打下马来,在一阵喝彩声中,乡兵们把耶律马五活捉。

生擒耶律马五的将领名叫牛皋,字伯远,汝州鲁山县人,今年四十四岁。他原是本地的一名弓手,聚众抗金。权东京留守上官悟就临时辟他为东京留守司同统制。他指挥了这次奇袭,取得全胜,不但杀死了大批敌人,还缴获了丰厚的战利品。战斗结束后,牛皋就在宋村亲自审讯战俘。

耶律马五被乡兵们押进屋里,在三盏油灯之下,才看清了与自己斗将者的真面目。牛皋的脸皮黑里透红,长着一把汉人中少见的虬髯。他连忙下跪,不断叩头说:"男女原是大辽契丹人,如今畏伏虎威,唯愿太尉恕我一死,我愿在太尉军前效力。"牛皋如果知道耶律马五在江西和荆湖的罪恶,肯定不会宽饶,但古代的消息闭塞,却救了耶律马五的一条性命。牛皋听说敌将是契丹人,就动了恻隐之心。他说:"大宋与大辽原是世代兄弟之国，不幸遭金虏侵凌。你如愿在我属下，自当与汉人一体相待，然而你不可存有二心。"耶律马五立即指天画地，说："男女蒙太尉天地之恩，誓愿在太尉麾下效死，岂敢另有贰志！契丹深受番人荼毒，亦恨不能杀尽番人，兴复故国。"

此后，耶律马五在牛皋部下厮混了二十多天，最后在一个下雨的黑夜，匹马逃回太原。他虽然逃了一条性命，却还是受到金人的贬官处罚。完颜粘罕不愿再委派耶律马五到前沿作战，只是命令他在河东留守。但五年之后，耶律马五还是被梁兴的抗金义军所杀，此是后话。

[贰玖]
穷途末路

宋高宗在建炎三年十月八日抵达临安后,不敢住行宫,只是和张才人、吴贵人等住在停泊于浙江的御船里。当时两路金军还都没有渡江,而宋高宗却早已是惊弓之鸟,做了随时逃跑的准备。吕颐浩只得率百僚每天到船上朝拜。御船虽大,已不可能举行朝会,臣僚们只能分批上船礼谒。

十一日,吕颐浩在御船上单独面对,他见到皇帝消瘦的面容,动情地说:"陛下迩来圣容清癯,此由国运艰难,臣愚不才,致使圣虑焦劳。然而陛下须念祖宗与二帝以宗庙、社稷付托之重,稍宽圣怀,以图中兴大业。"宋高宗说:"朕尝夜观天象,见荧惑方位失常。朕沿途已食素二十余日,须俟荧惑复行轨道,方得复用常膳。"荧惑就是火星,古人认为,天上的星象有异,就是预示人间有灾变。宋高宗在御船上魂梦不安,食不甘味,每天祈祷,找来各种占卜方法,尽管都是大吉大利,却一点也没有消减皇帝的恐惧和畏怯心理。张才人、吴贵人等想方设法,劝皇帝强进饮食,也无济于事。

吕颐浩说:"目即尚未有虏人军情,御舟虽大,陛下起居服食,百官朝觐,亦有诸多不便。行宫与御舟近在咫尺,陛下不如暂回行宫。"宋高宗说:"不可,朕只觉在御舟安便。既是军兴时节,凡百礼仪,亦须稍事苟简,比不得太上承平时节。"

吕颐浩见皇帝不听,当然也不敢勉强。他正准备告退,不料宋高宗又提出了新的移跸方案,他说:"吕卿,临安虽有重江之险,亦不可保行朝必无疏虞。朕昨夜取地图观览,不如前去越州。"吕颐浩想了一下,问道:"不知陛下欲于何日启跸?"宋高宗说:"朕已取历日验看,十五日是吉日。"吕颐浩说:"臣谨遵依圣旨。"

十五日,宋高宗的御船起航,一时官吏、军队和眷属们纷纷扰扰。从临安到越州(治今浙江绍兴),有一条横贯越州境内的运河,经萧山县城直抵州城。但由于人数过多,船只不足,一部分人员必须陆行。御前右军都统制张俊讲究舒适,他本人与家眷坐船,而命令心腹统制杨沂中率本军夹河护卫御船一行。冯益也独自安排了一艘座船,满载着家属和财宝,紧随御船之后。两艘船在先后次序上发生争执,冯益现在是宋高宗最宠幸的宦官,竟在船头上大骂张俊:"这厮赤老,原是个贼盗,贼面贼心贼骨头,有甚功德,敢与我争先后?"张俊原来确是强盗出身,现在却是官为节度使,当然无法忍受揭穿自己底细的毒骂,他站立船头,手舞宝剑,大喊道:"那厮贼阉竖,胆敢在太岁头上动土!你作恶多端,天下无人不知,本是漏网底鱼,苗傅与刘正彦未得杀你,待我杀了那厮,为天下除害!"

正在岸上的侍御史赵鼎见到这种情景,就大声喝道:"天下有难,圣上移跸,你们蒙君恩深厚,不思为国排难解纷,却在此恶语叫骂,又成甚底体统?"按古代制度,御史虽然官位不高,却可以纠劾百官,在朝廷上有一种特殊的权威。冯益和张俊的叫骂只能到此收场,各自回船舱。赵鼎连夜上了一份劾奏,但他按照相沿成习的传统,只是弹击宦官,并不指责张俊。

宋高宗的御船夜泊萧山县城下,按照最近的惯例,在晚饭后,由张才人和吴贵人轮流为他念奏疏,今夜轮到了吴贵人。在小皇子病死,潘贤妃彻底失宠以后,吴贵人已逐渐取得与张才人平起平坐的地位。她的这种特殊地位是来之不易的。既然在容貌上无法与张才人比高下,她不能不挖空心思,采取其他办法讨皇帝的喜欢。她知道宋高宗喜欢女子的文才和翰墨,就努力读书,练习书法,近一段时期,她临摹黄庭坚的书法,竟达到惟妙惟肖的地步。宋高宗就是学黄字,吴贵人的字竟可对御书以假乱真。张才人慢慢意识到,吴贵人竟是与自己争宠的对象,两人开始了明争暗斗。但是,凭着张才人的修养,她表面上是决不会露出任何声色。两人愈是争宠激烈,表面上就显得愈加亲睦。

吴贵人先念了张俊的上奏,接着又念了赵鼎的劾奏,当她读到"明受之变,起于内侍,覆车之辙,不可不戒"一句时,宋高宗就命令说:"吴娘子不须再读。"吴贵人应声停止了朗读。宋高宗想试一下两人,就发问说:"依你们底意思,此事当如何措置?"他的目光首先对着张才人,张才人说:"臣妾谨守祖宗之戒,不敢议论外廷底事。然而冯益是内侍,目今官家巡幸东南,全仗大将宣力。张俊在元帅府时,便伏侍官家,又有勤王大功,须教冯益赔礼。"

宋高宗的目光又转向了吴贵人,吴贵人说:"张娘子底意思甚是周全。官家是九重之主,不宜亲自过问,不如请张娘子宣谕张去为,命张去为教冯益赔礼。官家另可宣赐张俊,以示圣恩。"宋高宗对两人的应答都感到满意,而认为吴贵人想得更加周全,说:"张娘子便依朕底旨意,召张去为晓谕。"

翌日清晨,张俊刚吃过早饭,有亲兵报告说:"今有冯大官求见张节使。"张俊虽然在气愤时命幕僚起草奏疏,听说冯益登船,也不敢怠慢,就亲自出迎。两人都脸上堆笑,彼此显得恭敬有礼,在"张节使"和"冯大官"的客套称呼中,化解了新怨。

宋高宗在十七日到达越州,暂住州衙,百官分别寓居州城各处。一月之间,宋廷竟完全得不到金军的确实消息。当时完颜拔离速所率的金军早已渡江,迟缓的奏报竟在二十多天后方才传送到行朝,而杜充又在建康府虚报战绩,说金军犯采石渡和慈湖寨,都已被他部署兵力杀退,予敌人以重创。宋高宗接到杜充的奏报后,立即召见吕颐浩,面露从未有过的喜色,说:"杜充煞是不负朕底委寄,破敌成功,朕今冬可以无忧。可召词臣为朕草诏,具道朕回銮浙西亲自迎敌之意。"吕颐浩也感到鼓舞,他原来就不主张退避越州,一直建请皇帝回銮临安,今天算是得到宋高宗的允准。词臣汪藻进便殿,不一会儿,写就了一道诏书草稿:

　　国家遭金人侵逼,无岁无兵。朕纂承以来,包羞忍耻,卑词厚礼,遣使哀祈,无不曲尽。今诸路之兵聚於江、浙之间,朕不惮亲行,据其要害。如金人尚容朕为汝兵民之主,则朕於事大之礼,敢有不恭!或必用兵,窥我行在,则朕亦何爱一身,不临行阵,以践前言,以保群生。朕已取十一月二十五日移跸,为迎敌计。惟我将士、人民念国家涵养之恩,二圣拘縻之辱,悼杀戮焚残之祸,与其束手待毙,曷若并计合谋,同心戮力,奋励而前,以存家国。

宋高宗十分满意,对汪藻说:"卿词意明白晓畅,深得朕旨,便以此播告中外。"吕颐浩等臣僚在最近几个月来,还是第一次见到皇帝的精神竟如此振奋。皇帝的诏书发表后,却招致一些臣僚的反对,其中以御史中丞范宗尹和侍御史赵鼎反对尤力,他们上奏,强调皇帝决不能去浙西冒险。

尽管如此,十一月二十五日,宋高宗还是履践诺言,启程前往临安府。一行船队夜泊钱清堰时,方才得到马家渡之战的败报。这对于皇帝和宰相吕颐浩,都成了当头棒喝。宋高宗再也不敢延误,立即下令返回越州。翌日,君臣不进城里,就在运河边的长亭里会议,但还是按君臣礼仪,皇帝居中坐着,群臣分立两旁。宋高宗眼球里布满红丝,神情惨淡,他首先说:"朕悔不听朱胜非之言,轻信杜充。如今国家既失大江天险,朕一夜思忖,决计前去明州避敌。"

吕颐浩的精神负担也决不比皇帝轻,特别有两件事,使他深深地后悔:一是不该排除一些臣僚的非议,举荐杜充,二是不该建议皇帝回銮临安。他说:"臣亦是一夜思忖,今有一策,望圣意详度,断在必行。"宋高宗问:"怎生底?"吕颐浩说:"虏人专以马兵取胜。虏人渡得大江与浙江,必是分遣轻骑追袭。如今銮舆一行,皇族、百司、官吏、兵卫底家小甚众,若是陆行山险之路,粮运不给,必至生变。陛下若是乘海舟避敌,虏骑必不能袭我。依江、浙地势,虏人亦不得久留,俟虏人退去,陛下可复还两浙。彼入我出,彼出我入,此亦是兵家底一计。"

宋高宗问道:"众卿又有甚计议?"范宗尹说:"海道虽有风涛之险,然而不去海道,亦别无善策。"其他官员也大都表示赞同,宋高宗最后说:"朕意已决,航海底事,不可不行,卿等速与排办海船。汪藻与朕草制,命范宗尹为参知政事,赵鼎为御史中丞。张俊底军马便留驻越州,任浙东制置使。"这当然是给范宗尹和赵鼎反对去浙西冒险的奖励。宋时江船往往是平底船,而海船则是尖底船,宋高宗原来的御船以及其他舟船都不能入海,必须另换海船。因此,准备海船就成了航海避难的关键问题。张俊听说要把自己留在越州,当然并不乐意,却不便说什么。

十一月二十八日,宋高宗一行冒着大雨,取陆路前往明州(治今浙江宁波)。连日雨路泥淖,给陆行带来很大困难,迟至十二月五日,宋高宗一行才艰难地抵达明州。明州城地处鄞江和馀姚江的交汇处,汇合成大浹江通海,号称三江口,而所属定海县(今浙江镇海)正位于大浹江的入海口。明州城的形状并不规则,宋高宗暂时在子城的州衙居住。宋高宗和张才人、吴贵人等连日在泥泞中跋涉,进入明州城后,方才得以安顿,张去为进入奏禀,说:"吕相公教小底奏禀,如今已募得闽、广大海舶二百余艘,足供官家与行朝百僚航海之用。"这个消息成为宋高宗的天大喜讯,他脸上露出了微笑,说:"可嘉赏沿海有功官员。"

吕颐浩和新任参知政事范宗尹不得不用主要的精力从事航海的筹划。他们粗略地估算一下,一支二百四十艘的船队,大约可以满载三万人,而皇帝从行的卫兵、吏胥家眷还不可能全数登船航海。于是下了一道命令,规定每条船可以载卫兵六十人,另外再加两个家属,而其余的家属只能留在明州。这道命令当然引起卫兵们的极端不满。

八日早朝时,吕颐浩骑马来到行宫外,正遇以张宝为首的一百多名卫兵拦阻去路,张宝上前作揖说:"恭闻得相公们计议,欲将自家们底老小半数登船,半数留于明州城。然而自家们上有父、母,下有妻、子,又不知何人追随官家,何人留于明州? 自家们便是随官家远去,亦是牵肠挂肚,不得安心护卫。"吕颐浩一面下马,一面说:"海船不足,装载不得你们全家老小,此事须你们自行安排。目即第一紧切底大事,便是护卫圣驾,你们底家事须自行处分。"

有一名卫兵不服,说:"吕相公,你底老小是否亦是半数留于明州?"吕颐浩听后,十分恼火,他说:"你们班直平日教阅,十箭之中,又有甚人竟是二箭中贴? 如今国家危难,行伍之中又有甚人不顾家小性命,为社稷死战?"

他的话更加激怒了众卫兵,几个人同时喊道:"官家与相公乘船欲去哪里? 若是老小不得全数登船,自家们便不登船。"其中有两人竟举刀威胁说:"吕相公莫是待吃刀?"在纷扰和混乱之中,范宗尹上前,拉着吕颐浩的衣裾进入行宫殿门,他边走边说:"此岂是口舌相争底事!"

行宫殿门关闭了,众卫兵在外依旧吵吵嚷嚷。不一会儿,殿门重新打开,张去为手捧宋高宗的御笔,走了出来,他当众宣读宋高宗的手诏说:

朕以寡昧之资,履艰难之运,巡狩东南,唯以保国安民为念。众卫士朝夕侍朕,雨途泥潦,不胜其苦,朕心不忘。朕岂得自求便安,先事苟生,而忍置众卫士家小于不顾。朕已命宰执大臣从长措置,务使惠泽均布。

众卫兵听后,立即山呼万岁而散去。张去为宣读御笔,正是宋高宗与宰执在便殿密谋策划的一项应急欺骗措施。宋高宗得知卫兵闹事的消息,首先说:"人情纷纷,不欲入海,朕缓急之际,岂可如二圣居守,不避虏人兵锋,坐贻大祸!卫士辈沮止大事,逼胁宰臣,便是厉阶,若不能及时讨捕,又何以立国?"范宗尹说:"恭请陛下先下御笔,抚谕卫士,然后计议后事。"吕颐浩和另一参知政事王绹马上抬着一张御案,放置在皇帝御榻之前,吕颐浩为皇帝磨墨,宋高宗略为想了一下,就写下了这份教张去为出外宣读的手诏。

张去为走后,宋高宗又对吕颐浩说:"朕今夜伏甲士五百人于后苑,卿可去辛永宗御营中军勾抽。明日早朝时,卿等可率军伍到行宫,里应外合,一举擒杀。"吕颐浩说:"臣恭依圣旨!然而事关重大,须置陛下与六宫于万安之地,臣以为须有一名近上内侍随臣出宫,与臣同共措置。"宋高宗吩咐冯益说:"你可随大臣出宫。"他又和宰执们商量了一些细节,宰执们当即退殿。

吕颐浩秘密召来了御营司中军统制辛永宗和自己的亲军将、武义郎姚端,向他们宣布皇帝的命令。辛永宗说:"诸班直卫士唯有一千人,本军两千余人,另加姚武义军一千人,足以讨灭,然而投鼠忌器,须力保圣上平安。"吕颐浩说:"你可率精兵五百,今夜便随冯大官进入后苑埋伏,相机行事。其余一千五百余人由我亲统,明日早朝时出战。"冯益当夜就带着辛永宗的五百人,秘密进入行宫的后苑。其实,明州州衙的后花园不大,无法全部容纳五百人,辛永宗和冯益只能分拨一半人进入埋伏,另一半人暂时驻在后苑外。辛永宗察看地势,见假山上有一个小亭,正好是整个行宫的制高点,就对冯益说:"冯大官,你恭请圣上到此亭,可保万全。"

冯益进入行宫。宋高宗退殿以后,就马上擐甲,他只与张才人、吴贵人秘密商量。三人当夜不敢睡觉,在寝殿等候天明。吴贵人说:"此地不是官家安泊处,请张娘子护送官家去后苑,臣妾须在此留守,以便随机应变,免得卫士们生疑。"张才人已经完全明白吴贵人的心机,就说:"只待冯益入来,官家方得去后苑。吴娘子年幼,须伏侍官家去后苑,臣妾年长,当在此留守。"两人用这种特殊的方式争宠,其实谁都希望对方留下,自己去安全所在。

宋高宗想了一下,说:"此处须是留吴娘子,张娘子随朕去后苑。"他当然愿意带一个容貌漂亮的女子先去安全处所。张才人心中暗喜,而表面上却颦眉蹙额,说:"官家,使不得!"皇帝的决定其实也在吴贵人的意料之中,吴贵人心中不免更加嫉恨张才人,但表面上还是强颜欢笑,说:"官家处分极是得宜!"

冯益在半夜进入,向皇帝低声跪奏,说:"小底遵旨,已了得紧切事宜,如今辛统制亲至后苑伏兵,恭请官家前去,可保圣躬安全。"宋高宗高兴地说:"你们底计议甚好!朕亦是决计连夜去后苑。"吴贵人眼看张才人要随皇帝出发,内心真有说不尽的辛酸,但表面上却兴奋地说:"此亦是天佑官家,请官家速行!"宋高宗此时反而有点依依不舍,他执着吴贵人的手说:"吴娘子放心,朕去得后苑,便匀抽兵甲,前来护卫娘子!"吴贵人有了皇帝的保证,紧张的心情才稍为松弛,她更是乘机卖乖,说:"官家若得安全,臣妾又何惧粉身碎骨!"

宋高宗和张才人此时已经改换了宦官的装束,他们随冯益前去后苑,登上假山的小亭,辛永宗就在亭外等候。宋高宗和张才人进入小亭,心神才略为安定。辛永宗跪奏说:"吕相公在外已是措置了毕,陛下到此亭中,必是安全!"宋高宗说:"卿此回讨捕得众卫士,便是大功!朕心不忘。"他和张才人当即脱下外罩的宦官衣装,张才人还戴上盖头。宋高宗吩咐冯益说:"你可选八名军兵,径入寝殿,护卫吴娘子。事成之后,另有重赏。"冯益马上挑选了辛永宗部下八名军士,改换了宦官装束,前去寝殿。

不料宋高宗刚离开,就有张宝和另一名卫兵来到寝殿外,强求宫女通报,说有紧急事,必须马上求见皇帝。吴贵人万般无奈,决定亲自出见,两名卫兵向她长揖,吴贵人低声而严肃地说:"官家处置军国大事辛劳,夜半方寝。你们身为卫士,尤须体恤,如何可夜半惊扰?"张宝说:"男女们只为老小安置底事,须面奏官家。"吴贵人说:"此事官家已有处分,明日便见分晓。你们底老小不得安存,官家又怎生教你们护卫?"张宝说:"既是恁地,男女恭谢圣恩,恭谢吴娘子!"说完,就和另一卫兵走开了。冯益带着八名军兵来到寝殿后,吴贵人才安下了一颗忐忑的心。她戴上盖头,吩咐八名军兵就在寝殿里埋伏。

　　天明以后,卫兵们纷纷在行宫前集合,正准备早朝仪式。不料姚端率领军兵突入,向卫兵发动攻击,在后苑埋伏的辛永宗所部也乘机腹背夹攻。当时军兵一般都穿绯红色军服,唯独充当皇帝宿卫的诸班直都穿紫色军服,敌对双方就易于辨认。猝不及防的卫兵们根本无法组织有效抵抗,有的被杀,有的被俘,有的爬屋跳墙而逃。乱成一团。宋高宗亲自在假山上督战,见到有两个卫兵艰难地攀登到屋顶,就弯弓连发两箭,两人应弓声而发出嚎叫,滚落地下,当即被军兵们活捉。张才人啧啧称赞说:"官家怎地好箭法!好箭法!"宋高宗一时也得意忘形,说:"朕自幼便喜习弓马,人称有百步穿杨之技。区区卫士,平日疏于教阅,今日朕躬亲诛讨,岂有不灭之理!"

　　战斗在当天上午结束,几百名俘虏,由吕颐浩在都堂亲自审讯,他下令将张宝等十七人在明州闹市处斩,其余的人降为下等军兵,分拨到明州、越州等地的军队之中。

　　十二月十四日夜,传来了敌骑逼近临安的消息,宋高宗立即决定在第二天前去定海县。十五日,宋高宗冒雨骑马离开行宫,出明州城东的东渡门,登上早已准备好的一艘最大的楼船。宰执们也依次登上海船。自从讨平卫兵的变乱之后,宋高宗特别把辛永宗所部由御营中军改名御前中军,与姚端所部,共有三千军兵,作为皇帝的护卫,又将辛永宗的哥哥、御营司都统制辛企宗从越州召来,统一指挥这两支军队。至于行朝百司的很多品级较低的官员和吏胥,则就地遣散,让他们到浙东各州县,自找生路。

　　船队停泊大浃江边,准备前往定海县。当夜,就在皇帝的御船上举行简单的晚朝仪式,参加仪式的仅有宰相、执政和其他重要官员,共十多人。在明荧的烛光下,宋高宗正坐,听到这十多名臣僚山呼万岁,却又夹杂着船外的雨声,他的内心突然感到一种难以形容的辛酸。自古帝王播迁的记录,史不绝书,但贵为万乘之主,需要航海漂泊,则是破天荒的事。宋高宗鼻子一酸,几乎落下泪来,然而他又很快意识到,在这种特殊场合,尤其需要强打精神,不能降低九重之主的尊严。范宗尹还是颇能从宋高宗表情的细微变化中,体察皇帝的心理。他站在班列中说:"陛下有此大楼船,虏人纵有百万马军,亦必不能追袭。"宋高宗也笑着说:"惟断乃成,朕决计戡平卫士之变,与众卿登海舟,此便是当断则断,大宋社稷可保无虞。"

十六日,宋高宗刚起床,张去为就进入寝阁奏禀:"张俊率御前右军到江岸,言道临安已是失陷,他有紧切事宜,恭请面对。"宋高宗感到形势危急,应当立即起航,他不愿再召见张俊,以免延误时间,就说:"他必是求海舟,与朕同行,然而目即海舟已无多余,又如何载得他一万二千人马?"他匆匆写了一份手诏,交付给张去为,说:"你可宣谕张俊,命他留明州抗击虏人,若是捍敌成功,朕不吝重赏。你传宣与吕相公,下令船队急速启碇,不得有顷刻住滞。"

宋时舟船的停泊还不用铁锚,而是用石碇。宋高宗一行的船队很快就起碇开航。这是一个雨后的严冬,天色阴沉,寒风劲吹,更增添了逃难的黯淡气氛。船上的官员与岸上的送行官员互相道别,个个情绪消沉,面无人色,因为登船者不免担心前途的大风恶浪,而留守者更是害怕金人的刀兵灾厄。其中情绪最坏的,莫过于张俊。他本来就不想留守越州,在得到临安陷落的急报后,就命令杨沂中率大军向明州撤退,而自己带领田师中等百余骑,还有家眷,飞奔明州,原是指望登上海船,随皇帝逃难,结果却是竹篮提水一场空。他在接到皇帝的手诏后,还只能言不由衷、慷慨激昂地向张去为表示:"请张大官转奏圣上,微臣当不惜性命,誓在明州与虏人决一死战,以报圣上隆恩!"

十七日,宋高宗的船队就在大浃江入海口下碇,不进定海县城。吕颐浩等十多名官员登上御船,进行简单的早朝仪式后,吕颐浩口奏说:"闻得有虏人使者前来行朝,臣愚以为,虏骑追逼至此,尚有何说,不如将他们逐回。"宋高宗不等其他臣僚发表意见,马上回答说:"不可,既是事急势迫,便尤须开一线路。"

范宗尹说:"臣愚以为,虏使若是来此,知得朝廷动静,气焰必是愈益嚣张。"宋高宗经范宗尹提醒,也感到不能让金使前来自己的御船,以免暴露行朝的狼狈相,就说:"卿可急速前去明州城,礼待虏使,唯求保全得社稷,朕不惮纳贡称臣。"

吕颐浩说:"虏人既已渡江,必是索取江南地土。若是依允江南地土,陛下又何以立国?"宋高宗一时张口结舌。他想了一下,又对范宗尹说:"卿可与赵鼎同去,先行缓兵之计,若得迁延时日,亦是大功。"范宗尹和赵鼎离开御船,立即骑马返回明州城。宋高宗却等不得他们回报,扬帆出海,船队在十九日停泊昌国县。昌国县就是现在的舟山群岛。

范宗尹和赵鼎骑马急驰,到达明州城里,听说金使将到,又马不停蹄出城西望京门迎候。三名辫发左衽的人与十多名越州的吏卒骑马而来,见到范宗尹和赵鼎,就下马跪拜,大哭一场,原来这三人不是金使,而是奉命出使的随从官吏,为首的是文官卢伸,他们被金人强迫剃头之后,携带劝降的书信回朝。弄得范宗尹和赵鼎哭笑不得,只能对卢伸等人劝慰一番。范宗尹当场拆开完颜兀术的书信,满篇语言侮慢,简直难以卒读。他叹了口气,说:"早知恁地,自家们何须复来明州!"又把书信交付赵鼎。

范宗尹和赵鼎并马返回州衙。两人在御史台算得上是亲密同僚,这次又是在危难时刻一起升官。范宗尹今年三十二岁,比赵鼎还小十三岁,在正常情况下可算是年少得志,平步青云。然而在天涯海角狼狈逃难之际,这个副相心理负担之重,是可想而知的。前面说过,赵鼎是个相当自负的人,他的内心其实并不是很瞧得起范宗尹,而更瞧不起吕颐浩。但当今的困境,使这个以宰执大器自命的人一筹莫展,唯有唉声叹气。两人久久无语,回到州衙后,才喘息略定。他们坐下稍事休息,吏胥献茶,范宗尹称呼赵鼎的表字发问:"元镇,你以为当怎生回奏?"赵鼎感叹说:"若是虏人依允划江为界,尚是万幸,如今却是划江而不可得,尚有何说!吕相公并非大器,献此下策,直是穷途末路,却又不得不依。"

范宗尹发现对方的心态比自己更加悲观,就劝慰说:"常言道,天道循环,否极则泰来。愚意以为,四太子底谩书不如焚了,以免流传在外,摧折士气。"赵鼎说:"会得。"他当场取出书信,范宗尹就把书信投入屋内的一个木炭暖炉里。范宗尹召来了张俊和新授任的明州知州刘洪道,指示要坚守州城,就连夜返回定海。由于皇帝的大批船只已经出海,唯有两人共用的一艘座船还在入海口倚岸等候,范宗尹和赵鼎赶紧上船,吩咐起碇出海,追赶皇帝的大船队。

从定海到昌国的海途不长,但是,孤舟独航,又更增加了赵鼎和范宗尹的愁闷,赵鼎在极端苦恼之中,饮酒三杯,望着范宗尹,吟诗两句:

画江为界岂非梦,塞北风云接地阴。

范宗尹也续诗两句:

四海已无容足地,百年空抱济时心。

吟毕,两人竟抱头恸哭起来。

[叁零]
怒海惊魂

完颜兀术的大军自从占领建康府后,长驱直入,南侵临安府,几乎没有遇到什么抵抗。十二月十一日,金军前锋万夫长乌延蒲卢浑所部,直逼临安城西北馀杭门和钱塘门外,却遭遇乡兵两千,列阵抵抗。这支队伍由从八品文官从政郎、钱塘县令朱跸指挥,他临时选拔两名弓手祝威和金胜作为副手。朱跸甚至没有一匹马,本人也站在步战行列,乡兵全部是纸甲、竹枪、竹弓、竹盾、手刀之类装备,而作战却出乎意外的顽强,不知打退了金军骑兵多少次冲锋。乌延蒲卢浑只能在傍晚退兵。第二天,万夫长斜卯阿里奉完颜兀术的命令,率军增援,又被朱跸的队伍杀退。

经过两天的战斗,朱跸所率的乡兵已不足一千人。他当晚率领队伍退入钱塘门内休息。当时知府康允之已弃城而逃,有文官直显谟阁刘诲被军民临时推举,权知府事。刘诲感到束手无策,他听说朱跸率领乡兵接连两天杀退敌人,就亲自到钱塘门慰问。朱跸的臀部也中了一箭,正在城楼拔去箭镞敷药。

刘诲也颇受感动,说:"朱从政横挑强虏,英勇杀敌,教下官钦敬。"朱跸说:"下官早曾与康知府说,虏人不足畏,而守臣不敢拒虏人凶锋,却是深可畏。"刘诲说:"如今康知府避虏,逃奔昌化县,城中人心惶惶。朱从政虽是胆气豪壮,而'小敌之坚',岂非是'大敌之擒'。"朱跸听他引用《孙子兵法》,就说:"下官是文士,不知兵法,亦不知死生祸福,唯知与城池共存亡!若是刘直阁决计与全城百姓抗虏,纵不能杀退虏人,亦得青史留名。"刘诲皱着眉头,无话可说。

十四日，有吏胥报告刘海说："虏人遣使，今在馀杭门下，言道愿见刘直阁。"刘海亲赴馀杭门，登上城楼，只见城门外只有一人一马，此人削发左衽，见到刘海，就喊他的表字说："韬光，你可识认得故人？"刘海到此方才看清，来使正是前和州知州李俦，他喊对方表字说："叔友，你辫发左衽，又怎生见我？"李俦在城下号啕大哭，说："我亦是逼于虏人凶锋，万不得已。"

刘海命令吏胥放李俦入城，两人就在城楼上叙话。李俦依旧流泪不止，他用哭声说："四太子命我传语，若是依旧抵拒，城破之日，必是玉石俱焚。"刘海说："你是自家底故交，实不相瞒，主上已去得明州，康知府又逃奔属县，城中委是无兵与虏人大军相抗。唯求四太子哀怜，大军不进城池，全城百姓自当感戴四太子底大恩大德。"李俦说："我当为韬光传语，切恐四太子不进城池，便不得善罢甘休。韬光尚须好自为之。"刘海说："我亦是别无计议，若是四太子来，我自当出城，哀求于马前。"刘海下令，放李俦出城。

十五日早晨，刘海起床，还未梳洗，忽然听到外面人声鼎沸。他正待询问吏胥，已有一群军士手执兵刃，突入内室，为首的大喊："刘直阁，你原来欲私通虏人，充卖国牙郎。"刘海见其气势汹汹，连忙辩解说："我只图保全百姓，岂是私通虏人。"有人说："李俦既已投拜虏人，你与他叙旧，岂非是有投拜之意？"刘海再想分辩，一人执剑上前，将他刺死。军士们虽然杀死刘海，而城里一时群龙无首。

完颜兀术得到李俦的回报，就在十五日对临安发起总攻，万夫长韩常一军首先突入城东北的艮山门，城里的军民只有个别的、分散的抵抗，整座城池就在当天陷落。但朱跸率领钱塘县的乡兵，还是在钱塘门外，与万夫长乌古论少主所部的金军激战。朱跸胸脯中箭，受了重伤，倒在地上。金胜上前，将他扶起。朱跸呼吸艰难，却命令金胜说："速与我拔箭敷药！"金胜说："虏人底箭镞极长，男女不敢胡做。"朱跸艰难地说："此时不拔，更待何时！"金胜只得忍心咬牙，用力把箭拔出，箭镞上却沾带着血肉，痛得朱跸几乎昏厥过去。敷药以后，朱跸要金胜背负着自己，继续指挥作战。

这支队伍剩下了近六百人，退到天竺山。金胜把朱跸轻放在地上，自己的背部绵服也沾上大片朱跸的鲜血。朱跸的呼吸愈来愈急促,他用尽最后的气力说:"我自知顷刻间便须与世长辞。只恨我大宋文武,世受国恩,唯知临难苟免……"言犹未了,就咽气身亡。祝威、金胜与众乡兵大哭一场。他们草草埋殡了朱跸的尸身,就整军出山,继续战斗。

祝威和金胜率领乡兵据守葛岭。金军骑兵发动冲击,不料山路上竟是无数陷阱,上面用细竹和泥土覆盖。骑兵们一批又一批地踣仆,乱成一团。乡兵们乘机挥舞刀枪砍刺,使金军蒙受重创。天色已晚,乌古论少主只得带兵退回城里。

完颜兀术已经进驻城南的行宫,他坐在宋高宗的后殿,殿上却一时没有蜡烛,只是由合扎亲兵执着火把。乌古论少主进入后殿,行女真跪礼,吞吞吐吐地报告在葛岭遭受伏击。完颜兀术大怒,高声怒吼道:"我自渡江以来,战无不胜,攻无不克,你却是挫伤自家底兵威!"他上前把乌古论少主踢倒在地,命令合扎亲兵取来一条树枝,在乌古论少主的背上猛抽了五十下。

十六日,完颜兀术亲自带兵出城,进攻葛岭。他吩咐万夫长王伯龙以汉人步兵冲锋,结果汉兵们仍然大批跌落陷阱,被宋朝乡兵杀退。韩常向完颜兀术建议:"此处不可强攻,不如绕道山南。"完颜兀术说:"你可率本军绕道山南。"王伯龙率本军依旧在葛岭北麓佯攻,韩常军绕到南麓,终于冲上山巅。祝威和金胜带领乡兵们作最后的抵抗,全部壮烈战殁。

完颜兀术命令万夫长完颜讹鲁补和另一名金将裴满术列速统兵进逼越州。东京副留守郭仲荀逃到南方以后,宋廷又命他担任两浙宣抚副使,与越州知州、兼两浙东路安抚使李邺共守越州。郭仲荀乘海船逃遁,李邺派兵沿途阻击三阵,最后在十二月二十四日出城投降。完颜讹鲁补和裴满术列速其实没有多少斗志。他们只是派一个千夫长奥屯琶八留守,并不分兵进攻越州的各个属县,就急于带领本军,撤回临安。

这支金军只走了小半路程,又遇到了斜卯阿里和乌延蒲卢浑两名万夫长的队伍,原来两人奉命增援,并且要求他们共同进兵明州,活捉宋高宗。完颜讹鲁补和裴满术列速也只能随斜卯阿里和乌延蒲卢浑一起回越州城。

他们进入越州城,来到子城的州衙前下马,奥屯琶八和李邺连忙出迎,奥屯琶八对四名长官解释说:"我正在案问一个康王底合扎。"原来在完颜讹鲁补和裴满术列速离开以后,奥屯琶八命李邺陪他巡视城内。他们走出子城东镇东军门不远,突然在路边飞来一块大石,奥屯琶八赶紧躲避,这块大石正中身边一名金兵的头部。这名兵士尽管头戴厚重的铁兜鍪,由于石块的撞击力很重,当场落马昏厥。金军一拥而上,把那个投石者抓住,押到州衙,而那名昏厥的金兵竟很快断气。经过审讯,这名投石者原是一名诸班直的卫兵,名叫唐琦,因为最近得病,被留在越州,没有随宋高宗去明州。奥屯琶八按女真人的习惯,称宋宫诸班直为合扎。

斜卯阿里等亲自到堂上,参加审问,只见那个全身被捆绑的人,身形高大,傲岸不屈,站立堂前,身上窄袖紧身的绵袍已经撕烂,脸部和颈部有十多道被鞭扑的血痕。乌延蒲卢浑对唐琦根本不感兴趣,他感兴趣的是活捉宋高宗,他通过通事问道:"你知得康王在甚处?"唐琦回答说:"大宋官家巡视东南,行于所当行,止于所当止。"

奥屯琶八说:"李邺是知州,尚知逆顺,以越州投拜大金,你竟敢执迷不悟!"唐琦说:"李邺身为宋臣,不知尽忠,我恨不得杀了那厮!"他又转向李邺骂道:"我月给只是一石五斗米,而不忍背叛赵氏官家,宁为赵氏鬼。你享国厚恩,却是甘心降虏,不得齿于人类!"李邺恼羞成怒,却不便说话,奥屯琶八感叹说:"你亦是丈夫汉,若是赵氏底臣僚人人如你,又何至于国破家亡。"他身为千夫长,只能望了望完颜讹鲁补,示意请他处分。完颜讹鲁补下令说:"洼勃辣骇!"奥屯琶八就举起一条木棍,向唐琦头部猛击。

斜卯阿里等当即部署向明州进兵。金军向来善于发挥骑兵的机动性,而严冬又本是他们活跃善战的时节,然而渡江以来,却愈来愈苦于水土不服,不但病员大量增加,军马也大批倒毙。金军喜欢北方的雪,却害怕南方的雨,在潮湿的天气、泥泞的道路中跋涉,感到苦不堪言。自从金军占领建康府后,他们的进兵速度在不断地减慢。

金军来到越州与明州交界的馀姚县。馀姚知县李颖士和把隘官陈彦率领几千乡兵,在县城以东多插旗帜,布置疑兵。金军前哨部队三个猛安的兵力轮流进行试探,都被他们击退。斜卯阿里等顿兵一天之后,发现宋军已经撤退,方才进入馀姚县城,城里的坊郭户已全部撤离,只剩下一座空城。

张俊被迫率本军驻守明州城。他召集众统制、统领和将官们会议,当众宣读了宋高宗的手诏,说:"此回若不能杀虏人一阵,切恐难以面对圣上复命。你们有甚计议?"田师中说:"既是据城抗敌,便须坚壁清野。可分兵于环城三十里内,焚荡屋宇,收集粮食。"众将立即应声附和。原来张俊军进驻明州城后,就大肆掳掠,但州城里的坊郭户已所剩不多,很难满足官兵们的贪欲。田师中想出坚壁清野的借口,自然得到众将的欢迎。于是御前右军各部马上出城,对各处乡村户恣行奸淫焚掠。

田师中抢来几件珍宝,又专门奉送张俊,张俊十分高兴,说:"此亦足见你孝顺!"田师中说:"阿爹,另有一事,儿子当众将之面不得说。"张俊说:"且道来!"田师中说:"此回主上严命,自家们不可不杀一阵,然而明州城亦不得久驻,与虏人亦不可久战。"张俊说:"此言正合我意,然而不得泄漏,须见机理会。"

明州知州刘洪道原是御营使司参议官,上任不过十多天,他带着本州禁兵、厢兵和民夫加紧修城。他几次找张俊议事,部署城防,说:"闻得越州已是不守,虏兵朝夕必至。如今主上航海,自家们亦委是退无可退。明州城周十八里,号称三江之险,易守难攻。如今既有张节使底一万二千重兵,另加州兵、乡兵等,足可把截。"张俊的好处是在公开场合,从不表露心机,也不说泄气话,他说:"自家们受圣上皇恩深重,既已到此,亦唯有与虏人血战,有进无退!"刘洪道得到张俊的几次表白,就相当放心,他强调说:"明州底州兵与乡兵军力单寡,欲防拓得州城,尚须仰仗张节使底重兵。"张俊说:"然而把截州城,亦须自家们同心协力。"刘洪道说:"下官自当全力以赴,协助张节使。"

金军占领馀姚县城后,由裴满术列速带兵驻守,而斜卯阿里等三名万夫长统兵杀奔明州,他们探听到州城有守备。就先在城西广德湖南岸的村舍扎寨。十二月二十九日正是建炎三年岁除,金军一猛安兵力进抵明州城西望京门一带挑战。张俊和刘洪道坐在城楼,发现敌军竟多半是步兵,骑兵很少。张俊命令统制刘宝率两千人出战。两军稍一接触,刘宝军立即溃退,在自相践踏之中,正将党用和副将丘横死于乱军。宋军纷纷沿城西南逃窜,金军却按兵不动,并不进逼。

杨沂中见到这种情势,对张俊说:"虏人唯是些少军力,前来试探虚实,自家们若不能胜,又何以立我军威?我愿出战,剿杀虏人。"刘洪道听后,连忙向杨沂中敬一盏酒,说:"杨统制是壮士,请满饮此盏得胜酒!我亦当遣州兵助阵。"

杨沂中带兵三千出望京门,刘洪道也派兵一千,由望京门的水门乘船出城,沿着去广德湖的水道航行,然后登南岸陆战。金军在两支宋军的夹攻之下,很快溃退,遗弃了好几十具尸体。按照斫首级报功的惯例,军兵们纷纷提了辫发的人头回城,张俊和刘洪道统计一下,共计有五十八级,却没有一个耳戴金银环的女真人首级。原来这一猛安军队只是金军用于试探敌情的其他各民族杂牌军。这使张俊感到失望,他原指望得到几个女真人的带环首级,就可以赶回行朝报功,敷衍塞责。张俊一面向行朝虚报战绩,一面又下令全城除夕庆功。

金军败退后不久,又来了十多骑马,挟持一个宋朝降官,大喊着要城里出人谈判。张俊和刘洪道商议,决定派一名吏胥和二十名兵士出城。那名宋朝降官不是别人,正是在本书第一卷中已经提到的秦桧的亲戚郑亿年。郑亿年躲避兵祸,辗转逃到江南,藏身在一个山中的小寺,不料竟被金军搜捉。郑亿年曾学过女真的语言和文字,他被俘后,就用女真话向金人自报身份,请求投拜,因而颇得金人喜欢,任用为通事。

郑亿年此时已经改换了女真发型和服饰,他见到宋方的来人,就先通报本人的姓名说:"我便是显谟阁直学士、提举建隆观郑亿年,今已投拜大金。大金军马无敌于天下,四太子统大兵南下,犹如滚汤泼雪,顺者昌,逆者亡。今有四太子麾下阿里孛堇、蒲卢浑孛堇、讹鲁补孛堇统兵来此,你们若得投拜,便可恕一城老小性命。"那名吏胥说:"自家奉张节使与刘知州之命,唯是劝大金收兵北归,不晓得投拜事节。"

郑亿年问道:"康王莫是在城里?"吏胥据实回答:"官家已是去昌国县,若是大金军马侵逼,官家近则巡幸温州,远则巡幸福州。"郑亿年认为这是最重要的情报,又重复了一些劝降的话,就拨转马头,返回金人营寨。

建炎四年正月初一下雨,金军并无动静。二日,斜卯阿里和乌延蒲卢浑留完颜讹鲁补一军守寨,率领本部军马向明州城进发。当天刮着猛烈的西风,张俊和刘洪道依旧坐镇望京门城楼。杨沂中对两人说:"虏人唯是以骑射取胜,然而此回却多是步军,便不足畏惧。我愿再次出城挑战。"张俊说:"此回虏人兵多,不可轻敌。可待虏人兵疲意沮,然后用兵。"

杨沂中所说的确是事实,由于战马大批倒毙,连许多女真兵也无马可骑,还须披戴沉重的铠甲行军。金军距离护城河不远,斜卯阿里和乌延蒲卢浑命令汉兵、渤海兵、契丹兵、奚兵等建造炮具,准备攻城。这一带的地势在雨后特别低洼泥泞,给金军的行动带来很大困难。正在纷纷扰扰的时候,杨沂中乘机带兵出战,而刘洪道也再次派遣州兵从水门乘船而出,登岸作战。疲惫的金军到此已成强弩之末,很快败退。很多女真兵陷身在泥泞的田间,只能丢弃重甲逃命。宋军本可乘胜追击,大量杀伤敌人,但张俊有自己的盘算,下令收兵。战后按首级统计,总算在几百个人头中挑选出二具带环首级,张俊感到十分高兴。斜卯阿里和乌延蒲卢浑逃回大寨,会合完颜讹鲁补一军,连夜退回馀姚县。

张俊上报战功之后,又在明州呆了几天。他接到探报,说金军在馀姚县打造攻城器械,而临安又有援军前来,就不敢再在明州停留。他对刘洪道说:"圣上有旨,命我前往台州扈从。我当即日统兵离城。自家们已杀得虏人两阵,料得虏人必不敢轻犯明州,刘知州且在此固守,以待朝命。"刘洪道明知张俊假造圣旨,却不便揭穿,说:"张节使,明州城底安危存亡,实系于张节使底大军。自家不敢违抗圣命,唯是求张节使且在此稍留时日,待虏人大军前来,再杀得一阵,方可保全城池无虞。"张俊急于逃离,正是害怕金人大军前来报复,他说:"圣上召我,我岂得在此滞留。"他不理睬刘洪道的劝说,率领御前右军,在八日撤离城池。

刘洪道一夜没有合眼,他想来想去,决定如法炮制,下令州兵收拾库藏,准备逃跑。他骑马在城里巡视,有一书生率领几十个市民,拦阻在马前,对刘洪道说:"张节使底大兵已是离城,全州军民底身家性命,系于刘知州一身,唯有并力捍御虏人,方保得一方平安。"刘洪道感到尴尬,他说:"我有克敌之计,你们自可无忧。"

刘洪道害怕州城里的坊郭户再次挽留,就更换衣装,在十三日夜带兵出城东灵桥门,通过鄞江上的灵桥,逃往天童山。这支队伍担心坊郭户们追赶和挽留,干脆把灵桥上的木板拆除。城里很快传遍了知州逃跑的消息,于是很多坊郭户都扶老携幼,逃出城去。鄞江渡船稀少,很多人只能攀缘灵桥的木架或跨江的粗麻绳逃跑,沉江溺死者达数千人。明州城里的坊郭户所剩无几,但还有守城的厢军和不少乘乱行凶的恶少年,他们推举了一名监守甲仗库和酒库的小武官李木为首领。

十四日,完颜兀术增派的万夫长完颜当海一军,与斜卯阿里等军重新进兵明州城。金军驱掳当地的老弱妇女为他们搬运土、木、瓦砾之类,开始在明州城望京门下填塞护城河。十五日,金军在望京门下设置炮架。十六日,金军向城上抛射炮石,打碎城楼,乘机攻入望京门。城里残存的军民逃出城东南,有的抱着木头浮江而走,有的竟淹死在鄞江。金军为报复前一次的失败,不但在州城里屠城,还派兵四出,到处搜索抢掠,逢人就杀。一个有条件坚守的明州,惨遭着本可避免的血与火的洗劫。

按照完颜兀术的命令,完颜当海一军驻守明州,而斜卯阿里、乌延蒲卢浑和完颜讹鲁补三军又进据定海县。金军抢到五十艘海船,就准备渡海前往昌国县,追捕宋高宗。完颜讹鲁补对渡海作战全无信心,他说:"大金虽亦是东有大海,而未曾乘船渡海。闻得南人颇习水战,切恐未得轻举。"斜卯阿里说:"康王今在昌国县,唯是一海之隔。四太子有令,必须追捉康王,以成全功,岂得违令。"乌延蒲卢浑说:"你且在此驻守,且看自家们擒取康王。"

斜卯阿里和乌延蒲卢浑胆气颇壮,他们选拔了四千精兵,抓住一些沿海船民充向导和水手,仍然由郑亿年充当通事,乘船进发昌国县。斜卯阿里和乌延蒲卢浑乘坐一艘最大的海船,这些女真人还是初次上海船,见到船上的一些设备,不免感到新鲜。斜卯阿里见到有一个木盘,其中盛水,水上浮着一根针,问道:"此是甚底物事?"郑亿年也不懂,问了水手以后,才向斜卯阿里介绍说:"此名指南针,风雨晦冥时,唯藉指南针,以辨南北。"乌延蒲卢浑指着船上的水柜说:"大海底水,取之不竭,此处何以贮水。"郑亿年解释说:"海水咸苦,不得饮用,自须广蓄甘泉。"

船队扬帆出海,虽然海上只是微风细浪,不少金军将士还是晕船,好在船只不久就平稳地靠岸。金军登陆昌国县,方知宋高宗一行早已逃离,而海岛上也并无宋军。斜卯阿里与乌延蒲卢浑商量说:"既已到此,须是一不做,二不休。"乌延蒲卢浑说:"自家亦是此意,康王便是逃往天涯海角,自家们亦须穷追不舍。"郑亿年面有难色,他对两名金军万夫长说:"闻得南方有碣头海角,最是风浪险恶之处。自家们莫须回船定海,然后陆行追捉康王。"斜卯阿里发怒说:"我待做,便须做,你只须听我安排。"吓得郑亿年不敢再说,心里只是暗自叫苦。

他们来不及在昌国县岛上烧杀掳掠,就急于重新入海。不少晕船的将士登岸之后,身体状况略有好转,又被驱赶下船。金军的船队向南行驶,不久就到达明州突出的半岛碣头一带海面。郑亿年和水手们见到风浪不大,都以手加额,表示庆幸。不料才过了碣头海面,就遭遇一支宋朝舰队,这支海军有三十艘战船,由和州防御使、枢密院提领海船张公裕指挥。当时的海战也非常原始,宋军只是向金军船队发射火箭,投掷火把,或者就把敌船撞沉。金军将士半数晕船,根本不能应战。

郑亿年深感害怕,他对斜卯阿里和乌延蒲卢浑说:"二位孛堇,此时不退兵,更待甚时?"两名万夫长到此地步,也只能下令拨转船头,带头逃遁。金军的五十艘海船只剩下三十一艘,北向逃跑,回到碣头一带海域,恰好遭遇暴风骤雨。船队在恶浪之中挣扎,最后只剩下三条船逃回了定海。当九死一生之余,郑亿年固然面无人色,斜卯阿里也呕吐不止,而乌延蒲卢浑登岸之后,只是伏地恸哭。

当时完颜兀术已亲临定海,两名万夫长带着郑亿年,进入县衙拜见。斜卯阿里和乌延蒲卢浑行女真跪礼,不敢起立,只是跪在地上报告航海遇难的经过。郑亿年虽然惊魂甫定,口齿还算清楚,也跪在地上帮助两名万夫长解释。出乎两名万夫长意料之外,完颜兀术这次并没有发怒,他还对郑亿年特别满意,说:"你且留自家身边,我封你一个孛堇。"郑亿年受宠若惊,急忙谢恩。

金军的八名万夫长,除了留守临安的大挞不野外,其余王伯龙、韩常、乌古论少主、完颜讹鲁补和完颜当海五人也都已来到定海。完颜兀术召集七人会议,还特别破例,命郑亿年也参加商讨。完颜兀术发问:"阿里与蒲卢浑航海,损折了多少儿郎。如今当怎生追捉康王?"完颜讹鲁补的厌战情绪最重,他首先说:"自渡江以来,战马死了无数。闻得康王今在温州。向南全是崎岖山路,不便行军用兵,便是自家们到得温州,康王必已闻风逃往福州。春去夏来,依自家底意思,不如且回江北,候明年再行用兵。"其他六名万夫长也纷纷表态附议。

完颜兀术却并不死心,他说:"渡一回大江,极是不易。不如且留临安、明州,延捱得炎暑,打造战船,练习水战,待秋后再行用兵。"韩常反对说:"若是在此延捱盛暑,切恐战马倒毙殆尽,今秋又如何用兵?"众人又纷纷附议韩常。

完颜兀术发怒,说:"你们虽是恁地说,我却是不甘心!"他想了一下,又说:"待自家明日亲自下海一试!"众人都目瞪口呆,不敢谏劝,不料完颜兀术又望着众人说:"讹鲁补、韩十八与郑亿年亦须随我下海!"完颜兀术也学会了汉人避名讳,不叫韩常的名字,而改用排行称呼。完颜讹鲁补和韩常听后,都有苦难言,又不敢公然拒绝。郑亿年更是欲哭无泪,他灵机一动,说:"县城外有一个东海龙祠,最是灵验,四太子不如去龙祠问卜,若是大吉,便可入海,若是不吉,便不可入海。"完颜讹鲁补和韩常连忙响应,说:"便依此议!"

完颜兀术当即率众人来到城外东海龙祠,焚香祝祷,取来了两块蚌壳形的竹珓。完颜讹鲁补、韩常和郑亿年心中都在暗自祈祷,希望龙神保佑自己,不要出海。不料完颜兀术将两块竹珓掷地,竟是一俯一仰,这是大吉之兆。完颜兀术一时兴高采烈,说:"此是龙神佑我,明日便乘船出海!"完颜讹鲁补和韩常都神色惨然,而郑亿年还须对完颜兀术赔着笑脸。

翌日天气晴朗,完颜兀术带了郑亿年和一百名合扎亲兵,登上前些日子脱险归来的大船,韩常和完颜讹鲁补也各带好几十名亲兵,登上另外两艘船。船上还是由掳来的汉人充水手,自大浃江口扬帆入海。航行并不多久,完颜兀术首先晕船,他还想充当好汉,勉力扶着舱门,望见远处汪洋之中,隐约有一座小山,就问郑亿年说:"此是何山名?"郑亿年问了水手后回答:"此名阳山。"完颜兀术似乎找到了借口,说:"北有阴山,南有阳山,我到得阳山,亦不枉下海一回。可令回船归航!"他话音刚落,就呕吐起来,郑亿年等慌忙将他扶入舱内静卧。

三艘船返航,船上的人个个庆幸。不料海上风云突变,狂风呼啸,恶浪排空,三艘船在汹涌的波涛中颠簸,接连几个巨浪,就把完颜讹鲁补的乘船掀翻。卧在船舱里的完颜兀术听到风浪声中夹杂着惨叫,连忙问道:"难道海船遇险?"郑亿年正好向舱外张望,目睹了翻船的惨剧,就应声说:"讹鲁补孛堇底船已是沉没。"完颜兀术此时才感到一种难以形容的极度恐惧,他滚下床来,跪在剧烈摇晃的舱板上,用刀划破自己的额头,不断连声大喊:"昊天上帝与长白山白衣观音佑我平安!"原来女真人最初只有原始的巫教,完颜谷神就是一名巫师,称为珊蛮。后来接受了佛教,就认为他们的长白山上住着白衣观音,与汉人接触多了,又认为昊天上帝是最高尊神。现在完颜兀术只能依赖昊天上帝和白衣观音,来安慰自己极端窘惧的心理。

[叁壹]
海角浪迹

大海并不偏袒交战中的任何一方。在金军几千将士惨遭灭顶之灾以前,时值建炎三年与四年之交,宋高宗的船队离开昌国县南逃,也遇到了迎面的南风。最初的三天是航行迟缓,一个日夜不过行驶数十里,从除夕到元旦,南风愈刮愈猛,整个船队被迫下碇停航。约三万人寄身在惊涛骇浪之中,人人都怀着葬身鱼腹的惴恐,每一艘船上的人们,都在不断祈祷天地诸神,以求安度辞旧迎新的重大节日。

宋高宗的御楼船有上下两层,上层作为寝阁,下层作为便殿,而以张去为为首的十五个宦官和九十九名宫女,辛企宗、辛永宗率领的二十名卫兵以及一些水手,主要在船身的舱内起居。经过几天的航行,张才人和近半数的宦官、宫女都得了晕船症。然而以王继先为首的一批御医却在另外一艘海船上,无法前来诊治。由于风浪太大,按照水手们的建议,将上层寝阁的家具之类搬到下层,皇帝和张才人、吴贵人等临时就改在便殿起居。按近代物理学的常识,这就是为了降低船的重心,减轻翻船的危险。

除夕之夜,张才人卧床不起,只有吴贵人带几名宫女,陪着皇帝饮酒。宋高宗平时酒量颇大,如今却是满怀愁绪,连一杯酒都不想喝。吴贵人自从逃难以来,一直身穿戎装,她的好处是在患难之中,经常面带微笑,对任何人都不说泄气话。张才人得病以后,她更成了船上无可争议的女主角。在不断颠簸的便殿里,明亮的烛光也摇晃得令人难受,吴贵人只能斟上半盏在明州带上船的金波酒,脸上露出相当自然的微笑,说:"连日狂风恶浪,御船队安然无恙,此是天地众神护佑之力,亦是托庇于官家底洪福。

官家饮此盏明州所产名酒,必是在浩瀚金波之中,吉祥如意!"宋高宗的情绪低沉至极,他感叹说:"朕自即位以来,又何曾有吉祥如意?"

吴贵人正待劝解,只听得舱外一阵浪击甲板的声响,有一尾近三尺长的鱼,从舱外滑入便殿,还不断地蹦跳。这当然是海上的一个巨浪,正好把这条鱼打到船上。吴贵人立即下跪说:"臣妾奏禀官家,当年周武王伐纣,有白鱼跃入舟中,此便是大获全胜底祥瑞。今亦有白鱼跃入御舟,必是天地祖宗显示祥瑞,教官家无忧无虑,欢度除夕。"宋高宗在近乎绝望中得到了莫大的宽慰,他吩咐宦官们:"将此祥瑞之物好生护持,投入海中!"然后举起酒盏,把吴贵人的敬酒一饮而尽。

到元旦之夜,南风才转为北风,这支御船队方得以继续南行。近三万人的吃食,船队给养的消费是很大的。正月二日,船队不得不临时停泊在台州沿海的一个无名港口。但港口边的两个村落除了供应井水之外,几乎不能提供多少其他的给养。尽管如此,三万各种身份的男女老少,一旦暂时脱离鲸波万顷的险境,得以登岸享受海边的旖旎的自然风光,还是无不欢天喜地。僻静的港口一时显得熙熙攘攘,十分热闹。

然而御医们却没有在海岸漫步的福分,他们首先应召登御船,为张才人和宫女、宦官们治病。王继先奏禀宋高宗:"张娘子等沾染海气,须是登岸散心,则病气自除。"但御船的停泊处还有一片沮洳沙滩,张才人等只能戴上盖头,脚穿芒鞋,互相搀扶,才能涉水登岸。这群宫女好多天在水天一色的环境中担惊受怕,现在得以到海岸观赏自然美景,也个个感到庆幸和鼓舞。

御船队航海,已有几天无法举行朝会仪式。无论是君臣之间,还是臣僚之间,在海上互相暌隔,难以联系。以吕颐浩为首的一群臣僚登岸以后,当然需要朝拜皇帝,然而按照宋高宗的命令,还须在御医登船诊病之后。他们目前最发愁的事,当然是三万人行将断炊的问题。经过商议,吕颐浩等人决定先派吏胥快马加鞭,急驰台州,索取给养。

当张去为传旨后,这群臣僚开始涉水登御船,军兵已经在这段路上铺垫了稻草,稻草尽头则是踏板。吕颐浩带头上船,他瞧着自己脚上的芒鞋,不免联想起平时朝会的朝靴,随口自嘲了一句:"草履便将为赤舄。"在他身后的范宗尹也随口和了一句:"稻秸聊以当沙堤。"其他臣僚听到这两句对联,都报以苦笑。登船之后,最注意修饰的范宗尹马上脱去芒鞋,换上朝履。吕颐浩本来打算将就着进便殿,只能笑着说:"自家亦不得麻鞋见天子。"吩咐吏胥从自己船上取来朝履。

便殿里的睡具等已经撤去,宋高宗也力求在朝拜仪式中维持天子的尊严。山呼礼毕,宋高宗望着十多名文武臣僚,虽然经历了几天风浪,还是显得精神抖擞,特别是范宗尹,穿戴得尤其整齐,心里有些高兴,说:"朕与卿等历经风波,幸得无恙,此亦是天地祖宗护佑。"他接着就说了白鱼登船的祥瑞,中书舍人李正民口奏说:"臣等在岸上,已知得白鱼登舟之喜。臣虽不才,赋七绝一首,恭请陛下圣览。"他说完,就用双手摊开一张纸,呈送给冯益,冯益又用双手摊在皇帝的御案上。宋高宗只见纸上用草书写道:

> 云涛雪浪蹙天浮,
>
> 隐隐征帆去未休。
>
> 蛟蜃伏藏舟楫稳,
>
> 将军何用说防秋。

就赞赏说:"卿写得好诗,书法亦是甚佳!"吕颐浩注意及时转移话题,他口奏船队的给养等情况和应急措施,说:"臣等计议,此处虽已是台州地界,距明州不远,不是安泊所在。此去台州临海县章安镇,只须一日夜行程,莫须暂去章安镇安泊?"宋高宗说:"便依卿等计议。"朝拜仪式结束后,男女老少们就纷纷上船,船队又开始航行。

正月三日午后,宋高宗的船队终于行驶入今台州湾,在临海江入海口北岸的章安镇停泊。当时整个船队已经无粮而停炊,男女老少都纷纷登岸觅食。宋高宗和臣僚、宦官们来到了镇上的奉安祥符寺。僧人们听说官家来到,就一齐出寺门迎接。拜见礼毕,冯益上前对住持僧说:"官家早餐唯得薄粥,寺中有食,可速与供进。"

和尚们刚用过午饭,住持僧连忙吩咐厨房赶紧煮食。宋高宗不坐佛殿,临时就在庭院里就座,臣僚和宦官分列两边。一名和尚手捧一个木盘,盘里有厨房里仅剩的五枚炊饼,另加一些蔬菜、姜和盐,进献皇帝。宋高宗竟饿不择食,他随手抓起一个炊饼,就狼吞虎咽,大嚼起来。他一气吃了三枚半,才环视站立两边的吕颐浩和范宗尹,说:"吕卿与范卿,你们亦必是甚饥，可先进食。"大约过了一个时辰，台州知州等官员才赶到章安镇，为这三万饥饿者带来了大量稻米、钱和帛，终于解决了断炊之虞。

宋高宗和一行臣僚、宦官在奉安祥符寺饱餐之后，又到附近散步，观赏风景。大家步行到了黄椒村，几百村民上前跪告，说是刚才一群官兵已经把村里抢个鸡犬不留。宋高宗回顾吕颐浩说："朕为生民做主，岂得如此，可与家家户户，倍偿钱帛。"村民们谢恩，欢声如雷。村妇们本来都躲在家里，现在纷纷戴着盖头，出来围观天子。宋高宗吩咐村民说："你们与夫人各自逐便！"夫人本是尊称，而村妇当然没有称夫人的资格，但皇帝的金口一开，黄椒村人从此都把妇女改称夫人。

宋高宗一行暂住章安镇，却仍然住在船上，不敢陆居，十多名臣僚还是每天到御船上朝拜。几天后的一次朝拜，范宗尹报告得到了张俊在明州的捷奏，宋高宗感到振奋，对臣僚们说："张俊自元帅府随朕，今日立功，煞是不负朕之所望！"吕颐浩说："虏人四太子渡江以来，军士疲于奔命，不服水土，闻得战马倒毙甚多。明州一战，足见虏人兵势已至强弩之末。莫须臣自去明州，会聚诸路兵马，乘胜歼敌，使虏人从此不敢渡江。"宋高宗说："卿不可离朕左右。"赵鼎说："虏人此回只是小衄，吕相公不可轻敌。"吕颐浩也不好再说什么。

宋高宗说："天气甚佳，闻得金鳌峰是此处胜景，朕今日当与众卿同去观览。"于是，臣僚们就追随皇帝上岸，登上了金鳌峰。金鳌峰是本镇的一个最高峰，从峰顶俯瞰，湛碧的海港和船队尽收眼底，使人们暂时忘却了世事的烦恼，心旷神怡。他们又来到峰巅的一个佛寺，名叫福济寺，僧人们连忙出迎，将皇帝、大臣等请到寺里，敬献茶水。宋高宗突然见到壁上有一首题诗，他带着好奇心，手持茶杯，走去观赏，只见那首绝句写道：

　　牡蛎滩头一艇横，
　　夕阳高处待潮生。
　　与君不负登临约，
　　同向金鳌背上行。

宋高宗感到诗句似乎隐隐含有讥讽自己的意思，就厉声问住持僧："此诗是何人所写？"住持僧听皇帝说话的声调，就明白他很不喜欢这首诗,连忙回答说:"此是过往游客所题,距今已是一年有余,小僧辈亦不知他底姓名。"宋高宗仔细观察,果然是墨迹陈旧,就把杯里的茶水往题诗处一泼,不再多说,面带怒色离开了寺院。僧人和臣僚明知皇帝不高兴,却都不便说什么。有兴而来,却是扫兴而去。

张俊率领御前右军很快就赶到章安镇,向宋高宗献上两个耳戴金环的女真人首级报功,宋高宗下令,将张俊部属的立功人每人升迁七官。这件事引起文臣们的普遍反感,御史中丞赵鼎请求单独面对,他说:"明州之战只是小胜,赏功过厚,张俊擅自引兵退遁行在,亦是功不掩过。若是不行惩戒,切恐武将们唯是养敌玩寇,拥兵自重,不得为朝廷宣力。"宋高宗说:"虏人兵锋甚锐,自军兴以来,将士往往不战而溃,或一触即溃,张俊杀得一阵,极是不易。责之太峻,不是当今底驭将之道。"赵鼎说:"张俊既是逃遁,明州势必难守,莫须教他率军返回明州,以责后效。"宋高宗说:"张俊既是来行在,便不须教去,明州兵微将寡,不如教刘洪道暂且退避。"赵鼎见皇帝自有主见,也只能告退。

赵鼎离开御船后,回到自己的座船。前面已经交待。赵鼎和范宗尹从明州赶到定海,就是合住同一艘海船。范宗尹一家住前舱,赵鼎一家住后舱。赵鼎心中烦闷,就去前舱找范宗尹谈话,范宗尹肥白如冠玉,素来注重修饰,衣冠整洁,经常喜欢照铜镜,顾影自怜,即使在乘船逃难途中,也从不破例,他很快得了一个雅号,叫三照相公。他听说赵鼎来访,仍然整齐衣冠,对铜镜照了又照,然后会客。范宗尹听赵鼎叙述了面奏的经过,问道:"自家们由明州归定海县时,元镇惶恐之情,溢于言表,如何此回又有破虏底壮志?"

赵鼎说:"此一时也,彼一时也。我已体问得张俊部下将士,若是张俊不退兵,明州决可坚守。吕相公欲会聚诸路军马,与虏人决战,虽是轻举妄动,然而教虏人顿兵明州城下,势穷力尽,退兵江北,此亦是社稷底长计。"范宗尹说:"今日底国势,正如人患沉疴,若是服用猛药,立见颠仆。吕相公峻急,适足以败事,前日元镇力沮吕相公用兵之议,甚是得宜。圣上不愿坚守明州,亦是持重之计。将骄卒惰,临阵不用命,由来已久,岂得一日尽革。圣上曾开元帅府,深知军中情实,命张俊守明州破敌,又俞允张俊归行在,此便是驭将之道。"赵鼎再无话说。

眼看将到元宵佳节,有两艘海船顺风来到章安镇,几乎撞上宋高宗的御船队。船上的水手竭力掌舵,才避免了撞船的事故。官吏登船案问,原来是一群贩卖柑子的客商。宋高宗闻讯后下令,把柑子收买,分给整个船队食用,而由冯益负责回收柑皮。众人都感到奇怪,不知道回收柑皮,又有什么妙用。

元宵之夜,冯益指挥一群宦官和兵士,在每个柑皮里注油点灯,驾小船放到附近海里。当夜正好风平浪静,不用多时,在海湾万顷沧溟中,就出现了几万颗荧荧火星,与天上的皓月交相辉映。船队的男女老少都暂时忘记了危难,而陶醉于如此的良宵美景,很多人上岸,登上金鳌峰观览。镇上的和尚与坊郭人户也闻讯赶来海边,或上金鳌峰,欣赏这闻所未闻、见所未见的景致。

在御船二楼寝阁,早已备下一桌丰盛的酒席,宋高宗和张才人、吴贵人等一面吃喝,一面赏月观灯。经历这一次出没烈风骇浪的逃难经历之后,宋高宗已没有最初的恐惧感和伤心感,喜欢及时行乐的秉性,又使他挖空心思地想出这种别开生面的玩耍。吴贵人赞叹说:"臣妾自幼至长,亦是在东京元宵佳节观灯十余回,却从未见得如此胜景。"张才人说:"此回航海,有惊无险,天地神明护佑,显示祥瑞,官家在患难时节,意气自若,与民同乐,中兴必是有望!"

宋高宗微带醉意说:"李白诗言道:'人生得意须尽欢,莫使金樽空对月。'依朕底意思,当忧患之际,尤须处变不惊,便是失意,亦须尽欢。"吴贵人灵机一动,认为必须说一些张才人没有说过的赞词,她说:"臣妾读《史记·项羽本纪》,汉高祖当楚骑追逼之时,将子女推于车下,只顾逃得自家性命。官家推天地无私之仁,当兵燹灾变之际,务于安集万民。汉高祖比官家煞是万万不侔,大宋中兴,自当指日可待。"宋高宗听到吴贵人的赞颂,发出高兴的笑声。

在金鳌峰上的成千上万观赏者中,有一个妇人,全身缟素,戴着盖头,她就是李清照。李清照自从离开建康府后,辗转流离,终于找到了亲弟李迒。李迒作为被朝廷放散的编修敕令所删定官,正好流落在浙东台州黄巖县,听说御船队抵达章安镇,就带着姐姐,前来朝参。他们是在十三日到镇上的,李迒还没有编入船队的资格,而镇上又没有租房,他与另外一个官员合资,临时自雇一艘小海船前来,就住在船上。那个官员名叫张汝舟,官为正七品朝奉郎,中书、门下省检正诸房公事,这是宰相之下的重要属官。张汝舟久慕李清照的才名,对他们姐弟一路上颇多关照。今晚又是主动在船上宴请他们姐弟,并且提议来金鳌峰观赏夜景。

尽管邻州已遭兵火之厄,而章安镇今夜却充满欢乐气氛,因为行朝的暂驻,镇上显现了空前的繁盛和热闹。李清照最初也是想到金鳌峰散心,然而见到这一派前所未见的胜景,突然勾起了故园残破、亲人死别的伤痛。但是,她还是不愿让张汝舟和弟弟扫兴,说:"你们且在此赏月观灯,奴家须回舟自便。"李迨已经明白姐姐的心情,他对张汝舟说:"张朝奉且在此观景,我当陪廿二姐回舟。"张汝舟说:"既是易安居士回船,下官亦自当奉陪。"于是张汝舟又陪同李迨一家回到海船。

李清照到船舱里,独处一小间,希望静心颐养,但是,当她听到船外熙来攘往的人声,更感到无比的孤单寂寞,只是在油灯之下抽泣。她饱读诗书,熟知儒家忠君伦理,但今夜海上的万点柑灯,又增添了对君主和时世的悲观,她轻声喃喃自语:"艰辛备尝之余,尚是唯知及时行乐,又如何了得中兴大事?"尽管是独白,她还是避免使用主语"官家"一词。

李迨走进李清照的舱里,他说:"我料得廿二姐孤寂,前来陪姐姐说话。"李清照说:"奴亦是孤寂已久,不须陪伴。"李迨说:"张朝奉煞是关切廿二姐,他料得姐姐必是触景之后,感怀伤情。他言道,恨无好言好语,慰藉廿二姐。"李清照说:"自家们受张朝奉关照甚多,然而在艰难竭蹶之中,奴家已是行年四十八,直是不知怎生回报。"李迨说:"张朝奉言道,他极慕廿二姐底才名,若是得一墨宝,便是如天之赐。"李清照说:"飘零已久,便是赋诗填词,亦是无心绪。然而受张朝奉恁地看觑,亦不可不赠送。"李迨当即为姐姐磨墨,李清照想了一下,就在一张诗笺上写下了在建康府时的旧作《添字采桑子》:

窗前种得芭蕉树,阴满中庭,阴满中庭,叶叶心心舒卷有余情。

伤心枕上三更雨,点滴凄清,点滴凄清,愁损北人不惯起来听。

李迨说:"廿二姐以旧作赠张朝奉。既寓故国之思,又微含致谢底新意,甚是得体。"他把这份诗笺略为一卷,就离开了李清照的小间。

当明州陷落的消息传到行朝后,宋高宗的船队又在正月十八日起航,前去温州。最初是暂时停泊温州的港口，二月二日，皇帝方才驻跸州城江心寺，更名为龙翔寺。李清照一行也随着御船前去温州。

[叁贰]
邀击归师

　　完颜兀术从海上狼狈逃回定海县，立即召集斜卯阿里、乌延蒲卢浑、完颜当海、乌古论少主、韩常和王伯龙六名万夫长，另加郑亿年，共同会商。他现在终于下定了北撤的决心，说："康王一时未得擒获，大金人马且暂回北方避暑，待明年再行用兵，一举捉了康王。然而粘罕曾言道，若是回师，亦须在江南留得一个大寨。谁人愿留守建康大寨？"六名万夫长面面相觑，竟没有一人自愿应承。但粗豪的女真人也并非全无鬼点子，完颜当海说："可教挞不野保守建康。"于是其他五人一同附议，大挞不野远在临安城，正好被其他同僚缺席裁判。

　　完颜兀术说："既是如此，便教挞不野守建康。大金人马即日先回临安，然后沿来路去建康。"韩常说："告报四太子，如今战马不多，自广德军到建康，山路崎岖，此回掳获财宝甚多，只恐难以陆行。自临安到镇江有运河，若得舟船装载财宝，水陆并行，方得有济。"韩常知道完颜兀术争强好胜，不便明说在广德军一带山路恐怕遭宋军袭击。自从岳飞军在广德军拔除金军营寨，大挞不野南逃以后，完颜兀术大军已和建康府的张真奴、萧斡里也失去联系。尽管岳飞用赵九龄的计策，将俘虏李撒八等放回建康城，却起不到诱敌沿来路回归的作用。

　　郑亿年两次航海，庆幸得以死里逃生，却仍是心有余悸。他虽然投拜，并且得到完颜兀术的青睐，而对金人的军旅生活又颇感厌烦和惶恐。他还是有回归宋朝的意愿，哪怕是因投拜而受处分，但也害怕将来宋朝果真被金人所灭，自己到头来还是没有好下场。他经过一番盘算，就乘机对完颜兀术说："四太子虽欲北归，不可不出榜帖，晓谕南人与康王，宣称搜山检海已毕，备述秋冬尚须用兵，教他们休得执迷不悟。下官不才，愿携带四太子钧旨南下，传语康王。"完颜兀术当然没有猜透郑亿年的用心，他正感到自己被迫灰溜溜地撤退，很不是滋味，就说："'搜山检海'底意思甚好，你便为我写榜帖。然而康王处不须传语，传语亦是无用。你与李邺等人既已投拜大金，自须引领你们北上，大金当有你们底荣华富贵。"

郑亿年只得赔着笑脸说："四太子底恩德，下官没齿不忘。"韩常说："投拜煞好，如亡宋济南知府刘豫、御史中丞秦桧，便在挞懒监军底麾下效力，甚得欢心。"这是郑亿年初次得知秦桧的下落，他说："更说与四太子，秦桧便是自家底亲戚。"完颜兀术高兴地说："自家曾宴请秦桧，如今秦桧便在江北，你们可同心在大金任官。"郑亿年得知秦桧的情况，内心也略感宽慰。

完颜兀术率金军当即返回明州，沿途大肆破坏。金军在二月三日撤离明州城，并且在全城纵火，城里甚至还留下了十多名无法行走的女真的伤病员，也都弃之不顾。完颜兀术抵达馀姚县城，又任命守城的裴满术列速接替淹死的完颜讹鲁补，任万夫长，一起撤往临安。二月六日，金军又在临安城纵火，大火烧了三天三夜，到十一日开始撤兵，十三日，全部撤离临安城。

金军用抢劫的舟船满载物资财宝，沿运河北上，二月十八日攻破秀州城。二十五日，金军又从城西南盘门突入平江府城。镇守平江府的执政周望不顾坊郭人户的谩骂，在此前已逃之夭夭。金军又在平江府城纵火，连烧五天，烟焰绵亘百余里。浙西一带是当时全世界最丰腴的谷仓，在惨遭浩劫之后，横尸枕藉，人口锐减，直到多年之后，才逐渐恢复生机。

金军离开平江府时，其后军万夫长完颜当海所部，曾在吴江县遭宋统制陈思恭军的攻击，蒙受了一些损失，但他们还是按原计划，在三月初继续进兵常州。常州知州周杞得到金军北上的消息，深感害怕，他找赵九龄商议，说："虏人自运河回犯，兵锋甚锐，我再三思忖，唯是请宜兴岳统制发兵，增援城守。"赵九龄说："周知州不须忧，自家即时前去，教岳统制勾抽兵马，驰援州城。本州奔牛镇与镇江府吕城镇一带，若是开闸泄水，使运河干涸，则虏人底舟船便须胶滞河中，不得运行。"周杞说："你且速行!"赵九龄辞别周杞,快马加鞭,急驰宜兴县张渚镇。

岳飞到宜兴不过一月有余,他花费了很大精力用于安定本地秩序,整饬和训练军伍,但近日也已得到金军沿运河北归的消息,正召集众将商议,有军士禀报:"今有赵秀才前来。"岳飞连忙与众将出外迎接。赵九龄讲明来意,说:"自家们原是计议在广德军一带邀击虏人归师,不料虏人竟沿运河北上。今日之计,莫如先据守州城。"岳飞说:"明日便发兵,与赵丈同去常州城。"他当即部署刘经率本军留守张渚镇,自己的本军八将人马则全体出动。

第二天是三月十日,天色未明,岳飞全军已经集合完毕,整队前往宜兴城。按照惯例,岳飞和傅庆率第一将骑兵充当前锋,赵九龄也与前锋部队同行。他们抵达县城,知县钱湛亲自出城南门迎接。钱湛说:"下官请岳统制全军将士在此用午膳,然后进发州城。"岳飞望了望太阳,说:"时辰远未及正午,周知州直是望眼欲穿,自家们自带干粮,须及时行军,早入州城。"双方正说话间,有吏胥报告说:"周知州已自北门入县城。"赵九龄很不高兴,说:"周知州何以如此畏怯?援军未至,便弃城先遁。"

于是岳飞、傅庆、赵九龄等人不得不随钱湛去县衙,与周杞会面。周杞此行,带动了大批官员和坊郭人户逃难,不大的宜兴县城里,很快挤满了数以万计的难民,需要钱湛安顿。钱湛只是与周杞匆忙见面,又匆忙告别,留下岳飞等人与周杞商议军事。

赵九龄神情严肃,首先用责备的口吻说:"周知州不守城池,却是弃城而遁,是甚道理?"周杞不免有几分自恶,尽管是面对一个已无官位的士人,却只能用辩解的口吻说:"虏人荼毒生灵,极是凶残,探报已自平江发兵,进逼本州无锡县。下官左思右想,唯恐岳统制赴援不及,不如先率州城坊郭民户保聚宜兴。"赵九龄又问:"运河可曾开闸泄水?"周杞只得承认:"仓促之际,未曾开闸,亦未曾关白镇江府放水。"赵九龄感叹说:"大宋底官人们,平时高官厚禄,养尊处优,到危难时节,便个个似平江府底执政周望,又如何中兴?"说得周杞面色羞红,十分尴尬。

岳飞是客将,当然不便随赵九龄奚落本地知州,他马上发令说:"傅统制,你莫须率马军先去奔牛镇,开闸放得运河水。"傅庆说了声"会得",就命令舒继明统率本将步兵随岳飞,自己率骑兵立即出发。傅庆走后,岳飞想了一下,说:"虏人进逼无锡县,已距州城不远,自家亦须率领军马,急速前去邀击。"他马上告别周杞和赵九龄,带兵出城北上。在宜兴县城与常州州治武进县之间,有一个湖泊,名叫滆湖。傅庆的骑兵是走滆湖以西,而岳飞的大队步兵则是走滆湖以东。

郑亿年早先曾在镇江府任官,熟悉这一带的地势,他事先已向完颜兀术警告说:"镇江府至常州底运河,全是仰赖丹阳县练湖为水源,常言道,放练湖水一寸,运河水便长一尺。然而南人若于丹阳县吕城镇至武进县奔牛镇开闸泄水,大金底舟船便不得航行。"完颜兀术听取他的意见,所以金军进攻常州的速度相当快。前锋斜卯阿里和乌延蒲卢浑的部队不进常州空城,直奔奔牛镇,又马不停蹄地向丹阳县进兵。由于当天风顺,便于行船,完颜兀术也亲统大军,分水陆两路,在傍晚时到奔牛镇一带屯驻。傅庆的骑兵来到奔牛镇附近,得知敌人的大军已经抢先,由于自己兵少,他只能在十日夜间出兵,对奔牛镇一带的金军进行骚扰性的攻击。

金军自从在吴江县遭受袭击后,就改由万夫长乌古论少主所部担任后军,他奉命率部进驻常州城。金军进城时,天色已黑,乌古论少主进入州衙,喘息方定,下令全军饱餐一顿,准备休息一夜,第二天再进行焚杀和破坏。不料金军正在吃晚饭时,王贵和孙显率第二将步兵,徐庆和董荣率第三将步兵已分别从城南德安门和广化门突入城里,接着,王经等率第四将步兵,寇成等率第五将步兵又分别突入城东通吴门和怀德门。

岳飞的军队从早到晚,经历了一百几十宋里的强行军,当然十分疲劳。他们只能边走边吃干粮,沿途几乎很少休息。但是,当岳飞听说敌人已经占领州城,为了免于州城遭受劫难,还是决定连夜发动攻击。金军本来就不习惯夜战,在宋军的凌厉攻势下,很快被逐出常州城。这座州城得以免遭破坏。

宋军从东、南两个方向进攻,却是让开了城西的逃路,乌古论少主率大部分金军由城西朝京门逃出,另有小部分金军自城北偏西的青山门逃出。不料岳飞和张宪指挥其余第一将、第六将、第七将和第八将步兵又在城外沿途拦击。

经过一夜的战斗,岳飞在十一日天明前收兵回城,共计俘虏金军一百多人,其中有女真人十一名,包括万夫长乌古论少主。原来乌古论少主骑马逃窜时,乘骑中箭倒毙,被姚政第七将的军兵俘虏。最初还不知他就是这支金军的统兵官,后来进行搜查,发现他腰部佩有女真文的金牌,得以确认他的身份。这是自宋金开战以来,首次俘获金军的万夫长。

岳飞亲自审问以后,下令只休兵一天,他派于鹏通知在宜兴县城的周杞,让他回城,主持州务。自己连夜发兵,来到奔牛镇一带,与傅庆的骑兵会合,又在常州与镇江府交界稍事休整,就向丹阳县进兵。

完颜兀术的大军和船队已经抵达丹阳县,只是留下万夫长大挞不野和裴满术列速两军暂驻吕城镇,守护闸门,保证运河的通畅。乌古论少主的军队被击溃,特别是乌古论少主下落不明,引起金军很大的震惊,所以完颜兀术特别留两名万夫长军作为后卫,而把乌古论少主的残兵也分拨到两人属下。大挞不野和裴满术列速得知已经完成守护河闸的任务,也急于离开吕城镇,与大军会合。从吕城镇到丹阳县城,运河是一条自东南往西北的斜行河。大挞不野和裴满术列速为了避免军力分散,把两军全部集中到运河西南岸,沿河岸行军。两人经过一番争议,作为渤海人的大挞不野还是让女真人裴满术列速所部充前队,自己所部充后队。

由于军马死亡过多,金军如今大部分都成了步兵,他们的行军速度虽然不慢,还是被岳飞的军队追上了。八将军马展开队形,向大挞不野的后军实施侧击。金军根本无法组织有效的抵抗,被杀个七零八落,很多人在乱军中被挤入河里淹死。大挞不野只能率亲骑狂奔。前队的裴满术列速自一段时间以来,已无斗志,他根本不回兵救援,只率本军向丹阳县城奔逃。

岳飞整军向丹阳县城挺进。金人的大军已经撤离,只留下王伯龙部属汉儿、千夫长李渭的队伍,准备从事破坏。姚政、庞荣等首先率第七将和第八将人马,从南门突入城里。李渭不敢恋战,当即率军从北门撤退,又遭遇郭青和沈德所率的第六将步兵的拦击,在一场混战中,金军大部被歼,李渭本人也被活捉。

丹阳县城大致完好。岳飞休兵县城,与众将商议下一步的军事,他说:"闻得浙西制置使、御前左军都统制韩节使大军已进屯镇江府焦山,决意以水师阻截虏人归路,此是剿灭虏人四太子军底兵机。常言道,困兽犹斗,四太子大兵麇集,欲得破敌,尚须用计。"张宪说:"既是韩节使军阻截虏人归路,自家们不如暂驻军丹阳,养精蓄锐,待虏人兵疲意沮,乘敌之隙,然后用兵。"众将都表示同意。

大家正商议时,有军兵递来一份刘经的紧急公文,公文中说,戚方匪军从镇江府金坛县一带转掠建康府溧阳县,游兵已侵入宜兴县地界。自己的兵力不多,难以抵御,要求岳飞回师,保护宜兴县和张渚镇。岳飞把公文出示众将,庞荣说:"戚方极是凶残,自家底统制扈成便是被他屠害。岳统制务须回军,以免张渚底老小遭荼毒。"于是众将纷纷要求回师张渚镇。

岳飞沉吟不语,他考虑是否要分兵两支,一支回张渚镇,另一支继续留驻丹阳。王经已经猜出岳飞的心思,他说:"闻得戚方招收得四处散兵游勇,兵力厚重。不如乘势扫灭戚方,收编得大部人马,再与虏人交锋。"庞荣第一个附议,其他将领也纷纷赞同。岳飞说:"丹阳县地当运河要冲,不可不驻守,以防虏人回犯。"他当机立断,命令王贵、徐庆和寇成率三将人马坚守县城,自己率五将人马立即启程,回兵宜兴县。

岳飞率军返回张渚镇时,才知道戚方匪军并没有进入宜兴县。尽管刘经与岳飞的关系并不算亲近,按原江、淮宣抚司的地位,刘经又是与他平列的统制,但岳飞到此不能不责备刘经说:"你因何虚饰军情?"刘经也很不高兴,说:"我在此坚守根本,而军力仅有两千,若是戚方来犯,又怎生支捂?老小受难,我又怎生面覆众太尉?"如果是自己的部属,岳飞肯定要严厉训斥,但对待一个同僚,他也不能再说什么。不料刘经又说:"我为此事,亦曾与李孺人面议,她教我速请岳统制回师。"岳飞听后十分生气,说:"浑家一个妇人,岂得干预军事?"他怒气冲冲地转向部属众将说:"此后便是天崩地陷,亦不得与妇人计议军事!"

岳飞与张宪回家,张宪向岳飞建议说:"既是回得张渚镇,不如乘机出兵溧阳,扫灭戚方,以除后顾之忧,自家们亦是免得徒劳往返,空手而归。"岳飞不回答,张宪熟悉岳飞的脾气,见他余怒未息,就猜想到他与李娃虽然是恩爱夫妻,这次却很可能要发生不愉快的事,又说:"刘统制唯是一面之词,你须案验事实,切不可胡乱诋责李孺人。"岳飞也不回答,但心里还是同意张宪的劝说。

岳家人听说岳飞和张宪回家,都出门迎接。说也凑巧,李娃和高芸香尽管生产不久,现在又成了怀第二胎的孕妇。岳飞和张宪进屋后,又拜见了姚氏。张宪完全了解岳飞的家庭关系,懂得要化解一场很可能发生的争吵,唯有请出姚氏。姚氏的治家之道,从来是责儿子严,待儿媳厚。岳飞和前妻刘巧娘在家的时候,只要夫妻之间有一些不和,姚氏从来是不问是非,而偏袒刘巧娘。自从李娃进门之后,姚氏更是加倍厚待,她常告诫岳飞说:"你便是走遍天下,亦难以寻觅如此贤新妇,你若是对新妇稍有不敬,老身断乎恕不得!"聪明的张宪见姚氏之后,就当着众人的面介绍情况,他最后说:"下官亦是劝解岳统制,不得偏听偏信刘统制底一面之词。"

李娃听后,就说:"此亦是奴家底不是,听了刘统制底言语,心中不免焦急。"姚氏却截断了李娃的话,用略带严厉的口吻说:"此全是刘统制虚张军情,五郎切不可责怪贤新妇!若要责怪,便责怪你妈妈!"岳飞听母亲用这种口气说话,连忙下跪,说:"儿子岂敢!"李娃也急忙下跪,说:"此委是新妇底罪过,岂敢教阿姑代新妇受过!"姚氏当然舍不得怀孕的儿媳妇下跪,连忙将她扶起,姚氏的眼睛望着岳雲和巩岫娟,还来不及开口,会意的岳雲和巩岫娟又连忙把岳飞扶起。

岳飞在张渚镇休兵两天,他事实上还是对配合韩世忠或剿除戚方的先后缓急,犹豫不决。两天之内,他接连得到来自镇江府的战报,说韩世忠与金军接战顺利,而王贵等军驻守丹阳县城,也没有战事,看来金军没有回攻丹阳的迹象。岳飞到此才下定了剿除戚方的决心,他派姚政和韩清率第七将军马,与刘经军共同守卫张渚镇,自己率其他四将军马,进兵溧阳县。然而戚方匪军却像捉迷藏一样,早在岳飞的军队到达前,已逃得无影无踪。岳飞一时竟难以打听戚方的去向,只得暂时收兵回张渚镇。不料戚方匪军在建康府南部的山区蛰伏了一阵,就流窜到广德军,在三月二十七日攻破军城,杀了若干地方官,然后又引兵西向,从四月初开始攻打宣州(治今安徽宣城)。

三月末到四月初,天气开始炎热,岳飞接到了戚方破广德军城的探报,正待发兵,却又同时接到了由宜兴县转递到的宋廷省札。省札正式宣布撤销江、淮宣抚使司,岳飞由宣抚司右军统制改任御营司统制,傅庆、王贵、张宪、徐庆和刘经五人改任统领,岳飞一军隶属新任两浙西路、江南东路制置使张俊,负责收复建康府,并且命令岳飞移军广德军一带,接应和会合北上的张俊大军,共同进军建康府。

岳飞位居偏裨,从来没有直接接受朝廷命令的资格,现在能接到这份省札,自然是相当大的振奋和鼓舞。但他同时也感到疑惑,韩世忠军正在镇江的大江江面与金军相持,难道就不应当配合和增援?他为此召集众将会商,张宪首先发表己见:"目即韩节使军与虏人在江上相持,屡战屡胜,甚是鼓舞人心,然而未闻朝廷发一兵一卒增援。愚意以为,王统领等军屯丹阳县城,虽未与虏人交锋,亦得与韩节使军互为犄角,缓急足以防拓县城,以防虏人回犯,不可撤戍。"众将有的表示赞成,有的表示反对。

岳飞最后说:"闻得建康底虏人,陆增城垒,水造战船,穴山为洞,又有江北挞懒郎君发兵增援,欲以建康为大寨,于江南避暑,以备今秋大举,包藏不浅。不复建康,大宋又何以立国?然而目即事势,当以扫灭四太子大军为重,以复建康为轻,复建康亦是断四太子归路。自家们既得朝旨,不可不去广德军,迎候张制置大兵,而王统领等军马亦不可撤戍。"

岳飞考虑到张渚镇的安全,特别命令韩清率第七将的一半人马,协助刘经驻守,自己马上率四将和第七将的一半军马启程,奔赴广德军。

广德军对岳飞而言,已不是陌生的地方,在戚方匪军残破之余,岳飞的军队又重新抚存百姓,整修城防。为了接应张俊,岳飞又命令于鹏率二十骑,取道湖州安吉县,南下联络。岳飞焦急地等待张俊大军北上的消息,却一直没有音信。

一天,岳飞和张宪、傅庆率第一将一千多骑,出城巡视。他们沿着通安吉县的官道,来到县城东南的山地,只见远山之上有一座寺院。岳飞向来礼佛信道,他建议说:"自家们不如且去梵宫,稍事憩息,拜谒金仙。"傅庆说:"我亦是口渴,正可乞一杯茶。"于是他们来到山下,盼咐军兵们驻马休息,他们带了二十名亲兵,步行登山。寺院不大,在茂林修篁的环抱之中,显得清幽。他们俯视四周,只见层峦叠嶂,郁郁葱葱,山下是平畴绿野,碧溪如练,仿佛身临仙境,而不知苦难的尘世和悲惨的兵燹为何物。

岳飞一行由敞开的山门进入,一个和尚出来迎接,岳飞等人通姓报名后,和尚请出住持僧,向岳飞等人合掌敬礼,说:"久闻岳太尉以救苦救难为己任,施恩造福于一方,今日光临,煞是使敝寺生辉。"岳飞说:"惭愧!

下官虽有区区之志,却未得拯救国祸民殃于万一!"岳飞谦逊质直,更使住持僧增加了好感,他说:"小僧自十二岁皈依佛门,今已三十载。然而尘世劫难,佛门亦不得清净。难得岳太尉有菩萨心肠,严明军纪,厚待百姓,教小僧如何不钦仰。"

住持僧把岳飞、张宪、傅庆等人请到方丈,献上寺院所产的山茶。岳飞等游览寺院,在大殿向佛像进香,虔诚祷告,最后准备向僧人们告辞。不料一个和尚端来一副笔墨,住持僧说:"岳太尉与敝寺有善缘,敢请在寺壁留墨,以示永怀。"岳飞推辞说:"下官一介粗陋武弁,岂不愧对天下骚人墨客?"住持僧说:"不然,依小僧底眼力,岳太尉日后必是中兴名将,功在麟阁,名标青史。得岳太尉赐墨,直是为敝寺增辉!"

张宪在一旁怂恿说:"岳统制不可辜负长老底至意!"岳飞和张宪本来只是粗通文墨,但近两年间,因为有李娃和高芸香做家庭教师,两人又是忙里偷闲,用功学习,文化就大有长进。张宪知道岳飞的文墨并非见不得人,所以竭力促成题词。岳飞想了一下,就提笔用苏轼的字体,在壁上题记说:

余驻大兵宜兴,缘干王事过此,陪僧僚调金仙,徘徊暂憩,遂拥铁骑千余长驱而往。然俟立奇功,殄丑虏,复三关,迎二圣,使宋朝再振,中国安强,他时过此,得勒金石,不胜快哉!

建炎四年四月十二日,河朔岳飞题。

岳飞一行告别和尚后下山,集合骑兵回城。几天后,于鹏回城,却带来了令人不快的消息,他说:"张节使军唯是虚张声势,敷衍朝廷,制造借口,徘徊临安,迁延畏避,不愿北上会合。小将眼见得催发张节使军无望,决计回归。"岳飞感慨地说:"自家们在广德军延颈而俟,却是贻误军机,如今唯有急速进兵建康!"

[叁叁] 黄天荡之战

再说韩世忠一军,自从在建炎三年十一月放弃镇江府城的防守,就转移到秀州的松江一带。松江就是现在上海的苏州河,宋时直接入海,一个喇叭形入海口,还有"百川倒蹙水欲立"的观潮胜景。松江北岸的通惠镇在宋代大部分时间称青龙镇,是古上海的第一个集镇。韩世忠以前军驻通惠镇,中军驻江湾,后军驻松江的入海口。他吸取以往陆战失败的教训,上奏宋廷,准备以水军打金人陆军,"邀虏归师,尽死一战"。建炎四年正月元宵,韩世忠特别下令张灯结彩,让全军痛饮尽欢,然后就率舟师由松江入海,转入大江,上溯镇江府。韩世忠的舰队停泊镇江江岸,第一件事就是招降占据府城的李选溃军。李选占据府城,在前叙述扈成被杀时,已有交待。李选本想在乱世当草头王,他估计自己的军力根本不敌韩世忠,只能亲自来到江边,跪在韩世忠面前,表示降服。

韩世忠得到金军沿运河北撤的确讯,就决定不再转移阵地。镇江江岸有金山和焦山,南距府城各不到十宋里,两山隔江相望,距离为十五宋里,金山正当宋时运河的入江口。韩世忠亲自选定焦山作为屯兵所在,一百八十二艘大型海舰都停泊焦山江岸,而焦山上的佛寺普济院就成了他的临时司令部。韩世忠部下只有八千人,但连同家属就有近三万人。几乎每一艘海舰上都满载军士、家属以及辎重、兵器、战马、粮食之类,此外,还临时募集到小型江船二十艘,作为机动战船。韩世忠命令李选所部三千多人仍然严守镇江府城。此外,还有江北长芦镇崇福禅寺的行者普伦、普赟和普琏集结了民间抗金武装一千多人,配备小船七十多艘,也主动投奔韩世忠。韩世忠命令他们屯兵江北,以便互相策应。

韩世忠的座舰当然是一艘最大的海舰。三月十三日,他亲自在座舰的前舱召集众将训话,他习惯性地吐了吐舌头,说:"自虏人侵凌,国运不济,如今圣上航海,自家们身为大宋武臣,不得保国安民,又有何面目活在世间?虏人之强,全在于战马之力,如今自家们以大舰击小舟,便是以己之长,攻敌之短。大战在即,你们尤须临阵用命,若是不用命,我断不轻恕!"他说完,就面带极其严肃的表情,举起那口小青刀,把座位前的几案劈下一小角。众将明白,韩世忠这次真是下定了与金军"尽死一战"的决心。韩世忠训话完毕,舰队立即起碇,驶往金山。但由于尖底的海舰吃水深,这支舰队又无法驶入运河。

十四日,水陆两路金军并不进攻镇江府城,而径自来到运河入江口,见到整个江面已被宋军舰队严密封锁。前锋斜卯阿里立即回报完颜兀术,完颜兀术感到形势严重,他亲自带领七名万夫长到江边察看,只见宋军的每艘战舰都张着五面篷帆,在浩瀚的江水中自由往还,不禁联想到自己两个月前航海的狼狈,轻吁一声,说:"南人使船,便如大金国人使马!如何破得?"

完颜兀术正在说话时,一艘宋军的轻快小船划桨直抵江边,一名身穿绯红军装的人站立船头,大喊道:"自家是大宋浙西制置使、御前左军都统制韩节使麾下使臣石皋,奉命前来下战书。"说完,就弯弓射箭,把一封战书射到岸上,金兵捡来,完颜兀术交付给身边的郑亿年,他听完郑亿年的口译,就说:"两国相争,不斩来使,叫他上岸说话。"

金军中的一群汉兵在江边喊叫之后,那艘小船就停靠江岸,石皋单身登岸。他上前向完颜兀术行揖礼,完颜兀术用郑亿年当通事,说:"你可回报韩节使,我此回到得江南,已是心满意足。若是韩节使放我回归,日后自当厚报。"石皋说:"我此来唯是关白会战日期,不知有他事。"完颜兀术带着怒意说:"你可归报,明日便与韩世忠会战!"

石皋乘船离开了江岸。完颜兀术的内心其实早有几分怯意,他用目光逼视斜卯阿里和乌延蒲卢浑,说:"尔们亦曾航海追捉康王,明日可率船队会战。破得韩世忠,便是大功。"乌延蒲卢浑首先行女真跪礼,斜卯阿里也接着跪下,连连求饶,说:"男女委是不得取胜!"完颜兀术不理睬他们,却用带着怒意的目光转向韩常,韩常虽然也是心存怯意,但处于比女真万夫长低下的地位,只能硬着头皮说:"男女愿于明日应战。"完颜兀术到此才回嗔作喜,说:"你破得韩世忠,我北归之后,自有重赏。"

完颜兀术远眺耸立江中的金山,又看了看附近的银山,他指着金山说:"韩世忠据有此山,大金军马底动静虚实,全在他底眼下,我亦须亲去江岸另一山,以观他底动静虚实。"他指着银山,问郑亿年说:"此名何山?"郑亿年回答说:"此名银山,上有龙王庙。"完颜兀术说:"我正欲前去祈祷龙王,佑我破敌。"

完颜兀术身穿红袍,腰系玉带,骑一匹白马,带着一百合扎骑兵,另加郑亿年,一同前去银山。银山临江耸立,山形壁立,虽然不如金山有名,却也是一个制高点。他们抵达山麓,完颜兀术忽然心有所动,吩咐合扎百夫长说:"许多战马登山,不免惊扰龙王,甚是不恭,你且率众儿郎在山下等候。"他只带了郑亿年和三名合扎亲兵,牵马登山。

完颜兀术到龙王庙外,吩咐一名合扎亲兵看守马匹,自己只与郑亿年,还有两名合扎亲兵进入庙内,只见庙里空荡荡的,竟找不到庙祝可以供应香烛。完颜兀术问郑亿年:"庙中无香烛,又怎生祈祷?"话音刚落,却召来了一片喊杀声。

原来韩世忠竟事先派遣正将苏德,在山上布置了伏兵。按韩世忠的部署,苏德亲率二百人埋伏于龙王庙,另外二百人埋伏在山腰。如果发现有敌人进入龙王庙,以击鼓为号,山腰的伏兵首先突出,拦阻敌人归路,然后庙里的伏兵出击,一举歼灭敌人。然而庙中的一群伏兵发现了敌人,一时兴高采烈,竟不待鼓声,首先杀出来。

完颜兀术毕竟是悍将,他抽出佩刀,拉着郑亿年向庙外出逃,两名合扎亲兵在后掩护。郑亿年虽然吓得心惊胆战,也只能随完颜兀术逃窜。两人逃出庙外,飞身上马,与一名看守战马的合扎亲兵策马狂逃,而另外两名合扎亲兵却来不及上马,被宋军包围擒获,两匹无人骑乘的空马,也随完颜兀术等人奔逃。由于鼓声的迟缓,埋伏山腰的宋军出击稍晚,已无法阻截敌人,他们只能向逃敌放箭。完颜兀术的白马身中数箭倒毙,他随之跌落在地,又急中生智,迅即跳上了另外一匹空马,策马狂奔山下。

郑亿年虽然捡着一条性命,还是吓得魂不附体,而完颜兀术一到山麓,立即命令一名合扎亲兵驰报,调动援兵,又亲自指挥合扎亲兵,向山上的宋军反扑。合扎亲兵们几次冲锋,都被宋军杀退,死伤近半数。等到金军大队人马赶来,宋军已经带着两名俘虏,乘前来接应的小船返回江中。

两名女真人被押上主将的座舰后,韩世忠亲自坐在前舱,通过通事审问。他得知完颜兀术竟在部兵的眼皮下逃走,不禁拍着交椅的扶手猛地站起,怒目圆睁,苏德吓得跪在地上,不敢仰视,更不敢说话。舱后走出了不久前改封和国夫人的梁佛面,她身穿戎装,对韩世忠说:"鏖兵在即,若是处分自家们底将士,恐于军情不利,不如教苏正将戴罪立功。"韩世忠不回答,只是手按剑柄,在舱里来回踱步,舱里的气氛依然紧张,似乎要凝固起来,众人都屏声敛息。过了好一会儿,韩世忠才强压怒火,吐了吐舌头,盼咐苏德说:"且容你负罪请功,明日你便为前锋!"苏德叩头说:"小将敢不效命死战!"

众人见到主将终于赦免了苏德,才松了口气。梁佛面对韩世忠说:"奴家是女流,不得上行阵,然而明日决战,系大宋国运与节使相公军威,奴愿与众女子擂鼓助战,激励军心士气。"韩世忠高兴地说:"甚好!"他亲自和梁佛面在座舰上察看,命令军兵们在船舱顶部安放了十六面大鼓。

翌日清晨,韩世忠亲自主持仪式,在座舰舱顶将两名女真俘虏斩首,祭纛衅鼓。梁佛面率领十五个女子,披带水战的纸甲,登上舱顶,各人在鼓前站立。韩世忠本人手持一面四方形大红旗,上面用黑线绣一个"令"字,作为指挥旗。苏德为首的前队战舰已经排列成整齐的队形。

此日天气晴朗,天空飘浮着朵朵白云,江面上微风吹拂,细浪翻腾。韩世忠远远望见金军的战船队从运河口驶出,为首的船上矗立一面三角形白日黑旗,他的耳朵里开始听到隐隐的号角悲鸣声。接着,苏德的战舰上举起了一面三角形的请战红旗。韩世忠目测敌我双方的距离,适时手举指挥旗,在空中挥舞。座舰上立时爆发出一阵震天撼江、令人惊心动魄的鼓声,以梁佛面为首的十六名女子使尽全力,猛烈擂鼓。

苏德因为昨天未能擒获完颜兀术,满怀懊恼和激愤,他指挥自己的座舰,如离弦之箭,向为首的敌船冲去,金军在船上刚向宋舰射出第一批箭,就被立即撞翻。落水的金军或被江水吞没,或被舰上的宋军用箭或长枪杀死。宋舰充分发挥了水战的威力,或者把敌船撞沉,或者用炮石、用箭杀伤敌人。韩世忠还预先打造了一批大铁钩，军士们把铁钩抛向敌船，拖到自己的海舰边，然后对船上之敌实施攻击。战不多时，五十艘金军战船损折了一半，其余的战船只能狼狈逃回运河口。

韩世忠适时放下了令字旗，座舰上鼓声止歇，而锣声大作，这是收兵的信号。韩世忠走到梁佛面和其他女子的面前，他们个个两臂酸麻，大汗淋漓，气喘吁吁。韩世忠兴高采烈，表示慰问说："国夫人与众人为国宣力，今日破敌，你们亦当记功受赏。"梁佛面喘息着说："奴家何须记功，唯愿此回生擒得四太子，洗雪二圣北狩之辱，节使屡败之耻，重振大宋国威。大敌未破，尚不是众女子受赏之时。"

完颜兀术在银山龙王庙见到了战斗的全过程，发出了一阵长吁短叹。韩常虽然组织了本部军队出战，自己却没有胆量乘船出江。他只是在运河岸边接收败兵，然后上银山，对完颜兀术行女真跪礼，说："男女死罪！"完颜兀术感叹说："今日之败，岂得怪罪于你。"他的眼光逼视着其他六名万夫长，问道："你们有甚破韩世忠底妙计？"斜卯阿里等六人个个低头不语。完颜兀术的目光又转向郑亿年、李邺、李俦等降官，他们也都不敢说话，心里真有说不出的苦，最后唯有郑亿年嗫嚅着说："四太子莫须亲自与韩世忠言语？"完颜兀术将手一挥，说："亦唯有此策！"他对李邺说："你可乘一小舟，前去与南人和议，若得放自家们过江，可分他们一半财宝。"

李邺只得愁眉苦脸地应承。韩常在完颜兀术耳边咕哝了几句，就与他一起下山，来到运河边，韩常特别选了四名会说汉话的契丹人和奚人，与李邺乘一艘小船，划到江面。李邺明白，这四人实际上是监视自己的，只能暗自叹息。他们一面划行，一面大喊："今有四太子派遣使者，愿与韩节使和谈。"

韩世忠得到禀报，就命令两艘小船挟持着金方小船，一起划到自己的座舰旁边。韩世忠站立船头，命令军士们喊道："来底是甚人？"李邺只得硬着头皮说："我是大宋前越州知州李邺，今已投拜四太子。四太子命我前来，与韩节使通和。若是放行，可分韩节使一半财宝。"韩世忠说："你贪生怕死，削髮左衽，有何面目前来见我？我本当将你斩馘，祭旗衅鼓，然而却无人回报虏人，且放你回归。你可关白四太子，他人可得回归，四太子与众女真人不得回归，须留于江南为人质。待虏人归还我两河土地、二圣皇族,方可放他们回得白山黑水。"

李邺带回了完颜兀术无法接受的条件,金军也只能犯死求生,然而几次交锋,却徒然损兵折将,根本不能挽回败局。转眼已到四月初,完颜兀术尽管一筹莫展,还是每天召集众人商议,大挞不野说:"既是回不得江北,四太子不如率全军去建康府屯守,且延捱得盛暑,另议秋冬战事。"众人明白,大挞不野已被委派留守建康城,他的提议其实是不愿单独留守,而要拉其他将领共同留守,却也无法反驳他的意见。事实上,渡江回归的希望已经近于绝望,除了一同去建康城度过暑月,也别无他计。

有军士禀报,说韩世忠又派使者前来,焦躁不安的完颜兀术急忙召见。来者正是上次投战书的石皋。他凭借屡战屡胜之威,显得更加神气,他并不多说废话,只是递交了一份韩世忠致完颜兀术的书信。完颜兀术命令郑亿年翻译,其和议条款也与对李邺的谈话大同小异,并且提出请完颜兀术本人乘船出江,双方隔船当面会谈。完颜兀术当然没有那份胆气,他生怕自己在江面上遭受伏击,就说:"我诚心请韩节使到江岸会晤,决不暗害!"不料石皋事先已得到韩世忠的面授机宜,竟爽快地应承。

石皋走后,郑亿年却顺着刚才大挞不野建议的思路,心生一计,他对完颜兀术说:"下官初知镇江府一带地势,江南本是水乡泽国,港汊交错,依稀有一废渠,直到建康府上元县长宁乡黄天荡。四太子不如依废渠开一新河,将船队绕过韩世忠底海舰,径入大江济渡。"完颜兀术听后,说:"此计大妙,可下令全军,不舍昼夜,开掘新河。"主帅下令之后,金军为了逃命,不但日夜赶工,还抓来附近的男女老少,强迫他们充当苦力。

韩世忠应允登岸会晤,使他的部属,特别是梁佛面等妻妾都感到不放心。梁佛面说:"节使相公以千金之躯,岂可轻入龙潭虎穴,莫须教偏将代你前往?"韩世忠却满怀信心地说:"四太子不敢入江,我却敢登岸,便是我胜他一筹。我当随机应变,决不致有疏失。"

在双方约定的四月七日,韩世忠的四艘海舰逼近江岸,韩世忠改乘一艘二十人的小船,船上特别树立一面绛红旗,旗上用黑线绣了"大宋武胜昭庆军节度使浙西制置使御前左军都统制韩"二十三个大字,停泊在银山一带江边。他只带领两名卫兵,亲自登岸。完颜兀术也由郑亿年当通事,另带两名合扎亲兵,步行前来,双方相距约二十步,就开始谈话。完颜兀术首先行一个汉人的揖礼,以示谦卑之意,他说:"久闻韩节使底英名,今日幸得相见。"韩世忠说:"我亦久闻四太子老于行阵,然而自你统兵以来,又屠害了多少中原军民?天假其便,教四太子来得江南。你若是欲免两国军民刀兵之厄,今日即是一个机便,可依自家底书信行事,我须力保四太子在江南安居,待两国和议之后,我亲自送你回归。"

完颜兀术说:"我愿将此回所得财宝全数奉送,唯求韩节使网开一面,放我回归江北。自今大金当与大宋以大江为界,放还赵氏二帝,永不相侵,为兄弟之国。"自从宋高宗建国,四年间金人从来不承认世上另有宋国,也不承认宋高宗是皇帝,他们只是称南宋为江南,称宋高宗为康王,今天完颜兀术改口称大宋,又提出这个和议条件,自认为是绝大的让步。韩世忠愤怒地说:"自燕山以南,皆是大宋地界,你岂得占据不还?"

完颜兀术自认为已忍受了莫大的委屈,也转而恼羞成怒,他抽出佩刀,说:"韩世忠,你敢与我单独挑战否?"他话音刚落,一队女真骑兵飞马直冲江边,离韩世忠等站立处不远,在两个早先挖掘的土坑里,也埋伏了二十名金兵,他们推开盖在头顶上的伪装土盖,杀奔而来。韩世忠早有防备,他与两名亲兵返回船上,船上的两具床子弩向完颜兀术放箭,却没有命中完颜兀术本人,而射死了两名合扎亲兵。小船已经离岸,韩世忠亲自手挽铁胎弓,瞄准完颜兀术怒射一箭,韩世忠箭术颇精,幸亏完颜兀术躲得及时,这支箭从他的耳根下擦过,划出了一道血痕,完颜兀术虽是宿将,也吓出了一身冷汗,他只是下意识地转身狂奔。韩世忠的小船一面退却,一面仍向金军射击,四艘海舰也尽可能逼近江岸,向金军发射矢石。金兵死伤了十多人,只得向后退遁。宋军的舰船也乘胜返回江中。

韩世忠回到自己的座舰,梁佛面率领众妾为他庆功,梁佛面说:"节使相公今日虽未得亲手杀得顽凶,亦足以使虏人破胆。"她亲手为韩世忠斟酒一杯,茅佛心、周佛迷等女子也逐一上前敬酒。韩世忠高兴地说:"但愿朝廷速发援兵,水陆会合,共破虏人,以成中兴之功!"韩世忠的捷奏不断传送行朝,他请求朝廷发兵,在镇江府一带会战,全歼敌人。

再说宋高宗得到金人退兵的消息后,才从龙翔寺驻跸温州州衙。三月十八日,宋高宗的船队离开温州,沿海北上。二十三日,由于南风风顺,船队在台州的海面夜航。宋高宗最近的心境已非去岁末和今年初逃难时可比,他愈来愈有一种真命天子自有天佑的自豪感,满怀着必定逢凶化吉的信心。他在楼船二层寝阁,与张才人、吴贵人夜饮,而另有八名宫女为他们歌舞,他们所唱的,还是张才人为皇帝第一个寿诞天申节所编的歌词。当他们唱到"自天其申"一句时,御楼船突然停了下来,几名宫女脚步踉跄,几乎跌倒,桌面上的碗杯之类翻倒,酒汁流淌,佳肴乱撒。原来整个船体发生了相当大的倾斜。

宋高宗正要问明缘由,张去为进入寝阁跪奏说:"奏禀官家,御船搁浅。"宋高宗自从航海逃难以来,才懂得船只不但有烈风恶浪之险,也还有搁浅触礁之患,他说:"可召众船前来救援!"张去为说:"小底已是教众人去船头呼救,不料众船散失,难以召唤。"宋高宗生气地说:"众臣船岂可擅离君船?"张才人焦急地发问:"御船是否渗水?"张去为说:"未曾渗水。"吴贵人急忙跪奏说:"此必是大宋国运否极泰来底吉祥之兆。"尽管吴贵人完全是信口雌黄,但宋高宗还是回嗔作喜。

延挨到天明,众船才发现船队中竟没有御船,遑遑返回寻找,终于发现了这艘搁浅的御楼船,吕颐浩指挥众船,用粗缆绳把御楼船拉出了浅滩。船队临时停泊台州松门寨。吕颐浩率领僚属,上御楼船便殿朝拜,众大臣下跪,向皇帝叩头谢罪:"臣等误膺眷渥,未得紧随陛下,致使御船遇浅。虽是有惊无险,圣躬安康,而臣等委是惶愧,无地自容,恭请陛下明正典刑,以谢天下!"宋高宗的怒气已经平息,他用温和的口吻说:"众卿虽有微失,昨夜遇浅,正是天地祖宗昭示社稷转危为安之瑞。众卿忠心体国,与朕共历患难,须为朕安心供职。朕亦须谨守列祖列宗体貌大臣底成规。"

吕颐浩见皇帝没有怪罪之意,才转入国务的话题,他说:"韩世忠此回拦截四太子归师,已是三战三捷,自军兴以来所未有。四太子大军损兵折将,战马倒毙甚多,士气不振,此正是兵机。臣恭请陛下亲幸浙西,下诏亲征,臣虽不才,愿亲至江上,督诸将水陆会师,共力进讨。四太子所统多是虏军精锐,若得剿灭此军,虏人必是破胆,大宋中兴有期。"

范宗尹望了望赵鼎,示意由他出面。赵鼎说:"臣屡次进言,当俟浙西宁静,建康底虏寇悉数渡江,然后回跸。吕相公有雄心壮志,以为虏骑穷蹙,可以剪除,然而韩世忠底捷报,恐不无缘饰,万一所报不实,而建康虏军未退,回戈冲突,便成轻举。臣以为此正是社稷存亡之机,以万全为上。"赵鼎和范宗尹对吕颐浩持异议,双方已经争论过一次。

吕颐浩慷慨地说:"臣以为机会之来,间不容髪,唯求陛下圣断而力行!"宋高宗说:"此事且缓议数日,待韩世忠另有奏报,然后定议。"吕颐浩明白,皇帝其实是倾向于范宗尹和赵鼎的意见,心中不免叹息,但脸上还不能露出不悦之色,也不便再说什么。

赵鼎退朝之后,开始上章弹劾吕颐浩,前后近十份章疏,言辞一份比一份更为激烈,说吕颐浩任相专恣,"挟挫沮言官之威"。吕颐浩企图将赵鼎调任翰林学士和吏部尚书,赵鼎坚决不肯赴任。吕颐浩按照惯例,只能向皇帝上奏辞职。宋廷因此陷入举棋不定之中,迁延到四月十二日,宋高宗的行朝回到越州,驻跸州衙。

宋高宗复命赵鼎为御史中丞,已经明确地表示了对赵鼎的支持。四月下旬,宋高宗亲自召见其他执政,宣布将吕颐浩罢相,他说:"吕颐浩是功臣,兼无误国大罪,与李纲、黄潜善等不同。朕当眷遇,始终不替。"范宗尹很快继任宰相,而赵鼎也在五月升任签书枢密院事。

在吕颐浩罢相之前,算是争取发布了张俊的新命,并且给岳飞发了一份省札,这在上一章已作交待。宋高宗虽然做出了"眷遇"的姿态,吕颐浩在罢相后还是闷闷不乐。四月的天气已相当炎热,吕颐浩一时无职无权,成天在家饮酒浇愁。一天,儿子吕摭进屋,对父亲说:"闻张俊到得临安,便逗遛不进。"吕颐浩叹息说:"此是意料中底事。诸将骄蹇,玩寇养尊,当维扬劫难时,若是自家不亲临行伍,刘光世一军又怎生渡江?目即韩世忠一军唯是将四太子阻截于江上,若不乘机扫除,日后必生患害。范相公等人畏首畏尾,岂足以成大事!"他对自己罢相心中不服,只是对儿子稍稍发点牢骚。

金朝元帅左监军完颜挞懒得知完颜兀术被困于江南,下令万夫长兀林答泰欲进兵扬州,以为江北声援,金将完颜移剌古也奉命率军渡江,主持建康府城的防守。但兀林答泰欲未能攻破扬州,只能引兵趋真州。这两支军队的行动事实上并不能改变完颜兀术的困境。

四月十二日,从镇江府到建康府黄天荡的新河掘通,完颜兀术的大军分水陆两路,连夜转移。十三日,金军船队从黄天荡的新河口驶出,准备渡江。不料江面上一队海舰,计有三十艘,溯流而上,再一次拦截金军的部队。原来韩世忠发现敌军转移,又及时赶来,继前锋三十艘海舰之后,大队海舰源源而来。

在一场混战中,金将渤海人高召和式率领三只小船,围攻一艘宋军大舰。他们抛铁钩钩住大舰,然后跃上大舰,双方在大舰上进行白刃战,竟将舰上的宋军和家属全部杀死。于是其他宋军海舰又上前围攻,向那艘被俘的大舰发射火箭,最初是篷帆着火,接着又是全舰燃起了烈火。高召和式只能率领残兵重新逃入小船。金军虽然困兽犹斗,最终还是连一艘小船也未能渡江,在损兵折将之后,退遁入黄天荡河口。

完颜兀术在战后虽然重赏了高召和式,心里还是十分愁闷,他只能又一次召集众人会商问计。郑亿年说:"四太子何不在建康城中,以重金悬赏破南人之策。"走投无路的完颜兀术到此也只得死马且当活马医,他指着李邺和李俦说:"你们可去建康城中,会同移剌古与陈知府,以重金出榜招募。"于是李邺和李俦由一谋克金军护送,进入建康府城。

自从金朝宗室完颜移剌古率军来到建康城后,张真奴和萧斡里也自然降居副职。李邺和李俦进城以后,就拜会了完颜移剌古、张真奴、萧斡里也和陈邦光,说明缘由。陈邦光马上在全城张挂榜帖。当天就有一个书生前来府衙,吏胥将他引入大堂。

完颜移剌古坐在居中,两边是张真奴和萧斡里也,其次是陈邦光、李邺和李俦,他们都辫髮左衽。自从金军占领建康城后,还来不及将全城坊郭户居民全部更换髮型和服饰,但官吏已经全部更改了髮型和服饰。一身汉服的书生上前,还是行汉人唱喏礼,说:"福州进士王知全拜见移剌古郎君与众位官人。"陈邦光等人听他自称进士,就推断他必定是个科举落第者,甚至还可能不够参加省试的资格。但在这种场合下,他们都不愿意多说,而是让张真奴和萧斡里也向王知全询问,然后翻译给完颜移剌古听。

完颜移剌古听后,抱着试一试的态度,教李邺和李俦带着王知全去完颜兀术的大寨。当王知全拜见完颜兀术时,已经改换了女真人的髮型和服饰,并且对完颜兀术行女真跪礼。完颜兀术听了他的献计,十分高兴,当即封他一个字董,下令全军,就按王知全的计策准备。金军又另外开通一条新河,直抵建康城西白鹭洲江面,并且按宋军的战术,赶造了大批火箭。

四月二十五日,金军乘着天气晴朗无风,再次出兵。出军之前,完颜兀术效法汉人的跪礼,亲自双膝跪在江边。郑亿年为完颜兀术用汉语代念了一篇祈祷文字,完颜兀术接着用刀划破额头,仰天用哀求的声调高呼:"唯求昊天上帝与江渎广源王佑我!"原来宋朝封大江江神为广源王,金人虽然不承认宋朝,却只能沿用宋朝的封号。当场又有金兵按女真习俗,宰杀一匹白马,又将一个汉人女驱口剜心,进行祭礼。在杂用汉礼和女真礼祭江之后,金军的小船才驶出白鹭洲一带江面。

宋军的大帆舰因为无风,没法行动。金军却用桨划着轻舟,直逼宋军大舰,向篷帆发射火箭。宋军虽然也向敌人发射矢石,拼死抵抗,但海舰一艘接一艘着火,顺流飘下。舰上的将士和家属,人乱而呼,马惊而嘶,或被火烧死,或投江溺死。历时四十天的黄天荡之战,竟以宋军失败而告终。

韩世忠本人幸亏有江北普伦、普赟和普琏所率民间武装的接应,得以退回镇江府。他登岸之后,望着江面,突然仰天大恸,连声说:"岂非是天意!"他的一批部属,包括勇将呼延通,也跟着落泪。不料梁佛面却一滴泪也不流,她用严肃而慷慨的口吻说:"节使相公失机纵敌,难道不须上奏自劾。奴家虽是一个女流,亦须上疏,乞朝廷加节使相公罪责。然而丈夫有泪不轻弹,既是以孤军抗击虏人四十日,使四太子丧胆,亦足以壮国威,大宋中兴,便是有望!"

[叁肆]
克复建康

四月二十二日,岳飞进军建康府句容县城。当时,完颜兀术的大军已经转移到建康府沿江黄天荡一带,与韩世忠军相持,而守城的一支金军,正是由完颜当海属下千夫长阿里侃留哥统率。阿里侃留哥经历了半年多的战事,颇感厌烦,成天借酒浇愁。他喝得酩酊大醉,不省人事。当宋军突入县城后,金军就如鸟兽散,根本不能作什么抵抗。阿里侃留哥正是在醉梦中被宋军俘获,他所佩的银牌证明了他的身份。岳飞当即亲自主持审讯,详细地盘问了敌情。王贵等人的队伍也在当天从镇江府丹阳县赶来会合。

岳飞连夜在县衙召集军事会议,由张宪首先介绍敌情,他说:"自移剌古郎君一军由江北移屯建康府城,城中底番军计有五名千夫长,约四千人马,然而近日大挞不野孛堇已自统兵前去,与移剌古同共驻守。虏人于城南雨花台与城东北锺山两处扎立硬寨,目即移剌古已出屯雨花台,而大挞不野屯军锺山。四太子大军号称十万,麇集城北江岸,虽是损折甚多,其实尚有四万余人,因韩节使水军阻截,不得渡江,士气萎靡不振。"当时金军正在重新挖河道,准备对韩世忠军实施火攻,但驻守句容县的阿里侃留哥并不知情,他的供词当然也无这项内容。

徐庆说:"既是四太子逃遁建康府,则收复建康与扫灭四太子大军,自是一体。据事势莫须先易后难,可先破雨花台敌寨,以为根本之地,然后渐次北进,与韩节使并力,同共剿除四太子大兵。"众将都纷纷表示同意。岳飞却说:"除张渚镇驻守军兵外,自家们底人马不足一万七千人,不及虏人半数。韩节使军唯是水战,自家们须以孤军与强敌陆战。闻得雨花台虏寨守御甚坚,若是强攻,必是损折军力,尚须用计。不如且在此休兵一二日,寻觅战机,乘敌之隙,然后用兵。"

岳飞派人打听敌情,得知金军另开新河,并且准备火攻,就感到事态可能发生逆转,他马上命令于鹏驰往镇江府,通报韩世忠,然而因韩世忠军几乎全部生活在海舰,竟通知不及。

四月二十四日,正是金军以火攻破韩世忠水军的前一天,岳飞部署姚政第七将和庞荣第八将计两千多人,坚守句容县城,他嘱咐说:"县城控扼建康东南,使虏人不得回犯,你们务须死守。若有缓急,我亦当发兵回救,万万不可有失!"姚政和庞荣说:"岳统制且请放心,自家们当用心防拓,不致有失。"岳飞安排了句容县城防务后,就亲率其余六将,近一万五千兵马,开始向建康府城南进兵。

二十五日,即是在金军破韩世忠军的当天,傅庆和舒继明所率的第一将前锋部队途经府城南三十宋里的清水亭,与金军千夫长斡准斜哥的部队发生遭遇战。斡准斜哥所部是由完颜移剌古从雨花台大寨派出的一支巡绰部队,约有八百人,其中一半是重甲骑兵,一半是轻装的阿里喜。傅庆发现敌情,马上持铁锥枪率先驰马突击,接连刺死四名敌骑,舒继明紧随其后,抡动斩马刀,连劈三名敌军。他们所部的骑兵也个个大声喊杀,奋勇争先。金军的重甲骑兵很不习惯江南的暑热天气,他们巡逻了不多一段路,就已力竭汗喘,根本无法抵挡宋军的猛攻。斡准斜哥感到形势不妙,就率先飞骑逃跑,于是金军很快败退,阿里喜们都是轻装,逃遁较快,唯独那批负荷很重的重甲正兵,却难以逃脱被歼灭的命运。于是他们纷纷丢盔卸甲,策马狂逃。

当岳飞的大军赶来战场时,傅庆和舒继明已经结束战斗,他们向岳飞报告说:"小将等计斩得虏人耳戴金银环者一百七十五级,擒女真、汉儿、渤海军四十五人,甲胄兵器数千件。"岳飞高兴地说:"自家们初战句容县,二战清水亭,待剪除得四太子大兵,一并庆功。"他当即挥兵西行十二里,来到原定的驻地牛头山。

牛头山位于建康府城南三十宋里,山上有两峰东西相对,正值初夏,山上树林和草丛郁郁葱葱,并且还有不少泉水。这是城南一处制高点。

建康是东晋、南朝六朝古都,牛头山恰如都城双阙,故又名天阙山。岳飞精心选择了牛头山,一是为了居高临下,威逼府城,二是据守山头,易守难攻,使金军骑兵不能发挥驰突的长技。

但是,在岳飞驻兵牛头山的后半夜,却得到了韩世忠的败报。天明时,岳飞面带严峻的神色,分别巡视六将,对官兵们反复训话,他用激昂的语调说:"韩节使军战败,如今自家们唯是以孤军抗强敌,以少击众。然而不杀败四太子,不复建康,又何以立国?虏人不占天时,又失地利,若是临阵敢战,巧于用兵,亦必能破敌,我当与尔们论功行赏。"

与此同时,正在城西白鹭洲江边欢庆胜利的完颜兀术,也得到了清水亭的败报。他立即召来万夫长们训话,说:"蒙昊天上帝与江神广源王护佑,苦战四十日,杀败了韩世忠水军,自家们得以在江上往还。然而岳飞一军新破句容县,又猖獗于清水亭,此人甚是善战,不得小觑。你们之中,何人愿统兵前去?不杀败岳飞,我便是回得江北,又怎生安心?"不料六名万夫长中,竟没有一人应答。自从杀败韩世忠军后,斜卯阿里、乌延蒲卢浑、韩常、王伯龙、完颜当海和裴满术列速都只是庆幸绝处逢生,谁都没有留在江南度过炎夏,而与宋军再战的勇气和乐趣。

完颜兀术见六人没精打采,就怒气冲冲地下令:"当海、术列速、王廿六可与挞不野合兵,前去城南,与岳飞挑战。阿里、蒲卢浑与韩十八且留于此处,将财宝济渡江北。我阿爹在世时,儿郎们只是向前厮杀,如今却多有畏避不前。此回猛安孛堇斡准斜哥竟是临阵先遁,若不惩罚,今后又怎生用兵?当海等前去,可先将斜哥洼勃辣孩,当众号令,激励众儿郎,然后用心厮杀,务必取胜!"完颜当海、裴满术列速和王伯龙都深悉完颜兀术的脾气,只得心中暗自叫苦,他们明白,这个粗中有细的主帅其实是杀鸡吓猴,三人只能应命退下。

完颜当海等三军会合了屯兵锺山的大挞不野所部,前来城南雨花台大寨。完颜移剌古还不是万夫长,他虽然是金朝皇族,但地位不如四名万夫长,而四名万夫长中,按照惯例,当然还是以女真人完颜当海为首,其次是女真人裴满术列速,渤海人大挞不野的地位较低,而汉儿王伯龙的地位最卑。完颜当海依照完颜兀术的命令,吩咐把斡准斜哥押上来,他厉声责备说:"你身为猛安孛堇,如何敢临敌先逃?"斡准斜哥吓得接连行女真跪礼,说:"男女死罪!唯求当海孛堇恕我一死,我愿身为前驱,将功折罪。"完颜当海其实根本没有处死斡准斜哥的欲望,他朝裴满术列速望了一眼,裴满术列速用眼神回答:"不可违犯四太子底军令!"完颜当海马上喊道:"洼勃辣骇!"当即有一名金兵举大棒上前,向斡准斜哥头部猛击,斡准斜哥在惨叫声中毙命。

处死斡准斜哥以后,完颜当海就与众将商议军事,完颜移剌古报告岳飞屯兵牛头山,完颜当海眉头一皱,说:"山上唯利步战,不利马战,不如请王孛堇先率汉儿步兵前去挑战,若是将南虏诱至山下,自家们当以精骑拐子马围掩。"女真人打仗,往往驱逼汉儿等打头阵,而力求保存女真精兵的实力。王伯龙明知完颜当海的心机,也只得应声说:"待休兵一日,我明日便率儿郎们攻打牛头山,然而众孛堇亦须及时增援。"裴满术列速说:"会得!"

他们商议已定,当晚就大吃大喝,然后休息。金军已经富于被宋军夜战劫营的经验,他们在雨花台寨外加强戒备。但因天气炎热,特别是女真兵们,是难以披戴重甲就寝的。大挞不野所部的一谋克兵,其实只有六十四人,他们大多是渤海人,也有少量契丹人等,并且都是步兵,只有一名百夫长和两名五十夫长骑马,在雨花台东部来回巡逻。他们发现来了一队骑士,身穿黑衣,披铁甲,黑衣当然是金军的军服颜色。双方接近后,为首的骑士就用女真语喊话,那名渤海人的百夫长驱马上前回话,不料那名骑士抡动一杆铁戟刀飞马直前,将那名百夫长刺于马下。一谋克的金军在骑士们的攻击下,大多被杀。原来岳飞命令孙显和董荣,在第一将挑选了一百名骑兵,乘夜劫寨。孙显和董荣曾被驱掳,在金军中服役,熟悉敌人军情,今夜正好发挥他们的所长。持铁戟刀的骑士正是孙显。宋军袭击了敌人的巡逻兵后,立即杀入雨花台敌寨,骚扰一阵,又马上退兵,一百骑兵全师而返。金军惊醒后,在黑夜不辨敌情,竟自相攻击,骚动了一整夜,死伤几百人,未能安息。

天明以后,完颜当海还是驱迫王伯龙打头阵。金军来到牛头山下列阵,王伯龙挥兵攀山而上,却被宋军几次三番用矢石杀退,但宋军并不追击下山。延捱到下午,完颜当海等眼看诱敌下山的计划无法实施,只能收兵回寨。

完颜当海等人鉴于昨夜劫寨的教训,下令在雨花台周围加派巡逻兵,每三个到五个谋克为一队。在寨内多点火把,全体军士不仅必须披甲浅寐,还要分批轮流起身警戒。金军忙乱了一整夜,却无一个宋兵的踪影。金军接连两天两夜未能好好休息,当然更加疲惫。

四月二十九日,焦躁的完颜兀术又增派韩常率兵来到雨花台。完颜兀术明白,韩常虽然是汉儿,却是万夫长中最有智计的一人。韩常与其他金将一起统兵来到牛头山下,他望着对峙的双峰,问道:"可知得牛头山高多少,周回有多少里?"完颜移剌古回答:"此山高一百四十丈,周回四十七里。"韩常感叹说:"四太子底意思,本欲将岳飞全军合围于牛头山,然而四十七里之广,却是围不得。"

金将正苦于无计可施,牛头山上驰下了二十多骑,为首的是董荣、牛显和张峪三将,他们都手持长柄铁掉刀,这种刀双刃锐尖,可劈可刺,宋军高喊,要与金军斗将。完颜移剌古对如今已成为他部属的渤海人张真奴说:"你可出阵,若能杀了南将,亦可灭得岳飞全军士气。"张真奴手持狼牙棒,飞骑上前,宋方则是董荣出马,两人只格斗片刻,董荣大喝一声,将张真奴的头颅劈下。另一个曾任建康城留守的萧斡里也手执双刀,飞马直前,宋方是张峪迎战,不消片时,萧斡里也又被张峪刺于马下。裴满术列速命令部属的千夫长奥屯琶八出战,奥屯琶八持剑上阵,与牛显鏖斗多时,感到力不能支,就拨马逃跑。牛显弯弓搭箭,又把奥屯琶八射落马下。

三员骁勇的千夫长丧命,使金将大受刺激。完颜当海率骑兵向宋军猛扑,而董荣等二十多骑却及时收兵上山。金将们一阵商议,还是派遣汉儿、契丹人、奚人、渤海人等步兵攀登攻山。金军接连强攻十多次,都被岳飞挥兵杀退,死伤无数。大挞不野说:"且待我率军绕出山后,攻其不备。"韩常苦笑说:"岳飞在山上,大金军马底一举一动,全在他眼底,又岂得攻其不备?"金将们迁延到傍晚,只能收兵回雨花台。

韩常冥思苦想,想到了自己四年前夜袭共城县天门山的战例,就连夜找其他将领,说了自己的计划:"牛头山天险,不得强攻。南虏知大金军马不惯夜战,自家们不如乘夜绕出山后,攻敌不备。"完颜当海和裴满术列速都拍手叫好。大挞不野说:"连日士马疲惫,不如今夜暂休,明日发些少兵马佯攻,待明夜饱餐之后,再行大举。"他们正在商议时,却有金兵进入报告,说:"各处巡绰军马俱遭南房偷袭。"原来岳飞乘夜用兵,攻击者一律身穿黑衣,不入敌寨,而专门袭击金军的巡逻部队。金军在暗夜里只是被动挨打,金将们不得不发兵出寨增援,又是扰攘了一夜,未能休息。

三十日是个雨天,金军总算乘机得以休息。当天夜晚,雨却愈下愈大,韩常对众将说:"雨夜正是兵机,自家们宜连夜用兵。"完颜当海说:"我与术列速、移剌古守寨,你与王孛董、挞不野率军前去,待天明,自家们亦当增援。"韩常等人明白,完颜当海的意思无非是要保存女真军的实力,而让非女真人去冲锋冒险,尽管心中不快,也不敢与女真万夫长们争议。

韩常、王伯龙和大挞不野三军饱餐之后,冒着滂沱大雨,向牛头山后麓进发。金军到达后山,正值深夜,而骤雨初歇。韩常对王伯龙、大挞不野高兴地说:"雨后更是兵机,今夜必可攻岳飞之不备。"他们下令金军登山,而本人率领部分军士留在山下压阵。雨后的牛头山上虽有茂密的林木和丛草,仍然相当湿滑,况且又是最深沉的暗夜,给攀登的金军带来很大的困难,他们连跌带爬,又嘴上衔枚,而不能出声,一些军兵竟在爬山时摔死。他们好不容易爬了大约四分之三的路程,已经距离双峰不远,突然山巅发出一阵惊心动魄的鼓声,火把齐明,煞时照耀得如同白昼。宋军早已安排了强弓硬弩,向敌人攒射,又投下了许多大石,把登山的金军打个落花流水,纷纷滚落山下。原先埋伏的王贵第二将、徐庆第三将、寇成第五将和郭青第六将,也向山下的韩常等军发起奇袭。金军死伤无数,韩常、王伯龙和大挞不野率领残兵败将,在天明时狼狈逃回了雨花台金营。

经过一夜战斗,金将们对战胜岳飞再也不抱任何希望。大挞不野对众人说:"你们行将回到江北,唯是我独留建康,岳飞煞是善战,我如何守得?你们且留此守寨,我须去面见四太子。"他告别众人,在五月初一独自率一谋克合扎亲兵来到城西白鹭洲。

大挞不野见到完颜兀术,就行女真跪礼,他一面流泪,一面诉说战事,最后说:"四太子委是要守得建康,以便今秋大举,须是亲自统大兵留守。若是教我统孤军留守,不如将我洼勃辣骇,以免死于岳飞之手!"说完以后,竟大哭起来。完颜兀术怒目圆睁,一言不发,只是听任大挞不野哭诉。他最后起立,怒气冲冲地说:"你且回雨花台大寨,与众孛堇、郎君坚守数日,不须出战。待我亲自入城理会后,方与你们同共撤回江北。"完颜兀术所谓"理会",就是在城里大肆屠戮和破坏。依女真贵族的惯例,凡是他们能够占领的地方,当然要保存人口和财产,凡是他们不能占领的地方,就必须进行彻底的毁灭。大挞不野听说完颜兀术允许他与大军共同北撤,就如得大赦一般,说:"男女叩谢四太子!"

大挞不野当天奔回雨花台,向众将传达完颜兀术的命令,众将听说不久可以退回北方,都感到高兴。韩常说:"然而岳飞智计过人,自家们坚守大寨,亦非易事,须是用心计议。"金将们经过商量,决定在大寨安排强弓、硬弩、石炮之类,每晚不再派兵出寨巡绰,而是沿寨墙点起好几千火把,以三分之一兵力在各处把守,以三分之二的兵力轮流休息。

岳飞也及时休整军队,他发现金军不再到牛头山前挑战,就在五月初二派傅庆和舒继明率第一将骑兵到雨花台敌寨前挑战,这次金军只是守寨,不再出战。舒继明单骑驰向敌寨,立即招来一阵密集的箭雨。舒继明的坐骑中箭倒地,舒继明虽然身体极其高大,却又相当灵活,他从地上跃起,舞动斩马刀架格敌人的乱箭,逃到了箭的射程之外。岳飞当夜发兵劫寨,又发现金军使用新的战术,而难以袭击。

三日,岳飞召集众将会议,讨论对策。徐庆说:"据俘虏所供,四太子在城西沿江白鹭洲,亲自押送船队过江。守寨底虏人屡战屡败,已无斗志。兵力贵合不贵分,可召句容县姚正将与庞正将前来,同共破敌。"张宪说:"破虏人大寨,须用火攻,虏人攻城,长于用炮,此回自家们亦须用炮。"众将纷纷表示赞同。

于鹏正在此时赶到了牛头山上,他向岳飞和众将报告说:"我去得镇江,面见韩节使,他言道,本军新败,死伤甚众。目即不得前来会师。"他的报告倒是在岳飞意料之中,岳飞说:"王师虽是屡挫虏人,然而以少击众,尤须用计,不可强攻。士马损折过多,最是大忌。"众将明白,岳飞最担心的,是与敌人硬拼,而损失兵力。他命令王敏求前往句容县,把姚政和庞荣两军抽调到牛头山,又下令全军赶造炮具,准备攻雨花台和攻城。

从四日开始,接连五天下雨,这给露宿牛头山上的岳飞全军造成极大困难。将士们很难有躲雨的场所,连炊食也相当麻烦。岳飞在雨中只穿一条短裤,与军士们一同赶造攻城炮具,众将也纷纷效法。官兵们同甘共苦,度过了艰难的五个日日夜夜。

在金军方面,完颜兀术本拟四日回建康城,立即在全城纵火,因为下雨,也延迟一天。到了五日,完颜兀术焦急不安,不愿再行拖延,他命令斜卯阿里所部驻守建康城外西北的靖安镇和龙安津,负责财物和驱口的押运,自己亲率乌延蒲卢浑军冒着大雨,进驻建康城。完颜兀术仍住在位于城西南,由张真奴和萧斡里也在留守时另筑的新城中,他对乌延蒲卢浑说:"大金军马既去,便不得将城中底人民与财宝留于康王。可将壮丁充驱口,其余悉与斩馘。房屋待天晴后悉与焚烧。"乌延蒲卢浑当即指挥所部金军,把全城的男子壮丁和官吏一律拘捕于正觉寺,然后一批又一批地用麻绳串絷手脚,押出城外,乘船押往江北。金军同时又对城里的老幼妇女进行屠杀和奸淫。于是,这座历史名城就开始遭受自北方到扬州、明州、临安府、平江府、洪州、潭州等地相继发生的惨祸。

九日雨后天晴,经过太阳一天的曝晒,金军当夜开始在建康城里纵火。与此同时,岳飞也挥兵进攻雨花台寨。在金军弓箭的射程之外,宋军的四十具炮,向敌寨抛射了一百二十个火药球,还有大量石块,乘着寨中起火、金军慌乱之际,宋军鼓声大作,第二至第六将的官兵从南方攻入敌寨。韩常等人最初还督率金军,企图负隅顽抗,不料完颜当海竟率先带合扎亲骑一谋克逃遁,于是金人全军溃败。完颜当海出寨北逃,正遇早已埋伏的第一将、第七将和第八将官兵的截击,在宋军弓弩的攒射中,一支弩箭从完颜当海后背贯穿前胸,完颜当海当即毙命。经过一夜鏖斗,宋军占领敌寨,而韩常等万夫长率残兵败逃入城。

十日天亮以后,宋军统计战果,搜索两千多具敌尸,得到了一块金牌、八块银牌和四十块木牌,这说明有一名万夫长、八名千夫长和四十名百夫长、五十夫长被斩。岳飞下令召俘虏验尸,又逐一证实了以完颜当海为首的一群金军长官的姓名。

雨花台距离建康城南仅有三宋里,在冈阜上可以俯瞰城池。岳飞与众将在雨花台望见城里的烈火和浓烟,心如刀绞。徐庆激愤地说:"难道自家们当在此坐视虏人行凶,百姓受祸而不救!"众将纷纷附议请战,岳飞却噙着泪水说:"我与你们岂有二心,然而自清水亭之战以来,大约只是斩馘虏军四、五千人,尚须以少胜众,而将士们连日栉风沐雨,岂可不稍事休整?"他下令全军饱餐休息,躲过正午最热的时辰。

下午天气稍凉,岳飞下令张宪率第五将至第八将的四将军兵坚守雨花台寨,并且继续休息,自己率第一将至第四将的四将部队前去城下挑战。岳飞安排王贵的第二将和徐庆的第三将打头阵,而部署傅庆的第一将和王经的第四将作为预备队。

韩常、王伯龙、大挞不野、裴满术列速和完颜移剌古五将率败兵入城后,来到城西南的新城,完颜兀术就在原宋高宗的行宫召见他们,五人事先经过商量,一齐行女真跪礼,然后跪在完颜兀术面前大哭,由女真人裴满术列速诉说战败经过。完颜兀术十分生气,却长时间沉默不语,单凭完颜当海没有回城一件事,就使他在心理上受到很大的打击。他心里暗自叹息:"阿爹灭辽时,未曾战死一个忒母孛堇。自破宋以来,唯是蒙适郎君于四年前被岳飞军所杀。这回渡江以来,前后竟亡失四个忒母孛堇,又须放弃建康,教我如何见得粘罕?"完颜兀术向来自恃豪勇敢战,今天感到遭逢了真正的敌手。他最后亲自把五名金将扶起,用安慰的语调说:"此回不得怪罪你们。王廿六与挞不野可先率军济渡大江,韩十八、术列速与移剌古且暂留城中,助蒲卢浑一军洗荡全城,待明日与你们同共渡江。"王伯龙和大挞不野暗自庆幸,他们马上率部兵撤离建康城。

建康城南原来只开一个南门,金军占领后,又在新城的南墙凿了三个门洞,填平一段护城河,以便出入。完颜兀术得知宋军在新城南挑战,就亲自带众将上城,只见宋军已经列成严整的阵形,又感到不得不出战,他对裴满术列速和完颜移剌古说:"城下正是用马军驰突底所在,你们可于各部选拔四千精骑,须是杀个片甲不留,亦是大金军马不柱自到江南一回!"完颜兀术的意图是希望最后打一次胜仗,回去之后,也多少挽回一点体面。

金军的战马虽然死亡很多,但四千以女真兵为主的精锐骑兵,还是能够拼凑的。裴满术列速和完颜移剌古很快整军出城,以排山倒海之势,向宋军发起冲锋。金军这次略为改变传统战术,他们以一千骑正面冲击,又各以一千五百骑向左、右两翼包抄侧击。宋军对敌人的战术也是熟悉的,王贵和徐庆亲自在军阵的左翼和右翼指挥,而孙显和董荣则居中指挥,总计约四千六百名步兵,对迎击敌骑作了充分准备。三路金军几乎同时发起冲击。宋军的左、右翼集中了床子弩和神臂弓,向敌骑攒射,四十具炮也向敌骑抛射散石,时称撒星炮。但军阵正面的弓箭反而较少,射击的威力显然不足。当金骑冲到阵前,宋军就手持盾牌,以斩马刀和麻扎刀劈敌人马腿,双方进行猛烈拼杀。金军第一回合交锋很快失败,在宋军阵前遗弃了五百多具尸体,退回城下。

完颜兀术在城上观战,眼看自己的精骑战败,就亲自下城,率领合扎猛安一千骑参战。金军接着发起了第二次冲锋。完颜兀术进行正面进攻,而完颜移剌古和裴满术列速还是进攻左、右侧翼。宋军仍用以往的战术抵抗,裴满术列速在冲锋时,一支床子弩箭贯穿当胸,当即落马毙命。金军尽管伤亡很重,终于突入对方军阵,王贵、徐庆等依然指挥步兵死战。岳飞及时调动了预备队,进行反击,他命令傅庆率骑兵对敌骑进行侧击,自己亲自与王经、舒继明、李璋、牛显等将率步兵支援第二将和第三将。金军经受不住宋军的猛攻,三支军马全部溃败。这是建康之战中最激烈的一次硬仗,金军遗弃了一千八百多具尸体,其中大部分是女真兵,逃回城里,而宋军战死者也近九百人。

完颜兀术锐气尽堕,他回城后,就命令韩常和乌延蒲卢浑说:"你们可待城中洗荡了毕,于明日撤兵前往靖安镇,济渡江北。"完颜兀术甚至不等吃晚饭,就和完颜移剌古带领军马,并押送最后一百名驱口与一大批物资,匆忙从北门撤退,前去靖安镇。

天色已晚,岳飞为了抓紧战机,命令王贵、徐庆和王经率三将人马安排炮具、云梯之类,准备攻城,自己和傅庆率第一将收兵回雨花台。岳飞与众将一面吃晚饭,一面商议军事,他说:"建康城高峻,急切难攻,若是强攻,势必损兵折将,然而城中百姓又必是望眼欲穿,急盼官兵解救。激战之后,虏人已是破胆,今夜若能乘机巧攻入城,方是上策。"张宪说:"兵法贵乎声东击西,王统领等军既已在城西南摆布军马,明示攻城之势,自家们若得自城东攻入,亦是一说。"霍坚自告奋勇,说:"我愿去城东探伺。"岳飞说:"待自家们深夜同去探伺。"

岳飞在前半夜发兵,自己亲率王敏求、于鹏、霍坚、沈德、牛显、张峪六将,带一百骑兵和一百步兵为前锋,由傅庆和张宪率领五将人马作为后续部队,向城东挺进。这其实是一个美好的夏夜,天上繁星密布,与残月交相辉映,尽管城里火光冲天,到处是坊郭户居民的呼号呻吟,而城外却是万籁俱寂。岳飞率部队缓慢行进,还不时潜行城边侦察。守城的金军以谋克或蒲辇为单位,其实都不足一百人或五十人,手执火把,在城上来回巡逻。

宋军来到秦淮河入城的上水门一带,发现有一处城墙,因为连日雨水而崩坍,填塞了一段护城河,形成一个可以突入的缺口,这当然是一个很大的喜讯。沈德对岳飞说:"我当先进入探伺。"岳飞说:"此处未有虏人巡绰,其中必有埋伏。"霍坚说:"不入虎穴焉得虎子,我愿与沈副将同行。"岳飞想了一下,说:"虏人底埋伏必是不出乎陷阱与弓弩,待自家们潜行观测。"他吩咐于鹏率领一百骑兵在远处待命,自己与其他五将、一百步兵逼近城垣侦察。岳飞经过思索,心生一计,当即与众人退回,等待傅庆和张宪大队人马到来,一起作了部署。

霍坚、沈德、牛显和张峪四将率领一百步兵,各自持大盾和手刀向城垣潜行,沿缺口一面向上爬,一面用手刀不断戳地,果然发现了十八个陷阱,都被前行者用手刀挑去阱盖。四将与十多名宋军首先登上缺口,金军在城上和城下果然有埋伏,一时弓弩齐发,而霍坚等人却用大盾抵挡敌人的乱箭,向城上和城下冲杀。金军也蜂拥而上,企图封堵这个突破口,双方短兵相接。继少量前锋部队之后,岳飞和张宪手执铁锏,寇成手执宝剑,也飞奔通过缺口,他们指挥第五将步兵依次突入,很快杀退金军,沿城墙扩张战果。其他各将的步兵也源源拥入,与金军进行巷战。与此同时,王敏求也奉命驰报王贵等将,王贵下令发动攻击,宋军先向城上抛射炮石,接着就用云梯等杀上城头,攻破南城。两路军队在城里分进合击,向各个大街小巷迅猛穿插。韩常和乌延蒲卢浑所率的残兵再无斗志,他们得知宋军入城的消息,就急忙打开北门逃窜。

时值十一日黎明前的暗夜,在苦难的建康城里,约有一半街巷还在继续燃烧着熊熊烈火,另一半街巷却已成煨烬,断梁残壁,散发着难闻的焦味,到处是被屠戮者的尸身,残肢断体,血肉枕藉,令人惨不忍睹,还有不少幸存者仍在煨烬中号泣呻吟,向官兵呼救。岳飞为便于巷战,一直没有骑马,他与一队军兵来到一条小巷,只听得路边被烈焰包围的一间小屋里,发出女子和儿童的惨叫,岳飞抢先用铁锏撞开屋门,突入小屋,挟持一个妇女和一个男孩,逃出已经成为火炬的屋子。岳飞和妇女、儿童身上都着了火,其他军兵一拥而上,帮助扑火。

岳飞顾不得身上有几处烧伤,下令说:"官兵们前队追击,后队扑火,救死,扶伤!"那个妇人带着男孩跪在岳飞面前,说:"奴家与儿子叩谢太尉救命大恩!敢问太尉尊姓大名?"岳飞慌忙把他们扶起,他不愿说出自己的姓名,只是沉痛地说:"我贻误兵机,未能救取全城百姓,委是愧对你们!"说完,就带着军兵走了。那个妇女又急步上前,拦住一名兵士,用哀求的口吻说:"敢请告诉太尉底尊姓大名!奴家便是来世做牛做马,亦须图报。"那个兵士说:"他便是统兵底岳统制,英勇善战,却是菩萨心肠!"那个男孩名叫高祚,成人之后,知恩图报,在岳家患难之际,竟成了岳安娘的丈夫,此是后话,又是岳飞生前未曾料到的事。

建康府城平时约有坊郭户十七万人,在金军占领后,只剩下约十万人口,其中约有五万人先后被驱掳到江北,约四万人被杀,只有约一万人幸存。事后收拾的全尸和残毁的肢骨共计达八万左右。

宋军在天明时收复全城,官兵们共计俘虏一百多金兵,又另有一百多金兵投降,岳飞临时在府衙的废墟上审问。按照向来的政策,对金军中的女真人与非女真人,特别是汉儿与南人,是区别对待的。众将士见到其中有六十多名耳带金、银环的女真人,无不眼中喷射出怒火,郭青按剑说:"且斩了全体带耳环底虏人,与朝廷报功,方得稍雪众将士心头之恨!"岳飞却强按怒火,沉静地说:"自家们是仁义之师,不得胡做!自须歼灭渠魁,宽贷胁从。"他下令将女真人的两名百夫长另外关押,然后对其余的女真人作简单的训话:"天地之间,人是万物之灵。你们此回下江南,屠杀了多少男女老少,我与众将士痛切心骨,恨不能将你们斩馘,以雪深仇大恨。然而念你们亦是万物之灵,父母生养,不忍下手。人生世间,贵于将心比心,若是大宋军马前往白山黑水,亦将你们底父、母、妻、子屠戮,焚掠你们底居室,你们又当如何?我日后须放你们回归,然而你们亦须体念大宋仁义,不可助金国郎君们作恶。"他的训话经过俘虏们互相翻译后,传来了一阵欢呼声,女真人一齐用汉礼下跪,说:"叩谢岳爷爷不斩之恩!"

岳飞处分了俘虏之后,立即整饬军马,追往靖安镇和龙安津。将士们连日鏖战，都相当疲劳，许多人还带着伤痛，却敌忾同仇，不愿放过最后的杀敌机会。很多人来不及吃早饭，就一面啃干粮，一面急步行进。

完颜兀术十日夜晚还是在靖安镇上住宿，他平时倒头就能睡熟，今夜却无法合眼。他思前想后，最后悔的是孟浪地出兵江南。天色微黑，乌延蒲卢浑和韩常带领败兵逃到了镇上。完颜兀术再也不敢在镇上徘徊，他命令乌延蒲卢浑和韩常指挥最后的撤退，自己随即率合扎亲兵飞马驰往龙安津，乘船渡江。船行驶到了江心，完颜兀术望着南岸，不由发出深长的喟叹，他低声喃喃自语说："来了便难以去得，去了便来不得！"

金军退遁，却没有忘记带着几名重要的降官，郑亿年、李邺、李俦、陈邦光等人，还有王知全，都乘坐同一艘船渡江。郑亿年等人望着江南，都不免黯然伤情，他们虽然已经辫发左衽，却仍怀着离乡背井、栖身异域的痛苦。唯独王知全却是另外一种心境。他在宋朝怀才不遇，如今却有一种平步青云的得意。自从献计破了韩世忠军，完颜兀术对他特别赏识，一日之间，他的地位就凌驾在众降官之上。王知全小人得志，怀着在宋朝不得志的报复心理，对众降官恣意地讥剌和轻薄。现在他见到这批人的神态，就信口说："众官人莫非怀故国之思？然而康王底朝臣，全是如尔们酒囊饭袋之流，又何以立国？江南底国运，譬如朝露，延捱得今年，便捱不得明年。"王知全的话，深深激怒了这些降官，陈邦光面带谄笑，走上前说："亦是康王有目无珠，故江南不能用王孛堇等奇才。"他来到王知全的身边，突然用右肘猛烈一撞，王知全毫无防备，当即跌落江中。陈邦光假意惊呼救人。王知全虽然不会游水，却还在水里挣扎。李邺取来一条竹竿，伸向王知全，王知全举着双手，企图抓住竹竿。不料李邺根本不容他用手抓，而是乘着靠近时，用竹竿向他的软腹用力一戳。王知全最终带着荣华富贵的梦幻和遗恨，淹没在江涛之中。两名杀手虽然稍露形迹，而同船的四个女真兵却没有看穿他们的杀机。郑亿年、李俦与陈邦光、李邺互相望着，不由露出会意的微笑。

岳飞带兵追奔到龙安津江边时，正值韩常和乌延蒲卢浑登上一艘渡船，准备离岸，岸上还留下六百多名金兵。金军尽管部署撤退已经多日，而撤退还是相当慌乱，江岸上的铠甲、兵器、旗鼓、辎重以至牛、驴、猪等牲畜，数以万计，或纵横委弃，或堆积如山。乌延蒲卢浑听到岸上传来嘈杂的惊呼："南人杀来!"就连忙下令开船。岸上的金兵还是争相拥上渡船,另一批人则跳到水里,争相扳住船舷。乌延蒲卢浑在逃生本能的驱使下,当机立断,挥剑乱砍扳船的手,这艘最大的渡船才得以离岸逃遁。其他的渡船也互相仿效,一百几十个断手的金兵在水里发出惨叫,渗出的鲜血将这一片江水染红。

岳飞的军队追到江边,还有十多艘船没有离岸。战士们奋身跃上最后一批敌船,把残敌击溺在江中。这是建康之役的最后一战,大江以南的最后一批金军被全歼,其中有三百多人当了俘虏。岳飞立马横枪,望着滔滔不尽的江水,悲愤地说:"此回一不得全歼四太子大军,二不得及时救取建康百姓。悠悠苍天,不知何日得长驱中原,稍快平生之志?"在他一旁立马的张宪说:"苍天有眼,必是痛愍天下受难百姓,护佑自家们洗雪奇耻大恨!"

一个月后,岳飞在张渚镇的张大年家屏风上写了一篇题记,以抒襟怀:

> 近中原板荡,金贼长驱,如入无人之境;将帅无能,不及长城之壮。余发愤河朔,起自相台,总髮从军,小大历二百余战。虽未及远涉夷荒,讨荡巢穴,亦且快国雠之万一。今又提一壘孤军,振起宜兴,建康之城,一举而复,贼拥入江,仓皇宵遁,所恨不能匹马不回耳!
>
> 今且休兵养卒,蓄锐待敌。如或朝廷见念,赐予器甲,使之完备,颁降功赏,使人蒙恩;即当深入虏庭,缚贼主蹀血马前,尽屠夷种,迎二圣复还京师,取故地再上版籍。他时过此,得勒金石,岂不快哉!此心一发,天地知之,知我者知之。
>
> 　　　　　　　　　　　建炎四年六月望日,河朔岳飞书。

以黄天荡之战和建康之战为转机,南宋得以在江南站稳脚跟。金朝方面不得不改变策略,另立刘豫伪齐政权,放回奸细秦桧,而宋高宗却利用军民苦战和血战的成果,希图以战求和,偏安一隅。感兴趣的读者欲知后事,请留意本书的往后各卷。